建设中国特色自由贸易港丛书

Book Series on the Construction of Free Trade Port with Chinese Characteristics

主编　迟福林

U0890188

封关运作背景下的
海南自由贸易港

Hainan Free Trade Port in the Context of Independent Customs Operations

郭文芹　编著

南方传媒 | 广东经济出版社
·广州·

图书在版编目（CIP）数据

封关运作背景下的海南自由贸易港 / 郭文芹编著 . 广州：广东经济出版社，2024.10. --（建设中国特色自由贸易港丛书）. --ISBN 978-7-5454-9447-1

Ⅰ. F752.866

中国国家版本馆 CIP 数据核字第 2024CZ4313 号

策划编辑：王成刚　周伊凌
责任编辑：徐依然　黄奕瑕　黄　昱
责任校对：陈运苗　黄思健　李玉娴
责任技编：陆俊帆
封面设计：集力書裝　彭力

封关运作背景下的海南自由贸易港
FENGGUAN YUNZUO BEIJING XIA DE HAINAN ZIYOU MAOYIGANG

出 版 人：刘卫平
出版发行：广东经济出版社（广州市水荫路 11 号 11 ～ 12 楼）
印　　刷：珠海市国彩印刷有限公司
（珠海市金湾区红旗镇永安一路国彩工业园）

开　　本：787 毫米 ×1092 毫米　1/16　　印　　张：25.5
版　　次：2024 年 10 月第 1 版　　印　　次：2024 年 10 月第 1 次
书　　号：ISBN 978-7-5454-9447-1　　字　　数：420 千字
定　　价：78.00 元

发行电话：（020）87393830　　编辑邮箱：gdjjcbstg@163.com
广东经济出版社常年法律顾问：胡志海律师　　法务电话：（020）37603025
如发现印装质量问题，请与本社联系，本社负责调换。
版权所有 • 侵权必究

总序

加快建设海南自由贸易港
——大变局下我国高水平开放的战略举措

在百年未有之大变局加速演进的特定背景下，建设海南自由贸易港，是我国推进高水平开放，建立开放型经济新体制的根本要求；是深化市场化改革，打造法治化、国际化、便利化营商环境的迫切需要；是贯彻新发展理念，推动高质量发展，建设现代经济体系的战略选择；是支持经济全球化、构建人类命运共同体的实际行动。

面对国际政治经济安全格局的深刻复杂变化，为加快建设海南自由贸易港，需要充分发挥其作为南海前沿的独特地缘优势，充分利用自由贸易港最高水平的开放政策与制度优势，对标全球最高水平的开放形态，深化与东盟国家的交流合作，致力于将海南打造成为我国面向太平洋和印度洋的重要对外开放门户。这是中央赋予海南自由贸易港的战略目标。

2022年1月1日，《区域全面经济伙伴关系协定》（RCEP）正式生效实施。这不仅增强了海南自由贸易港的地缘区位优势，也为海南自由贸易港高水平开放带来重大机遇。加快建设海南自由贸易港需做到以下几点：一是要努力打造中国与东盟经贸合作的自由经济区、蓝色经济伙伴关系核心区、医疗健康合作示范区、人文交流特区；二是要加快建设国内企业进入以东盟为重点的国际市场的“总部基地”，以及以东盟企业为主的面向国内大市场的“总部基地”，在中国与东盟合作中发挥不可替代的战略枢纽作用；三是要实现与粤港澳大湾区联动发展，形成重大战略的叠加放大效应；四是要立足“两个总部基地”建设的现实需求，推进海南自由贸易港政策与RCEP规则叠加，做好高水平开放压力测试，形成高于RCEP的开放优势。

封关运作是海南自由贸易港建设的关键节点。海南全岛封关运作，意味着海南全岛由“境内关内”向“境内关外”的海关监管特殊区域的转变，意味着海南自由贸易港建设由起步阶段向实质性运作阶段的转变。谋划海南自由贸易港封关运作，要做到以下几点：一是按照打造当今世界最高水平开放形态的目标要求，处理好“一线”放开与“二线”管住的关系；二是要充分借鉴国际自由贸易港先进经验，加快构建放开“一线”、管好“一线”“二线”的制度安排；三是对标国际，形成自由公平的市场环境、专业高效的政务环境、与国际接轨的法治环境，以营商环境优化增强市场预期，形成封关运作后高水平开放的大环境。

打造国际一流的自由贸易港法治环境，是海南自由贸易港建设的基本要求。2021年6月，《中华人民共和国海南自由贸易港法》颁布实施，将中央关于海南自由贸易港建设的重要部署法律化、制度化，为海南自由贸易港建设提供固根本、稳预期、利长远的法治保障。加快建设海南自由贸易港，用好海南自由贸易港法规制定权与更大改革开放自主权，需要做好以下几方面：一是要加快形成以《中华人民共和国海南自由贸易港法》为基础、以地方性法规和商事纠纷解决机制为重要组成的海南自由贸易港法治体系；二是要用好改革开放自主权，在行政体制、立法体制、司法体制等重要的制度集成创新方面取得实质性突破；三是要对标国际，适应企业经营发展需求，在投资者保护、知识产权保护、跨境数据流动等领域形成更具竞争力的法治保障。

基于对中央关于加快建设海南自由贸易港精神的理解，基于海南自由贸易港建设的需求，中国（海南）改革发展研究院与广东经济出版社联合策划出版本套“建设中国特色自由贸易港丛书”，分册分别为《RCEP下的海南自由贸易港》《封关运作背景下的海南自由贸易港》《海南自由贸易港的法治保障》。本套丛书注重战略性、前瞻性、学术性和行动性，我们期望其能够对关注海南自由贸易港建设的读者有所启示，对加快推进海南自由贸易港建设的政策决策发挥积极作用。

本套丛书参考最近几年中国（海南）改革发展研究院研究成果。作为丛书的主编，我衷心感谢参与丛书编撰工作的每一位作者，同时也向大力支持丛书出版的广东经济出版社致以诚挚的谢意！

迟福林

2024年2月1日

前言

作为当今世界最高水平开放形态，海南自由贸易港在我国高水平对外开放全局中扮演重要角色。《海南自由贸易港建设总体方案》明确提出，2025年前适时启动全岛封关运作。封关运作是海南自由贸易港建设、高水平开放的关键节点，意味着海南全岛将由“境内关内”向“境内关外”的海关监管特殊区域转变，意味着海南自由贸易港建设将由起步阶段向实质性运作阶段转变。

面对战略机遇和风险挑战并存、不确定难预料因素增多的外部环境，谋划封关运作，目的是充分发挥海南独特的地缘优势，使海南自由贸易港在中国与RCEP其他成员国经贸合作、中国–东盟自贸区3.0版建设中扮演好战略枢纽的重要角色，为打造我国重要开放门户开好头、起好步，更好地服务我国统筹发展和安全大局。

客观看，实现海南自由贸易港高水平开放的目标要求，存在诸多挑战。为此，需要抓住未来1～2年海南封关运作准备的时间窗口期，处理好“一线”与“二线”的关系；加快建设“两个总部基地”，破解封关运作后海南做大市场流量存在不确定性的突出矛盾；推动广东海南相向发展，实现海南地缘优势与广东发展优势的融合，为全岛封关运作创造重要条件；发挥香港国际金融中心优势，通过“双港”金融合作进一步提升海南跨境资金流动自由化便利化程度；对标最高水平开放要求，在高水平开放压力测试中形成“一线”放开的制度安排；充分借鉴国际经验，形成自由、便利、安全的“一线”“二线”监管体系；立足现实，按照中央要求，对标国际打造一流营商环境，为全岛封关运作提供重要支撑。

32年来，中国（海南）改革发展研究院（简称“中改院”）坚持为海南的改革开放和发展鼓与呼，始终不渝为中央与海南省委、省政府政策决策主动建言。近年来，中改院为海南自由贸易港建设不断建言，并推出许多具有一定影响力的重要研究成果。在以往中改院研究成果的基础上，编撰了这本《封关运作背景下的海南自由贸易港》。全书由绪论和八章组成：绪论对海南自由贸易港封关运作带来的重大机遇进行分析；第一章在阐述国际国内开放趋势的基础上，对海南自由贸易港封关运作的目标要求进行分析；第二章对海南自由贸易港封关运作需要着力解决的突出矛盾进行阐释；第三章至第八章提出封关运作背景下海南自由贸易港建设的重大任务等。

这项研究课题是海南省马克思主义理论研究和建设工程专项课题（编号：2022HNMGCWT02）的成果，我的同事陈薇、陈所华、刘铁奇参与并给予支持。在此，感谢各方对本书付出的努力，感谢广东经济出版社给予的支持！

郭文芹

2023 年 9 月 28 日

目录

· 第二章 ·

处理好“一线”与“二线”的关系

· 第三章 ·

加快建设“两个总部基地”

· 第四章 ·

推动广东海南相向发展

· 第五章 ·

努力实现“双港”金融合作的重要突破

· 第六章 ·

形成“一线”放开的制度安排

· 第七章 ·

形成自由、便利、安全的“一线”“二线”监管体系

· 第八章 ·

对标国际打造一流营商环境

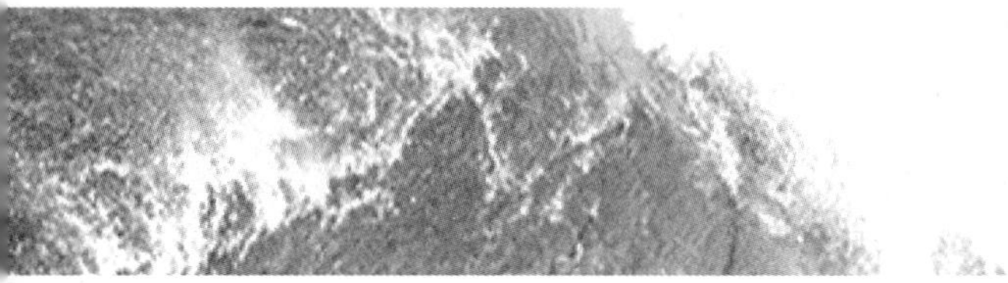

绪 论

海南自由贸易港封关运作的重大机遇

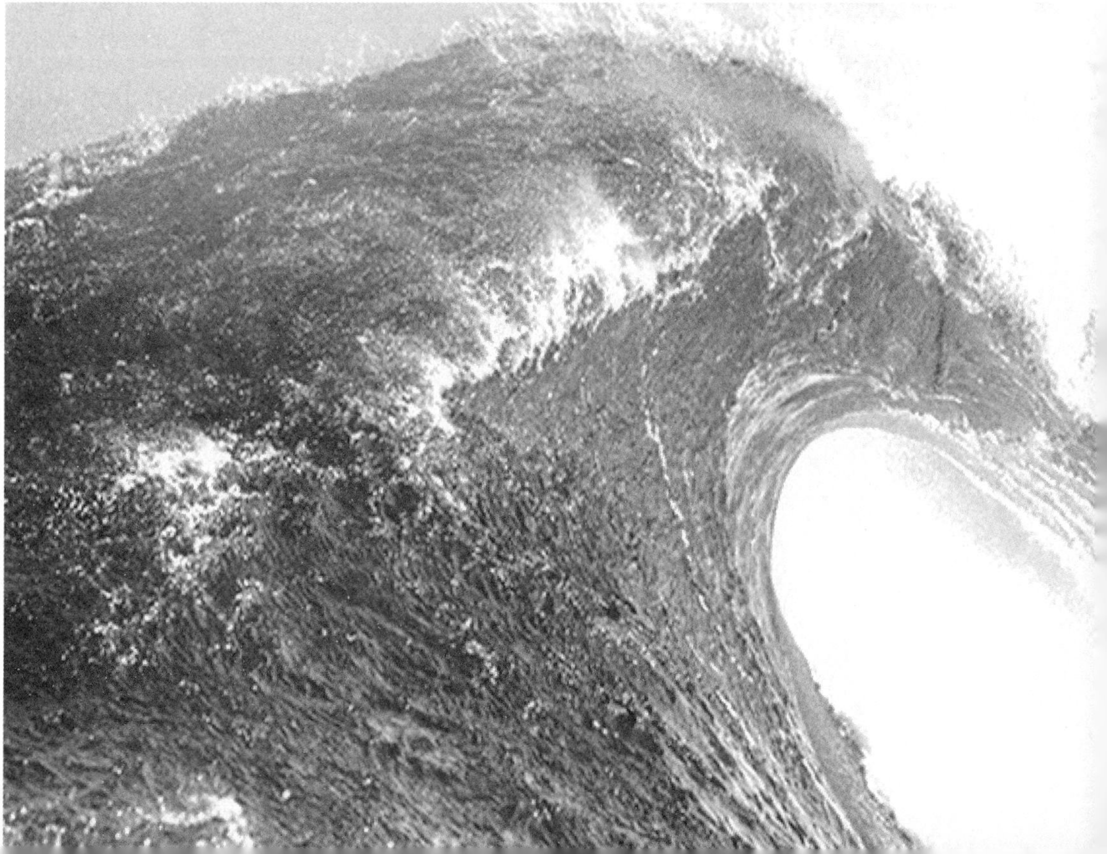

《海南自由贸易港建设总体方案》提出，“围绕贸易投资自由化便利化，在有效监管基础上，有序推进开放进程，推动各类要素便捷高效流动，形成早期收获，适时启动全岛封关运作”。海南自由贸易港以打造当今世界最高水平开放形态为基本目标，封关运作意味着海南全岛由“境内关内”向“境内关外”的海关监管特殊区域的转变，意味着海南自由贸易港建设由起步阶段向实质性运作阶段的转变。

谋划全岛封关运作，目的是充分发挥海南独特的地缘优势，使海南自由贸易港在中国与RCEP其他成员国经贸合作、中国-东盟自贸区3.0版建设中扮演好战略枢纽的重要角色，为打造我国面向太平洋和印度洋的重要开放门户开好头、起好步。

全岛封关运作后，海南自由贸易港制度体系和运作模式将更加成熟；法治化、国际化、便利化营商环境将更加优化；在国内国际双循环新发展格局中的战略地位将进一步凸显；将成为引领我国新时代对外开放的鲜明旗帜和重要开放门户。

一、加快建设“两个总部基地”

面对百年未有之大变局，加快建设中国企业进入东南亚的总部基地和东南亚企业进入中国市场的总部基地，是海南自由贸易港建设的重大任务。

（一）建设“两个总部基地”的重大任务

企业既是内外市场连接的主体，也是产业链供应链价值链中的主体。海南自由贸易港封关运作的核心任务就是充分利用自身地处RCEP中心位置的地缘优势，打造与内地相对隔离的“境内关外”性质的海关监管特殊区域，以此形成集聚企业和要素的独特优势。

面对国际政治经济格局复杂化、严峻化和产业链供应链区域化的新趋势，海南自由贸易港要把封关运作的着力点放在“两个总部基地”建设上，以企业需求为导向，出台具有较强吸引力的相关政策。

（二）率先实现“第一个总部基地”的重要突破

当前，东南亚地区已成为中国对外投资的重要目的地，中国企业加快投资布局东南亚的趋势日益增强。面对大国关系与地缘政治安全格局深刻复杂变化背景下海南自由贸易港吸引欧美资本难度明显增大的现实，海南自由贸易港“两个总部基地”建设需要以“第一个总部基地”建设的突破，带动以东南亚企业为重点的国外企业进入海南。与此同时，通过打造中国企业进入东南亚的总部基地，稳定并强化中国–东盟产业链供应链，提升与东盟国家的经贸融合度。

（三）实现资金自由便利流动的重要突破

跨境资金自由便利流动是总部企业的核心政策诉求。由于缺乏自由便利的金融开放政策与金融服务支撑，目前在海南注册的总部企业，其结算中心、信息中心等核心业务大多不在海南。从现实看，建议发挥香港国际金融中心优势，促进香港金融服务体系与海南自由贸易港总部基地建设融合，推动“双港”金融市场一体化进程。

二、促进广东海南相向发展

2023年4月，习近平总书记考察了广东与海南相向而行的“头号工程”徐闻港，听取了广东省对接海南自由贸易港建设相向发展的工作汇报[1]。全岛封关运作要把海南自由贸易港与广东的地缘优势和发展优势相融合，为打造国内国际双循环重要交汇点创造至关重要的条件。

（一）在相向发展中打造中国与东盟全面战略合作的重要枢纽

广东是我国经济实力与市场活力最强的区域之一。从现状看，海南与广东的经济差距甚大。例如，2022年海南市场主体数量约是广东的15%，货物进出口总额约是广东的2.4%，现代服务业增加值约是广东的4.6%[2]。促进广东与海南相向发展，有利于海南利用国内14亿多人口大市场的经济腹地优势，也有利于发挥海南作为RCEP地理中心的优势，畅通国内国际经济循环。

---

[1] 《坚定不移全面深化改革扩大高水平对外开放 在推进中国式现代化建设中走在前列》，《人民日报》2023年4月14日第1版。

[2] 海南省统计局、国家统计局海南调查总队：《2022年海南省国民经济和社会发展统计公报》，https://www.hainan.gov.cn/hainan/tjgb/202302/41a62acff4864c7fba975b3f4c732e46.shtml；广东省统计局、国家统计局广东调查总队：《2022年广东省国民经济和社会发展统计公报》，https://www.gd.gov.cn/attachment/0/517/517271/4147108.pdf。

（二）产业协同发展是相向发展的重点

依托海南自由贸易港的政策优势，吸引广东农业加工贸易企业到海南发展农产品如热带水果的进口加工业务，使农产品加工增值超过30%后以“零关税”进入广东并向全国分销。把海洋产业作为联动发展的重点。广东海洋经济总量已连续29年居全国首位，形成了较为完整、具有较强竞争力的海洋产业体系；海南具有开发深海、发展蓝色经济的先天资源优势。立足于服务南海合作开发的实际需求，建议在广州、深圳、珠海、中山、湛江等地海洋装备研发制造的基础上，在海南合力建设深海装备安装、测试、推广应用和维修服务中心。

（三）基础设施互联互通是相向发展的首要条件

目前，琼州海峡两岸航运资源一体化基本完成。当务之急是强化琼州海峡两岸港口资源整合，尽快实现统一规划、统一管理、统一经营、统一调度、统一服务。尽快开通琼州海峡高速客船、高速客滚船、水上飞机等多元化运输服务方式，打造琼州海峡水上半小时交通圈，并建立琼州海峡两岸统一的应急管理平台。

广东徐闻是连接海南自由贸易港与粤港澳大湾区的交通枢纽，最有条件成为相向而行的先行区、联动发展的前沿。目前，海南90%左右的进岛物资途经徐闻，每年有1000万左右的游客通过琼州海峡进入海南。建议抓住时机，高起点谋划建设广东·海南（徐闻）特别合作区，使之成为海南自由贸易港联通国内大市场的门户枢纽、海南自由贸易港主导产业发展的后援基地、海南自由贸易港的综合服务保障区、广东与海南自由贸易港相向发展的示范区。

（四）推动以强化有效反走私为重点的管理协同

1. 与广东联手做好琼州海峡反走私工作。从历史看，徐闻古港是汉代海上丝绸之路的始发港，是我国最早的通商口岸之一。目前，国家在徐闻仍设置海关，其主要工作是协同海南打击走私。从琼州海峡的地理特点看，把“二线”设在徐闻，其反走私监管的效果可能比在海南设置若干“二线”口岸的效果要好些。

2. 海南全力做好放开“一线”、用好“一线”的相关工作。吸引集聚国际优质要素是海南封关运作的主要目标。当前，面对国际形势日趋深刻复杂的严峻挑战，放开“一线”面临着诸多的不确定性。在这个特定背景下，海南要将主要精力放在放开“一线”、用好“一线”上，努力以“境内关外”的独特优势集聚全球优质资源。当然，“一线”也担负着打击走私、贩毒等监管职责。

3. “一线”放开、“二线”管住要更好服务于国内国际双循环。建立与粤港澳大湾区协同联动管理机制，将为国内总部企业开拓以东南亚为重点的国际市场提供综合服务支撑，也为以东南亚企业为重点的国外企业以低成本开拓我国内地大市场提供重要条件。

三、构建高水平开放的政策制度体系

（一）封关运作后海南自由贸易港政策优势将进一步凸显

1. 以“零关税”为特征的货物贸易自由便利的政策安排。例如：制定海南自由贸易港进口征税商品目录，对目录外的货物进入海南自由贸易港免征进口关税；确定海南自由贸易港原产地规则，即对鼓励类产业企业生产的不含进口料件或者含进口料件但在海南自由贸易港加工增值超过一定比重的货物，进入内地免征进口关税。

2. 以大幅放宽市场准入为重点的投资自由化便利化的政策安排。例如：实行更加精简的准入前国民待遇加负面清单管理制度；实施市场准入承诺即入制；创新完善投资自由制度，实行以过程监管为重点的投资便利制度，“有事必应”“无事不扰”。

3. 以分阶段开放资本项目为重点的跨境资金流动自由便利的政策安排。例如：进一步完善自由贸易账户体系，构建海南金融对外开放基础平台；适应贸易与投资自由化便利化的需求，逐步放宽跨境融资、贸易结算等政策，提高货币兑换便利性，最终实现海南自由贸易港非金融企业外债项下完全可兑换。

4. 以开放的人才政策为重点的人员进出自由便利的政策安排。例如：对外籍人员赴海南自由贸易港的工作许可实行负面清单管理，放宽外籍专业技术技能人员停居留政策；允许符合条件的境外人员担任海南自由贸易港内法定机构、事业单位、国有企业的法定代表人；实施更加便利的出入境管理政策。

5. 以实施高度自由便利开放的运输政策为主要标志的运输来往自由便利的政策安排。例如：以“中国洋浦港”为船籍港，积极开展船舶进口、登记、交易、经纪与管理、信息咨询、技术鉴定、海事仲裁等业务；进一步拓展国际航线，加快建设具有较强服务功能和辐射能力的国际航运枢纽；进一步放宽空域管制与航路航权限制。

6. 以数据安全有序流动为重点的政策安排。例如：开放增值电信业务，逐步取消外资股比等限制；安全有序开放基础电信业务；开展国际互联网数据交互试点，建设国际海底光缆及登陆点，设立国际通信出入口局。

7. 以“低税率”“简税制”为特征的特殊税收政策安排。

首先，要实行“低税率”。例如：对在海南自由贸易港实质经营的企业，实行企业所得税优惠税率；对符合条件的个人，实行个人所得税优惠税率。

其次，要实行“简税制”。一方面，要明显减少海南自由贸易港税种。例如：全岛封关运作时，将增值税、消费税、车辆购置税、城市维护建设税及教育费附加等税费进行简并，在货物和服务零售环节征收销售税。另一方面，要明显降低间接税的比重，提高直接税的比重，实现税负水平明显降低。

（二）释放海南自由贸易港政策与RCEP规则叠加效应

1. 海南自由贸易港“零关税”政策与RCEP“零关税”政策的叠加。在海南自由贸易港提前落实我国在RCEP中对东盟国家的“零关税”商品承诺表，便利RCEP其他成员国经海南“分享”中国大市场。

2. 海南自由贸易港加工增值货物内销免征关税政策与RCEP原产地规则的叠加。率先在海南自由贸易港实行完全累积原则，支持将企业在RCEP其他成员国的加工增值部分计入在海南的增值部分。企业在RCEP其他成员国和海南加工增值累计超过30%，即可以“零关税”进入内地市场。

3. 海南自由贸易港服务贸易开放政策与RCEP服务贸易规则的叠加。在近两年内，尽快将海南自由贸易港跨境服务贸易负面清单限制措施数量由70项缩减至30项左右，并以此为契机，率先推进海南自由贸易港制度型开放，打造与国际市场规则、规制、管理、标准对接的先行区。

（三）适应企业跨境投融资需求，推进金融开放

1. 从长远来看，海南自由贸易港实现金融高水平开放有两个方案。最优方案是发展离岸金融。海南成立类似于香港金融管理局的机构，发行离岸人民币，适用离岸金融规则。同时，形成一套离岸金融体系，包括离岸金融的架构、基础设施。次优方案是借助FT账户（自由贸易账户）实现与香港离岸人民币的市场连接，使人民币在海南和香港通过一个特别的管道实现进出自由。

2. 从现实看，建立“双港”金融服务合作对接机制。例如：允许在港金融机构通过跨境服务、自然人移动等方式为在海南自由贸易港设立总部基地的企业提供国际金融服务；借鉴欧盟经验，海南与香港在金融领域探索实施“单一通行证”制度。

四、成为我国高水平制度型开放示范区

（一）主动对接国际高水平经贸规则

1. 把握由“边境上”向“边境内”拓展的基本趋势。从开放趋势看，海南自由贸易港不仅涵盖关税、配额、海关监管、投资准入等“边境上”的贸易投资自由化便利化措施，而且涉及竞争政策、知识产权保护等“边境内”规则。

2. 主动适应国际经贸规则重构新趋势，以对标《全面与进步跨太平洋伙伴关系协定》（CPTPP）为重点开展高水平开放压力测试。以贸易投资自由化便利化为重点，全面强化竞争政策的基础性地位，细化并落实准入前后的国民待遇标准，加强公平竞争审查，打造公开、透明、可预期的市场环境；制定海南自由贸易港知识产权保护规则，制定高标准环境保护规则，开展知识产权保护与环境保护领域的国际合作；在一些条件暂不具备的领域，通过过渡性、长远性及原则性的相关安排实现对接国际高水平经贸规则的实质性突破。

（二）把服务贸易作为高水平制度型开放的突破口

1. 服务贸易开放涉及大量制度性、结构性安排，服务贸易发展直接依赖于制度型开放。例如：准入制度不完善，不少服务业初创企业遇到“准入不准营”问题；对新出现的不规范价格行为、垄断行为缺少法律规制；监管体制和方式不适应“互联网+”“智能+”背景下服务业新业态、新模式的发展；等等。

2. 进一步加大重点领域服务贸易开放的压力测试力度。

（1）逐步加大电信市场开放力度。例如：稳步放宽基础电信业务牌照管理限制；取消增值电信业务外资股比限制，取消除跨区域服务外的增值电信业务牌照管理，实行注册制；等等。

（2）加大商务服务市场对外开放力度。例如：放开会计领域外资准入限制，降低外商设立特殊普通合伙会计师事务所、有限责任会计师事务所的准入门槛，实现和内资同等准入标准。

（3）加大教育市场开放力度。例如：全面放开职业教育市场，允许境内外具备条件的研发机构、教育组织、高水平企业在海南独立开办医疗健康、旅游、文化创意等方面的职业院校。

3. 对标CPTPP形成跨境服务贸易的境内规制。例如：明确在海南自由贸易港范围内，给予境外服务和服务提供者的待遇不低于在相似情况下给予本国服务和服务提供者的待遇；明确跨境服务贸易市场准入及当地存在标准。

4. 形成与跨境服务贸易相适应的人员流动政策。

（1）以医疗健康、研发设计、文化娱乐、商务等为重点领域，增加新加坡、日本、加拿大、新西兰等发达国家职业资格单向认可目录内容。

（2）取消认定人员"已被海南自由贸易港用人单位聘用"的限制。

（3）放宽境外人员参加职业资格考试范围。将旅游、交通运输、租赁和商务服务、科学研究和技术服务、文化体育娱乐等领域纳入允许参加职业资格考试范围。

5. 制定实施更加便利的资金支付和转移制度。

（1）依托FT账户，对实体企业对外投资，除开展事中事后真实性审查和额度管理外，最大限度便利服务贸易企业开展跨境服务业务，探索在服务贸易企业跨境支付领域实行法人承诺制。

（2）对区域性总部企业的资金汇出需求，按照余额管理模式，如允许其一定比例的投资增量资金自由汇出。

（3）对个人资金支付和转移需求，大幅提高额度上限，对超出额度的情况实行真实性审查。

（三）建立与国际接轨的标准体系

1. 率先在重点行业适用国际先进标准。

（1）引入发达国家和地区医疗健康服务标准。例如：已在日本、美国和欧盟通过标准评估的药品与医疗器械，可自动获得认证，无须开展临床试验直接在海南使用；开展健康服务标准制定合作，实现与日本健康服务行业管理标准、规范化技术和程序及市场监管执法标准的直接对接。

（2）引入香港等免税购物服务标准。例如：全面引入香港免税购物的服务体系、标准体系、管理体系；尽快实现琼港免税购物监管标准互认、执法互助、快速通关、信息互换、数据共享、实时监控；加强琼港免税购物在职业资格、服务标准、认证认可、检验检测、行业管理等方面的规则对接；等等。

2. 鼓励企业开展国际标准认证。

（1）完善重点领域认证认可制度。大力推行高端品质认证，在健康、教育、金融、农业等领域加快推进认证活动。鼓励相关领域企业开展ISO（国际标准化组织）认证，加大对通过认证企业的奖励力度，例如对在海南注册并获得官方或国际协会认证的企业给予优先推介、税收减免等。

（2）支持企业主动采用国际先进标准。在农产品加工、文化体育娱乐、教育培训、医疗健康等领域率先实施企业标准自我声明机制，企业在销售产品或提供服务之前，通过自我声明公开企业产品与服务标准。

五、营商环境总体达到国内一流水平

（一）创新企业经营环境

1. 公平竞争的市场环境。

（1）对标CPTPP完善竞争政策法规体系。例如：重点增加对国有企业、反行政垄断、透明度的相关条款，增加补贴政策的适用条款，增加新经济领域反垄断条款，增加政府采购中的公平竞争条款。

（2）提升公平竞争审查的专业性。例如：建立法定机构性质的公平竞争委员会，在市场监管部门指导下相对独立地开展竞争审查工作；在省高院设立公平竞争法庭，专司公平竞争案件；待条件成熟时，建立海南自由贸易港公平竞争法院。

2. 自由的企业经营环境。按着《海南自由贸易港建设总体方案》要求的“原则上取消许可和审批”，在明确相关标准前提下，全面实行企业法人承诺制。

3. 对标国际扩大知识产权保护范围并逐步提升保护标准。例如：出台《海南自由贸易港知识产权保护条例》配套文件；建设具有海南自由贸易港特点的知识产权法规体系；完善海南自由贸易港知识产权保护体制；在知识产权市场化应用方面实现更大力度的探索；等等。

（二）打造专业高效的政务服务环境

1. 形成主动服务企业的政府理念。例如：借鉴发达国家和地区经验，以吸引企业落户并开展实质性运营的结果为导向，实施招商引资奖惩机制；加快数字技术在政府治理和政府服务领域的应用，围绕企业需求和产业发展特点开展服务创新；建立以企业实际感受为主的营商环境评价体系。

2. 形成专业高效的政府机构设置。

（1）建立以法定机构为主体的高效专业执行系统。聚焦贸易投资自由化便利化，在专业性要求比较高、自由贸易港建设需求急迫的领域设立法定机构，作为海南自由贸易港的具体执行部门。

（2）按照《中华人民共和国海南自由贸易港法》《海南自由贸易港建设总体方案》的要求，推动海南“大部制”改革，整合分散在各部门的相近或相似的功能职责，推动职能相近部门合并。

3. 实行政府政策承诺诚信制度。着眼政策落实“最后一公里”，通过政府对政策兑现的公开承诺及政策承诺兑现标准化、全流程管理、政策落实质量考核与社会监督等制度建设，形成政府政策落实的硬约束。

（三）营造国际化法治环境

1. 以《中华人民共和国海南自由贸易港法》为基础形成高质量法律法规体系。第一，要加快推进海南自由贸易港政策与制度的法律化。第二，按着最高水平开放要求推进地方性法规体系建设。例如：在投资领域，形成全面放开投资准入、放宽市场准入等方面的具体法规。第三，在对接国际高水平经贸规则方面有实质性进展。率先围绕服务贸易、数字贸易、知识产权保护、竞争政策等领域，运用海南自由贸易港法规制定权开展变通性立法。第四，适应高水平法律法规体系建设要求推进立法体制改革。例如，在海南省人大常委会法制工作委员会下设海南自由贸易港立法工作委员会。

2. 以仲裁为重点建立与国际接轨的司法服务体系。

（1）以仲裁为重点加快构建与国际接轨的多元化商事纠纷解决机制。在国内，吸引香港国际仲裁中心在海南设立分支机构，支持其按照香港惯例和做法对国际商事纠纷案件开展仲裁服务。

（2）继续推进涉外审判体制机制创新。探索聘请港籍法官、律师在海南自由贸易港担任公证员、司法鉴定员、法官助理等，开展涉外民商事纠纷解决辅助工作。

（3）赋予当事人涉外民商事案件的法律适用权和选择权。主动开展跨境民商事案件的域外法律、规则适用试验，依法保障国际商事纠纷当事人自由选择适用外国法律或者国际商事通行规则、商事惯例的权利。

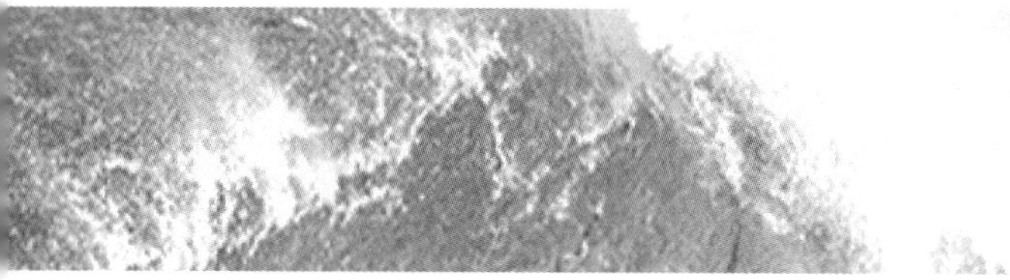

第一章

打造当今世界最高水平开放形态

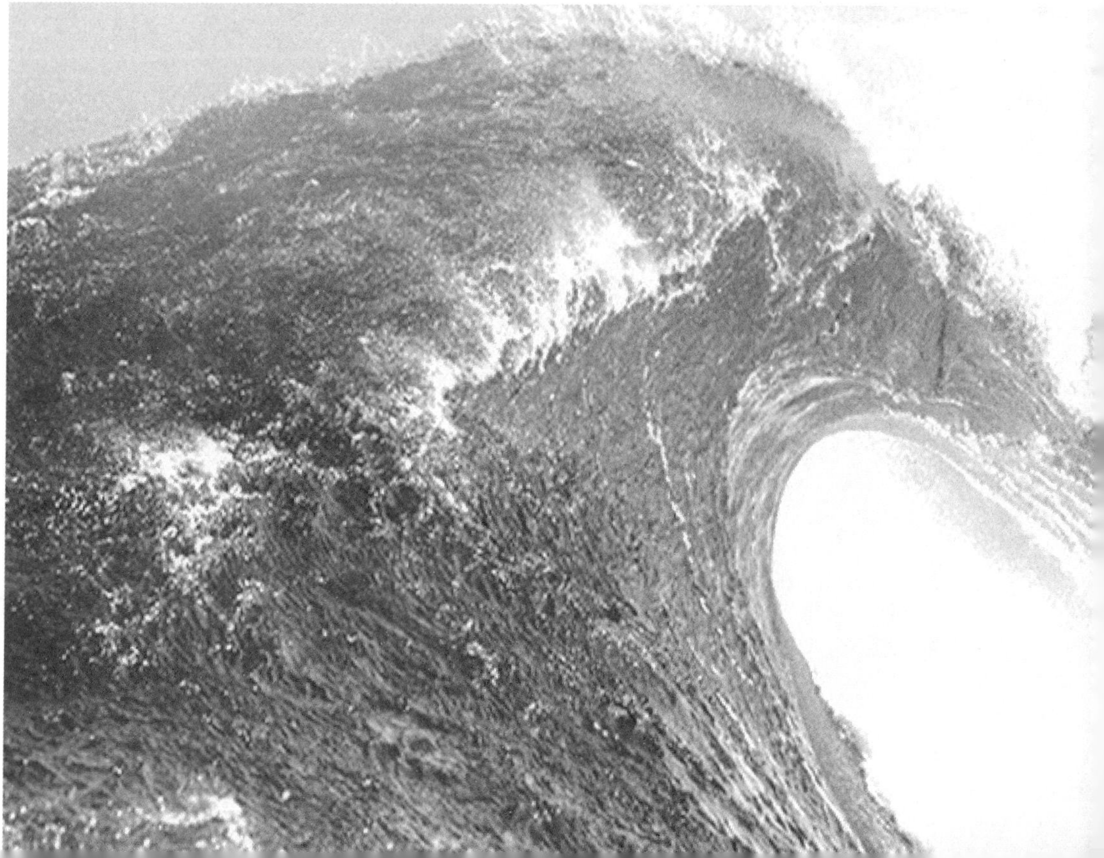

2018年4月13日，习近平总书记在庆祝海南建省办经济特区30周年大会上提出，“自由贸易港是当今世界最高水平的开放形态”[1]。海南自由贸易港封关运作，就是要按照中央“打造当今世界最高水平开放形态”的目标要求，把握国际经贸规则重构大趋势，服务我国高水平开放全局，充分发挥海南自由贸易港在我国高水平开放中的特殊作用。

[1] 习近平：《在庆祝海南建省办经济特区30周年大会上的讲话》，《人民日报》2018年4月14日第2版。

第一节

全球经贸规则重构大趋势

2020年6月1日，习近平总书记对海南自由贸易港建设作出重要指示，要求“对接国际高水平经贸规则，促进生产要素自由便利流动，高质量高标准建设自由贸易港”[1]。当前，全球经贸规则加速重构，海南自由贸易港要主动适应全球经贸规则重构的大趋势，加快推进规则、规制、管理、标准等制度型开放进程。

一、“零关税、零壁垒、零补贴”的基本趋势

（一）货物贸易朝着“零关税”规则演进

2018年，美欧日已经就“零关税”贸易开展谈判，欧日已经达成共识。例如，日本与欧盟签署日欧经济伙伴关系协定（EPA），2019年2月1日正式生效，日本将逐步对从欧盟进口的约94%的产品实施“零关税”，欧盟将逐步对从日本进口的约99%的产品实施“零关税”[2]；CPTPP等相关成员国也将逐步取消98%的农业和工业产品关税；在英日自贸协定中，英国对日本99%的出口都将享受“零关税”待遇，在汽车关税中，英日双方同意分阶段降低关税，直至2026年全部取消。在

[1] 《习近平对海南自由贸易港建设作出重要指示强调 要把制度集成创新摆在突出位置 高质量高标准建设自由贸易港》，《人民日报》2020年6月2日第1版。

[2] 《日欧经济合作协定将从2月1日起生效》，http://intl.ce.cn/specials/zxgjzh/201901/03/t20190103_31171781.shtml。

全球生产网络遭受严重冲击的情况下，欧美等发达经济体很有可能加速“零关税”趋势，在引领新一轮全球经贸规则、保持自身国际竞争力的同时，将许多发展中国家排除在外。

（二）规则措施由“边境上”向竞争中性等“边境内”转移

1. “边境内”规则明显增多。从最新签订的区域贸易协定内容看，不仅涵盖传统的关税、配额、数量限制、海关监管等“边境上”措施，也更多强调知识产权、国有企业、政府采购、劳工标准、环境标准、竞争中性等“边境内”规则（见表1-1）。

表1-1　WTO+条款与WTO-X条款议题

分类	涉及议题或条款
WTO+条款	工业产品、农业产品、海关程序、出口税、卫生和植物检疫、国有企业贸易、技术性贸易壁垒、反补贴、反倾销、公共补助、政府采购、与贸易有关的投资措施协议（TRIMS）、服务贸易总协定（GATS）、与贸易有关的知识产权协议（TRIPS）
WTO-X条款	反腐败、竞争政策、环境法规、知识产权、投资政策、劳动市场管制、资本流动、消费者保护、数据安全、农业、国内立法和国际法的对接、音像产品、文化保护、创新政策、文化合作、经济政策对话、教育与培训、能源、金融支持、健康、人权、非法移民、反毒品、产业合作、信息传播、采矿业、反洗钱、核安全、政治对话、公共行政、区域合作、研究与技术、中小企业、社会事务、统计、税收、恐怖主义、签证与政治庇护

资料来源：《2019全球竞争力报告》。

2. 竞争中性原则已经成为超大型自由贸易协定的重要内容。美国、澳大利亚与韩国、以色列、智利等18个国家签署的双边自由贸易协定强调或蕴含了竞争中性原则。据统计，截至2019年7月，全球已有40多个国家适用竞争中性原则。[1]2017年，适用竞争中性原则国家的GDP（国内生产总值）比重达到全球经济总量的58%以上。

[1]　《中国应加快适应新一轮国际经贸规则演变》，http://chinawto.mofcom.gov.cn/article/br/bs/202007/20200702987126.shtml。

（三）规则措施向区域内“高标准”和区域外“强排他”演变

1. 区域内“高标准”。例如，美墨加协定（USMCA）主要内容涉及三国间农产品贸易“零关税”、汽车配件“零关税”，不对出口到对方市场的产品使用出口补贴或WTO（世界贸易组织）特殊农业保障措施等一系列条款。

2. 区域外“强排他”。主要表现为原产地规则的“高标准”“毒丸条款”等域内成员对域外成员的非关税贸易保护工具。例如，USMCA、CPTPP和EPA针对纺织服装产品均设定了“从纱开始”的原产地规则；USMCA要求包括乘用车、轻型卡车和汽车零部件在内75%的汽车配件须在北美生产，以享受“零关税”待遇。

专栏1-1 “毒丸条款”

“毒丸条款”，指美墨加协定第32条规定，即：任何一方与非市场经济国家签订自由贸易协议时，应允许其他各方在发出6个月的通知后终止本协议，并以它们之间的协议（即双边协议）取而代之。

该条款被认为是对协议参加国经济主权的限制，目的主要在于孤立中国，并为美国对华贸易战服务。

资料来源：中改院课题组根据公开报道整理。

二、服务贸易成为全球经贸规则重构的焦点

（一）全球服务贸易较快发展

1. 服务贸易规模及占比不断提升。随着全球经济服务化，全球产业深度分工和加速融合，服务业尤其是新兴服务业在全球价值链中的地位日益凸显，服务贸易额快速增长。2010—2019年，全球服务贸易额由7.86万亿美元增长至12.32万亿美

元，年均名义增长5.13%，约是货物贸易增速的2倍；服务贸易额占贸易总额的比重由20.36%提高至24.32%，提升了3.96个百分点；由于受到新冠疫情影响，全球服务贸易额有所下降，但2022年全球服务贸易额达到了约13.73万亿美元，占贸易总额的比重约为21.37%（见图1-1）。实际上，传统的贸易统计方法不能完全反映服务贸易规模及服务贸易在推动全球自由贸易进程中的作用。若按增加值计算，目前全球服务贸易占比将达到50.8%，超过货物贸易。2019年世界贸易组织的世界贸易报告预测，到2040年，全球服务贸易在贸易中的占比将提升50%[1]。与此同时，在发达国家的最终产品价格中，制造环节增值不到40%，服务环节增值则达60%；在发达国家的服务贸易中，生产型服务占比达70%，且有继续深化的趋势[2]。

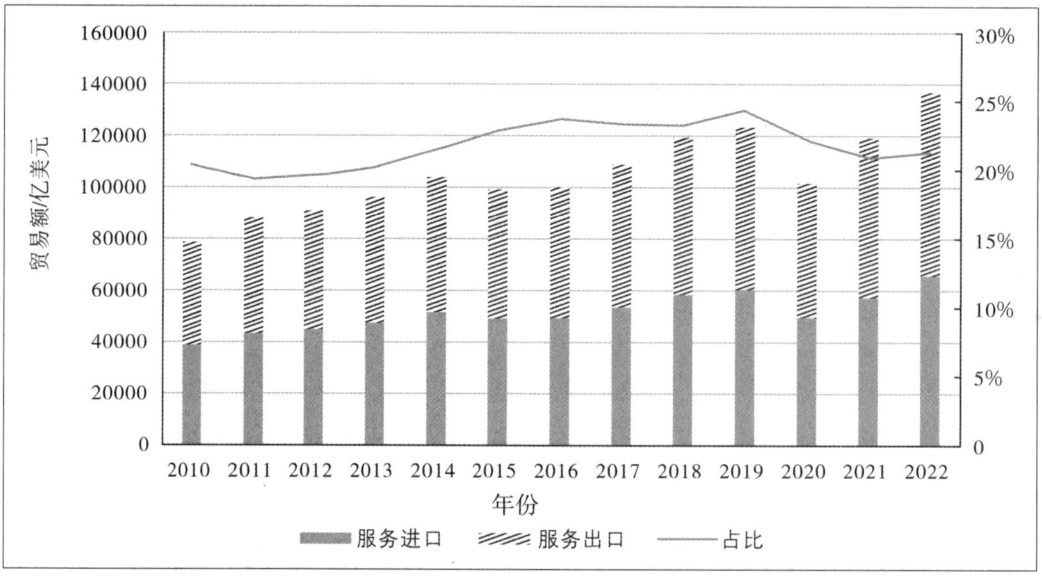

图1-1　2010—2022年全球服务贸易额及占比

数据来源：中改院课题组根据联合国贸易和发展会议（UNCTAD）数据库相关数据测算。

[1]　《WTO发布2019年世界贸易报告》，https://www.ndrc.gov.cn/fggz/jjmy/dwjmjzcfx/201912/t20191220_1213895.html。

[2]　《中国国研中心：全球服务贸易发展呈现六大新趋势》，https://baijiahao.baidu.com/s?id=1676999276724666966&wfr=spider&for=pc。

2. 新一轮科技革命重塑全球服务贸易发展生态。

（1）数字技术拓展服务贸易发展空间。一方面，信息技术在服务业领域的广泛应用，使服务产品生产与消费跨越了不可分离的障碍，为服务业全球化和服务贸易发展提供了客观条件。如教育、健康、医疗、文化等传统不可贸易的“服务”逐渐变得可贸易，并逐渐成为服务贸易的重要内容。另一方面，科技革命为全球产业分工的进一步细化提供了技术支撑，众多服务型企业只保留核心服务，而将非核心服务或中间服务通过服务外包、自然人流动、服务资本流动等方式进行全球再布局，由此将众多发展中国家纳入全球服务贸易进程中，进一步拓展全球服务贸易发展空间。

（2）数字技术推动货物贸易与服务贸易相融合。从历史来看，互联网等技术的发展，使得部分视听等服务贸易不再需要货物载体。根据荷兰国际集团（ING）2017年发布的报告，到2060年，50%的制成品可以通过3D打印完成，当然这个比例甚至有可能提早在2040年完成[1]。也就是说，未来随着3D打印等技术的成熟并推广，数字技术将逐渐降低某些货物贸易需求，并刺激服务贸易发展。

3. 新冠疫情深刻改变全球服务贸易发展格局。

（1）疫情冲击全球运输、旅行等服务贸易进程。2022年，全球运输、旅行服务出口额为2.58万亿美元，占全球服务出口总额的36.4%[2]，运输、旅行服务出口仍是全球服务出口的主要内容。由于严格的旅行限制和全球经济衰退预期，全球运输业与旅游业受到巨大冲击。国际航空运输协会发布的数据显示，2020年全球航空业亏损1377亿美元，2021年亏损420亿美元，2022年亏损69亿美元，仅恢复至2019年水平的68.5%。据世界旅游及旅行理事会（WTTC）数据，2022年全球旅游业仅贡献了7.6%的GDP，较2019年仍下降23%。

---

[1] 《3D打印重构世界秩序，2060年50%制成品可3D打印完成》，https://ishare.ifeng.com/c/s/7ohT3wpg6cN。

[2] 数据来源：联合国贸易和发展会议。

（2）疫情改变全球价值链、服务链布局。疫情后无论是各国政府还是企业，都改变以往基于低成本、零库存导向的全球价值链、服务链布局，而更加重视供应链安全与可控。一方面，宏观政策将会更加强调内向发展和自主发展，关键技术与核心环节技术与服务管控力度进一步加大。另一方面，全球价值链、服务链本地化、区域化、碎片化的趋势日益明显，全球区域内服务贸易份额不断上升将是长期趋势。

（二）服务贸易与全球经贸规则

1. 全球经贸规则重构聚焦服务贸易。随着服务贸易在全球贸易中的重要性不断提升，全球经贸规则的焦点正加快从货物贸易向“货物贸易—服务贸易—投资”转变。在全球贸易投资关系更加复杂和密切的背景下，影响全球贸易进程的已不是货物贸易领域内的关税，而是服务贸易与投资领域内的监管、非关税壁垒以及市场的开放度。服务贸易自由化便利化在很大程度上决定着全球贸易的进程。

2. 服务贸易成为双边、多边和区域贸易协定谈判的焦点。1958—2007年签订的区域双边自由贸易协定中，涉及服务贸易内容的仅有51个，占同期区域贸易协定数量的31.1%；2008—2022年签订的区域双边自由贸易协定中，涉及服务贸易内容的增加至144个，占比74.6%（见表1-2）。从CPTPP、USMCA等最新签订的经贸协定看，服务贸易领域的相关内容大幅增加。未来，国际服务贸易竞争将进一步加剧，服务贸易在双边、区域贸易投资谈判中的比重将逐渐增大，成为各国谈判和博弈的焦点。

表1-2　服务贸易协定数量对比

1958—2007年			2008—2022年		
总数/个	涉及服务贸易/个	占比/%	总数/个	涉及服务贸易/个	占比/%
164	51	31.1	193	144	74.6

数据来源：《2019全球竞争力报告》。

3. 服务贸易壁垒更加隐蔽，消除更加困难。与货物贸易相比，服务贸易具有无形性、生产与消费同步性等特点。与货物贸易通过关税来设置显性壁垒不同，服务贸易更多采用国内资格资质要求、参股比例限制、自然人流动限制、经营范围和形式限制，以及设置繁杂的审批条件和程序等隐性壁垒。由于隐蔽性和非数量性，服务贸易自由化远比货物贸易自由化复杂得多，消除服务贸易壁垒的困难也大得多。

（三）服务贸易规则重构进入关键期

一方面，以世贸组织框架下《服务贸易总协定》（GATS）为代表的多边服务贸易谈判长期未能实现突破性进展。受制于48个国家发展水平的差异及协商一致原则，《服务贸易总协定》谈判在短期内仍难以完成。在此背景下，服务贸易规则重构，将更有赖于高标准区域贸易协定谈判。美欧日等发达经济体利用自身的服务贸易方面的竞争优势和比较完善的国内法律法规，更加积极地在区域和双边层面推出符合自身利益的服务贸易规则，在国际规则制定中抢占制高点。

另一方面，包括我国在内的67个世贸组织成员达成服务贸易协议。2021年12月2日，历经长达4年的谈判之后，67个世贸组织成员共同发表了《关于完成服务贸易国内规制谈判的宣言》，确认服务贸易国内规制联合声明倡议谈判顺利完成，宣布达成《服务贸易国内规制参考文件》。

三、数字贸易成为全球经贸规则重构的新兴领域

（一）全球经济数字化转型加速

1. 全球数字经济规模快速扩大。近年来，全球经济数字化发展趋势愈加明显，传统产业加速向数字化、网络化、智能化转型升级，数字经济规模持续扩大。

2018—2021年，全球数字经济增加值从30.2万亿美元增长至38.1万亿美元，增长了26.2%。2021年，全球47个经济体数字经济名义增长15.6%，高于同期GDP名义增速2.5个百分点，数字经济已成为全球经济发展的新动能[1]。

2. 全球数字经济占比不断提升。全球数字经济在国民经济中的地位持续提升。近年来，数字经济已成为各国国民经济的重要组成部分。2018—2021年，全球数字经济占GDP比重由40.3%增长至45%，提升4.7个百分点。2021年，高收入国家数字经济占其GDP比重高达52.0%，中高收入国家为34.4%，中低收入国家仅为18.5%，高收入国家数字经济对国民经济的带动作用远超中高收入国家和中低收入国家[2]（见图1-2）。

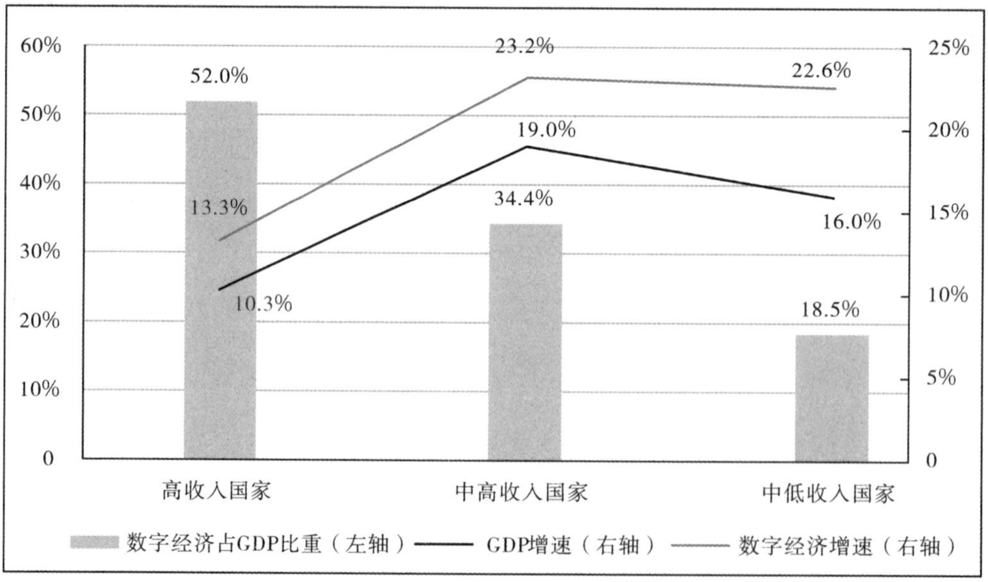

图1-2 2021年全球不同收入国家数字经济发展情况

3. 数字技术与实体经济加速融合。产业数字化代表数字经济在实体经济中的融合渗透，是数字经济的关键组成，发展潜力巨大。2021年全球数字产业化占数字经济比重为15%，占全球GDP比重为6.8%；产业数字化占数字经济比重达85%，

[1][2] 中国信息通信研究院：《全球数字经济白皮书（2022年）》，http://www.caict.ac.cn/english/research/whitepapers/202303/P020230316619916462600.pdf。

占全球GDP比重为38.2%。其中，第三产业数字化引领行业转型发展，一二三产业数字经济占行业增加值比重分别为8.6%、24.3%和45.3%[1]。产业数字化成为驱动全球数字经济发展的关键主导力量。

（二）数字贸易成为全球贸易的突出亮点

1. 货物贸易数字化转型趋势明显。在数字经济与技术快速发展、互联网用户不断增加的背景下，全球数字贸易快速兴起。以网络零售交易为例，2013—2022年，全球网络零售额由1.08万亿美元增长至5.31万亿美元，年均增长19.4%，占全球零售总额的比重由5.1%增长到18.9%。初步预测，全球网络零售额仍将保持20%左右的年均增速，到2026年将达到7.5万亿美元，约是2019年的2.1倍，占全球零售总额的比重将提高至22.2%[2]。

2. 数字服务贸易快速发展。从短期增长看，2019年，在全球贸易负增长背景下，全球数字服务出口逆势实现3.75%的增长，对服务出口贡献率达98.3%，在服务出口中的占比上升0.9个百分点；从长期趋势看，2011—2020年，全球数字服务贸易、服务贸易、货物贸易复合增长率分别为4.4%、1.19%和-0.4%[3]。相关机构预测，未来10～15年，全球货物贸易将呈2%左右的增长、服务贸易将呈15%左右的增长，而数字贸易增速将高达25%[4]。

3. 数字服务贸易成为服务贸易发展的主导力量。2010年，数字服务贸易在服务贸易中的占比为47%，并于2015年首次超过五成，2019年进一步上升至52.0%[5]。与服务贸易类似，若将商业存在的数据纳入考虑，数字服务贸易规模将是目前的2～3倍。

---

[1] 中国信息通信研究院：《全球数字经济白皮书（2022年）》，http://www.caict.ac.cn/english/research/whitepapers/202303/P020230316619916462600.pdf。

[2] 数据来源：eMarketer。

[3] 中国信息通信研究院：《全球数字经贸规则年度观察报告（2022年）》，http://www.caict.ac.cn/english/research/whitepapers/202208/P020220819523522724675.pdf。

[4] 黄奇帆：《在长三角地区协同推进建设开放新高地》，《宏观经济管理》2019年第3期。

[5] 中国信息通信研究院：《数字贸易发展白皮书（2020年）》，http://www.caict.ac.cn/kxyj/qwfb/bps//202012/P020201216506475945126.pdf。

（三）数字贸易规则成为新一轮经贸规则竞争制高点

1. 数字贸易规则正处于构建的关键期。数字贸易时代带来一系列具有跨境性、外部性和外溢性的问题，需要全球性合作共同应对。但是，当前全球范围内缺乏完善的治理体系和统一的治理规则，数字贸易领域“规则赤字”日益凸显（见图1-3）。一方面，服务贸易规则亟须演变为适应数字贸易发展的规则；另一方面，贸易对象和方式的数字化使得诸多新兴规则空白亟待填补。此外，原有贸易规则体系和谈判机制面临挑战[1]。特别是在数字贸易、数据流通与保护、数字平台竞争、数字税收、数字货币、数字平台责任、新型劳动关系、人工智能伦理、网络生态、数字安全等诸多重要议题上，世界主要国家和地区基于数字经济发展阶段、制度体系、文化理念的差异，提出一系列彼此冲突的治理方案，导致全球数字治理内在困境愈加凸显。

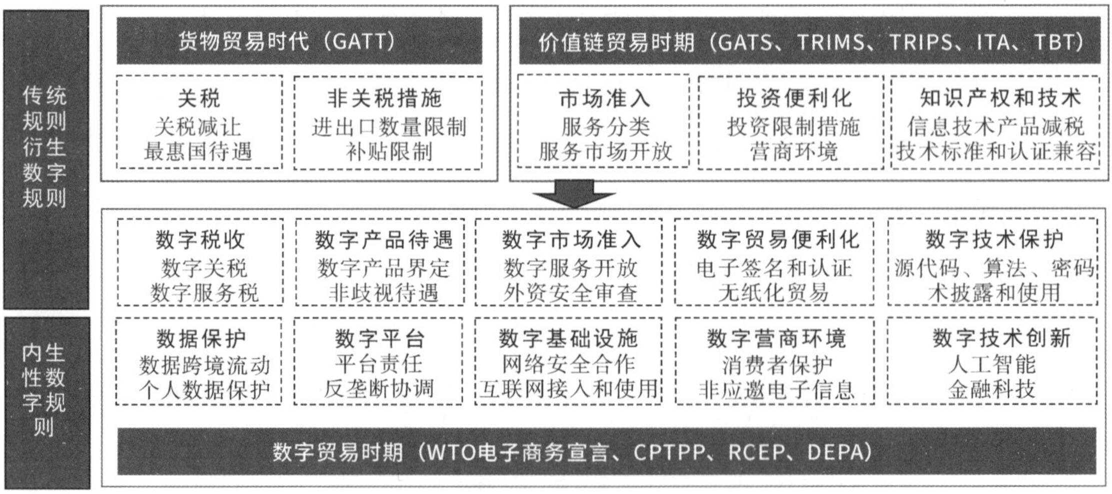

图1-3　货物贸易、价值链贸易到数字贸易规则体系演进框架

资料来源：《全球数字经贸规则年度观察报告（2022年）》。

[1]　中国信息通信研究院：《全球数字经贸规则年度观察报告（2022年）》，http://www.caict.ac.cn/english/research/whitepapers/202208/P020220819523522724675.pdf。

2. 区域自贸协定成为推进数字贸易规则重构的重要方式。2012年至今，超过90%的服务贸易协定包含数字贸易（电子商务）条款或专章[1]。截至2021年底，全球涉及数字贸易与电子商务等相关议题的自贸协定有119个，其中含电子商务/数字贸易专章的超过80个，覆盖了110个国家和地区[2]。在发达国家签订的6个协定中，全部含有电子商务专章，对权利义务规定更为翔实，标准更高；在发达国家与发展中国家签订的87个有效协定中，含电子商务条款的有64个，含电子商务专章的有46个[3]。

3. 数字贸易领域内的规则竞争将日趋激烈，未来10年将是全球数字经贸规则体系深刻重塑的10年。目前，世界贸易组织电子商务诸边谈判已经开启，《美日数字贸易协定》（UJDTA）、USMCA、CPTPP等区域协定中的数字贸易规则也实现了重要突破；更重要的是，新加坡、新西兰、智利达成了全球首份数字经济区域协定《数字经济伙伴关系协定》（DEPA）。未来，全球将加速进入数字时代，围绕数字服务贸易领域的市场准入、跨境数据流动、数据本地化、消费者权益与隐私保护等标准与规则竞争将日趋激烈，数字贸易规则将成为区域自贸协定的“标配”。

[1] 中国信息通信研究院：《全球数字经贸规则年度观察报告（2022年）》，http://www.caict.ac.cn/english/research/whitepapers/202208/P020220819523522724675.pdf。

[2] 张茉楠：《以加入CPTPP和DEPA为契机，加速推进中国数字贸易制度型开放》，https://baijiahao.baidu.com/s?id=1762496656844753949&wfr=spider&for=pc。

[3] 中国信息通信研究院：《全球数字治理白皮书（2020年）》，http://www.caict.ac.cn/kxyj/qwfb/bps/202012/P020201215465405492157.pdf。

第二节

中国高水平开放大趋势

面对加速演进的百年未有之大变局，我国把推动高水平开放作为自己的主动选择，高举开放的大旗，有效统筹发展和安全，推动新型开放大国建设，推动构建双循环新发展格局。从发展趋势看，未来5～10年是我国推进高水平开放取得重大突破的关键时期，是建设新型开放大国的关键时期，不仅对我国高质量发展有重要作用，而且将对全球发展产生重要影响。

一、以服务双循环新发展格局为主要目标

（一）双循环新发展格局不是封闭的国内循环

面对国际政治经济格局的深刻复杂变化，我国正着力构建以国内大循环为主体、国内国际双循环相互促进的新发展格局。新发展格局绝不是封闭的国内循环，而是开放的国内国际双循环，是应对复杂多变国内外环境实行的战略转型；绝不是短期举措，而是与我国经济转型升级趋势相适应的中长期发展战略。

（二）以高水平开放释放内需潜力

1. 扩大内需成为经济增长的重要动力。从大国经济发展的规律看，主要发

达国家都拥有强大内需市场。例如，2022年，美国和日本对外贸易依存度分别为13.3%和21.7%，明显低于48.3%的世界平均水平[1]。2008年全球金融危机以来，世界经济发展动能和国际大循环动能均明显减弱。我国依托消费升级、产业升级等蕴含的巨大内需潜力，实施扩大内需战略，有效应对外部市场收缩，经济发展向内需主导转变，内需对经济增长贡献率有7个年份超过100%。

2. 加快破解“有需求、缺供给”的突出矛盾。“有需求、缺供给”成为释放经济转型升级蕴藏的巨大内需潜力所面临的突出挑战。尤其是在服务业领域，供给短缺不仅仅表现为总量不足，也表现在质量、标准、结构等方面。例如，进入人口老龄化社会，老年健康管理服务业、老年康复护理业、老年家政服务业等领域需求全面快速增长。截至2022年底，我国60岁及以上老年人口占总人口的19.8%[2]，老年用品市场规模达4.6万亿元，近两年平均增速达10%[3]。根据国家社科基金“养老消费与养老产业发展研究”课题组的测算，预计到2050年，我国老年用品市场规模将达100万亿元，占国内生产总值的33%。

3. 以高水平开放实现供给与需求的相互促进。高水平开放有助于进一步释放国内国际两个市场、两种资源的增长动力，通过扩大生产要素配置规模和效益来拉动经济增长。以旅游业为例，2022年全年国内游客25.3亿人次，国内旅游收入约2万亿元（见图1–4）。如果“十四五”期间全国城乡居民人均旅游消费支出提高到1100元左右，城乡居民旅游人数达到60亿人次，居民的国内旅游消费规模将达到6.6万亿元，带来4.6万亿元的市场增量。这一市场潜力的释放，取决于国内供给结构的调整与供给质量的提高。这就需要通过进一步扩大高水平开放，建设国际一流营商环境，实行全国统一的市场准入负面清单制度，促进资源要素自由流动和高效配置，加大国内国际市场生产、流通、分配、消费各环节的改革力度，加快破除

[1] 数据来源：世界银行。

[2] 《2022年民政事业发展统计公报》，https://www.mca.gov.cn/n156/n2679/c1662004999979995221/attr/306352.pdf。

[3] 张辛欣：《优化供给扩大需求，这些举措助力轻工业稳增长》，https://www.gov.cn/zhengce/202307/content_6895227.htm。

体制机制障碍，形成强大国内市场。

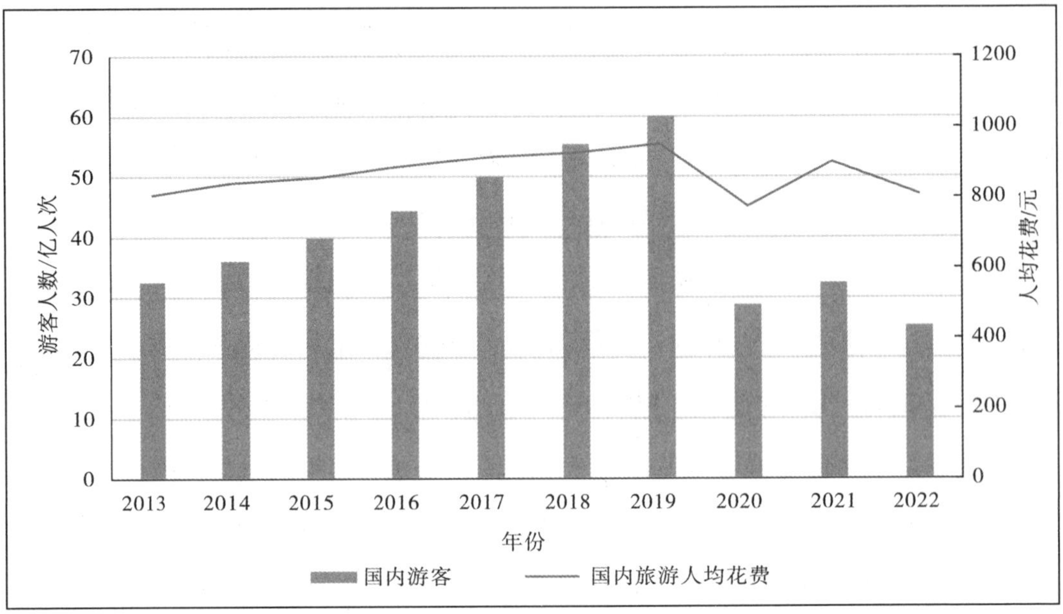

图1-4　2013—2022年国内游客人数及人均花费

数据来源：国家统计局。

（三）以高水平开放推动国内国际市场对接

1. 推动高水平开放与高质量市场经济的融合。随着经济服务化进程的加快，高水平开放与高质量市场经济直接融合，以开放促改革，以改革促开放，赢得国际经济合作竞争的主动。市场是全球最稀缺的资源。强大的国内市场是我国到2035年基本实现社会主义现代化的重要动力和底气。以扩大内需为基本导向的高水平开放，就是要实现内外市场联动、要素资源共享，形成更高水平开放合作的新发展格局。

2. 构建高水平开放型经济新体制。与商品和要素流动型开放不同，制度型开放意味着对外开放的重点向国内制度层面延伸。制度型开放的重大任务在于打造市场化、法治化、国际化的营商环境，在公平竞争、反垄断、市场透明、知识产权保护等方面强化制度性安排。例如，进一步完善外商投资准入前国民待遇加负面清单管理制度，落实准入后国民待遇；加快服务业领域与高水平国际规则对接，尽快打破服务业市场垄断与行政垄断；实现经济政策由产业政策为主向竞争政策为基础的转变，强化对经济政策的公平竞争审查；主动对接国际高水平经贸规则，并在自由贸易港（区）强化敏感领域的压力测试；强化财产权与知识产权保护，最大限度激发市场活力与创新活力。

二、以RCEP为区域布局的战略重点

（一）RCEP的战略地位

1. RCEP是全球最大的自由贸易区（见图1-5）。RCEP于2012年由东盟发起，历经了8年31轮正式谈判。2020年11月15日，东盟10国、中国、日本、韩国、澳大利亚、新西兰正式签署RCEP，覆盖世界1/3人口、1/3GDP和1/3贸易额的全球最大的自由贸易区由此诞生。这是在经济全球化逆潮下自由贸易和多边主义的重大胜利，标志着亚太区域经济一体化建设取得突破性进展。

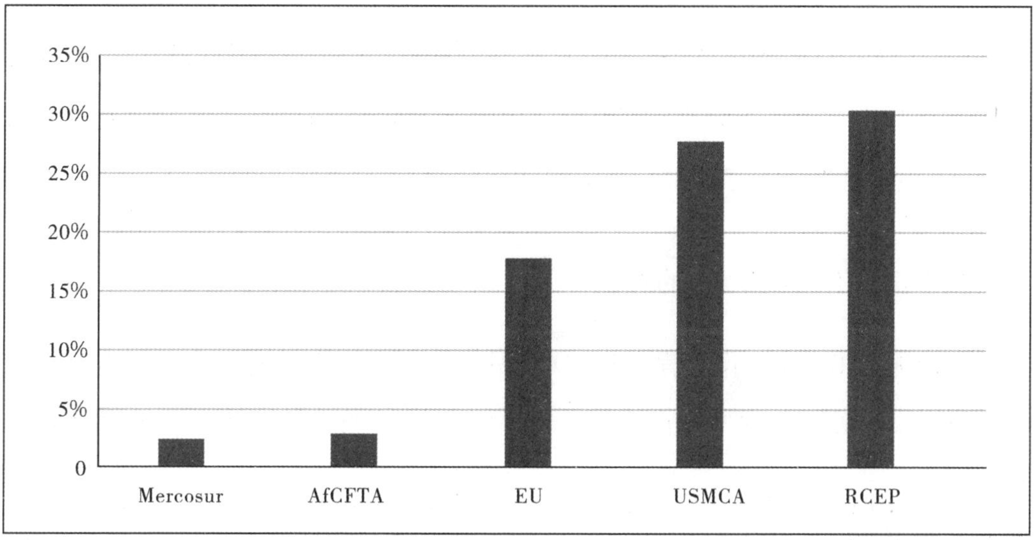

图1-5　2020年RCEP、USMCA、EU、AfCFTA、Mercosur的GDP全球占比

数据来源：《全球最大自贸区RCEP落地，将“缔造全球贸易新重心”》，https://baijiahao.baidu.com/s?id=1720861071148739619&wfr=spider&for=pc。

2022年1月1日，RCEP对文莱、柬埔寨、中国、日本、新西兰等10国正式生效；2023年6月2日，RCEP对菲律宾正式生效，标志着RCEP对15个签署国全面生效。

2. RCEP将成为推动区域一体化的重要动力。近年来，在经济全球化逆潮冲击下，RCEP成员国都遭遇过程度不一、形式不同的贸易保护主义和单边主义冲击。RCEP各成员国均承诺降低关税、开放市场、减少技术性贸易壁垒，发出了反对单边主义和保护主义的强烈信号，有力支持了自由贸易和多边贸易体制。同时，RCEP成员国发展水平不一，有发达国家、发展中国家、最不发达国家。RCEP最大限度体现各方诉求和利益平衡的目标。联合国贸易和发展会议估计，到2025年RCEP将使成员国出口增长10%以上[1]。美国布鲁金斯学会预测，到2030年，RCEP对世界贸易的贡献可以达到5000亿美元[2]。

3. RCEP形成了亚太区域经济一体化的制度基础。RCEP的生效实施将使区域内部形成相对单一的市场与规则，并针对成员国不同情况采取过渡期和例外原则等包容、灵活的做法，务实、有效地推动区域内贸易投资壁垒的降低，在更大范围、更高水平上实现资源优化配置和产业分工合作。测算表明，RCEP的全面实施将使成员国每年GDP增长0.5%，并带动全球经济增长0.2%[3]，相当于CPTPP收益的2倍。更重要的是，RCEP实质上推动了东北亚与东南亚两大区域板块市场的融合，为推动更加紧密的区域合作关系奠定了重要基础。

（二）RCEP面临IPEF的冲击

1. IPEF冲击RCEP合作进程。2022年5月23日，美国总统拜登在日本东京正式宣布启动“印太经济框架”（IPEF），美国、韩国、日本、印度、澳大利亚、新

[1] 《RCEP：区域经济一体化的重大利好》，http://fta.mofcom.gov.cn/article/rcep/rcepgfgd/202106/45158_1.html。

[2] 《干货丨RCEP带来巨大东南亚商机，跨境卖家如何把握？》，https://www.sohu.com/a/533374181_121282191。

[3] 《中国联手14国签RCEP，亚太版“欧盟”横空出世！美国措手不及！》，https://baijiahao.baidu.com/s?id=1683685839231276525。

西兰、印度尼西亚、泰国、马来西亚、菲律宾、新加坡、越南、文莱13个国家成为初始成员国。除美国、印度外，其余11国均为RCEP成员国。

2. IPEF冲击以RCEP为基础的亚太统一大市场。IPEF涉及互联经济、韧性经济、清洁经济、公平经济等四大支柱，目的就是聚焦清洁能源、半导体、关键矿物、重要原材料及零部件等关键领域，以标准为导向构建起关键产业链的“小院高墙”。这不仅将对亚太地区既有的经济活动、产业分工和经济秩序造成冲击，并有可能导致区域内分别形成基于IPEF和RCEP的产业链，在分割市场中抑制RCEP效应的充分发挥。

专栏1-2 “印太经济框架”

1. 成立背景

为了制衡中国在亚太地区的经济影响力，奥巴马政府提出“跨太平洋伙伴关系协定”（TPP），但在国会遇冷，随后更是被特朗普政府撕毁。拜登上台后，也没有采取任何实际行动恢复该协定。

为了替代CPTPP，美国2022年宣布启动“印太经济框架”（IPEF），13个国家达成协定。出发点是配合美国的“印太战略”，服务于美国的根本利益，并非着眼于成员国新冠疫情后经济复苏和发展繁荣。

2. 参与成员

IPEF共有13个初始成员国，分别是美国、澳大利亚、文莱、印度、印度尼西亚、日本、韩国、马来西亚、新西兰、菲律宾、新加坡、泰国和越南，13个成员国GDP占全球的40%。2022年5月26日，斐济成为IPEF第14个初始成员国，同时也是第一个加入IPEF的太平洋岛国。

3. 基本内容

IPEF包含四大支柱：互联经济、韧性经济、清洁经济、公平经济。跟传统自贸协定不同的是，没有一体适用的经贸协定，也不涉及降低关税、开放市场等措施；参与国不需要全部参与，而是可以各取所需，自己挑选有兴趣的领域来协商，进而签订相关合作协议。

4. 最新进展

2023年5月27日，美国主导的IPEF基本完成“提高供应链韧性与安全”的协议谈判，这也是IPEF的首批成果。

资料来源：中改院课题组根据公开资料整理。

3. IPEF可能会降低相关成员国推进RCEP进程的信心。RCEP最大的短板在于成员国间政治互信程度相对较低。与之相比，IPEF意图实现经济伙伴与军事联盟相融合，并以泛化“经济安全”的方式进一步强化与区域内各国的安全合作，并依托自身在数字经济、高端制造、绿色技术等领域的核心优势强化与区域内国家的合作，弥补因特朗普退出TPP而造成的亚太区域经济战略空白。IPEF聚焦关键领域的合作机制可能会降低各方对落实贸易投资自由化便利化承诺的信心和决心。

4. IPEF可能会降低RCEP其他成员国与中国合作的积极性。IPEF本质上是美国对华开展经济竞争的工具。长期以来，以东南亚国家为重点的亚太国家呈现出“安全靠美国、经济靠中国”的二元背离特点。2020年，IPEF所有发起国对中国的进口依赖度均高于美国；除泰国、菲律宾、印度、斐济、越南等国家外，其他成员国对中国的出口依赖度也高于美国（见表1–3）。IPEF虽然不涉及关税减让及市场准入开放，但可以通过“量身定做”式的机制与标准设定，制约部分国家与中国的合作进程，并通过转移供应商等手段弱化中国市场的吸引力。例如，构建以半导体为重点的排斥中国的印太关键供应链；构建美国式数字经济治理框架，限制中国参与国际数字经济竞争；企图强化与中国制造业的竞争，削弱中国在全球产业链供应链中的核心地位。

表1–3　IPEF成员国2020年对中美的出口、进口依赖度横向对比

IPEF成员国	出口依赖度		进口依赖度	
	对中国	对美国	对中国	对美国
澳大利亚	42.95%	6.16%	29.17%	12.02%
日本	22.07%	18.69%	25.99%	11.31%
韩国	25.86%	14.51%	23.29%	12.36%
新西兰	28.41%	10.52%	22.69%	9.77%
印度尼西亚	19.48%	11.43%	28.06%	6.12%

续表

IPEF成员国	出口依赖度		进口依赖度	
	对中国	对美国	对中国	对美国
马来西亚	16.20%	11.11%	21.33%	8.73%
新加坡	14.37%	11.35%	14.44%	10.72%
文莱	17.69%	1.15%	10.81%	5.55%
泰国	12.86%	14.87%	24.00%	7.29%
菲律宾	15.07%	15.37%	23.15%	7.79%
印度	6.90%	17.91%	15.96%	7.24%
斐济	3.77%	22.60%	16.40%	3.71%
越南	17.54%	27.67%	32.48%	5.31%

数据来源：中改院课题组依据世界银行、中国国家统计局、美国商务部经济分析局（BEA）数据测算。

（三）合力共建全球最大自由贸易区

1. 完善RCEP实施机制，推动RCEP扩容，推动RCEP红利加快释放。

（1）以建设并完善面向企业的RCEP公共服务平台为重点，着力提升RCEP规则利用率。目前，规则利用率不高是RCEP面临的最大挑战。根据公开数据初步测算，2022年，中国企业出口时对RCEP原产地规则的利用率为3.56%，中国企业进口时对RCEP原产地规则的利用率为1.03%[1]，越南利用RCEP规则享惠关税比例仅为0.67%[2]。为此，需要搭建面向企业的一站式服务平台，鼓励相关智库与政府部门合作，支持企业更好地利用RCEP规则。

（2）加快完善RCEP实施机制。RCEP目前尚未正式成立秘书处，客观上影响了RCEP实施效果。需要尽快成立独立的秘书机构，为RCEP运行和管理提供支持。

[1] 《王文：中国应加速提升RCEP利用率》，https://baijiahao.baidu.com/s?id=1766571311375758548&wfr=spider&for=pc。

[2] 数据来源：越南工商会。

（3）推动RCEP扩容，进一步扩大RCEP覆盖范围。例如，积极促进印度重返RCEP；积极推动中国香港、澳门等单独关税区加入RCEP，更好发挥其贸易中转站的作用。同时，吸引域外国家加入RCEP，吸引南亚、大洋洲等周边地区经济体，以及英国等欧洲经济体加入，进一步提升RCEP在世界经济格局中的地位。

2. 推动RCEP向高水平开放提升，建设高水平的全球最大自由贸易区。

（1）尽快启动RCEP原产地规则后续审议。例如，在原产地累积规则方面，根据RCEP的要求，尽快推动原产地累积规则从“部分累积”向“完全累积”过渡；在原产地声明方面，尽快对“引入进口商出具的原产地声明作为原产地证明”进行审议，使进口商、出口商、生产商出具的原产地声明文件与签证机构签发的原产地证明文件具有同等效力。

（2）协商缩短货物与服务贸易开放承诺过渡期。比如，力争缩短关税减让过渡期特别是重要原材料、关键零部件的“零关税”过渡期；协商缩短服务贸易由正面清单向负面清单转变的过渡期；协商缩短通关便利化承诺过渡期。

（3）务实推进RCEP与CPTPP对接融合。从实际看，推动RCEP与CPTPP相互补充、相互促进，将对促进亚太区域经济一体化产生重大影响。这就需要拓展RCEP“零关税”商品覆盖度，推动形成更加开放的RCEP区域一体化商品大市场；提升RCEP服务贸易开放度，有效缩短服务贸易负面清单长度，逐步建设RCEP区域一体化服务大市场；提升RCEP投资开放度，推动实现服务贸易与投资负面清单一体化管理。

（四）加快中国–东盟自贸区3.0版谈判进程

1. 东盟与中国是RCEP区域的活力与重心所在。东盟是RCEP的主体，是全球最具增长潜力的市场之一。2011—2022年，东盟GDP年均增长5%左右，远高于全球3.5%、欧盟1.1%的同期增速（见图1–6）。世界经济论坛（WEF）预测，到2030年，东盟将超过日本，成为世界第四大经济体。以高质量实施RCEP为抓手，与其他成员国合力建设全球高水平最大自由贸易区，成为中国推动高水平开放的重大战略任务。

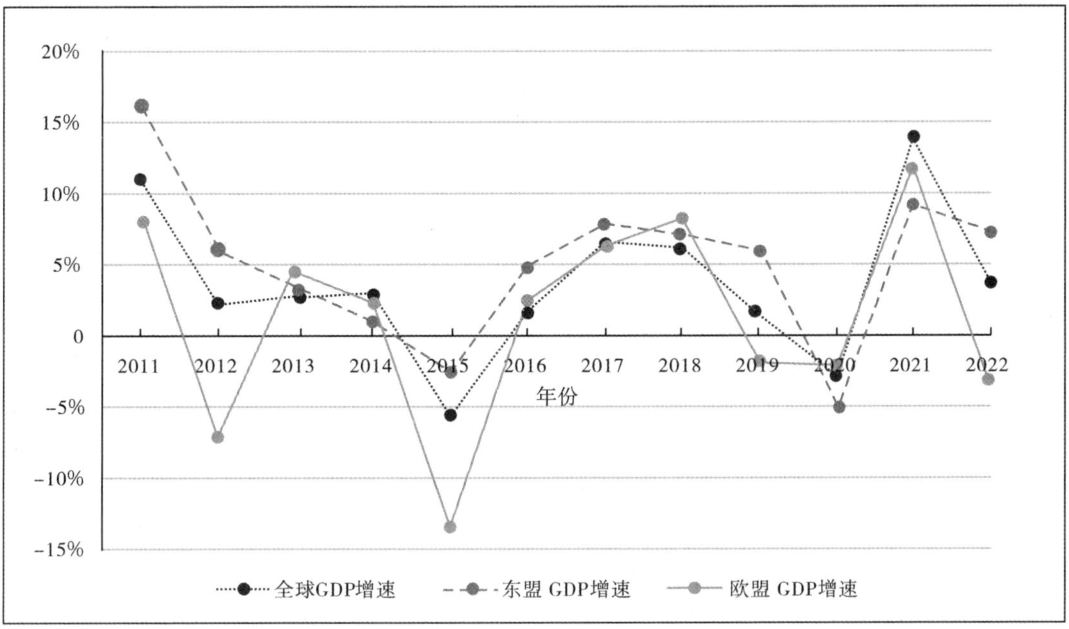

图1-6　2011—2022年全球、东盟、欧盟GDP增速

数据来源：中改院课题组根据世界银行数据库相关数据计算得出。

2. 加快建设中国-东盟自贸区3.0版，是务实推进RCEP高水平开放进程的关键之举。建设中国-东盟自贸区3.0版，促进更高水平贸易投资自由化便利化，将充分释放中国与东盟两大最具活力市场潜力。由此，将加快推进RCEP高水平开放进程，强化东盟在区域合作框架中的中心地位。

3. 尽快实现中国-东盟自贸区3.0版谈判的重大突破。在中国-东盟自贸区3.0版谈判进一步拓展“零关税”商品覆盖范围的基础上，实现服务贸易、数字贸易自由化便利化的重要突破，并引入更多的新议题，使之成为引领RCEP的重要动力。例如，尽快引入跨境服务贸易负面清单管理制度，形成高于RCEP服务贸易开放水平的相关规则；探索形成符合地区实际的电子商务规则和绿色经济发展规则。

三、以服务贸易发展为重大任务

（一）我国服务贸易快速发展，但仍存在一定差距

1. 我国服务贸易快速发展。2014—2019年，我国服务进出口总额由3.71万亿元增长至5.42万亿元，年均增长7.8%，约是货物进出口总额增速的2.2倍，是外贸整体增速的1.9倍，占我国外贸总额的比重由12.3%提高至14.6%。服务贸易在拉动我国外贸平稳增长中作出了重要贡献。2022年，我国服务进出口总额达5.98万亿元，同比增长12.9%[1]。

2. 我国服务贸易发展仍存在一定差距。目前，我国已成为全球第二大服务贸易国，但无论是规模还是占比，与排名第一的美国仍有差距。从规模看，2022年，我国服务进出口总额仅为美国的51.88%（按现价美元计）；从占比看，2022年，我国服务进出口总额占外贸总额的比重仅为12.4%，不仅低于全球平均水平（21.3%），也远低于美国（23.0%）、英国（37.4%）等发达国家和地区水平（见图1-7）。

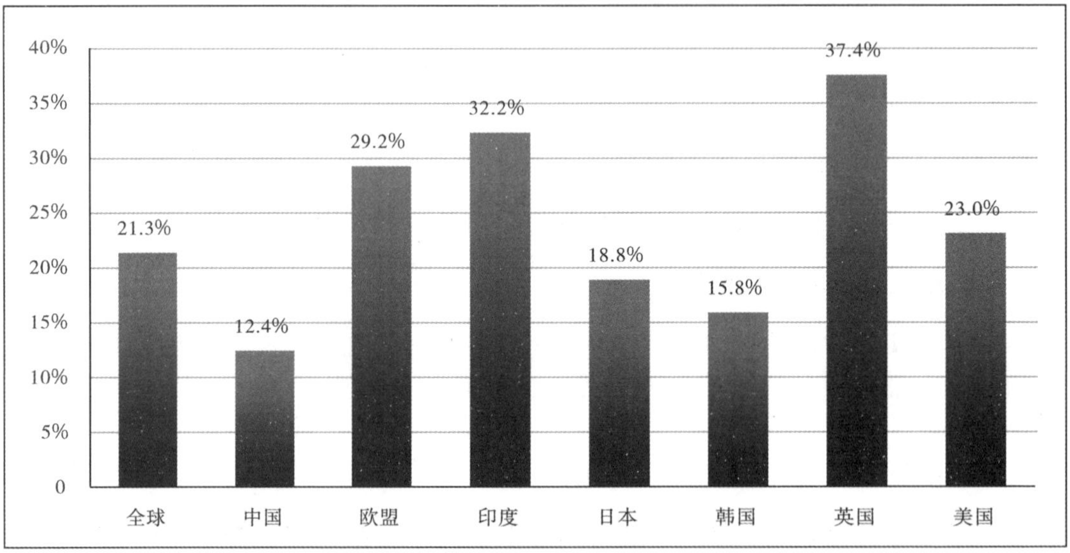

图1-7　2022年全球主要经济体服务进出口总额占外贸总额比重

数据来源：中改院课题组依据联合国贸易和发展会议数据库数据测算。

[1]　《中华人民共和国2022年国民经济和社会发展统计公报》，https://www.stats.gov.cn/sj/zxfb/202302/t20230228_1919011.html。

（二）服务贸易成为我国经济结构转型升级的关键因素

总体来看，我国消费结构、产业结构、科技结构、贸易结构等领域的结构转型，蕴藏着巨大的服务贸易发展潜力。以消费结构为例，服务型消费将带动生活性服务贸易较快发展。伴随着经济社会转型升级，我国居民服务型消费增长空间巨大。预计到2025年，我国14亿多人口50%的消费将会集中在教育、医疗、健康、信息等服务领域；预计到2035年，城乡居民服务型消费占比有可能从2020年的42.6%提升到60%左右，由此带来数万亿美元的消费增量[1]。随着我国城乡居民服务型消费的快速增长以及扩大进口政策效应的逐步释放，我国生活性服务贸易具有巨大潜力。

（三）加快补齐服务贸易发展的突出短板

第一，争取到2025年，服务贸易额占外贸总额的比重由2022年的12.4%提升至20%左右。第二，推进服务贸易数字化进程，实现数字贸易占服务贸易的比重由目前的50%左右提升至60%以上，达到全球平均水平。第三，适应创新型国家建设进程，实现知识密集型服务贸易占服务贸易比重的明显提升。第四，显著提升健康、教育等生活性服务贸易以及研发、设计、金融等生产性服务贸易的国际竞争力。

（四）加快服务业市场开放进程

1. 服务业市场开放与服务贸易发展直接融合。一方面，在由货物贸易为主向服务贸易为重点的开放转型中，服务贸易发展越来越依赖服务业市场开放。2008年全球金融危机爆发后，在整体外贸形势挑战加大的情况下，我国服务贸易快速发展，很大程度上得益于服务业市场开放。服务业市场开放使得我国服务业企业在深度参与全球价值链的同时，最大限度提升了商业存在、自然人移动等服务贸易提供

[1] 迟福林：《强化公共服务职能 深化行政体制改革》，https://www.sohu.com/a/515868542_120988533。

方式的便利化水平。总的来看，进一步扩大服务业市场双向开放将推动我国服务贸易发展再上一个新台阶。

2. 加快形成服务业市场全面开放新格局。一是推动服务业市场向社会资本全面开放。要按照“非禁即准”的要求，凡是法律、行政法规未明令禁止进入的服务业领域，应全部向社会资本开放，鼓励引导社会资本参与发展服务业，并在打破服务业市场垄断方面实现实质性破题。二是加快推进服务业对外开放进程。大幅缩减外资准入负面清单限制条目，率先实现教育、医疗、养老、旅游等服务业全面开放，取消外资股比限制及经营范围限制。三是清理并大幅削减服务业领域“边境内”壁垒。在有条件的地区率先引入日美欧等在医疗药品、旅游娱乐、“体育+养老”等重点生活性服务业方面的管理标准，并实现资格互认。

3. 打破服务业领域的市场垄断与行政垄断。

（1）推进服务业垄断行业向社会资本开放。全面实现自然垄断环节和竞争性环节分开，在自然垄断环节强调国有资本主导，在竞争性环节对社会资本放开；完善基础领域的准入制度，对垄断行业要逐步放松或解除管制，广泛引入市场竞争机制，鼓励社会资本参与基础领域的公平竞争；在自然垄断环节，通过BOT（Build-Operate-Transfer，建设—经营—转让）、TOT（Transfer-Operate-Transfer，移交—经营—移交）等多种形式鼓励社会资本参与投资。

（2）推动服务业领域国有资本战略性调整。在一般竞争性服务业领域，国有资本原则性退出，为社会资本留下更大的市场空间；将更多国有资本配置在公共服务领域；在公共服务领域，通过发展混合所有制吸引社会资本参与，形成做大公共服务业的社会合力。

（3）完善服务业垄断行业价格形成机制。在自然垄断环节与基本公共服务领域，仍实行政府定价；对竞争性环节的服务业，政府全面放开价格控制，引入竞争机制，实行企业自主定价。

四、以制度型开放为突出特点

（一）开放重点从“边境上”转向“边境内”

1. 更加强调“边境内”领域的开放。改革开放以来，我国对外开放的制度安排主要集中在“边境上”领域，而在公平竞争、贸易和投资便利化、标准对接等“边境内”领域的制度安排明显滞后。从商品和要素流动型开放向制度型开放转变，主要体现为开放措施从“边境上”措施向“边境内”措施延伸。如当前关注度较高的产业政策、知识产权保护、环境政策、投资政策、竞争政策等都属于“边境内”措施。

2. 开放举措更加强调制度集成创新。从国内自由贸易试验区的实践看，虽然在制度创新的某些方面取得明显成效，但也面临着制度创新成果碎片化、集成度不高等共性问题。当前，加快推进制度型开放进程，依赖于整体性的制度创新，具有集成创新的鲜明特点。例如，推进服务贸易自由化便利化，包括投资贸易、跨境资金流动、人员进出、海关监管以及以提升政府效率为重点优化营商环境等方面，这不仅依赖于投资贸易体制改革，也依赖于行政体制与社会体制改革进程。

3. 开放举措更加强调国内国际规则标准的联动。习近平总书记强调，要牢牢把握国际通行规则，加快形成与国际投资、贸易通行规则相衔接的基本制度体系和监管模式，既充分发挥市场在资源配置中的决定性作用，又更好发挥政府作用[1]。在以制度型开放为主要特征的高水平开放新阶段，一方面，需要跟踪研究能够代表未来发展方向的国际经贸规则演变趋势和主要内容，明晰其可能的运行环境和需要的基础条件，在保证风险可控的条件下，更加注重对照国际高标准经贸规则，以此为目标导向倒逼国内改革。另一方面，需要充分利用国际经贸规则重构的时间窗口

---

[1] 《推进中国上海自由贸易试验区建设　加强和创新特大城市社会治理》，《人民日报》2014年3月6日第1版。

期，把握和利用好各种开放平台在规则变革和制度优化中的先行先试作用，逐步形成一些可复制可推广的规则体系，在推进与国际经贸规则相衔接的同时，引领国际经贸规则高标准化发展。

（二）推进规则、规制、管理、标准的对接

1. 完善准入前国民待遇加负面清单管理制度。大幅缩减市场准入负面清单限制措施，特别是服务业市场准入限制；参照国际经贸谈判负面清单模板，完善外商投资负面清单配套管理措施；全面清理不合理审批事项等各类隐性壁垒，制定与准入负面清单相配套的审批清单，并开展“负面清单外无审批”试点；全面落实准入前国民待遇。

2. 分类推进服务业领域规则、规制、管理、标准等的对接。一是率先在医疗健康领域引入发达国家管理、标准，使国内居民不出国门就可以享受到国际化的医疗健康服务。例如，实行单向认可清单制度，符合清单内国家或地区标准的药品与医疗器械，可自动获得认证，无须开展临床试验直接使用。二是加快推进生产性服务业领域的规则、规制、管理、标准等的对接。例如，对制造服务、建筑服务等具备优势的服务业领域，积极同发达国家签订认可经营商计划，实现管理标准的互认，并积极参与国际经贸规则重构。三是稳步推进数字领域的规则、规制、管理、标准等的对接。在保证国家安全前提下，积极推进与我国数字经济治理规则标准相近的国家就电子商务、电子交易、电子支付等领域的规则标准互认。

3. 积极对标国际高标准经贸规则。一是推进“边境上”领域的规则对接。例如，持续降低关税，争取到2025年，我国关税总水平由2022年的7.4%下降至4%左右。二是推进“边境内”领域的规则对接。例如，建立全国统一的“单一窗口”检测平台，通过利用电子锁等新兴方式实现一地检验、全国通用等；借鉴发达国家实行的认可经营商制度，建立服务贸易认可经营商清单，允许清单内的服务业企业直接向国内提供跨境服务。三是加强新兴议题的试验对接。加强数据跨境流动的先行

试验；以2060年前实现碳中和为目标加快环保标准的对接，并探索将环保标准引入新签订的自贸协定中。

（三）重点强化竞争政策的基础性地位，实现国内政策与国际对接

第一，明确产业政策应以不妨碍公平竞争为基本原则，改变以往以倾斜性的行政力量对市场资源的直接配置，大幅减少现有中央各部门、地方产业补贴与扶持项目，使市场在资源配置中真正发挥决定性作用。第二，强化对新出台产业政策的公平竞争审查，建立投诉举报、第三方评估等机制，坚决防止和纠正排除或限制竞争行为，不得保护落后产业。第三，突出产业政策的战略引导功能，制定适用产业扶持政策的负面清单，将产业政策严格限定在具有重大外溢效应或关键核心技术的领域，并尽量通过政府购买、鼓励直接融资等市场方式支持其发展。

▶▶▶

第三节
打造重要开放门户的战略目标

《海南自由贸易港建设总体方案》提出，“将海南自由贸易港打造成为引领我国新时代对外开放的鲜明旗帜和重要开放门户”。这是中央支持海南探索建设中国特色自由贸易港的目标所在，也是海南自由贸易港建设的重大战略目标。

一、大变局下海南自由贸易港的区位优势更加凸显

（一）地缘优势进一步凸显，将在我国对外开放战略布局中发挥更大作用

1. 以东盟为主导的RCEP成为我国对外开放战略布局的重要抓手。RCEP正式生效以来，已经释放出相应的红利。2022年，我国对RCEP其他14个成员国进出口12.95万亿元，增长7.5%，占我国外贸进出口总值的30.8%（见图1–8），对RCEP其他成员国进出口增速超过两位数的达到了8个，其中对印度尼西亚、新加坡、缅甸、柬埔寨、老挝进出口增速均超过了20%[1]。2022年韩日对华投资同比分别增长122.1%和26.6%，投资促进效应初步显现。为此，亚洲开发银行将东南亚地区2022年经济增长预期由5.1%上调至5.5%。未来几年，以RCEP为抓手，与其他成员国合

[1] 《中国海关总署：2022年中国对RCEP其他14个成员国进出口12.95万亿元》，https://baijiahao.baidu.com/s?id=1754876139310867336&wfr=spider&for=pc。

力建设全球最大自由贸易区，是我国推动高水平开放的重中之重。

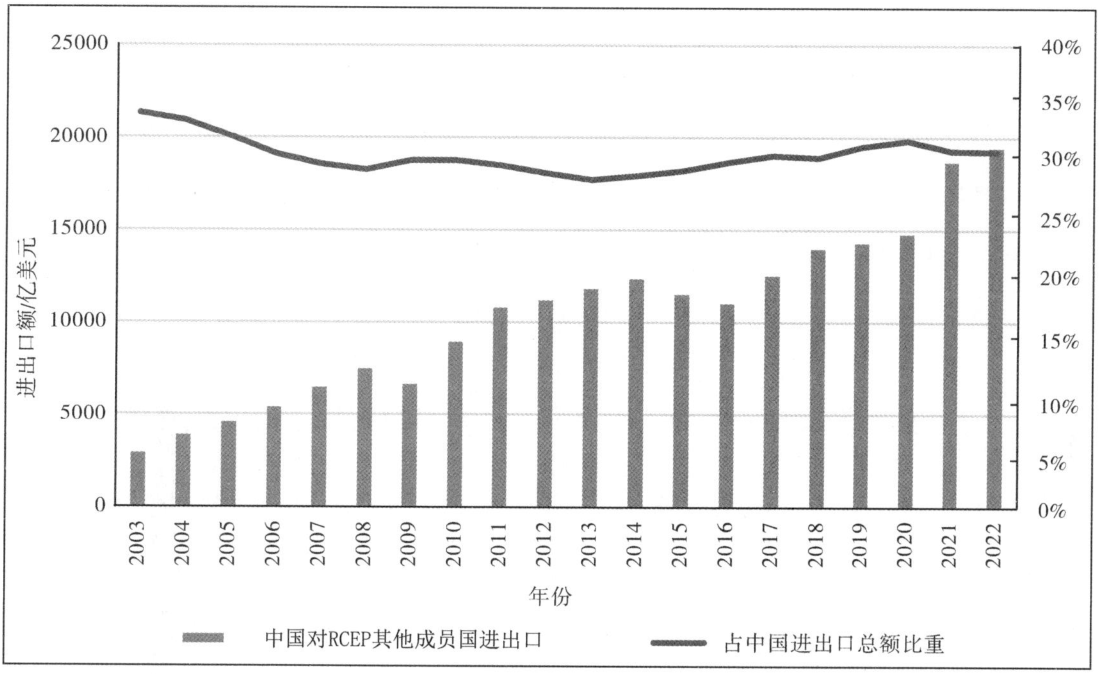

图1-8　2003—2022年中国对RCEP其他成员国进出口及占总额比重

数据来源：国家统计局。

2. 海南地处RCEP区域中心位置。

海南背靠我国华南，面向东南亚，是连接东北亚和东南亚的区域中心。海南位于我国最南端，北以琼州海峡与广东省划界，西临北部湾与越南相对，东濒南海与台湾相望，东南两侧与菲律宾、文莱和马来西亚为邻。

（二）地理位置优势进一步凸显，将在我国经略南海战略中发挥更大作用

1. 海南地处南海要冲。南海地处两大洋和两大陆的交汇地带。海南地处南海要冲，地理位置十分重要。尤其是在我国经略南海面临的复杂性、风险性和艰巨性进一步增大的背景下，落实中央关于打造重要开放门户的战略目标，服务于我国高水平开放与区域合作大局，重中之重是推进海南自由贸易港与南海周边国家和地区

的广泛性、开放性、互补性区域互利合作，排除干扰、增强互信，并在大国博弈与区域合作竞争中赢得主动。

2. 海南受权管辖约200万平方公里的南海海域。1988年4月13日，七届全国人大一次会议通过了设立海南省和建立海南经济特区的决定的同时，宣布授予海南管辖周围约200万平方公里的海域面积。2012年7月三沙市成立，表明我国维护南海主权和海洋权益的决心，也进一步凸显了海南在国家发展全局和经略南海中不可替代的战略地位。

（三）发挥地缘区位优势，明显提升海南自由贸易港的区域影响力

1. 岛屿的开放水平越高，对周边区域的辐射带动能力就越强。从夏威夷岛、济州岛、巴厘岛等世界知名岛屿的发展经验看，岛屿的开放水平越高，对周边区域的辐射带动能力就越强，在地区政治、经济、文化及国际事务中的作用就越大，在地区交流合作中扮演不可或缺的特殊角色。因此，发挥海南岛扼守太平洋和印度洋海上要冲的区位和地理优势，以海南自由贸易港为平台，以开放增进交往，以交往带动合作，以合作促进发展，不断扩大人员往来与交流，强化各方利益联结纽带，明显提升以东盟为重点的南海周边国家的影响力、辐射力。

2. 提升海南在区域产业链和价值链中的地位。未来几年，海南经济合作既要充分发挥区域内在产业、资金、技术、市场等各方面的互补性作用，实现差异化、错位化发展，也要把握经济发展新趋势，积极开展数字经济、生物医药等新兴领域的合作，强化在产业链研发端与市场端的布局，推动建立具有开放性、包容性和公平性的生产分工体系和经济发展秩序。

3. 提升海南在区域性治理规则方面的地位和作用。例如，争取中央支持，赋予海南更大的海洋经济交往权，在《联合国海洋法公约》等框架下，探索与具备条件的地区在海洋资源开发、海洋生态环境保护、海洋经济合作等领域开展地方政府间磋商，逐步形成包含制度、行动计划、实施项目等在内的海洋治理规则体系，为

我国提升海洋治理话语权积累经验。

4. 发挥海南在南海命运共同体建设中的先导作用。着眼于当前和今后的南海问题，我国的突出优势在经济领域，可施展的更大空间也在经济领域。尤其是在区域内国家促进自身经济快速复苏需求全面增大的背景下，“经济牌”的重要性进一步提升。中央在海南建设自由贸易港，就要充分发挥其独特优势，加强海南自由贸易港与东南亚国家的经贸合作和人文交流，在强化利益联结的同时增进共识，助力南海命运共同体构建。

二、将海南打造成国内国际双循环重要交汇点

（一）发挥海南自由贸易港在国内国际双循环中的独特作用

一方面，在有效服务国内居民消费回流、打造国内居民国际化消费重要承接地的同时，积极吸引全球资金、人才、技术等生产要素服务国内大循环，并在国内企业、资金、人才等“走出去”中发挥平台功能和服务作用。另一方面，依托独特的地理区位优势，发挥海南自由贸易港制度与政策优势，使得以东南亚国家为重点的国家更多的产业以海南自由贸易港为平台融入我国双循环发展体系，使国内国际两个市场更深程度连接融合，更好发挥海南在服务双循环相互促进中的作用。

（二）使海南自由贸易港成为国内国际双循环重要交汇点

1. 成为国内国际市场的连接点。吸引更多的东盟区域内高质量企业来海南投资，并发挥海南自由贸易港“重要跳板”功能，服务促进国内具有突出比较优势的产能对外投资，联手打造分工合理、稳定安全的区域性产业链与供应链。更加重视国内与东盟市场规则和服务体系的衔接互认，推进商品通关及跨境要素流动自由便利，推动农业、旅游、健康医疗、金融保险、文化娱乐、航运物流、免税购物、高

新技术等商品与服务市场的全面融合。

2. 成为促进国内国际要素双向流动、优化配置的枢纽集散点。依托海南地处我国面向东盟的前沿以及背靠超大规模国内市场和腹地经济等优势，用好运输来往自由便利政策及“零关税”、加工增值货物内销免征关税政策等，强化物流体系建设及与东盟国家的协调合作，提升海南自由贸易港在中国–东盟跨境供应链中的促进、服务作用。积极吸引国内外跨境要素在海南自由贸易港内中转、交易、配置、集聚，提升海南自由贸易港在中国–东盟产业链、价值链、创新链的服务管理功能。

3. 成为国内与国际高水平经贸规则的对接点。按照打造当今世界最高水平开放形态的基本要求，率先全面落实RCEP经贸规则，争取支持开展CPTPP规则的压力测试，突出海南自由贸易港在服务贸易、数字贸易、竞争中性、环境保护等领域的规则探索，使海南自由贸易港尽快成为我国深度融入全球经济体系的前沿地带，并在部分经贸规则制定中发挥重要牵引作用。

专栏1–3　打造国内国际双循环的务实举措（专家观点）

1. 中国海洋发展基金会副理事长兼秘书长　潘新春

海南作为世界最大的自由贸易港，拥有自然资源、生态环境、海陆空等得天独厚的区位优势，必须以大项目为切入点发挥我国产业和资源优势，对接国际市场需求，建设世界规模最大、科技最先进的研发与产业园区。如同硅谷成为世界各国高科技聚集区的代名词，海南要通过名牌、产业成为中国高水平开放的代名词。

建立全球生物工程研发与产业中心。基因工程是第四次工业革命五大尖端科学之一，海南应走在前列，努力引进世界最优秀的高科技人才、最先进的科研设备，开展世界前沿的生物基因工程研发，建立世界规模最大、技术最先进的全球生物工程研发与产业中心，促进研究产业一体化，建立生物工业品、食品、保健品、药品等产业链。

建立全球深海装备研发与产业中心。南海拥有深海装备试验的独特场景，因此海南应走在前头，下定决心建立全球深海装备产学研中心，在全球招聘人才组建世界级研发与产业队伍，弯道超车，快速赶上。

建立RCEP蓝色经济研发与产业中心。RCEP蓝色经济研发与产业中心，既是研发中心，也是促进蓝色经济发展中心。早期阶段可以把重点放在海洋渔业产业链、海洋新能源产业链、海洋旅游产业链、海洋生态修复产业链、海洋数字经济等领域，同时开展海洋管理与技术培训等。“两个总部基地”建设也可以和RCEP蓝色经济研发与产业中心结合起来。

打造世界康养中心。海南康养产业走在全国前列，全国很多人选择来海南康养、疗养。海南要在此基础上提供技术和服务，丰富服务项目内容，不断发展成为世界康养中心。

2. 香港中文大学（深圳）高等金融研究院政策与实践研究所所长、香港国际金融学会主席　肖耿

海南已经拥有内地的一整套体系，特别是行政体系和社会管理体系，要实现的是经济自由贸易港的目标，当然，可以加上离岸金融业务的目标。这意味着它与香港是完全不一样的。香港是我国外循环的重要平台，我们需要通过海南自由贸易港把外循环和内循环更好地衔接起来。

资料来源：在以“高水平开放的海南自由贸易港——2025’封关运作的重大任务”为主题的2023’海南自由贸易港论坛上的发言，2023年4月13日，海南海口。

（三）使海南成为中国与东盟全面战略合作的重要枢纽

1. 成为中国与东盟经贸合作的自由经济区。

（1）建设扩大东盟商品进口的中转交易基地。依托海南自由贸易港特殊政策，在海南自由贸易港设立RCEP下面向东盟的农产品、消费品、中间产品、关键原材料的采购中心与保税仓储交易中心；与东盟联手，将中国国际消费品博览会打造成亚洲最大的消费品信息发布、交易、展示、仓储、集散基地；支持原产自东盟的消费品在海南自由贸易港建设永久性、大规模、可持续的展示、推介、交易、销售平台，并为其无偿提供场地，相关商品销售适用离岛免税政策；支持海南自由贸易港探索与东盟相关国家海关监管互认，并对自东盟进口的相关商品给予信用通关等便利。

（2）建立面向东盟的国际大宗商品交易所。支持在海南自由贸易港建立天然橡胶、农产品、石油天然气等国际大宗商品交易所，为东盟国家提供交易、交割、定价、结算、风控等一站式服务。同时，海南国际大宗商品交易所全面对接新加坡、伦敦等国际交易所相关规则，并实行以人民币计价、以国际交易者为主体的交易模式。

（3）打造面向东盟的金融服务体系。在海南建立区域性的跨境财富管理中心，吸引东盟国家人员，特别是华人华侨在海南自由贸易港享受个人财富管理服务。在海南建立面向东盟的国际资本市场与人民币债券市场，吸引东盟企业在海南自由贸易港开展人民币融资。同时，支持以海南自由贸易港为基地，进一步完善和加强人民币跨境结算系统建设；在海南建立区域人民币债券清算中心。

2. 成为中国与东盟公共卫生和健康的合作示范区。

（1）推进与东盟公共卫生合作。将海南自由贸易港作为东盟公共卫生援助基地，强化对东盟欠发达国家公共卫生基础设施援助；在海南举办“中国-东盟公共卫生安全高官会”“中国-东盟公共卫生治理论坛”等，就区域内公共卫生治理体制、机制、标准、规则等开展磋商；在海南建设面向东南亚的区域公共卫生风险防控信息中心、区域公共卫生应急联络中心、区域疾病预防控制高等级实验室，设立RCEP公共卫生监测预警系统，加大区域性公共产品供给力度；在海南自由贸易港建设区域性公共卫生物资与设备储备、援助基地。

（2）共建中国-东盟医疗健康一体化大市场。中国正在跨越高收入国家门槛，东盟国家中等收入群体规模进入快速增长期，区域内医疗健康消费市场潜力巨大。在此背景下，需要不断提升国际化医疗健康服务供给水平和能力，推动共建中国-东盟医疗健康一体化大市场。例如，在海南自由贸易港全面对接新加坡医疗健康服务业管理规则与标准；全面放开医疗健康产业，支持东盟优质医疗健康企业通过投资、跨境服务等方式在海南开展面向东盟和国内居民的医疗健康服务；在海南自由贸易港与东盟相关国家合作设立中国-东盟医疗健康产业园，探索联合管理、共同运营模式，合力打造药品与医疗器械研发、制造、维修及医疗健康保险等跨境产业链。

3. 成为中国与东盟蓝色经济伙伴关系核心区。

（1）蓝色经济成为中国与东盟全面战略合作的重大选项。蓝色经济不仅已成为中国与东盟全面战略合作的重大选项，也蕴藏着巨大的合作交流空间。自《南海各方行为宣言》签署以来，中国与东盟国家已建立起覆盖海洋经济、海上联通、海洋环境、防灾减灾、海上安全、海洋人文等领域的务实合作网络。但总的看，合作成果相对较少、合作成效有限。特别是难以在短期内形成统一的地区安全机制和行为规范的背景下，以可持续发展为目标的蓝色经济合作有望成为地区内全面合作的试金石和推进剂。

（2）发挥海南海洋资源优势，打造中国与东盟蓝色经济伙伴关系核心区。依托海南管辖的约200万平方公里海域的资源优势，以海南自由贸易港为平台，积极推动以海洋资源可持续开发利用为目标的蓝色经济合作，在各方支持下开展海洋生态环境保护、渔业资源可持续开发利用等，使海南自由贸易港在中国与东盟的海洋产业对接、海洋绿色发展、海洋人文交流中成为服务保障基地与重要平台，使蓝色经济成为中国与南海沿岸国家间的缓冲地带，服务共建和平之海、友谊之海、合作之海。

（3）以邮轮旅游为重点促进岛屿旅游合作。探索发起面向东盟的岛屿旅游卡计划，实现岛屿经济体之间旅游互通免签；率先建立海南岛–巴厘岛、海南岛–新加坡邮轮旅游合作体，实现南海区域邮轮旅游客源的共享和互送、邮轮航线的联合营销、邮轮旅游的危机管理；等等。

（4）扩大东盟海产品进口。利用RCEP海产品“零关税”生效的时间窗口期，依托海南自由贸易港原辅料“零关税”政策，扩大海产品进口；设立面向东盟的海产品采购中心、分销中心、储藏中心及加工中心等，逐步打造面向东盟的海产品加工、保鲜、中转、交易基地。

（5）推进与东盟国家海洋环境保护合作。在海南合作建立蓝碳交易市场，开展固碳机制、增汇途径和评估方法等研究，以及海洋碳汇跨国交易、抵押质押、融资租赁等业务；推进海水淡化、海洋可再生能源、海洋生物医药等新兴产业技术联合创新与合作推广应用；支持海南同东盟沿海地区开展海洋资源开发、生态环境保护修复等规则的磋商。

4. 成为中国与东盟全面人文交流特区。

（1）以人文交流增进地区合作共识。2011—2021年，中国在东盟国家的劳务合作人数由8.4万人增长至10.24万人，在促进人文交流的同时，也助力当地经济发展。在域外势力干扰等多种因素影响下，中国与东盟人文交流受到较大冲击。在此背景下，需要发挥海南与东盟国家人文相近的优势，在促进学者、商务人士经贸往来的同时，努力打造更大范围、更深层次的人文交流项目，努力成为增进地区合作共识、营造地区合作氛围、引导地区合作舆论的战略要地。

（2）在海南放开面向东盟的劳务市场。在配额管理的前提下，支持海南有序放开面向东盟国家的家政服务市场，为国际化人才和海南中高收入家庭提供优质家政服务；支持海南同菲律宾、印度尼西亚、柬埔寨地方政府建立跨境劳务合作管理协调机制与信息服务平台。

（3）加强海南与东盟的商务人士等人员往来。借鉴亚太经济合作组织（APEC）商务旅行卡的成熟模式，发起面向东盟的商务旅行卡计划，实现东盟国家高端商务人士入境免签；支持海南开设面向东南亚国家来华留学生的学习、实习、就业绿色通道；更加重视青年间交流，更大力度吸引东盟国家青年企业家来华考察等。

（4）在海南建立面向东盟的能力提升与教育培训基地。探索在海南建立东盟大学，以国际援助方式吸引东盟学生到海南留学；在海南建立面向东盟国家政府官员、企业家的RCEP能力建设中心，开展关于RCEP规则运用的专题培训，并开发专门教材。

三、将海南打造成我国深度融入全球经济体系的前沿地带

（一）以制度型开放为战略举措，实现与世界更深程度融合

党的二十大报告指出，要“推进高水平对外开放”“稳步扩大规则、规制、管理、标准等制度型开放”。与商品和要素流动型开放不同，制度型开放意味着对外开放的重点向国内制度层面延伸，不仅涉及市场准入制度，更涉及公平竞争制度、市场监管制度及服务贸易领域的规则、规制、标准等方面的制度性、结构性安排。在这个背景下，中国致力于推进以规则、规制、管理、标准为重点的制度型开放，重大任务在于打造市场化、法治化、国际化的营商环境，在公平竞争、反垄断、市场透明、知识产权保护等方面强化制度性安排。

（二）发挥海南自由贸易港单向开放优势，促进我国深度融入全球经济体系

《海南自由贸易港建设总体方案》提出，要“加快建立开放型经济新体制，增强区域辐射带动作用，打造我国深度融入全球经济体系的前沿地带”。

当前，在经济全球化遭受严重冲击，全球经济政治格局深刻复杂变化的背景下，建设海南自由贸易港，要充分发挥海南地理区位独特优势以及背靠超大规模国内市场和腹地经济等优势，对标当今世界最高水平的开放形态，实行更加积极主动的开放战略，率先对接国际高水平经贸规则，实施全面深化改革和最高水平开放政策和制度，促进区域内生产要素自由便利流动，积极吸引全世界投资者到海南投资兴业，集聚全球优质生产要素与企业，拓展国际市场，使海南成为我国深度融入经济全球化、开展更高层次区域经贸合作的重要平台，并在推进区域合作方面发挥独特作用。

（三）海南自由贸易港政策与制度体系初步建立

根据《海南自由贸易港建设总体方案》的要求，形成了以贸易投资自由化便利化为重点的自由贸易港政策制度体系。截至目前，以“零关税、低税率、简税制”和“五大自由便利一安全有序流动”为主要特征的180多个自由贸易港政策文件落地生效。可概括为“5+1+1”。其中，“5”即“五大自由便利”：“一线”放开、“二线”管住，实现贸易自由便利；大幅放宽市场准入，实现投资自由便利；实行“三大自由”（即跨境资金、贸易结算、投融资等自由），实现跨境资金流动自由便利；实行更加便利的出入境管理政策，实现人员进出自由便利；以建设“中国洋浦港”船籍港为重点实行更加自由开放的航运制度，实现运输来往自由便利。“1”即扩大数据领域开放，实现数据安全有序流动。“1”即实行以“零关税、低税率、简税制”为重点的税收制度安排。

（四）对标最高水平开放的贸易投资自由化便利化政策

对标世界最高水平的经贸规则，借鉴并率先实施国际最新投资贸易协定（如CPTPP）的相关条款，尽快开展电信、环保、劳工、政府采购等领域的先行先试；对标国际一流营商环境，全面实施自由企业制度，建立严格的产权保护与知识产权保护制度，构建与国际接轨的多元化纠纷解决机制，为投资者、创业者打造开放层次更高、营商环境更优、辐射作用更强的开放新高地。

四、封关运作是海南自由贸易港高水平开放的关键节点

（一）封关运作意味着海南从“境内关内”转向“境内关外”

全岛封关运作，意味着海南全岛由“境内关内”向“境内关外”的海关监管特

殊区域转变。尽管我国自由贸易试验区自启动建设起就肩负着开展高水平开放压力测试、发挥示范带动作用、服务全国全面深化改革开放的重要使命，但与自由贸易港相比，存在实质性区别。第一，自由贸易试验区是“境内关内”的海关特殊监管区，而自由贸易港是“境内关外”的海关监管特殊区域（见图1-9）。第二，对自由贸易试验区来说，不存在封关的设计和举措；对自由贸易港来说，封关是具有实质性意义和影响的一个重大举措。第三，在自由贸易试验区，财税、金融、行政等体制与国内其他地区相同；在自由贸易港，财政、金融、行政等体制有可能与国内其他地区不同。

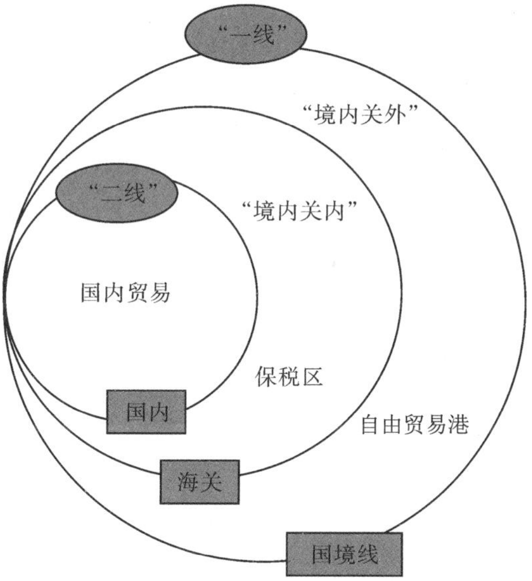

图1-9　不同类型特殊经济功能区

（二）封关运作意味着海南自由贸易港从起步阶段转向实质性运作阶段

按照中央要求，海南自由贸易港建设要“坚持稳扎稳打、步步为营，统筹安排好开放节奏和进度，成熟一项推出一项”，并按照《海南自由贸易港建设总体方案》提出的2025年、2035年、本世纪中叶三个阶段性目标要求，对海南自由贸易港政策制度体系设计形成2025年前（封关运作前）、2035年前的分步骤分阶段安排。因此，全岛封关运作意味着海南自由贸易港建设由起步阶段向实质性运作阶段转变。

（三）封关运作后海南自由贸易港政策优势将进一步凸显

根据《海南自由贸易港建设总体方案》，中央分步骤分阶段推进海南自由贸易港建设，并提出了三个阶段性发展目标，分别为：到2025年，初步建立以贸易自由便利和投资自由便利为重点的自由贸易港政策制度体系；到2035年，自由贸易港制度体系和运作模式更加成熟；到本世纪中叶，全面建成具有较强国际影响力的高水平自由贸易港。同时，根据不同阶段性发展目标，《海南自由贸易港建设总体方案》明确了不同阶段海南自由贸易港的政策与制度安排。即：2025年前，围绕贸易投资自由化便利化，在有效监管基础上，有序推进开放进程，推动各类要素便捷高效流动，形成早期收获，适时启动全岛封关运作；2035年前，进一步优化完善开放政策和相关制度安排，全面实现贸易自由便利、投资自由便利、跨境资金流动自由便利、人员进出自由便利、运输来往自由便利和数据安全有序流动，推进建设高水平自由贸易港。这就表明，2025年封关运作后海南自由贸易港政策安排将更具竞争力。

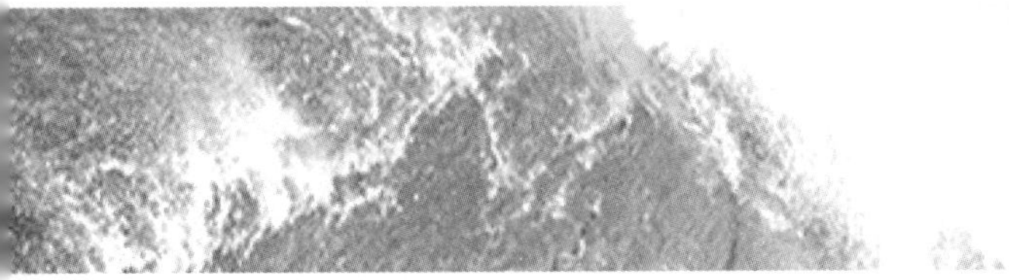

第二章

处理好“一线”与“二线”的关系

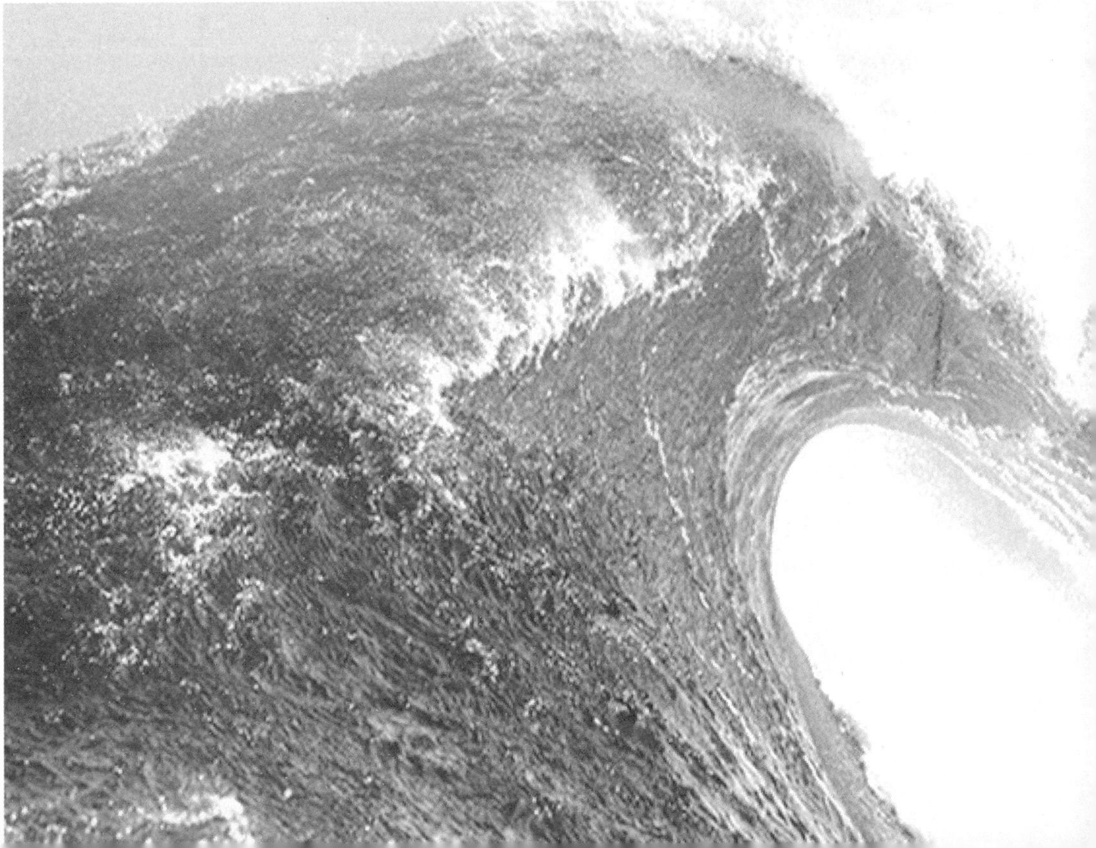

《海南自由贸易港建设总体方案》明确指出，在海南自由贸易港与中华人民共和国关境外其他国家和地区之间设立“一线”，在海南自由贸易港与中华人民共和国关境内的其他地区（简称“内地”）之间设立“二线”。

面对加速演进的百年未有之大变局，以打造重要开放门户为战略目标的海南自由贸易港，需要立足打造当今世界最高水平开放形态的目标要求，充分借鉴国际知名自由贸易港经验，处理好“一线”与“二线”的关系。

第一节

处理好“一线”与“二线”关系具有全局影响

处理好“一线”与“二线”的关系，既涉及中央层面的重大决策，也涉及地方层面的具体操作方案设计；既涉及加强海南自由贸易港与东南亚交流合作的战略任务，也涉及满足与粤港澳大湾区联动发展的现实需求；既涉及当前海南自由贸易港建设的各项具体工作，也涉及打造国内国际双循环重要交汇点、发挥中国与东盟全面战略合作重要枢纽作用等全局目标。

一、“一线”高水平开放是封关运作的基本要求

（一）“一线”高水平开放是打造当今世界最高水平开放形态的应有之义

1. 自由贸易港是当今世界最高水平开放形态。2018年4月13日，习近平总书记在庆祝海南建省办经济特区30周年大会上提出，“自由贸易港是当今世界最高水平的开放形态”[1]。从自由贸易港的发展历程看，自由贸易港经历了“港口城市—出口加工区—自由贸易园区—自由贸易港”的代际演化。

[1] 习近平：《在庆祝海南建省办经济特区30周年大会上的讲话》，《人民日报》2018年4月14日第2版。

专栏2-1 自由贸易港历史演变

联合国贸易和发展会议在其1992年发布的研究报告中提出了“港口代际划分”的理论，并根据港口的功能将现代港口分为三代，1999年又在此基础上进一步提出了“第四代港口”的概念。和港口代际演化相对应，自由贸易港也经历了类似的代际演化。

（1）第一代：港口城市。产生于欧洲13～14世纪，并于18～19世纪达到发展顶峰。1936年，美国在纽约建立了第一个专门从事转口贸易的对外贸易区即纽约1号。这时期的城市港口多数以单一的转口贸易为主，港口只是对外贸易中转码头，在国际贸易中发挥运输枢纽功能，其中部分港口已初步具备加工功能。

（2）第二代：出口加工区。出现于20世纪40年代后，突破了第一代自由贸易港的空间限制，在区位上从港口码头延伸向港口腹地，在功能上新增“工业制造”功能。在二战后，大量的国家和地区为了吸引外资、引入先进技术，依托廉价的劳动力在沿海地区兴办出口加工区。这时候的港口不仅有转口贸易功能，还承担了加工、制造等职能，逐渐由单一的转口贸易扩大到了加工贸易，且在出口加工区内实行“境内关外”的政策，给予园区内企业减少关税等优惠，较早的有爱尔兰香农加工区、中国台湾高雄加工出口区等。

（3）第三代：自由贸易园区。相当一部分的自由贸易园区是在出口加工区的基础上发展而来的，随着港口城市贸易的发展，其功能趋向综合化和多样化。为了刺激贸易，许多城市允许货物自由（免税）输入和输出，并免受一定海关监管，特别是对进口区内供转口的货物以及因区内生产需要而进口的设备和原料等免税。因为免税的范围较小，也存在许多的限制和约束条件，如海关监管、缴纳所得税增值税、不许人员留居等，所以享受优惠的区域较为有限，通常只是港口及其周边的区域。

（4）第四代：自由贸易港。自由贸易港是自由贸易园区发展到一定程度的产物，可以视为自由贸易园区的升级版，在货物、资金、人员的流通上更为自由，对绝大多数的进出口货物豁免关税，准许进口货物在港内装卸、加工、改装、整理、长期贮存、买卖等，供转口或供本地居民消费的货物进口一律免税。与自由贸易园区比，自由贸易港的范围更大，可以是整个城市；优惠力度更大，自由贸易港内的全部居民和游客等都能享受免税的优惠。自由贸易港内的企业可设立国际银行账户，享有汇率结算自由，所获得的利润可全部自由汇入。自由贸易港是当今全球开放水平最高的特殊经济功能区。

资料来源：《史上最全：自由贸易港深度解析篇！》，https://mp.weixin.qq.com/s?__biz=MjM5NDQxMjM3NA==&mid=2453070062&idx=3&sn=132da61539dd2f29bb4a29db474694cf&chksm=b14a62d7863debc16ffb890cb026f64482dbac0cd06cb63cbdfb2ed23ab27451bcc99cb27812&scene=27。

2. 封关运作的基本目标是打造当今世界最高水平开放形态。海南建立自由贸易港，就是要在党的领导下，加快建立一套相对独立的、与最高水平开放形态相适应的、具有国际竞争力的开放政策和制度体系安排。《海南自由贸易港建设总体方案》提出，“在实现有效监管的前提下，建设全岛封关运作的海关监管特殊区域”。《中华人民共和国海南自由贸易港法》第十一条明确，“国家建立健全全岛封关运作的海南自由贸易港海关监管特殊区域制度”。

3. 以封关运作形成海南自由贸易港最高水平开放保障。当前，海南开放水平相对较低、市场流量小。海南全岛封关运作，要充分利用海南相对独立的地理单元优势，通过形成与内地相对分隔的“境内关外”性质的最高水平开放政策与制度体系安排，来保障海南自由贸易港全面深化改革和最高水平开放政策得以全面贯彻实施，建成高水平开放、高效率运作的社会主义制度下的具有世界影响力的中国特色自由贸易港。

（二）“一线”高水平开放是发挥重要枢纽作用的必然要求

1. 发挥海南自由贸易港重要枢纽作用，关键是市场连接、规则对接。发挥海南独特地缘优势，使海南自由贸易港成为中国与东盟全面战略合作的重要枢纽，就是要将海南自由贸易港打造成为中国与东盟市场的连接点、国内与国际高水平经贸规则的对接点。

2. 实现市场连接、规则对接，关键是高水平开放。需要更加重视国内与东盟市场规则与服务体系的衔接互认，推进商品通关及跨境要素自由便利流动，推动中国与东盟间商品与服务市场的全面融合；需要突出海南自由贸易港在服务贸易、竞争中性、环境保护等领域的规则探索，使海南自由贸易港尽快成为我国深度融入全球经济体系的前沿地带，并在部分经贸规则制定中发挥重要牵引作用。

（三）“一线”高水平开放是打造总部基地的现实要求

1. 海南总部基地建设的紧迫性日益增强。面对美国“印太经济框架”的干扰，特别是区域内以标准为导向的关键产业链“小院高墙”的逐步建立，海南迫切需要抓住未来2～3年的时间窗口，用足、用好RCEP的重大机遇，努力打造中国企业进入东南亚的总部基地，以此稳定并强化中国-东盟产业链供应链。

2. “一线”开放水平制约总部基地建设。2023年海南省政府工作报告要求，“中国企业进入东南亚的总部基地和东南亚企业进入中国市场的总部基地建设取得明显进展”。然而，海南自由贸易港总部基地建设的大势尚未形成。截至2022年5月，海南全省经认定的跨国公司区域总部仅3家[1]，而2022年上海新增跨国公司地区总部有60家，累计达到891家[2]。海南自由贸易港总部基地建设进程较慢的主要掣肘在于“一线”尚未充分放开。

3. 以“一线”高水平开放助力海南总部基地建设。放开“一线”，有利于内地企业以海南自由贸易港为总部基地，自由便利地进入东南亚投资布局。因此，海南自由贸易港封关运作要在相对安全的前提下实现高水平开放政策与制度高效落地，形成相对于内地的开放与发展环境差异，吸引内地企业在海南自由贸易港内交易、配置、集聚各类商品要素，开展面向东南亚的经营、管理、投资等各类业务。

（四）抓住时间窗口期，尽快实现“一线”放开的重要突破

抓住当前区域产业链供应链仍在调整且尚未定型的时间窗口期，按照中央提出的“打造最高水平开放形态”的基本要求，加快《海南自由贸易港建设总体方案》确定的贸易投资自由化便利化政策高效落实，并做好与RCEP规则的叠加，对标CPTPP等逐项落实相关规则，尽快形成高水平开放的突出优势，助力国内企业更加便利地“走出去”开展区域产业链供应链布局，由此形成海南自由贸易港建设不可逆转的大势。

---

[1] 赖书闻：《海南筑巢引凤发力总部经济》，《工人日报》2022年5月10日第6版。

[2] 《跨国企业在中国：上海力争2023年新增跨国公司地区总部60家》，https://m.chinanews.com.cn/cj/shipin/cns-d/2023/02-18/news951653.shtml。

二、"二线"管住事关"一线"高水平开放目标的实现

（一）"二线"高效管住的国际经验

集中力量实现"一线"的高度开放自由，是中国香港、新加坡的基本特征（见表2-1）。将海南与中国香港、新加坡对比可以发现，海南与香港均为全域型自由贸易港，既具有生产形态，也具有生活形态。香港在实现面向全球的高水平开放的同时，与内地间形成了非常牢固的篱笆墙，即"二线"高效管住。香港实行与内地截然不同的制度体系、规则体系，为香港经济自由发展提供了重要支持。

表2-1　2022年世界经济自由度排名前五位的国家/地区

排名	国家/地区	总分	政府规模	法律制度和产权	健全的货币	国际贸易自由	对信贷、劳工和商业的监管
1	中国香港	8.59	8.24	7.50	9.65	8.73	8.84
2	新加坡	8.48	7.18	8.29	9.62	8.61	8.72
3	瑞士	8.37	7.52	8.74	9.86	7.63	8.10
4	新西兰	8.27	6.29	8.72	9.58	8.19	8.57
5	丹麦	8.09	5.24	8.66	9.70	8.42	8.43

数据来源：《世界经济自由度2022年度报告》，加拿大菲莎研究所，2022，第18页。

（二）"二线"管住能力制约海南"一线"开放水平

1. 从制度设计看。以金融为例，海南正以"两个总部基地"建设吸引集聚一批全球性、区域性总部企业。以跨境资金自由便利流动为突出特点的金融开放，既是总部企业的核心诉求，也是海南"两个总部基地"建设的迫切需求。从目前的情况看，海南与内地间在金融领域未能形成"二线"管住的制度体系，仍实行与内地相同的金融制度体系、金融运行规则，这使得企业在海南自由贸易港开展跨境投融资即使在经常账户项下仍实行比较严格的真实性审查，导致海南自由贸易港尚未建

立与最高水平开放相适应的跨境资金进出自由便利政策制度体系。这充分说明，海南自由贸易港金融开放水平明显受到"二线"管住制度安排的制约。

2. 从实际监管效果看。目前，海南正在开展封关试点压力测试，"二线"监管责任在海南。但是在试点过程中，现行监管模式大大增加了海南本岛企业的成本，"二线"监管效果有限。例如，有企业明确表示，在加工增值政策试点中，虽减免税额10万元左右，但因此带来的报关成本等超7万元，且通关效率低。此外，受离岛免税"套代购"等走私案件影响，"二线"管住成为各方关注的焦点，在一定程度上制约了"一线"放开进程。

3. 从监管预期看。当前，海南自由贸易港建设正处于由起步阶段向实质性运作阶段过渡的关键时期，也是增强各方信心、汇聚全球优质要素的关键时期。目前"一线""二线"都设置在海南，且以海南为主管理"一线""二线"，使得海南将主要精力放在"二线"口岸建设和风险防控上，客观上增大了企业等对"'一线'放不开、'二线'高围网"的担忧。

（三）客观评估"二线""套代购"带来的风险

从全球看，与人相关的消费品走私在全世界都是存在的，也是没有办法完全消除的，但是份额较小。从海南情况看，"近两年来，共立案侦办海南离岛免税'套代购'走私犯罪案件518起、行政案件2000余起，案值20亿元"[1]。"套代购"问题是当前海南自由贸易港面临的风险之一，但其总体可控。未来，需要在完善制度设计中避免因"套代购"的局部问题影响海南自由贸易港建设全局。特别是随着"零关税"政策在全岛范围内实施，反走私的重点应是大宗货物走私。

[1] 《公安部：去海南旅游购物牢记"两个不"》，https://baijiahao.baidu.com/s?id=1771389092538506801。

三、“二线”管住并不意味着“二线”管死

（一）超大规模内地市场是海南自由贸易港的重要优势

当前，海南自由贸易港吸引优质要素集聚，既面临着以价值观为基础的经贸合作框架的干扰，也面临着东南亚国家的竞争，以“一线”放开吸引欧美资本的难度逐步增大。在此背景下，14亿多人口超大规模的内地市场成为海南吸引以东盟为重点的国际资本的最大优势，也是做大海南自由贸易港市场流量的最大依托。

（二）用好内地大市场，合理设置“二线”

“二线”设置要使得海南能够充分利用东南亚国家不具备的超大规模单一经济体腹地优势，形成自身最大的吸引力与竞争力，尤其是要有利于内地企业及相关要素自由便利地进入海南自由贸易港。“二线”管住并不是管死，而是要加快推进“放管服”改革，以不降低与内地的联通性为底线，实现与内地间的物畅其流、人便于行。例如，“二线”的金融监管制度，不仅要有效防范境外资金冲击内地金融市场、影响全国金融稳定，也要服务于海南自由贸易港与内地资金的自由便利流动及内地企业以海南自由贸易港为平台开展国际融资、对外投资等活动的便利。

（三）切实防范不合理的“二线”监管

一方面，特殊政策叠加背靠国内大市场是海南吸引境外优质资源集聚的重要优势。境外企业通过海南自由贸易港这个平台，以更低成本、更自由便利地进入内地市场。若全岛封关运作后因“二线”监管制度过严，阻碍海南与内地市场的有效流通，海南对境外要素的吸引力将大打折扣。另一方面，做大市场流量，不仅要依托国际市场，更离不开巨大的国内市场支撑。若全岛封关运作后的监管方案设计过度强调风险防控而造成海南与内地货物、资金等要素双向流动的制度性壁垒，不仅将影响国内资源要素的流入，也难以实现打造双循环重要交汇点的目标。

第二节

集中精力放开“一线”、管好“一线”

在内外环境加速变化的特定背景下，在海南自由贸易港面临流量不足、产业基础薄弱等突出掣肘的情况下，“一线”放开既是全岛封关运作的基本要求，也是形成全岛封关运作基础性条件的首要任务。与此同时，“一线”放开不是不管，而是要实现“宽进”基础上的“严管”。

一、放开“一线”是大变局下海南全岛封关运作的首要任务

（一）在“一线”放开中形成全岛封关运作的基础性条件

1. 全岛封关运作是一项复杂的系统性工程。与综合保税区等传统海关特殊监管区不同，海南自由贸易港既具有生产形态，也具有生活形态。与此同时，海南自由贸易港封关运作既要面向国际市场又要服务国内14亿多人口的内需大市场；既要保证海南与境外市场在各要素流动上的自由和便利，也要保证海南与内地市场在各要素流动上的自由和便利。

2. 在“一线”放开的实践中提升全岛封关运作准备的针对性。例如，目前在洋浦保税港区等重点区域开展“一线”放开、“二线”管住的先行试验。但从实际看，有限的试点经验是否适应全岛封关运作的实际需求存在较大不确定性。因此，

需要在以“一线”放开做大市场流量的实践中不断调整监管思路、监管方式、监管重点，提升封关运作后监管的有效性、针对性。

3. 在“一线”放开的实践中形成“二线”管住、管好的各项条件。

（1）在“一线”放开的实践中形成全岛封关运作的产业条件。2022年海南旅游业增加值为489.57亿元，仅相当于上海的56%；高新技术产业增加值为1086.71亿元，仅相当于深圳的7.4%[1]。在此背景下，实现《海南自由贸易港建设总体方案》提出的“市场主体大幅增长，产业竞争力显著提升”的目标要求，需要以“一线”放开实现搞活市场、搞活经济，由此形成封关运作的产业条件。

（2）在“一线”放开的实践中完善“二线”管住、管好的硬件条件。在当前市场流量较小的情况下，海关、出入境等部门要提前升级硬件基础设施以满足未来需求。

（3）在“一线”放开的实践中形成“二线”管住的政策与制度体系。根据“一线”放开的实际风险管控需求，逐步形成“二线”高效管住的制度安排。

（二）“一线”放开的迫切性日益增强

1. 高效落实海南自由贸易港政策与制度体系的紧迫性。《海南自由贸易港建设总体方案》要求，到2025年，初步建立以贸易自由便利和投资自由便利为重点的自由贸易港政策制度体系。截至2023年5月虽然已发布海南自由贸易港相关政策文件180多份，初步建立起以贸易投资自由便利为核心的自由贸易港政策制度框架，但相关政策与制度落实仍需加快推进。

2. 确保海南自由贸易港开放优势的紧迫性。RCEP的生效在一定程度上降低了

[1] 海南省统计局、国家统计局海南调查总队：《2022年海南省国民经济和社会发展统计公报》，https://www.hainan.gov.cn/hainan/ndsj/202302/ca8dec78f2394f1c906d6cdf8984662a.shtml；广东省统计局、国家统计局广东调查总队：《2022年广东省国民经济和社会发展统计公报》，http://stats.gd.gov.cn/attachment/0/517/517175/4146083.pdf；上海市统计局、国家统计局上海调查总队：《2022年上海市国民经济和社会发展统计公报》，http://www.etmoc.com/eWebEditor/2023/20230612175349980.pdf。

海南自由贸易港政策优势。例如，RCEP主要内容为降关税和促进贸易投资自由化便利化。RCEP生效后，区域内90%的货物贸易最终实现“零关税”，海关程序与贸易便利化整体水平超过WTO《贸易便利化协定》，这在一定程度上削弱了海南自由贸易港“零关税”政策优势。

3. 与东南亚国家交流合作的紧迫性日益增强。在中美关系深刻复杂变化以及由此引发的亚太区域政治经济格局某些重要变化、泛南海区域形势日益严峻的特定背景下，需要以实施全面深化改革和最高水平开放政策和制度实现“一线”彻底放开，推动海南尽快深度融入经济全球化、吸引集聚全球优质生产要素、开展更高层次区域经贸合作，在开放合作中形成对东南亚国家的影响力与辐射力。

（三）充分估计“一线”放开可能带来的各类风险

1. 防范货物贸易自由化便利化可能带来的走私风险。

（1）违规货物入关。主要是防止禁止类货物进入海南自由贸易港。例如毒品、“洋垃圾”等。

（2）进入海南自由贸易港内的“零关税”货物违规流入内地市场。全岛封关运作、简并税制后，对进口征税商品目录以外、允许海南自由贸易港进口的商品，免征进口关税。若“二线”监管体系与“一线”放开、“零关税”不相适应，违法企业受利益驱动可能向内地走私“零关税”货物，扰乱内地市场秩序。

（3）“零关税”货物在海南自由贸易港内流通时违规改变用途。例如，擅自将“零关税”货物交给“零关税”申请人以外的人或单位使用。

2. 防范投资“非禁即入”可能引发的市场风险。

（1）外资企业以负面清单之外的行业备案后违规操作。全岛封关运作后，除特定领域实行准入管理外，海南将全面放开投资准入，外商投资负面清单进一步缩减，且严格落实“非禁即入”。需要防范外资企业以负面清单之外的行业备案后，违规通过各种方式进入禁止、限制外资进入的行业，或通过虚假承诺从事非法经营。

（2）外资企业从事非法集资、经济诈骗等非法经济活动。

（3）政府采购风险。政府采购对内外资企业一视同仁后，使用国外设备可能存在的泄密风险。

3. 防范“零关税”、低税率、简税制可能引发的税收风险。

（1）偷逃企业所得税。一些企业注册空壳公司，通过做假账，享受15%的企业所得税政策。

（2）高收入群体避税。例如，人才落户在海南，但实际工作和收入都在其他地区，享受15%的个人所得税政策。

（3）偷逃关税。例如，非法企业通过填报虚假信息享受“加工增值超过30%（含）的货物，经‘二线’进入内地免征进口关税”政策。

4. 防范跨境资金自由便利流动可能引发的金融风险。

（1）境外资金自由便利流动冲击内地金融市场，影响全国金融稳定。在海南实现岛内和境外资金自由便利流动后，境外资金将大量汇聚海南，若海南与内地之间未能形成健全的金融风险隔离机制，海南本岛金融风险可能向内地市场传导，冲击金融市场，影响全国金融稳定。

（2）成为国内外洗钱的通道和恐怖融资的平台。资金流动自由便利后，洗钱、恐怖融资等行为将更加便捷和隐蔽，海南自由贸易港洗钱和恐怖融资风险将进一步突显。

（3）放宽金融市场准入带来的投机风险。例如，金融新业态新模式可能会增加投机行为，混业经营可能会带来套利风险。

（4）对外举债引发的债务风险。对外举债可能抬高整体外债水平，影响国际收支平衡。

5. 防范数据流动可能引发的网络安全风险。

（1）国家重大国防和安全信息泄密风险。大数据时代，国家拥有数据的规模、数据流动程度、对数据的利用等将成为衡量综合国力的重要指标，无限制的数据流动、网络攻击、数据窃取等可能使国家重大国防和安全信息泄密，影响国家主权与安全。

（2）网上传播和开展不利于国家安全和民族团结的信息和活动。境外某些不利于国家安全和民族团结的非法信息和活动可能借助自由贸易港网络扩散进入内地网络。

（3）网上传播和开展黄赌毒等违法违规的信息和活动。

6. 防范人员自由流动可能引发的风险。

（1）非法入境，伺机从事违法犯罪活动。随着人员自由进出限制的进一步放宽，人员流动更加自由便利，非法入境可能增多。例如，海南对外国人入境审查程序减少，如公安和边防、交通等部门不能实现数据及时互联互通，会导致境外不法分子利用管理漏洞通过海南进入内地，伺机从事违法犯罪活动。

（2）非法就业，影响本地劳动力市场和社会和谐稳定。《海南自由贸易港建设总体方案》明确，“对外籍人员赴海南自由贸易港的工作许可实行负面清单管理”，可能存在外籍人员非法就业的情况，将给本地劳动力市场、社会和谐稳定带来一定的影响。

7. 防范公共生态安全风险。

（1）生物安全风险。海南要建设全球动植物种质资源引进中转基地，一方面，入境生物材料可能带来生物安全风险；另一方面，存在境外非法获得野生动植物物种、南繁种质资源等风险。

（2）资源环境风险。“海南的生态环境只能更好不能变差”是海南发展底线，但随着自由贸易港建设的深入推进，市场主体和游客人数将大幅增加，经济活动将日益活跃，能耗、污染物排放总量控制形势将更加严峻，可能存在资源承载力变弱和环境污染的潜在风险。

二、借鉴中国香港模式

（一）推进“一线”高水平开放

作为全域自由贸易港和单独关税区的香港，与香港关境之外的国家和地区的关系为“一线”关系。香港通过实施并不断更新贸易投资自由化便利化政策，确保各类市场主体在法律范围内能够享受到最大限度的自由空间。例如，海关只对涉及食品卫生、国家安全、环境保护等方面物品实施最低限度的行政许可，进行进出口配额管制和许可证管理；除金融、电讯、公共交通、公共设施及部分传媒行业受政府管控外，投资者可以进入各领域投资和经营；实行自由汇兑制度，外汇、黄金和钻石在香港自由进出，各种货币在香港自由交易和交换，货币市场和资本市场高度开放。

专栏2-2　什么是真正意义上的“一线”放开

“一线”放开应该做到无差异的、基于市场规则的、较高透明度的放开。一方面，“一线”放开是按照市场原则，真正做到人、财、物的自由流动。另一方面，“一线”放开不仅仅是针对国际市场，如伦敦、纽约、新加坡，还包括对内地的放开。而且这种放开是无差异的，是基于统一规则的，有非常高的透明度；基于具有一致性的市场规则、原则。

全岛封关运作，对内地和其他国家或地区的政策应是一致的，没有歧视性。如果海南自由贸易港对伦敦、纽约、新加坡是一个开放政策，但对内地是另外一个政策，则不符合自由贸易港的特点。最关键的是，只要出现对内地和其他地区开放政策的不一致，就很难在真正意义上克服由此引发的道德风险和各类套利行为。比较典型的就是“套代购”。若“一线”放开以后，对国外其他地区的人、财、物是可以充分自由流动的，但对内地不行，这类歧视性、差别化的政策，就很难真正去规避有可能随之产生的道德风险。

资料来源：中国人民银行金融研究所所长周诚君在以“高水平开放的海南自由贸易港——2025’封关运作的重大任务”为主题的2023’海南自由贸易港论坛上的发言，2023年4月13日，海南海口。

（二）实现"一线"高效管理

除开展国际合作外，香港政务司保安局下设的香港海关根据《香港海关条例》，承担防走私、防贩毒与毒品滥用、征收关税、促进贸易、管制战略物品及保障知识产权、保障消费者权益等监管职能。

专栏2-3　香港海关设计及监管模式

1.香港海关组织架构

香港海关隶属于保安局（政务司下属的九局之一，见图2-1），是保安局的纪律部队，属于公务员序列。截至2020年4月1日，香港海关的职员编制达7317人，其中包括9名首长级人员、6142名海关部队人员、493名贸易管制职系人员，以及673名一般及共通职系人员。

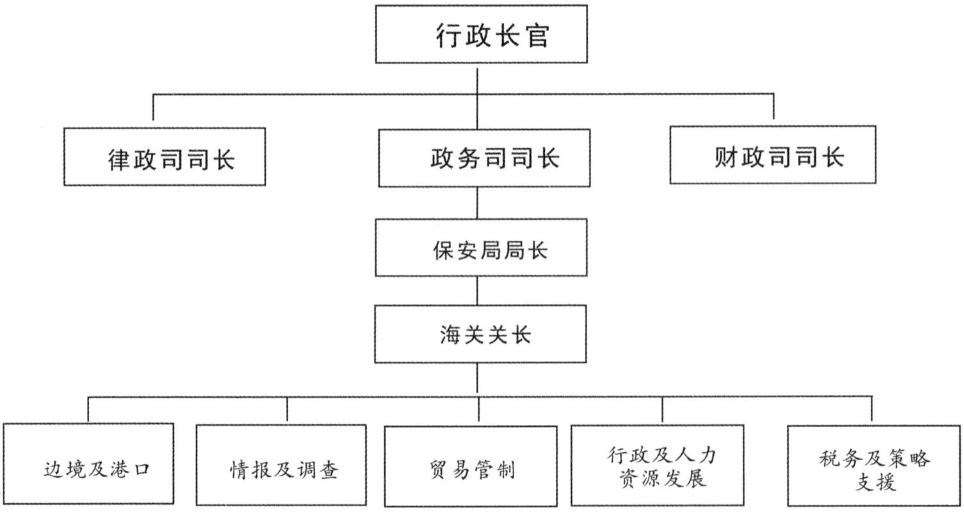

图2-1

2.香港海关主要职责

除开展国际合作外，重点对进出香港的"一线"及境内消费市场进行监管。根据《香港海关条例》，主要职责为：

——保护香港特别行政区以防止走私。即：实施许可证制度；检查经海、陆、空途径进出口货品；在出入境管制站检查旅客和行李；搜查抵港和离境飞机、船只、车辆；打击有关犯罪。

——保障和征收应课税品税款。即：征收应课税品税款；打击与应课税品税收有关的犯罪。

——缉毒和防止贩毒及滥用毒品。执行禁毒相关法例；调查、打击、监视贩毒集团；对有关化学品进行管制。

——保障知识产权。即：执行有关知识产权的条例；调查侵权活动，包含网络侵权；就特定商品发出许可证。

——贸易管制。执行产地来源证和进出口签证制度；防止及调查虚报产地来源等违法行为；执行食米发牌管制工作；执行《进出口（战略物品）规例》。

——保障消费者权益。即：执行保障消费者权益的相关法例，包括《度量衡条例》《玩具及儿童产品安全条例》《消费品安全条例》《商品说明条例》。

——保障和便利正当工商业及维护本港贸易的信誉。

——履行国际义务。包括：与世界海关组织及其他国家、地区海关组织展开合作；检取违规物品（例如违禁药物、走私货物等）；就犯罪行为进行检控。

3.香港“一线”监管模式

——对大部分货物豁免报关。根据《进出口条例》，对转运货物、过境货物、船舶补给品、私人行李、邮件、运输工具等共16类商品豁免报关。

——其他货物报关。除豁免物品外，输入、输出香港的物品需按照相关管理规定向海关提交报关单。

——特殊物品实行许可管理。任何人欲进口或出口禁运物品，必须事前向有关政府部门申领牌照、许可证或证明书，并须受海关监管。禁运物品主要包括烟、酒、爆炸物、危险药物、野生动物、武器、毒品等。

——对消费品实行管理。防止经销商在经营中对提供的货品作出虚假说明，以保障消费者权益。

资料来源：中改院课题组整理。

（三）香港模式的主要优势

1. 有利于加快高水平开放进程。自由贸易港是当今世界最高水平开放形态，其实质是立足于跨境经济关系，推动贸易便利化和各类要素流通便利化，减少双向市场障碍。“一线”“二线”由同一主体管理，将会造成由于怕管不住，所以不敢放、放不开，更多采取合规性监管和限制性监管，且主要侧重于市场准入行为监管、现场监管以及传统的业务监管的局面，这无疑会制约“一线”放开进程。香港模式则不同，其集中精力管理“一线”及境内模式，有利于主动适应国际经贸规则新趋势，有利于根据实际发展与转型需求制定并不断更新开放政策，且确保境内的安全。

2. 有利于形成更大吸引力与竞争力。“一线”与“二线”的适度分离，不仅可以促进减少关境要素流通阻碍，也可以与境内其他地区形成落差，能最大限度形成区域性经济竞争优势，吸引集聚优质生产要素。例如，过去十几年，香港根据国际贸易规则变化及自身转型需求，灵活制定相关贸易投资政策，吸引资金运营商、新型贸易商和高端商贸人才集聚，国际竞争力逐步提升。2019年，中国香港世界竞争力排名由2007年的第3名上升至第2名；2023年，尽管由于多种因素排名有所下降，但仍居前10名（见表2-2）。

表2-2　2007—2023年中国香港世界竞争力排名

年份	排名	年份	排名
2007	3	2016	1
2008	3	2017	1
2009	2	2018	2
2010	2	2019	2
2011	1（与美国并列）	2020	5
2012	1	2021	7
2013	3	2022	5
2014	4	2023	7
2015	2		

数据来源：2007—2023年的世界竞争力年报，瑞士洛桑国际管理发展学院。

3. 有利于更加灵活地开展国际合作。自由贸易港的区域影响辐射作用，也体现在其面向全球的经贸网络。香港依托其单独关税区的特殊地位，不断拓展国际网络，不仅在全球经贸规则重构中占据一席之地，也使得自身通过高水平经贸协定提升开放水平。截至2023年，中国香港已与8个国家或地区（组织）签署自由贸易协定（见表2-3）。

表2-3　中国香港与其他国家或地区（组织）签署的自由贸易协定

国家或地区（组织）	签署时间	自由贸易协定
中国内地	2003年6月	《内地与香港关于建立更紧密经贸关系的安排》
新西兰	2010年3月	《中国香港与新西兰紧密经贸合作协定》
欧盟	2011年6月	《中国香港与欧洲自由贸易联盟国家自由贸易协定》
智利	2012年9月	《中国香港和智利自由贸易协定》
中国澳门	2017年10月	《香港特别行政区与澳门特别行政区关于建立更紧密经贸关系的安排》
东盟	2017年11月	《中国香港与东盟自由贸易协定》
格鲁吉亚	2018年6月	《中国香港与格鲁吉亚自由贸易协定》
澳大利亚	2019年3月	《中国香港与澳大利亚自由贸易协定》

资料来源：香港特别行政区政府工业贸易署。

三、支持海南集中精力放开“一线”、管好“一线”

（一）支持海南将主要精力放在“一线”上

无论是加强与东盟交流合作、努力打造国内国际双循环的重要交汇点，还是自身建设发展，海南自由贸易港海关监管的主要精力都应放在如何在安全前提下更好推动“一线”高水平开放。封关运作的主要目标就是在相对安全的前提下实现高水平开放政策与制度高效落地，吸引内地企业在海南自由贸易港内交易、配置、集聚各类商品要素，开展面向东盟的经营、管理、投资等各类业务。

（二）支持海南集中精力实现“一线”高水平开放

“一线”放开不是某个领域的放开，而是要在真正意义上做到人、财、物的充分放开。因此，放开“一线”需要按照中央提出的“打造当今世界最高水平开放形态”的基本要求，加快落实《海南自由贸易港建设总体方案》确定的贸易投资自由化便利化政策，推进“零关税”清单由“正面+负面”向“负面清单”过渡，服务贸易制度由减少限制措施向“既准入又准营”过渡，投资制度由“极简审批”向“标准制+承诺制”过渡，税收政策由以“免征”为主要方式的差异化政策向以“简税制、低税率”为特征的普惠制转变。与此同时，对接国际高水平经贸规则，做好高水平开放压力测试，逐步打造与最高水平开放要求相适应的政策体系。

（三）支持海南集中精力管好“一线”

1. 明确海南自由贸易港管好“一线”的主体责任。“一线”放开不是不管，而是在“宽进”基础上“严管”。客观评估封关运作后“一线”高水平开放可能带来的各类风险，并承担起管好“一线”的主体责任。

2. 明确海南“一线”监管的重点任务。在“一线”放开的同时，海南承担着准入（出）、口岸公共卫生安全、国门生物安全、网络和信息安全、产业安全、食品安全、产品质量安全、生态安全等领域的监管职责。为此，要加强经“一线”进出的货物、人员、资金、信息、检验检疫等领域的监管。例如，对进出口货物进行查验，有效监管禁止、限制进出口的货物、物品，对进口征税商品目录内的商品进行征税，强化出入境检验检疫等。同时，要履行RCEP等协定规则，遵循我国已签署的世界海关组织公约等。

3. 做好海南自由贸易港境内管理。在坚持岛内自由的情况下，加强对涉及国家安全、社会稳定、生态保护红线、重大公共利益等领域的投资与经营行为监管，着力提升投资、商务、市场、生态环境保护、意识形态等领域的监管有效性与专业性，以维护岛内市场稳定、意识形态安全及重大公共利益等。

（四）支持海南加快开展“一线”立法工作

1. 研究制定“海南自由贸易港‘一线’管理条例”。抓紧出台相关法律，使封关运作后相关执法部门能依法监管。

2. 利用立法权开展“一线”领域的立法。例如，修订《海南反走私暂行条例》，制定出台“海关监管条例”“检验检疫条例”“出入境管理条例”“禁止、限制进出口货物管理条例”“金融监督管理条例”“数据跨境流动管理条例”等，明确各执法部门对经“一线”进出海南自由贸易港的货物、物品、人员、资金、数据等的管理办法、法律责任等。

3. 开展适应“一线”放开的岛内管理立法。例如，制定出台“海南自由贸易港金融监督管理条例”，明确海南自由贸易港金融监督管理的目标、对象，金融组织行为规范，金融监管机构及其监管职责，监管措施，风险防范和处置，法律责任等内容；制定出台“海南自由贸易港个人数据保护条例”，明确个人数据处理规则、个人数据跨境传输规则、个人在个人数据处理活动中的权利、个人数据处理者的义务、具有个人数据保护责任的机构及其应承担的法律责任等；制定出台“海南自由贸易港税收征收管理条例”，对海南自由贸易港税务管理、税款征收、税务检查、法律责任，海南自由贸易港税收征管的国内协调合作及国际协调合作等作出明确规定。

（五）加强“一线”监管的统筹协调

1. 强化海警、海关、海事、岸线公安等执法部门的统筹协调。2018年我国机构改革后，海洋管理执法体制由“综合管理、统一执法”转变为“行业管理、综散结合”的复合型管理执法体制。在有效提升管理与执法专业性的同时，也带来了“综散不合”、衔接不畅的潜在挑战。自由贸易港建设以来，海南逐步构建起近海、岸线、岛内三道反走私防控圈，但实践中也存在诸多职责交叉甚至模糊之处。这就需要借鉴国际自由贸易港成功经验，尽快形成从海上到岛内的顺畅衔接的统一监管、统一执法体制。

2. 强化口岸监管部门与地方职能部门的统筹协调。例如，对不征税、不检验的进口货物，需要及时将信息与市场监管部门共享，以保障消费者权益或防止禁止进口物品夹带；对内地到海南自由贸易港的战略物资等，在仍实行国内流通管理的同时，需要强化“一线”口岸与国家安全部门的协调配合；对由内地进入海南自由贸易港的普通物品与货物，需要强化海关、税务等领域的协调。

3. 强化市场监管部门的统筹协调。对需要多个部门进行现场核查的，由主管责任单位牵头制定联合审查制度，由主管部门向企业发出联合审查通知书，在约定时间开展集体现场核查，当场出具审查意见，实现“进一次门、查多项事”；全面推进跨部门的投资信息共享、互认。此外，尽快建立跨部门、跨行业、跨市场的全口径金融信息监测体系，打通部门间经济金融数据壁垒，建立资金流信息监测管理系统，实现银行、证券、保险数据全覆盖，夯实金融业资金流数据监测基础。

第三节

创新“二线”管理模式

根据《海南自由贸易港建设总体方案》，“二线”管住是建设海关监管特殊区域的重要职责，需要以“二线”后撤的创新思路，积极创新相关体制机制，为实现“一线”贸易投资自由化便利化创造良好的制度环境。

一、创新“二线”管理的物理边界

（一）“二线”由域外监管是国际自由贸易港的一般做法

1. 香港作为全关境自由贸易港，不存在“二线”。作为单独关税区，香港全境均为自由贸易港，与其他关境间设“一线”，不设“二线”。因此，香港不承担“二线”监管职能，香港海关的监管职能为防走私、防贩毒与毒品滥用、征收关税、促进贸易、管制战略物品及保障知识产权、保障消费者权益等。

2. 新加坡全域为自由贸易港，但也局部划定自由贸易区，存在“二线”。新加坡在自由贸易区与国内其他地区间设立“二线”，货物由自由贸易区运入其海关关境时，由其国家海关署负责监管。由域外相关部门管理“二线”，有利于自由贸易港管理主体集中精力放开“一线”、管好“一线”，有利于实现各类市场主体无差别的高水平开放。

（二）参照香港模式，不在海南本岛设立“二线”

《中华人民共和国海南自由贸易港法》明确指出，“国家建立健全全岛封关运作的海南自由贸易港海关监管特殊区域制度”。封关运作后，海南全岛将成为海关监管特殊区域，即全域性质的自由贸易港。为此，海南自由贸易港应参照香港模式处理“一线”与“二线”关系，不在海南本岛设“二线”。

（三）以“二线”后撤提高监管有效性

1. “二线”的市场流量决定监管重点。按照《海南自由贸易港建设总体方案》要求，在海南自由贸易港与中华人民共和国关境内的其他地区之间设立“二线”。在“货物、物品及运输工具由内地进入海南自由贸易港，按国内流通规定管理”的情况下，“二线”主要涉及由海南自由贸易港进入内地的管理。与“一线”“二线”均由海南管理相比，由内地海关管理“二线”，可以根据流入商品和要素的动态变化，实施更有针对性和有效性的监管。

2. 封关运作后“二线”监管难度将进一步增大，海南难以同时承担“一线”“二线”的监管责任。以“二线”反走私为例：

封关运作后，经海南自由贸易港进入内地的货物规模将明显增长。从离岛免税“套代购”走私案件看，随着政策实施，相关走私案件数量增长是一个基本态势。例如，伴随2020年海南离岛免税新政实施，“套代购”违法犯罪案件数量明显增多，2022年上半年，全国海关缉私部门共立案侦办离岛免税“套代购”走私犯罪案件127起，案值2.9亿元，立案查办离岛免税“套代购”走私行为案件863起，案值0.6亿元[1]。封关运作后，海南自由贸易港将实行精简的“零关税”负面清单，经海南进入内地的货物有可能大幅增长，“二线”反走私压力将进一步加大。

封关运作后，反走私复杂性将进一步提升。根据海口海关缉私局提供的相关

[1] 《走出“离岛免税套代购不是走私”的认识误区》，https://c.m.163.com/news/a/HI27EO850514CC4Q.html。

数据，“套代购”走私案件占据涉税走私案件的主要部分，是近3年涉税走私案件数量的73%。全岛封关运作后，海南不仅将全面实行“零关税”负面清单，还将在全岛范围内实行加工增值货物内销免征关税政策，利用上述政策产生的各类走私将不可避免。例如，利用保税政策，以维修更换为掩饰，将“零关税”进口的大型船舶、商用飞机零配件装配后航行到第三地重新拆卸并销售的走私行为；利用保税燃油加注等特殊产业政策和关税政策进行的走私行为；以虚报、伪造、掺杂等方式利用加工增值货物内销免征关税政策的走私行为；等等。

封关运作后，反走私压力将进一步增大。封关运作后，可能产生走私的商品类型将由目前的免税消费品、成品油、冻品等散装、低附加值品类，逐步发展为航空船舶材料配件、保税燃油、高科技产品（如芯片、路由器、服务器、传感器及零部件）、珍稀特有动植物（如供医用实验类动物、名贵宠物以及植物新品种等）、管制类药物、贵重医疗机械与耗材、工业用特种气体等高附加值、大宗交易类货物。

3. 海南现有监管能力与“高效监管”的目标要求不相适应。以反走私队伍建设为例。一方面，作为反走私工作中坚力量的海关缉私、岸线公安和海警，分属于中央政法编制、武警部队编制，导致海南难以按照反走私工作实际需求动态调节人员编制比例。另一方面，“案多人少”矛盾突出。以海口海关缉私局为例。2014年海警职能与机构调整后，全局共有正式中央政法编制166个，至2023年6月仅增加2个编制；与之相比，2021年缉私工作办案数量比2015年增长了4倍。全岛封关运作后，伴随走私案件、类型的增长，“案多人少”的矛盾将进一步突出。

4. 信息化等新型监管方式仍有较大应用空间。大数据、云计算、区块链等数字化、智慧化监管方式在监管重点领域的利用不足。

二、创新“二线”管理的责任主体

（一）由内地承担“二线”管住责任

1. “二线”管住的三种方案。目前，对于海南自由贸易港“二线”管住的责任主体存在不同的看法，主要有三种不同的意见。一是“二线”管住不是海南的责任；二是“二线”货物和人员的监管责任主体是海南；三是“二线”货物由内地海关监管，人员由海南监管。

专栏2-4 海南自由贸易港“二线”管住的责任主体

中改院院长迟福林在京与几位专家交流时，专家们对于海南自由贸易港封关运作，特别是“二线”管住的责任主体有截然不同的三种观点。

观点一：“二线”管住不是海南的责任。中国人民银行金融研究所所长周诚君认为，如果把“二线”管住的责任交给海南，即使把海南所有的监管人员都配置到“二线”，也管不过来，或难以管好。而且如果采取这样的管理方式，也与世界通行的制度不匹配。因此，“二线”管住一定是内地的责任。只要“二线”管住了，海南自由贸易港就可以实现真正对标世界最高水平开放形态。

观点二：“二线”货物和人员的监管责任主体是海南。国务院发展研究中心对外经济研究部原部长赵晋平认为，如果“二线”设在其他省市自治区，制度成本很高。所以，需要海南承担双重管理责任，即“一线”“二线”都在海南，以海南为主承担对货物和人员的监管责任。

观点三：人货分离，货物由内地海关监管，人员由海南监管。中银国际研究有限公司董事长曹远征认为，最大的走私是大宗货物和商品的走私，一定要由内地海关负责监管，而人员由海南监管。

资料来源：中改院课题组整理。

2. “二线”管住三种方案比较。

方案一：“二线”后撤至内地，明确内地在“二线”监管中的重要责任。该方案的主要优势在于：有利于海南自由贸易港集中精力放开“一线”、用好“一线”，有利于实现海南自由贸易港与内地的有效联通。例如，可以避免“一地两检”或“两地两检”的重复监管，保障海南与内地的联通性不会因封关而降低，对吸引企业在海南自由贸易港设立投资东盟的总部基地十分有利；有利于提升封关运作后“二线”监管效能。该方案存在的主要问题在于：方案实施主要涉及中央决策。例如，需要中央尽快明确海南自由贸易港“二线”物理边界及监管责任主体。

方案二：“二线”设置在海南，明确海南在反走私中的主体责任。该方案的主要优势在于：目前海南正在推进“二线”口岸基础设施建设，由海南承担“二线”监管的主体责任，基础设施等建设成本相对较低。该方案存在的主要问题在于：不利于海南自由贸易港“一线”高水平开放，将使海南把主要精力放在“二线”管住方面，掣肘海南自由贸易港高水平开放进程；难以有效提升“二线”监管效能；不利于海南自由贸易港与内地高效联通。例如，为提升反走私效能，不仅需要海南对离岛进入内地的货物进行监管，也需要广东等内地省份再次核查，由此造成“两地两检”等问题。

方案三：人货分离，人员所携带的物品由海南监管，商品及大宗货物由内地监管。该方案的主要优势在于：一是有利于发挥海南与内地各自优势。例如，离岛免税购物政策实施以来，海南已积累了丰富的免税商品监管经验。二是有利于减轻内地“二线”监管压力。相较于所有经海南自由贸易港进入内地的商品均由广东监管，本方案减轻了内地反走私压力，但减轻程度相对有限。三是有利于在一定程度上实现海南自由贸易港与内地货物联通。因此，本方案将对除个人物品外的其他商品市场与内地联通有积极作用。该方案存在的主要问题在于：一方面，建设成本与运营成本较高。这就需要在海南自由贸易港与内地均设置“二线”并配备监管人员。另一方面，有可能存在对“零关税”商品的监管真空。

综合考虑三种方案的优势、劣势与成本、收益，建议选择方案一，由内地承担“二线”监管责任，并将“二线”监管责任分散到内地各省区市和计划单列市，这将为实现海南自由贸易港封关运作的基本目标提供重要条件。

（二）明确“二线”监管责任部门

货物“二线”管住是海关监管的重要职责。《海南自由贸易港建设总体方案》明确指出，在海南自由贸易港与中华人民共和国关境内的其他地区之间设立“二线”。因此，管住“二线”是海南自由贸易港外境内其他地区海关的重要职责。建议海关总署制定“二线”监管办法、标准、模式等；待运作成熟时，出台“二线”管理条例。

投资“二线”管住是国家发展改革委与商务部的重要职责。作为我国境内投资、境外投资管理主体，国家发展改革委、商务部应在海南自由贸易港投资“二线”监管中承担主要监管职责，并根据企业投资项目所属领域由各主管部门强化对企业投资项目的监管。

资金“二线”管住是国家外汇管理局、中国人民银行的重要职责。资金“二线”管理的重点在于强化内地经海南自由贸易港对境外的投资活动。

人员“二线”管住是公安部的重要职责。公安部作为我国出入境事务和外国人在中国境内居留、旅行有关事务的主管部门，承担海南自由贸易港人员“二线”管理的重要职责。需要研究制定国内居民、外国人在海南自由贸易港与内地之间往来的管理办法、相关基础设施建设方案、人员配置方案等。

数据“二线”管住是国家网信办的重要职责。指导、协调、督促有关部门加强互联网信息内容管理，以及负责网络新闻业务及其他相关业务的审批和日常监管是国家网信办的重要职责之一。在促进海南自由贸易港数据安全有序流动中，需要对经由海南自由贸易港流向内地的数据进行监管，也需要对内地经海南自由贸易港出境的数据进行监管。

（三）尽快出台“二线”管理的总体方案

按照“打造当今世界最高水平开放形态”的目标要求，在中央层面对海南自由贸易港“二线”管住问题开展专题研究，并尽快出台“二线”管理的总体方案，明确“二线”的物理边界、管理责任主体及监管制度与标准，努力打造具有国际竞争力和影响力的海关监管特殊区域。

（四）加强海南与“二线”监管主体的合作

海南建省初期，曾提出海口海关隶属于海南省，并接受海关总署的指导，目的是加强“一线”口岸监管与协调并实现与内地各地海关的高效配合。当前，如“二线”后撤至内地，需要加强海南与“二线”各监管主体的协调与合作。一方面，在货物、人员“二线”监管方面，通过建立海南与内地“二线”监管联席会议制度，在加强监管数据互通共享、执法合作互助的同时，避免重复监管、过度监管、监管真空等问题的出现。另一方面，在投资、资金、数据等领域的“二线”监管方面，加强海南与相关主管部门的协调联动，提升监管效能。

三、创新“二线”管理的行动建议

（一）在广东·海南（徐闻）特别合作区与内地其他地区间设置“二线”

1. 将广东·海南（徐闻）特别合作区作为海南自由贸易港的飞地。借鉴中新苏州工业园区的飞地经济模式，借助海南自由贸易港政策打造法治化、国际化、便利化营商环境，以政策协同带动产业协同，在扩大海南自由贸易港经济腹地上取得实质性进展。

专栏2-5　中新苏州工业园区的飞地经济

作为国内最早的飞地发展模式实践者之一，中新两国共建的苏州工业园区在借鉴吸收新加坡经验模式基础上，已经成长为中外合作的成功典范和中国改革开放的耀眼明珠。

随着发展的不断深入，中新苏州工业园区实现了从“飞入地”到“飞出地”的角色转变，在市域内、省内外、境外密集开展了多个飞地合作项目。从东部的长三角，到中西部的“一带一路”沿线，当前飞地园区的面积之和已经相当于中新苏州工业园区本身的面积大小。对于飞地合作的经验，主要有以下三点：

（1）政府牵头合作。依托政府强大的资源聚拢能力，提供坚实的政策和资金支撑，具体有打包复制和服务输出两种合作方式。

（2）市场主体助力。即由国企单位通过市场化的方式去合作项目进行区域开发，包括土地出让分成模式、PPP模式和服务输出模式。

（3）市域协同发展。这是在做好“外联”基础上探索的一种“内合”模式，主要体现在空间、治理和功能三个一体化。

资料来源：《讲座回顾：三把钥匙解码苏州工业园区的飞地合作》，https://www.xjtlu.edu.cn/zh/news/2023/05/sanbayaoshijiema。

2. 在广东·海南（徐闻）特别合作区设置海关监管区。参照横琴粤澳深度合作区模式，广东·海南（徐闻）特别合作区与海南自由贸易港仍实行国内流通管理；在广东·海南（徐闻）特别合作区与我国关境内其他地区之间设立“二线”。

3. 在广东·海南（徐闻）特别合作区设立联合执法区。由海南与内地出入境管理人员共同组成联合执法队伍，并实行统一授权、统一标准、统一处理的执法模式。即：由中央出入境管理部门统一给联合执法区的执法队伍授权，执法队伍实行统一的“二线”进出标准开展执法，发现问题后按既定法律进行及时处理。

（二）“二线”后撤至徐闻有利于海南自由贸易港建设

从海南自由贸易港封关运作筹备看，“一线”和“二线”划定绕不开徐闻港。“二线”后撤，将对海南自由贸易港建设十分有利。第一，这是落实广东与海南相向而行指示要求的一项重要举措。第二，有利于海南全岛实行自由贸易港政策，并使海南集中精力放开“一线”。第三，有利于发挥内地海关的专业性，并且避免“一地两检”或“两地两检”的重复监管，保障海南与内地的联通性不会因封关而降低。第四，有利于打通琼州海峡两岸经济联通的堵点，促进与粤港澳大湾区联动发展，形成我国华南地区面向东盟开放的合力。

（三）“二线”后撤至徐闻具有可行性

1. 从历史看：徐闻港是我国海上丝绸之路的重要口岸。作为大陆最南端，徐闻在地缘关系上与海南同根同源，曾互相接壤，本为一体。徐闻古港最早可追溯至秦汉时期，也是汉代海上丝绸之路的始发港。文字记载中，海南与徐闻关系密切，而早期的商贸往来活动可追溯至汉朝。1992年12月12日，徐闻海关正式成立，主要负责对徐闻县、雷州市辖区的进出境运输工具及其人员的行李物品和进出口货物进行监管、征收关税，办理“三资”企业以及加工贸易合同登记备案监管手续，查缉走私违法活动等。

海南建省办经济特区之初曾提出“二线”后撤的设想。海南建省办经济特区之初，在建立海南特别关税区的研讨过程中，为实现海南“‘一线’放开、‘二线’管住”的目标要求，曾提出将“二线”后撤的设想。

2. 从现实看：徐闻海关已初步建立了以打击“套代购”为重点的监管体系，同时，粤琼两省在反走私信息共享、联合打击、联合治理、基础设施等方面取得了积极进展。例如，建立情报会商制度，定期开展情报会商和态势分析；合作开展联合打击与专项行动；初步打造以数据融合建模、情报快速协查、线索关联扩线为功能主线的粤桂琼反走私情报预警研判体系。此外，从琼州海峡的地理特点看，把“二线”设在徐闻，可以在海南与内地间形成严格的物理隔离，在保持海南与内地联通性的同时提高“二线”监管的有效性，还有利于节约物流成本。

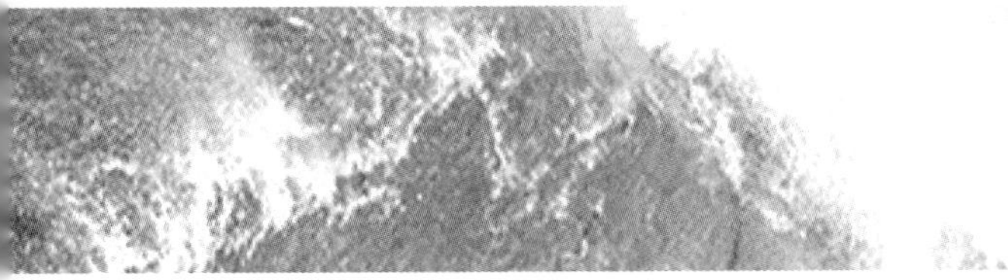

第三章

加快建设“两个总部基地”

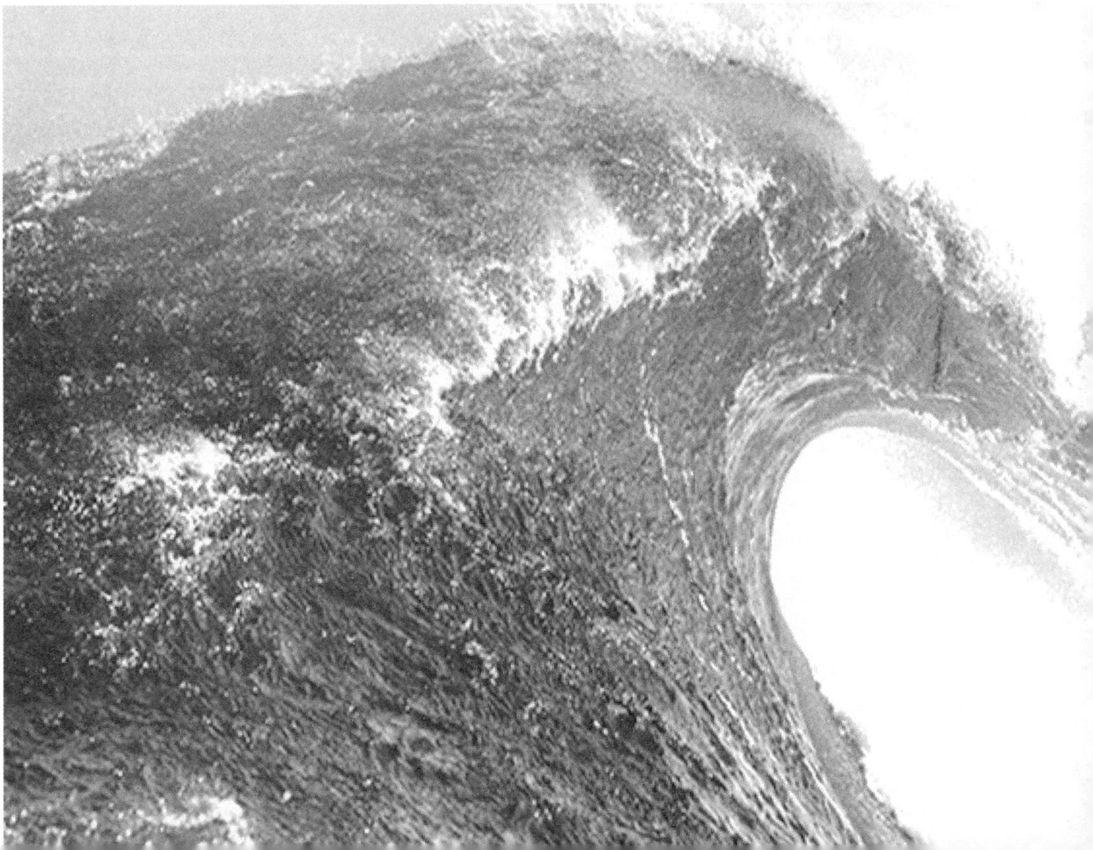

面对复杂多变的国际政治经济形势，以打造重要开放门户为战略目标的海南自由贸易港，需要抓住RCEP生效契机，以建设“两个总部基地”为重大任务，形成海南自由贸易港封关运作的重要支撑。

第一节

市场流量小成为制约海南自由贸易港建设的突出矛盾

总部经济或总部基地具有产业关联度高、集聚辐射带动作用大的突出特征。面对全球政治经济格局变化的新形势，海南自由贸易港要顺应大势，通过总部基地建设弥补海南作为岛屿经济体市场空间小的先天短板，并在总部基地建设中助力中国与东盟全面战略合作进程。

一、市场流量小成为封关运作的突出矛盾

（一）市场流量是海南自由贸易港的重要支撑

1. 大进大出的通道经济是国际上成功自由贸易港的一般特征。从中国香港、新加坡、迪拜等国际公认的成熟自由贸易港的成功经验看，大进大出的通道经济是其一般特征，也是其形成区域影响力、辐射力的重要基础。

以新加坡、中国香港为例：

（1）人流。以新冠疫情前接待入境游客数量为例，1998—2019年，新加坡接待入境游客数量从624.4万人扩大至1911.6万人，年均增长5.5%；中国香港接待入境游客数量从1016万人扩大至5591.3万人，年均增长8.5%（见图3-1）。

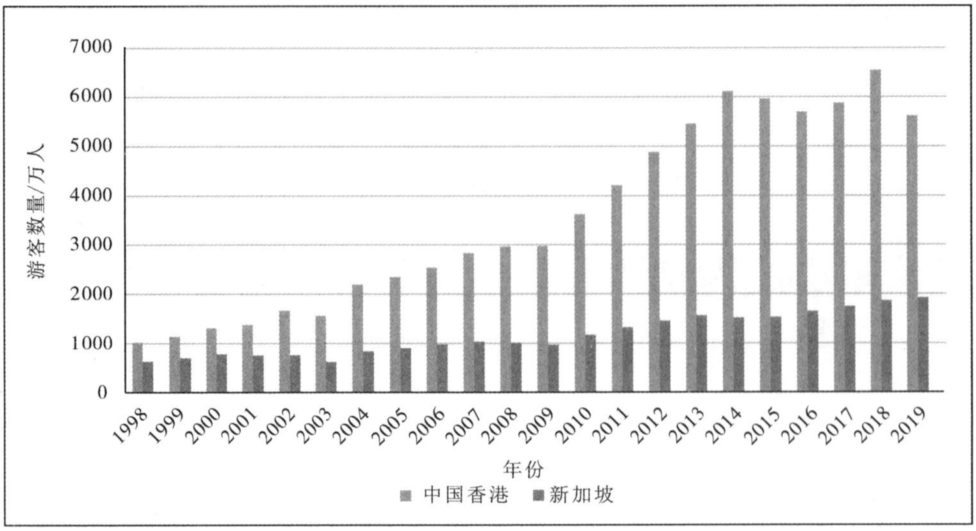

图3-1　1998—2019年新加坡、中国香港接待入境游客数量

数据来源：世界银行。

（2）物流。1972—2022年，新加坡货物进出口总额从53亿美元扩大至1.02万亿美元，年均增速达16.3%，比同期GDP年均增速（10.8%）高5.5个百分点。1998—2022年，中国香港货物进出口总额从3034.4亿美元扩大至1.24万亿美元，年均增速达6%，比同期GDP年均增速（3.2%）高2.8个百分点（见图3-2）。

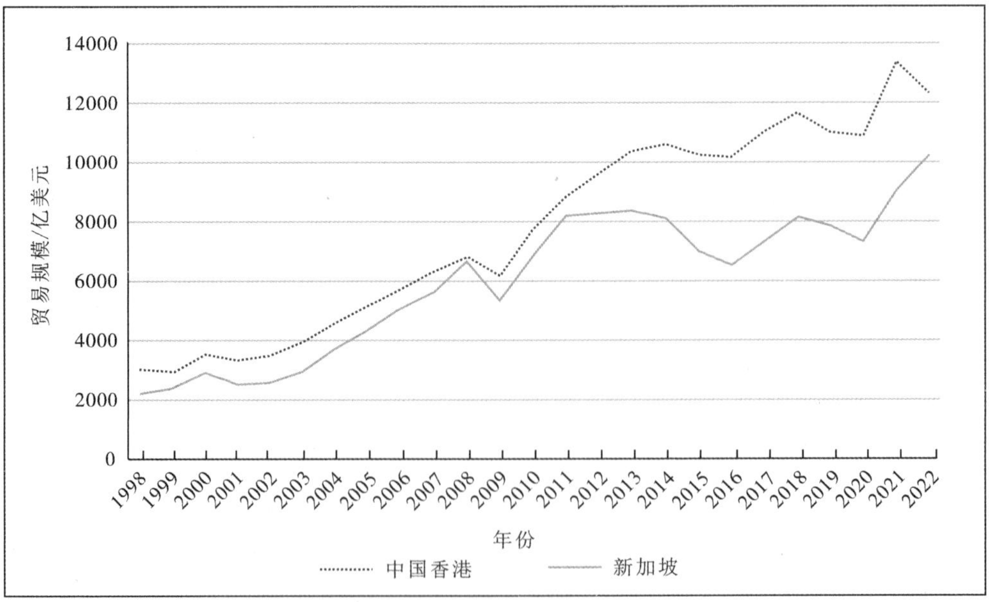

图3-2　1998—2022年新加坡、中国香港货物贸易规模

数据来源：世界银行。

（3）资金流。1972—2022年，新加坡外国直接投资净流入从1.6亿美元增长至1408.4亿美元，年均增速达14.5%，占GDP的比重从5.9%提高到30.2%。1998—2022年，中国香港外来直接投资净流入从139.4亿美元增长至1209.5亿美元，年均增速达9.4%，占GDP的比重从8.3%提高到33.6%（见图3-3）。

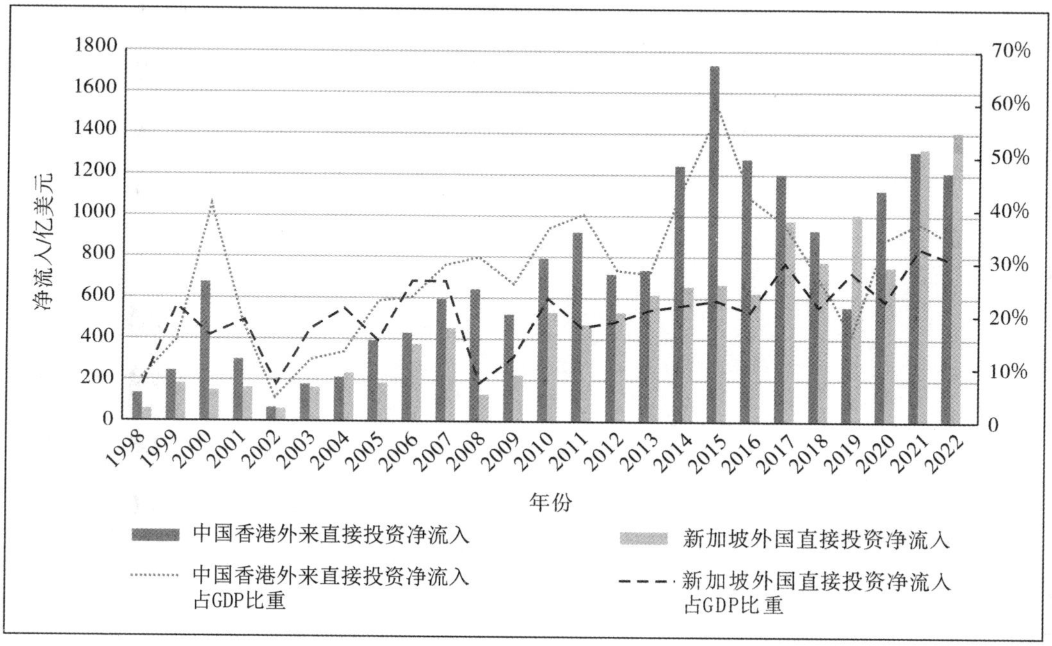

图3-3 1998—2022年新加坡、中国香港外国（外来）直接投资净流入及占GDP比重

数据来源：世界银行。

2. 做大市场流量是岛屿经济体发展的基本路径。相比于内陆经济体，岛屿经济体大都存在市场空间小、物流成本高、产业体系不完善、自我循环能力弱等先天短板，高度依赖贸易。“亚洲四小龙”均是典型的岛屿经济体，其发展都经历了“两头在外”阶段，并逐步在国际市场中形成竞争力。

（二）海南市场流量小的矛盾突出

1. 从海南30多年发展历史看，市场流量小的矛盾长期存在。受岛内市场空间小、与内地大市场联通度低两方面因素的制约，建省30多年来，海南市场流量小的矛盾长期存在。以货物进出口规模为例。从图3-4可以看到，1988—2022年，海南全省货物进出口总额占全国货物进出口总额的比重长期处于较低水平，即使在最高的1993年，其占比也仅为1.31%。

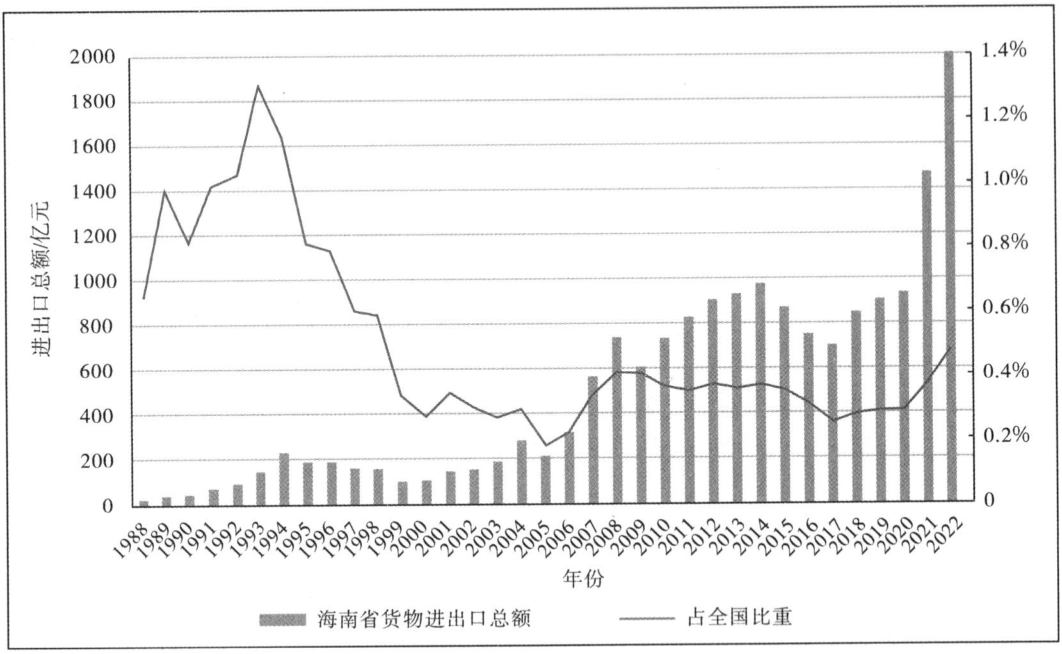

图3-4　1988—2022年海南省货物进出口总额及占全国比重

数据来源：海南省数据源自海南省统计局，全国数据源自国家统计局。

2. 从海南现实情况看，市场流量不足的矛盾突出。2022年，海南全省接待国内外游客6004万人次，仅相当于广东的29.57%；实际利用外资36.7亿美元，仅相当于广东、香港及新加坡的2.02%、3.11%、2.56%；货物贸易额2009.5亿元，仅为广东、香港及新加坡的2.42%、2.47%、3.04%；服务贸易额353.6亿元，仅为广东、香港及新加坡的3.35%、3.63%、0.97%（见表3-1）。

表3-1　2022年海南与广东、香港及新加坡市场流量对比

项目	接待游客数量/万人次	实际利用外资/亿美元	货物贸易额/亿元	服务贸易额/亿元
海南	6004	36.7	2009.5	353.6
广东	20307.1	1819	83102.9	10567.6
海南相当于广东	29.57%	2.02%	2.42%	3.35%
香港	60.46	1177	81245.3	9732.1
海南相当于香港	9930.53%	3.12%	2.47%	3.63%
新加坡	630	1430	66091.3	36622
海南相当于新加坡	953.02%	2.57%	3.04%	0.97%

数据来源：海南省统计局、广东统计信息网、香港特别行政区政府统计处、新加坡统计局。

（三）封关运作后提升市场流量存在较大不确定性

1. 未来几年，做大欧美市场的难度明显增大。当前，大国关系与地缘政治安全格局正在经历深刻复杂变化，特别是美国联合其盟友打压遏制中国，做大欧美市场的难度明显增大。

（1）从我国货物进出口对象（见表3-2）看。2010—2021年，我国与美、英、法、德、澳等国的货物进出口总额占比从23.9%下降至23.4%。

表3-2　2010年、2021年中国对外贸易前十大货物贸易伙伴变化情况

排名	2010年	2021年	排名	2010年	2021年
1	美国	美国	6	德国	非洲
2	日本	日本	7	非洲	德国
3	中国香港	韩国	8	澳大利亚	越南
4	韩国	中国香港	9	马来西亚	澳大利亚
5	中国台湾	中国台湾	10	巴西	马来西亚

数据来源：国家统计局：《中国统计年鉴2022》，中国统计出版社，2022，第260页。

（2）从我国外商直接投资来源地（见表3-3）看。2021年，虽然我国全年实际利用外资达到1734.83亿美元，但来自美、英、法、德、澳等国的外商直接投资额仅占我国外商直接投资总额的3.7%。

表3-3　2010年、2021年中国对外贸易前十大外商直接投资来源地变化情况

排名	2010年	2021年	排名	2010年	2021年
1	中国香港（57.3%）	中国香港（79.5%）	6	韩国（2.5%）	美国（1.4%）
2	维尔京群岛（9.9%）	新加坡（6.0%）	7	开曼群岛（2.4%）	开曼群岛（1.4%）
3	新加坡（5.1%）	维尔京群岛（3.0%）	8	中国台湾（2.3%）	中国澳门（1.3%）
4	日本（3.9%）	韩国（2.3%）	9	萨摩（1.7%）	德国（1.0%）
5	美国（2.9%）	日本（2.3%）	10	法国（1.2%）	英国（0.7%）

数据来源：国家统计局：《中国统计年鉴2022》，中国统计出版社，2022，第269页。

2. 东盟成为吸引全球投资的主要区域。依托自身成本优势、开放政策和良好的发展势头，东盟成为吸引全球投资的主要区域。

（1）从东盟整体情况看。2012—2021年，东盟外商直接投资从1167.74亿美元增长到1792.15亿美元（见图3-5），占全球的比重从8.98%提高到11.34%。2021年，东南亚吸引外资同比增长43.6%，总量已接近我国吸引外资总额。根据《2022年东盟投资报告：疫后复苏与投资便利化》，东盟在全球外商直接投资流入中的份额从2011—2017年的年均7%，上升到2020—2021年的年均12%。

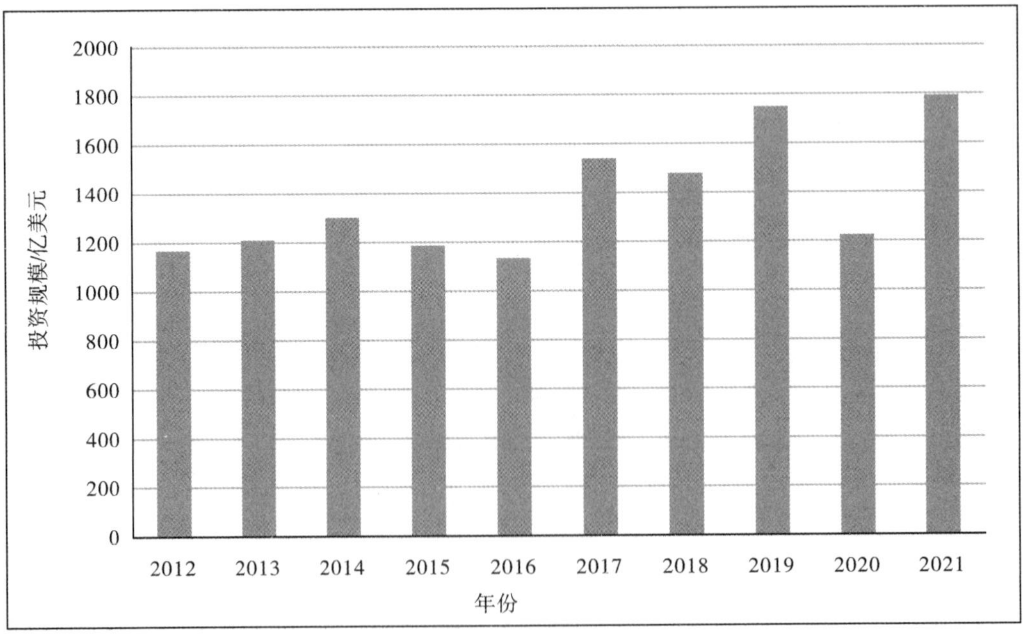

图3-5　2012—2021年东盟外商直接投资规模变化

数据来源：世界银行。

（2）从东盟国家具体情况看。受全球及区域供应链的安全导向布局及新冠疫情冲击下不确定性增加等不利因素影响，新加坡、越南等国家纷纷采取一系列优惠政策吸引国际资本、人才等要素集聚。以新加坡为例。从流量看：2021年，在一系列政策利好下，新加坡吸收外国直接投资达1311.01亿美元，同比增长79.76%，是2019年的1.3倍；2022年，新加坡吸收外国直接投资1411.87亿美元[1]，同比增长7.7%。从存量看：根据新加坡统计局数据，2019—2021年，新加坡外国直接投资存量从1917.3亿美元增长至2479.0亿美元，同比增速高达13.7%（见图3-6）。

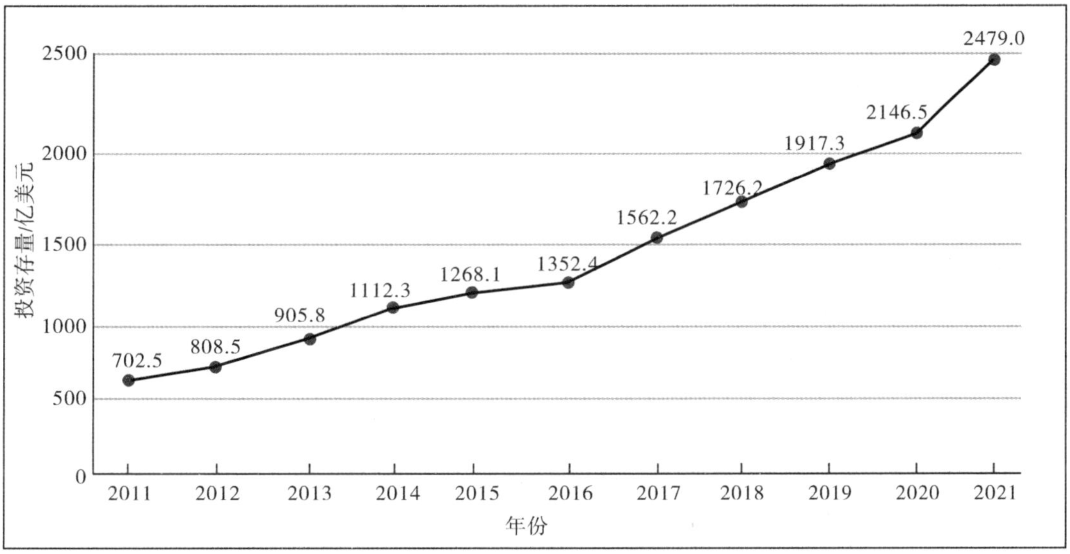

图3-6　2011—2021年新加坡外国直接投资存量变化情况

数据来源：新加坡统计局网站。

3. 海南提升市场流量面临国内外的双重压力。海南自由贸易港吸引大规模外资进入不仅面临全球与区域大格局变化的不利影响，需要面对与东盟的竞争，也面临内地开放水平不断提升的竞争。例如，上海、广东等发达地区，不仅具备产业发展优势，而且具有贴近市场优势。特别是随着RCEP生效实施，海南自由贸易港与国内其他地区的开放落差将不断缩小。因此，海南自由贸易港建设受到高端回流和

[1]　数据来源：东盟数据门户网站。

中低端分流的双向挤压，“一线”放开后外资能否大规模进来存在较大不确定性。

（四）用好中国与东盟这两个最具活力与潜力的市场是关键

1. 中国14亿多人口内需大市场潜力巨大。14亿多人口的内需大市场是世界的市场、共享的市场、大家的市场。超大规模内需市场潜力的释放，将为中国实现高质量发展提供更大空间，也将为经济全球化注入更多正能量。2013—2022年，我国居民服务型消费支出占比由39.7%提高至43.2%，年均提升约0.38个百分点（见图3-7）。预计到2025年，我国服务型消费占比有望达到52%左右，2030年有望达到55%～60%，到2035年大体稳定在65%左右。

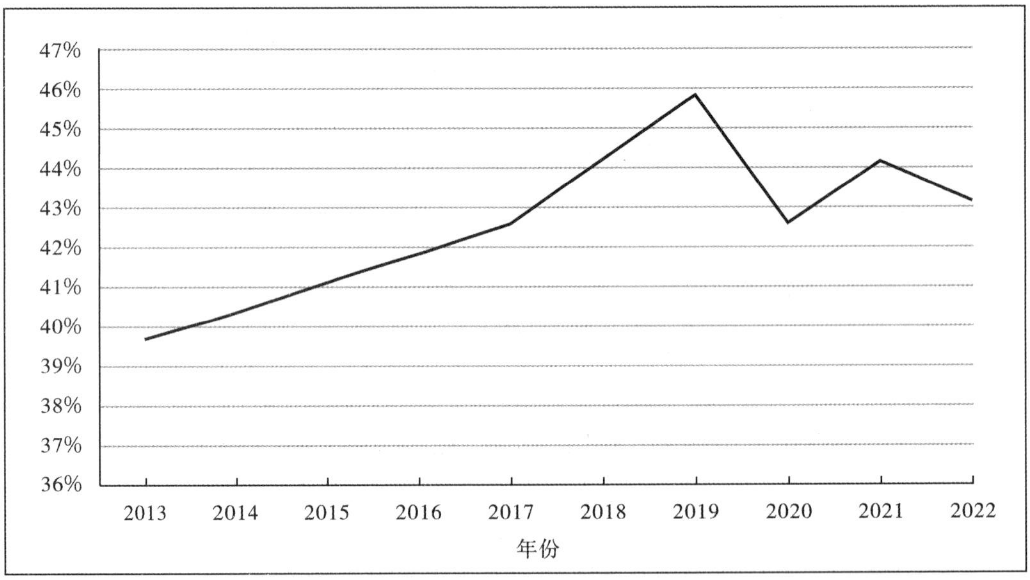

图3-7　2013—2022年我国居民服务型消费支出占比

数据来源：国家统计局。

2. 东盟市场前景广阔。尽管东盟各国经济发展水平不一，处在不同的发展阶段，但总体看，其发展前景广阔。

（1）东盟是一个年轻的市场。从人口结构看，东盟大部分国家人口年龄中位数都在35岁以下，60%的人口年龄都低于35岁（见图3-8）。

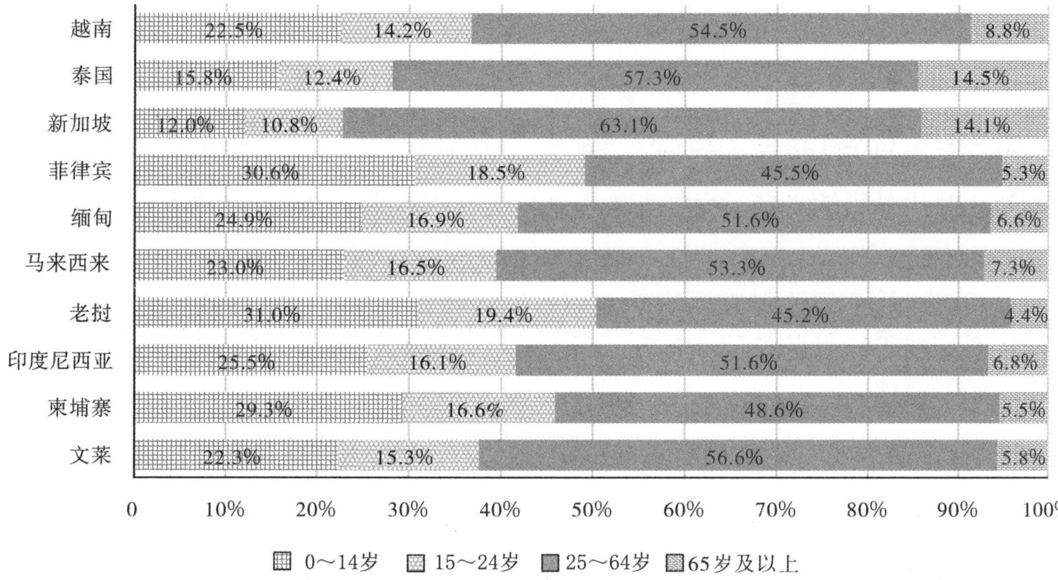

图3-8　2021年东盟10国人口构成

数据来源：联合国经济和社会事务部。

（2）东盟正处于经济快速增长阶段。当前，东盟已成为亚洲第三大经济体和世界第五大经济体。2010—2022年，东盟GDP年均增长5%左右，远高于世界3.5%、欧盟1.1%的平均水平[1]。世界经济论坛发布的《未来快速增长的消费市场：东盟》指出，预计在未来10年里，该地区将以每年4%的速度增长，成为仅次于美国、中国、欧盟的世界第四大经济体。到2030年，东盟GDP将达到4.5万亿美元，人口将达到7.23亿人，届时70%的东盟人口会成为中产阶级，消费市场的规模将达到4万亿美元。

（3）东盟新经济快速发展，特别是数字经济开始占据主导地位。淡马锡、贝恩和谷歌联合发布的《2023年东南亚数字经济报告》指出，2022年东南亚数字经济的商品交易额（GMV）有望以11%的速度增长至2180亿美元；预计2025年东南亚数字经济的商品交易额将以16%的复合年增长率增长至约3000亿美元。

[1]　数据来源：中改院课题组根据世界银行数据整理。

3. 用好中国与东盟两个市场。

（1）特殊政策叠加背靠国内大市场是海南吸引境外优质资源集聚的重要优势。海南作为岛屿经济体，2022年末常住人口仅1027万人[1]，省内市场空间有限，难以吸引境内外要素集聚。境外企业落户海南自由贸易港的主要目的就是通过海南自由贸易港，以更低成本、更自由便利地进入内地市场。到2025年，若我国与东盟双边贸易与直接投资有20%左右在海南实现，将带来1400亿美元的货物流与近50亿美元的资金流。

（2）发挥海南自由贸易港在我国企业"走出去"中的重要跳板功能。当前，我国正处于企业"走出去"开展产业布局的关键时期。2022年，我国对外直接投资额占GDP的比重仅为0.8%，低于1.1%的发展中国家平均水平，也低于1.3%的发达国家平均水平。要发挥海南自由贸易港重要跳板功能，吸引、促进国内优质企业投资东南亚，从而拓展我国企业全球布局。

二、充分估计总部经济对做大市场流量的促进作用

（一）总部经济的显著特征

作为国际分工的高端环节，产业关联度高、集聚带动作用大是总部经济的显著特征。总部基地不仅是经贸网络的重要依托，也是重要枢纽作用发挥的主体。大量的全球或地区总部企业集聚可带来巨大的市场流量。若以新加坡总部计划关于商业开支的最低要求每年500万新元测算，在新加坡设立总部的企业，其年度商业开支至少达210亿新元（约152亿美元）。

[1] 海南省统计局、国家统计局海南调查总队：《2022年海南省国民经济和社会发展统计公报》，https://www.hainan.gov.cn/hainan/tjgb/202302/41a62acff4864c7fba975b3f4c732e46.shtml?ddtab=true。

（二）打造总部基地是国际成熟自由贸易港的普遍做法

1. 中国香港。2022年，有香港境外母公司的驻港公司8978家，包括1411家地区总部、2397家地区办事处及5170家当地办事处。与2001年相比，2022年香港总部企业数量增长了49.5%（见图3-9）。大量的全球或地区总部企业集聚，不仅形成了商品要素配置集散的重要支撑，也为国际化服务体系构建提供了重要条件。

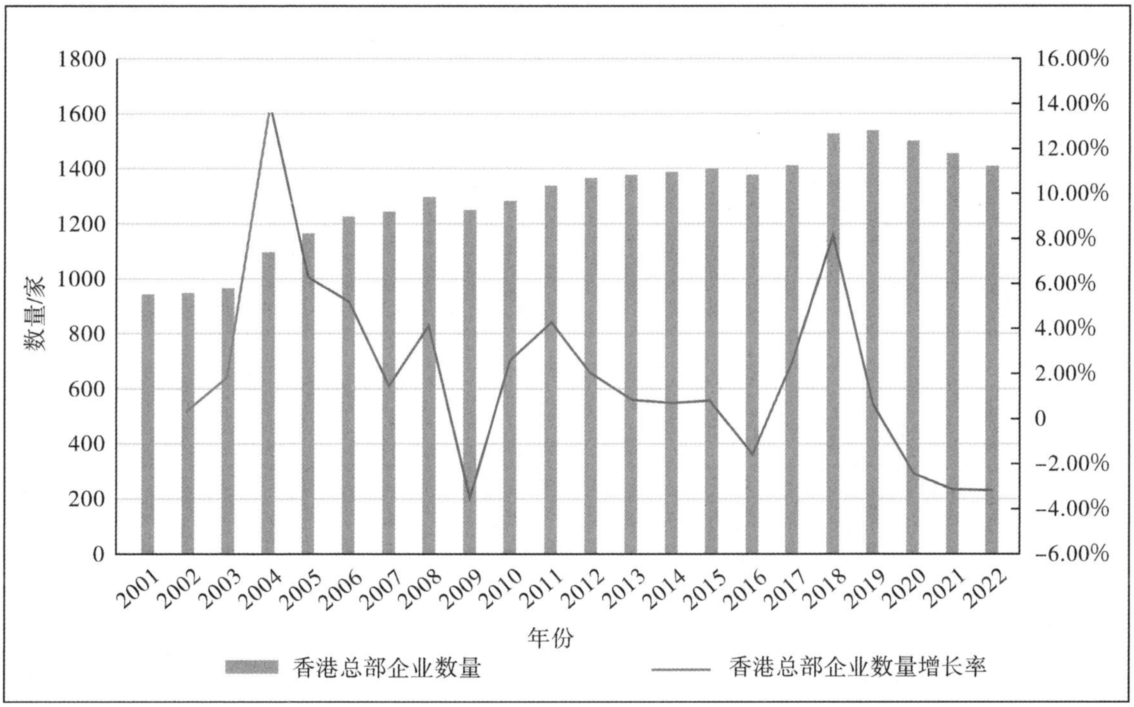

图3-9　2001—2022年香港总部企业数量及增速

数据来源：香港特别行政区政府投资推广署及统计处。

2. 新加坡。目前，约有2.6万个国际公司立足新加坡；在7000多家跨国公司中，60%在新加坡设立总部或者区域总部，区域总部数量为亚洲首位；1/3的世界500强企业选择在新加坡设立亚洲总部[1]。在新加坡的总部企业投资集中在制造业、电子、化工、生物医疗、技术、物流、资讯、信息科技、金融等领域。越来越

[1] 《超7000家跨国企业在新加坡设立中心！这些中国企业也来了！》，https://c.m.163.com/news/a/I7CEKBVP05371E5Q.html。

多的跨国公司选择在新加坡设立地区总部来实施其海外扩张战略，新加坡已成为当前亚太地区极具实力的总部基地。

（三）以总部基地建设激活市场做大市场流量

1. 海南新增市场主体保持高速增长。近年来，随着海南持续深化商事制度改革，便捷、高效的营商环境与自由贸易港利好政策吸引了大量市场主体入驻海南。截至2023年6月底，海南市场主体同比增长51.48%，增速已连续40个月保持全国第一，高于全国41.37个百分点，总量实现了300万户的历史性突破。

2. 与发达地区相比，海南市场主体存量仍处于落后地位。截至2022年末，海南共有市场主体239.25万户，仅相当于广东的14.6%、江苏的16.9%、浙江的25.4%、深圳的60.8%（见图3-10）。海南自由贸易港迫切需要吸引集聚一批优质市场主体。

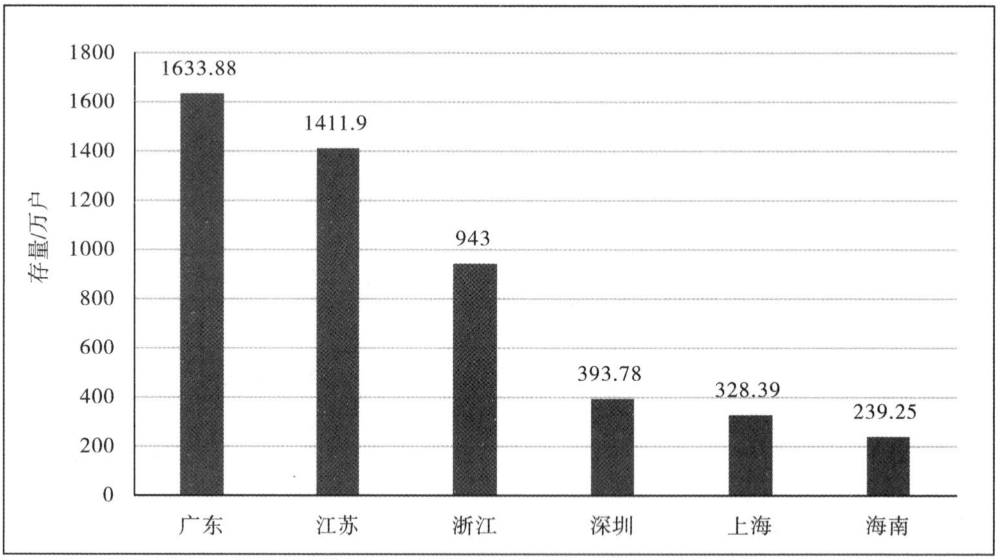

图3-10　2022年海南与部分地区市场主体存量对比

数据来源：根据各省市统计局公布数据整理。

3. 关键是实现海南总部企业数量与质量的双提升。截至2023年6月，有近百家世界500强企业进驻海南[1]，但核心业务转移相对缓慢；截至2023年7月，海南经认定的总部企业有73家（见表3-4），但现有海南总部企业主要是为其在国内的业务服务，并不具有区域性市场的特点，突出表现为订单中心、投资中心设在海南自由贸易港境内，贸易中心、结算中心却在其他地区。

表3-4　海南与部分地区总部企业数量比较

地区	数量/家
海南	73
深圳	300
青岛	463
苏州	179
北京	3961

数据来源：中改院课题组根据公开资料整理。

[1]　《商务丨厉害了！世界500强企业纷纷落户海南自贸港！海南日均超过1000家公司注册！》，https://www.sohu.com/a/683329282_121123737。

第二节

建设“两个总部基地”

适应国内企业投资东南亚大趋势，加快建设中国企业进入东南亚的总部基地。同时，发挥海南自由贸易港高水平开放政策与制度优势，对标最高水平开放形态，尽快形成东南亚企业进入中国市场总部基地的大环境。

一、尽快打造中国企业进入东南亚的总部基地

（一）“第一个总部基地”建设的战略性、紧迫性日益增强

1. 东盟成为我国重要战略伙伴。

（1）中国-东盟双边贸易持续高速增长。据中国海关统计，1991—2020年，中国-东盟双边贸易额年均增长16.5%，分别比同期全球、东盟、中国的外贸整体增速高10.8个百分点、9.3个百分点、3.4个百分点[1]。特别是新冠疫情冲击下，中国-东盟经贸合作显示出较强韧性。例如，2020年，在全球货物贸易额同比下降5.6%[2]、东盟外贸整体增速下降5.8%的情况下，中国与东盟双边贸易额同比增长

[1] 《中国-东盟建立对话关系30年双边贸易保持高速增长》，https://www.gov.cn/xinwen/2021-09/11/content_5636757.htm。

[2] 《国际贸易遭受重创 恢复增长尚需时日》，http://www.mofcom.gov.cn/article/i/jyjl/e/202012/20201203027247.shtml。

6.7%[1]，并首次形成了中国与东盟互为最大贸易伙伴的新格局；2022年，中国与东盟货物贸易额达9753亿美元（见图3-11），同比增长11.2%[2]。

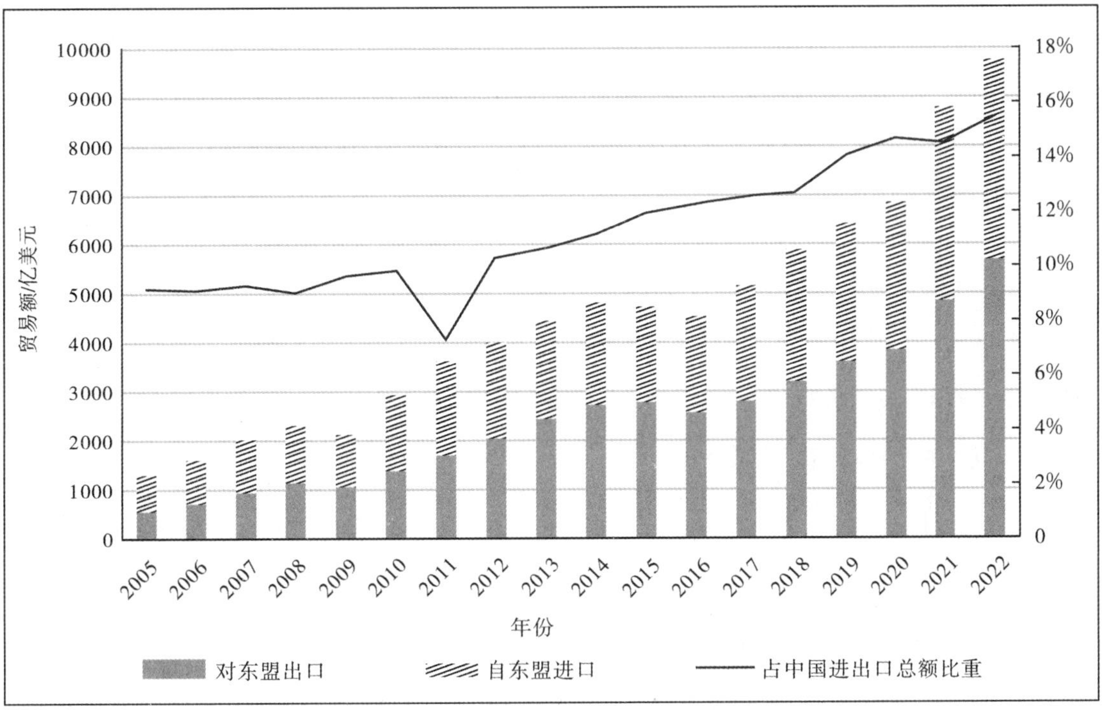

图3-11 2005—2022年中国与东盟货物贸易额及占比

数据来源：中华人民共和国商务部。

（2）东盟成为我国最主要的对外投资目的地。CAFTA（中国-东盟自由贸易区）的签署与升级，为中国与东盟投资合作提供了更加便利的条件与稳定环境。2020年，中国对东盟全行业直接投资143.6亿美元，同比增长52.1%[3]，在东盟外国直接投资总额的份额上升至7.9%[4]。未来，随着东盟经济的快速增长与产业结构调

[1] 《2020年中国-东盟经贸合作简况》，http://asean.mofcom.gov.cn/article/o/r/202101/20210103033653.shtml。

[2] 《商务部：2022年中国和东盟贸易额同比增长11.2% 十年间扩大1.2倍》，https://www.chinanews.com/cj/shipin/cns-d/2023/08-25/news968471.shtml。

[3] 《2020年中国-东盟经贸合作简况》，http://asean.mofcom.gov.cn/article/o/r/202101/20210103033653.shtml。

[4] 《许宁宁：2020年中国在东盟外国直接投资总额的份额上升至7.9%》，https://baijiahao.baidu.com/s?id=1711773082332213353&wfr=spider&for=pc。

整，我国对东盟的投资规模仍有较大增长空间。

（3）东盟成为承接我国产业转移的重点区域。近年来，随着越南、印度等新兴国家工业化进程的加快，劳动力、土地、能源、环保等成本优势显著，我国部分劳动密集型制造企业直接跨过中西部地区向东南亚国家转移，东盟已经成为我国劳动密集型和资本密集型产业转移的主要承接地。我国入驻东盟地区的世界500强企业有中粮、双汇、伊利、徐工等，东盟成为我国在粮食、农产品、机械制造等领域构建以我为重心的区域供应链体系的关键支撑。

2. 东盟在区域合作中的地位和作用日益提升。当前，东盟不仅是RCEP的主体，也是“印太经济框架”的主体，并积极构建与欧盟等的经贸合作网络，在国际经贸格局中的地位和话语权日益提升。

3. 抓住国内企业投资东盟的大趋势。《中国-东盟经贸合作企业信心与展望调研报告》结果显示，超过50%的受访中国企业将开拓东盟贸易作为未来重要的商业战略，46%的受访中国企业计划在3年内对东盟开展投资；在更长的时间跨度下，则有66%的受访中国企业表达了投资东盟的意向，获取东盟市场和战略多元化配置是相关意向的核心驱动力。

4. 内地省区市纷纷加强与东盟的经贸合作。2021年，广东、江苏、浙江、上海对东盟外贸总额超过30000亿元，其中广东对东盟外贸总额达12401亿元[1]。最值得关注的是，广西作为唯一同东盟海陆相连的区，已成为中国与东盟开放合作的重要前沿窗口和交流桥梁，正在加快构建汽车、电子信息、金属新材料、绿色化工新材料等“4+N”跨区域跨境产业链供应链。中国-东盟博览会作为由中国和东盟各国经贸主管部门及东盟秘书处共同主办的国际经贸盛会，每年固定在广西南宁举办。广西还通过与有关部委联合举办RCEP工商领袖论坛、中国-东盟建筑业合作与发展论坛、中国-东盟双碳城市发展论坛，以及举办对接RCEP重点产业招商大

[1] 《我国主要省市对东盟外贸总额一览：广东最多，云南上榜！》，https://baijiahao.baidu.com/s?id=1739309864926132119&wfr=spider&for=pc。

会、技术转移与创新合作大会、人工智能大会、现代种业发展大会等，搭建与东盟各国全方位合作的渠道和平台，极大促进了多领域合作交流。

（二）抓住RCEP生效实施的重大利好

1. 清晰透明的经贸规则持续稳定并优化总部企业投资布局环境。RCEP以非服务业领域投资准入负面清单和正负面服务贸易清单模式，推动区域内服务贸易与投资自由化便利化（见表3-5）；同时，以棘轮机制形成各方扩大开放的硬约束，明显增强RCEP成员国市场准入的确定性，为内外投资者营造一个稳定、开放、透明的投资环境。

表3-5　RCEP各成员国货物贸易自由化承诺

成员国	东盟	中国	日本	韩国	澳大利亚	新西兰
中国	90.5	—	86.0	86.0	90.0	90.0
日本	88.0	88.0	—	81.0	88.0	88.0
韩国	90.7	86.0	83.0	—	90.5	90.6
澳大利亚	98.3	98.3	98.3	98.3	—	98.3
新西兰	91.8	91.8	91.8	91.8	91.8	—
新加坡	—	100.0	100.0	100.0	100.0	100.0
文莱	—	98.2	98.2	98.2	98.2	98.2
菲律宾	—	91.3	91.1	90.0	91.1	91.1
马来西亚	—	90.2	90.2	90.2	90.2	90.2
印度尼西亚	—	89.5	89.5	89.5	90.8	91.5
泰国	—	85.2	89.8	90.3	91.3	91.3
越南	—	86.4	86.7	86.7	89.6	89.6
柬埔寨	—	87.1	87.1	87.1	87.1	87.1
缅甸	—	86.0	86.0	86.0	86.0	86.0
老挝	—	86.0	86.0	86.0	86.0	86.0

资料来源：中改院课题组整理。

2. 原产地累积规则扩大总部基地产业布局空间。RCEP在货物贸易领域采用区域累积的原产地规则，将原材料累积范围扩大到15个成员国，使加工产品更容易达到40%的区域价值成分要求，从而以更低的门槛获得优惠关税待遇。这将增加产业链供应链布局的灵活性和多样性，助推区域内企业建立完善的跨国产业分工体系。例如，RCEP各成员国可依托区域内发展中国家资源要素、中间品生产基础及发达经济体技术优势，充分利用区域内原产地累积规则，形成区域内产业链、供应链和价值链的闭环。同时，RCEP推动地区内首次达成范围全面的多边电子商务规则，会对促进区域产业链供应链数字化转型、亚洲经济体参与全球数字经贸规则构建等产生深远影响。

3. 正负面服务贸易清单相结合推动总部企业产业链供应链延伸。RCEP各成员国在服务贸易领域均作出高于各自“10+1”自贸协定水平的开放承诺，并结合各自利益关切，以正面清单和负面清单相结合的办法推进区域内服务贸易整体开放。这体现了包容性、灵活性与渐进性的特点，释放未来区域内服务贸易高水平开放的稳定预期信号。

（三）率先实现特色产业总部基地的突破

1. 建立热带农业总部基地。

（1）在高水平开放背景下，海南农业面临着高成本、低价格的双重挤压。一方面，RCEP过渡期后，RCEP各成员国最终实现“零关税”的农产品比例总体达到90%以上的较高水平。具体来看，中国对RCEP其他成员国的农产品自由化水平普遍为86%～93%，印度尼西亚、越南、马来西亚、泰国和菲律宾普遍为80%～93%，澳大利亚、新西兰为96%～99%，日韩在60%左右（见表3-6）。另一方面，2019年RCEP成员国农产品总产量占世界的20.1%[1]，而东南亚国家的产品尤

[1] 《RCEP为我国农业带来多重利好》，https://www.gov.cn/xinwen/2021-04/28/content_5603354.htm。

其是农产品的成本低于海南。例如，2020年我国内地大米生产价格每吨414美元，比菲律宾高22%，比泰国高34%，比越南高42%；芒果生产价格每吨2174美元，是印度尼西亚、泰国、越南等东盟国家的3倍多（见表3-7）。

表3-6　RCEP成员国农产品税目自由化水平

成员国	对东盟	对澳大利亚	对新西兰	对中国	对日本	对韩国
文莱	96.3%	96.3%	96.3%	96.3%	96.3%	96.3%
柬埔寨	91.0%	91.0%	91.0%	91.0%	91.0%	91.0%
印度尼西亚	93.4%	93.1%	93.3%	93.3%	93.3%	92.3%
老挝	61.3%	61.3%	61.3%	61.3%	61.3%	61.3%
马来西亚	92.0%	92.0%	92.0%	92.0%	92.0%	92.0%
缅甸	65.0%	65.0%	65.0%	65.0%	65.0%	65.0%
菲律宾	88.9%	88.8%	88.8%	88.8%	88.8%	85.8%
新加坡	100.0%	100.0%	100.0%	100.0%	100.0%	100.0%
泰国	82.7%	82.7%	82.7%	81.0%	78.3%	82.0%
越南	92.2%	92.5%	92.5%	91.5%	85.0%	85.0%
中国	92.8%	91.5%	92.0%	—	86.6%	88.2%
日本	60.0%	60.0%	60.0%	57.8%	—	47.9%
韩国	69.5%	68.6%	68.9%	62.6%	46.9%	—
澳大利亚	98.5%	—	98.5%	98.5%	98.5%	98.5%
新西兰	96.1%	96.1%	—	96.1%	96.1%	96.1%

数据来源：安徽省商务厅。

表3-7　2020年中国海南、内地与RCEP部分成员国部分农产品价格比较

单位：美元/吨

国家/地区	大米	玉米	芒果	香蕉	椰子
印度尼西亚	382	335	663	—	—
马来西亚	285	—	440	476	297
菲律宾	338	254	688	—	149
泰国	310	246	642	—	328
越南	292	278	609	334	—
中国内地	414	419	2174	724	—

续表

成员国	东盟	中国	日本	韩国	新西兰
中国海南	475	383	770	—	472

注：大米、玉米以及除海南外其他国家/地区的芒果、香蕉、椰子价格均为生产者价格；海南芒果、椰子价格为地头收购价，其中海南芒果价格以2021年3月东方市地头收购价（5.0元/千克）测算，椰子价格为2021年地头收购价（3元/个，每个约1千克）。

（2）以初级农产品生产销售为主的农业发展方式难以与东南亚国家形成优势互补与差异化竞争。一方面，目前海南以初级鲜活农产品交易为主，每年出岛的绿色鲜活农产品达1000多万吨[1]，农产品加工远远滞后。例如，2022年，海南农产品加工产值与农业总产值之比仅为0.21∶1，低于全国平均水平（2.52∶1）；2017年海南农产品加工转化率仅为47%，比2022年全国平均水平（72%）低25个百分点[2]。根据中国农业产业化龙头企业协会发布的2021年度中国农业产业化头部企业100强名单，海南并无企业上榜，而山东、广东、河北、四川等地则分别有16家、10家、9家、8家企业上榜[3]（见图3-12）。另一方面，农产品损耗率较高，资源潜力远未充分释放。目前海南出岛的鲜活农产品冷链物流使用率为10%左右，台湾为90%，农产品采后损耗率为20%～30%。由于加工能力弱，15%的地瓜、凤梨等农产品等外品[4]只能以半价或更低价格销售。

[1] 《三农和金融专家齐聚博鳌共商“美丽海南百千工程”大计》，https://www.163.com/dy/article/F13C5O760514R9L4.html。

[2] 常钦：《做大做强农产品加工业》，《人民日报》2023年1月15日第5版。

[3] 《2021年度农业产业化头部企业100家名单发布 2021农业100强企业名单一览》，https://www.maigoo.com/news/610836.html。

[4] 外品即按现行标准是不合格的，但可以使用，只是比正品稍差一点的产品。

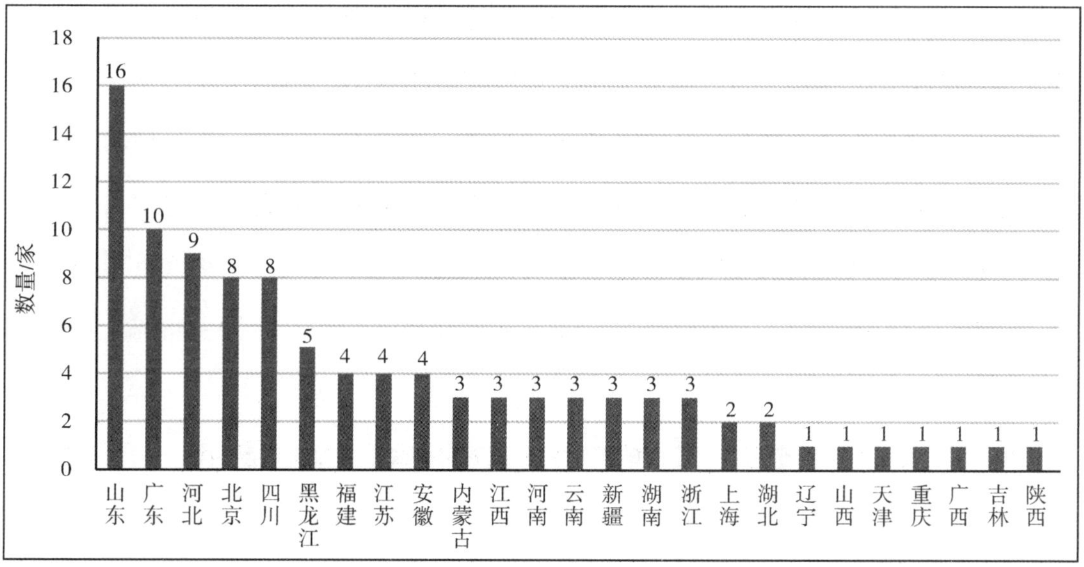

图3-12　2021年度各省区市农业产业化头部企业100强数量

（3）支持国内企业走向东南亚发展农产品加工业。支持国内农业企业以技术、资金进入东南亚农业产业，通过长期租赁等方式开展农业种植或简单加工，并在海南建设热带农产品保鲜、储藏、加工、包装、营销、集散中心。

2. 建立数字经济总部基地。

（1）东南亚数字经济发展潜力巨大。东南亚数字经济在新冠疫情下实现逆势增长，互联网用户数量和数字经济规模都持续扩大。例如，东盟的数字消费者数量在疫情前为2.9亿，在疫情暴发后的18个月内增至3.5亿[1]。谷歌、淡马锡和贝恩公司联合发布的《2021年东南亚数字经济报告》显示，预计到2025年，东南亚数字经济规模将达到3600亿美元，到2030年甚至可能达到1万亿美元[2]。

（2）数字经济成为东盟国家促进经济复苏和推动工业4.0战略的主攻方向。尽

[1]　《建设有韧性和包容性的东盟数字经济》，https://cn.dailyeconomic.com/2023/06/06/54635.html。

[2]　《2030年，这一领域有望达1万亿美元规模 》，https://business.sohu.com/a/508344312_378279。

管东盟数字经济快速发展，但总体仍处于数字经济的早期阶段。例如，东盟数字经济面临基础设施不完善、城乡存在差异、数字素养水平低、创新人才不足、相关的法律法规不完善等诸多障碍。从基础设施情况看，在东盟10国中，新加坡的数字基础设施最为完善，柬埔寨、老挝和缅甸作为联合国贸易和发展会议认定的最不发达国家，信息技术设施建设比较落后。东盟互联互通数字基础设施供给严重不足，因此，在新一轮科技革命加速演进的背景下，东盟积极规划和发展数字经济。

专栏3-1　东盟各国出台的数字经济政策文件及数字经济发展目标

1. 组织层面

2018年以来，东盟出台了《东盟数字一体化框架》及行动计划、《东盟电子商务协定》及实施工作计划、《东盟数字总体规划2025》等政策规划及行动方案，聚焦数字贸易与物流、数据保护和网络安全、数字支付和身份识别、数字技能和人才、数字创新创业、机构协调等优先领域，推进地区数字经济发展，致力于将东盟建成一个由数字技术、服务和生态系统驱动的领先数字经济体。

此外，东盟在《东盟经济共同体蓝图2025》《东盟信息通信技术总体规划2020》《东盟互联互通总体规划2025》《东盟全面复苏框架》《东盟个人数据保护框架》和《东盟中小企业发展战略行动计划（2016—2025）》等政策规划中均已部署促进地区数字化转型的政策措施。

2023年5月，东盟同意加快谈判东盟数字经济框架协议（DEFA），以推动东盟区域的数字化转型。

2. 国家层面

东盟国家亦推出工业4.0战略、数字经济发展计划及相关行动计划，内容涉及数字基建、电子商务、数字技术、数字产业、产业数字化、数字人才、数字政府、数字社会等议题（见表3-8）。

表3-8　东盟各国数字经济发展计划

国家	具体计划	主要目标
泰国	泰国4.0战略	通过创新和应用新技术来提高产品附加值，从而促进泰国经济转型升级，最终实现“数字泰国”
	“东部经济走廊”（EEC）计划	通过鼓励投资、促进创新和培训数字化人才，在泰国东部三府（差春骚、春武里、罗勇）建设智慧城市

续表

国家	具体计划	主要目标
越南	越南工业4.0战略和越南数字化转型战略	发展数字经济、数字政府和数字社会，建成具有全球竞争力的数字企业
	《国家数字化转型计划》	加快发展数字政府、新经济、数字社会，同时形成具有全球竞争力的数字技术企业。在2025年，新经济达到越南GDP的20%；至2030年，越南普及光纤宽带和5G移动网络服务，拥有电子支付账户的人口比例将超过80%
	数字经济和数字社会国家发展战略	2022年数字经济将占国内生产总值的11.5%，使用数字化平台的中小企业比例将提升至30%，到2025年数字经济将占国内生产总值的20%
柬埔寨	《数字经济和社会政策规划(2021—2035年)》	在网络犯罪、数据保护、电子商务等领域制定政策措施
老挝	《2030发展愿景和十年战略发展规划（2016—2025）》	培养数字人才、加强数字基础设施建设、加快产业数字化、建立数字政府以及加强数字创新
马来西亚	马来西亚国家工业4.0政策	推动相关服务业企业的数字化转型，加快电子商务发展
	国家光纤化和连接计划（NFCP）	在未来5年内向数字基础设施建设提供502亿令吉财政支持，推动数字基础设施建设，打造数字化的马来西亚
	数字经济蓝图计划	利用5G、云计算、大数据分析和人工智能，培养高水平数字人才，为数字经济发展奠定基础
印度尼西亚	2020迈向数字化愿景	推动印度尼西亚的数字化转型，尤其在电子商务、移动商务、网络消费等领域
	2021—2024年数字印度尼西亚路线图	促进印度尼西亚数字基础设施、数字政府、数字经济、数字公民4个领域数字化转型
新加坡	智慧国家2025计划	全球第一个智慧国家蓝图，夯实数字基础设施与平台、数据资源、网络安全三大基础支撑
	研究、创新与企业2025计划	以智慧国家和数字经济为四大重点领域之一，计划在未来5年投入250亿新元，持续强化研究与创新能力
	虚拟新加坡	重点关注数字治理，在数字和智能技术应用方面，实施国家数字身份、电子支付、传感器平台、智慧交通、生活时刻、数码平台等六大关键的国家战略项目，加快步入“数字化生活”
	数字经济行动框架	聚焦数字治理、数字产业、数字贸易、数字生活等领域，计划建成世界首个“智慧国”

续表

国家	具体计划	主要目标
菲律宾	信息通信技术倡议和国家宽带计划	提供普遍、安全以及可支付的网络宽带
	《数字化转型战略（2022）》	计划在2022年完成电子政务系统的全覆盖
文莱	《数字经济总体规划2025》	发展充满活力和可持续的经济，建立数字化、面向未来的社会和数字生态系统
缅甸	数字经济发展路线图	成立缅甸数字经济发展委员会（DEDC），旨在实现国家的数字化转型，引入和创新数字政府、数字贸易，并在所有部门发展数字经济，促进包容性和可持续的社会经济发展

资料来源：中改院课题组依据公开资料整理。

（3）国内数字企业纷纷布局东盟市场。目前，数字产品制造、数字技术应用和数字要素驱动成为中国与东盟数字经济合作的三大领域。例如，截至2022年11月底，阿里云已在新加坡、马来西亚、印度尼西亚、菲律宾、泰国建立数据中心；腾讯云已在新加坡、泰国、印度尼西亚建立数据中心；华为云已在泰国、新加坡、马来西亚、印度尼西亚建立数据中心[1]。东盟市场电商、移动支付领域的重要平台也多有中国互联网公司的参与。

（4）用好海南自由贸易港高水平开放政策，建设中国数字企业进入东南亚的总部基地。依托海南“一线”放开、“二线”管住的特殊政策，取得同东南亚国家在跨境电商、数字支付等领域的早期收获；引导国内互联网企业在海南同东南亚国家共同建立跨境数字自由贸易园区、数字经济合作园区、智能制造合作园区等，积极开展数字技术、数字基础设施、数字服务等项下的自由贸易。

[1] 《新掘金地？云服务商为何瞄准东南亚市场？》，https://baijiahao.baidu.com/s?id=1747584361543773782&wfr=spider&for=pc。

3. 建立海洋旅游总部基地。

（1）旅游合作成为东盟国家促进疫后复苏的共同需求。新冠疫情给东盟国家旅游业带来严重冲击。例如：2020—2021年东盟国家的国际旅游人数减少75%，东盟10国收入损失总额达到1370亿美元；泰国是全球有名的旅游大国，旅游业占GDP的比重超20%，在新冠疫情影响下，2020年赴泰国旅游的外国游客同比下降高达83.2%；2021年泰国旅游收入同比下降21%，约有40万外国游客赴泰国旅游[1]。

（2）以邮轮为重点的海洋旅游市场潜力巨大，且呈现较快恢复趋势。新冠疫情前，亚洲是仅次于北美和欧洲的第三大邮轮市场。虽然邮轮经济是受疫情影响最大的行业之一，但随着疫情防控形势的逐渐稳定，国际邮轮市场迅速恢复。国际邮轮协会发布的《2023年邮轮行业现状报告》显示，在2022年底的意向调查中，有85%曾搭乘过邮轮的客人未来有计划再次搭乘邮轮；2023年，邮轮旅游市场预计为3150万人次，达到2019年水平的106%，这一复苏速度高于国际出境旅游市场复苏情况（联合国世界旅游组织发布的《2023年全球旅游业晴雨表》显示2023年国际游客人数可能恢复到疫情前的80%～95%）。

（3）支持国内旅游企业在海南设立区域总部。鼓励中资旅游企业通过在海南设立总部基地加大对海滨地区旅游资源开发的投资力度，挖掘东盟沿海国家和地区独特的自然风光、人文景观等丰富的旅游资源，并与当地企业或政府共同规划、开发旅游线路，开发建设新旅游景区。

专栏3-2　推进中国-东盟共建海洋旅游合作圈的专家建议

中国（海南）改革发展研究院院长迟福林：合作开发海洋旅游产品，联合打造“一程多站”式国际邮轮旅游航线；依托中国与东盟海洋旅游资源禀赋，合作共建多种形式的旅游园区，逐步

[1]　《原富东南亚丨东盟55周年：现在与未来》，https://www.thepaper.cn/newsDetail_forward_20528307。

形成开放性区域海洋旅游经济合作网络。

新加坡国际事务研究所研究员胡逸山：东盟和中国都有非常丰富的旅游资源，建议开设更多的邮轮旅游，取消入境签证的要求，加强民间人员的来往。

中国-东南亚南海研究中心理事会主席吴士存：开展南海旅游海洋合作，共同把南海打造成世界级的海洋旅游目的地。借鉴马耳他经验，用好三亚邮轮母港政策，打造一条黄金海上邮轮旅游航线。

资料来源：在以“加强蓝色经济合作 共促海洋可持续发展”为主题的2022构建蓝色经济伙伴关系论坛上的专家发言摘要，2022年11月27日，海南海口。

4. 建立海洋渔业总部基地。

（1）东南亚对深化海洋渔业合作有较大需求。一方面，海洋是东南亚国家沿海地区粮食安全的最大保障。与20世纪50年代相比，南海鱼类资源总量下降了70%～95%[1]，单位渔获率下降了66%～75%；按目前情形发展到2045年，该区域海洋物种损失数量将多达59%。实现南海渔业资源的可持续发展成为南海周边各国的共同课题。另一方面，尽管南海渔业资源丰富，但由于周边国家开发与利用方式落后、技术链较短，渔业资源开发多为初级产品。

专栏3-3 马来西亚前交通部部长建议开展中国-东盟渔业合作

建议在商谈中的“南海行为准则”（COC）加入若干有利于东盟声索国与中国进行海事和海洋经济合作的条文。除了海难搜救、海上安全与海洋研究等，最接地气的合作首推渔业合作。

以马来西亚为例，其发展渔业的主要瓶颈绕不开下列痛点：

①资金与技术的亟须引进——捕捞与养殖是重点产业。

②深海捕捞深受造船业严重滞后所限。

③没有统一有序的海产市场开拓战略。

④碍于狭隘的种族偏见，马来西亚政府对深海捕捞和养殖业的扶持，远不及浅海捕捞（以马来裔渔民居多）。

建议中方考虑以发展蓝色经济为抓手，在当前广受欢迎的全球发展倡议（GDI）的框架下，

[1] 《吴士存：南海渔业如何避免“公地悲剧”》，https://m.huanqiu.com/article/49fdtueJcHL。

在推进联合国2030年可持续发展议程的基础上，先行构建合作平台，并以海南为基地。

资料来源：在以“加强蓝色经济合作 共促海洋可持续发展”为主题的2022构建蓝色经济伙伴关系论坛上的专家发言摘要，2022年11月27日，海南海口。

（2）东盟是我国第一大水产品进出口市场。2022年，我国自东盟进口水产品45.2亿美元，同比增长48.8%，占我国水产品进口总额近1/5；我国对东盟出口水产品54.9亿美元，同比增长14.6%，占我国水产品出口总额的23.9%。2022年，我国与东盟主要水产品贸易情况见表3-9。

表3-9　2022年我国与东盟主要水产品贸易情况

我国对东盟出口水产品				我国自东盟进口水产品			
产品	出口额	增长率	占比	产品	进口额	增长率	占比
墨鱼及鱿鱼	21.6亿美元	14.7%	39.3%	对虾	7.6亿美元	44.1%	16.8%
鲭鱼	4.1亿美元	55.5%	7.5%	鲇鱼	6.1亿美元	110.0%	13.5%
鳗鱼	2.4亿美元	−7.2%	4.4%	饲料用鱼粉	4.9亿美元	36.5%	10.9%
鲍鱼	1.8亿美元	44.7%	3.3%	墨鱼及鱿鱼	4.5亿美元	28.3%	10.1%
章鱼	1.4亿美元	150.0%	2.6%	麒麟菜	3.0亿美元	82.2%	6.6%

数据来源：《农业贸易百问 | 中国-东盟水产品贸易知多少？》，https://mp.weixin.qq.com/s?__biz=MzUyNjEyNTEyNQ==&mid=2247495347&idx=3&sn=f28b31e2d4a3a8eb68709904b8600006&chksm=fa113f99cd66b68ff4dbeb3a7d49fd2259455061369321390b7d1c68518e454aff0b25b06edd&scene=27。

（3）发挥海南自由贸易港政策优势。海南自由贸易港“零关税”、加工增值货物内销免征关税政策等有利于海南本地及国内企业以海南自由贸易港为平台，深化与南海周边国家的海洋渔业合作。

（4）打造海洋渔业总部基地。依托“零关税”及加工增值货物内销免征关税政策，进口东南亚国家的海产品在海南进行精深加工增值30%以上再免关税进入内地；以此为基础，逐步将海南自由贸易港打造成为面向东南亚的海产品加工、保鲜、中转、交易基地。

（四）发挥在港央企在“第一个总部基地”建设中的先导作用

1. 香港总部经济发展面临挑战。近年来，香港在吸引总部企业、发展总部经济方面取得了重要成效，但受土地租金高、发展空间有限等诸多因素影响，相当多的企业将其总部设在新加坡。毕马威的研究显示，近1/2的跨国公司将亚洲总部设在新加坡，而香港仅为37%；59%的技术类跨国公司将亚洲总部设在新加坡，而香港仅占18%左右。

2. “双港”携手共建双总部。截至2020年底，在港央企资产总额达3.8万亿元[1]，占全国央企海外资产规模的47.5%。建议充分利用海南在新一轮开放中的角色定位，充分利用海南的物理距离与东南亚各国最近的优势，充分利用海南充裕的地理空间，携手共建双总部，即依托各自比较优势，分别在琼港设立功能不同的总部基地，以此形成互补的整体优势。例如：支持在港央企将金融、研发总部设在香港，中高端加工、销售、运营、交易等总部设在海南。

3. 联手制定琼港双总部的支持政策。例如：对分别在琼港设立总部基地的企业按照其资产总额给予认定，并分别享受各自优惠政策；对设立琼港双总部的企业在海南给予用地支持；等等。

4. 吸引央企在海南自由贸易港开展面向东南亚的相关业务。例如：吸引能源类央企在海南自由贸易港开展面向东南亚的海上风电等可再生能源开发、能源互联互通项目建设等国际业务；吸引境外工程建筑央企回流至海南自由贸易港，开展面向东南亚的交通、信息等基础设施工程承揽、工程设计等业务；适应中国与东盟蓝色经济伙伴关系构建需求，吸引海洋旅游、海洋渔业等领域央企在海南自由贸易港布局；等等。

[1] 《央企在香港已设立2915个经营单位》，https://xueqiu.com/1802481651/196386882。

专栏3-4 香港四大中资企业

1. 招商局集团

招商局集团是中央直接管理的国有重要骨干企业，总部位于香港，是在香港成立运营最早的中资企业之一，是百年央企、综合央企、驻港央企。2022年，招商局集团总资产约为12.4万亿元，全年实现营业收入9590.1亿元，利润总额2192.8亿元，净利润1796.1亿元。招商局集团资产总值接近广东省一年的地区生产总值。

2.华润集团

华润集团建基香港，是香港和内地最具实力的多元化企业之一，现由国务院国有资产监督管理委员会直接监管，是副部级央企。2022年，华润集团总资产规模突破2.3万亿元，实现营业收入8187亿元，净利润642亿元。

3. 港中旅集团

港中旅集团创立于1928年，是香港四大中资企业之一，是中央直接管理的国有重要骨干企业，也是总部在香港的央企之一。截至2022年底，集团员工人数超过4.5万人，集团总资产超过2100亿元，全资或控股企业共655家。每年接待游客约5000万人次。

4.光大集团

光大集团1983年在香港创办，是中央管理的国有重要骨干企业，是改革开放的产物。截至2022年6月末，光大集团总资产达6.9万亿元，排在2022年《财富》世界500强第298位。

资料来源：中改院课题组整理。

二、逐步打造东南亚企业进入中国市场的总部基地

（一）建设“第二个总部基地”意义重大

1. 以“第二个总部基地”建设强化国内国际市场联结。

（1）客观评估美英对华“脱钩断链”的影响。从全球看，俄乌冲突、新冠疫情对全球供应链、产业链产生系统性冲击，全球供应链稳定性受到严峻挑战，有可

能造成全球供应链大范围中断。更值得关注的是，近年来，美国为维护自身霸权私利、遏制中国发展，推动所谓“友岸外包”“近岸外包”，寻求供应链“去中国化”，加紧在经贸、科技等领域推动对华“脱钩断链”。2020年7月，英国政府以英国国家网络安全中心认为华为技术和设备存在“安全风险”为由，追随美国制裁中国高科技企业华为。

（2）超大规模市场是中国对全球投资的最大吸引力。中国是世界第二大经济体，也是世界重要的消费中心、制造中心和创新中心。中国国际贸易促进委员会发布的《2023年第二季度中国外资营商环境调研报告》显示，“市场规模大”“优惠政策多”“产业链供应链完整”是受访外资企业来华投资的主要动因，占比分别为77.54%、53.36%和39.91%（见图3-13）。得益于巨大的市场规模，2023年上半年，我国新设外商投资企业2.4万家，增长35.7%；实际利用外资7036.5亿元。

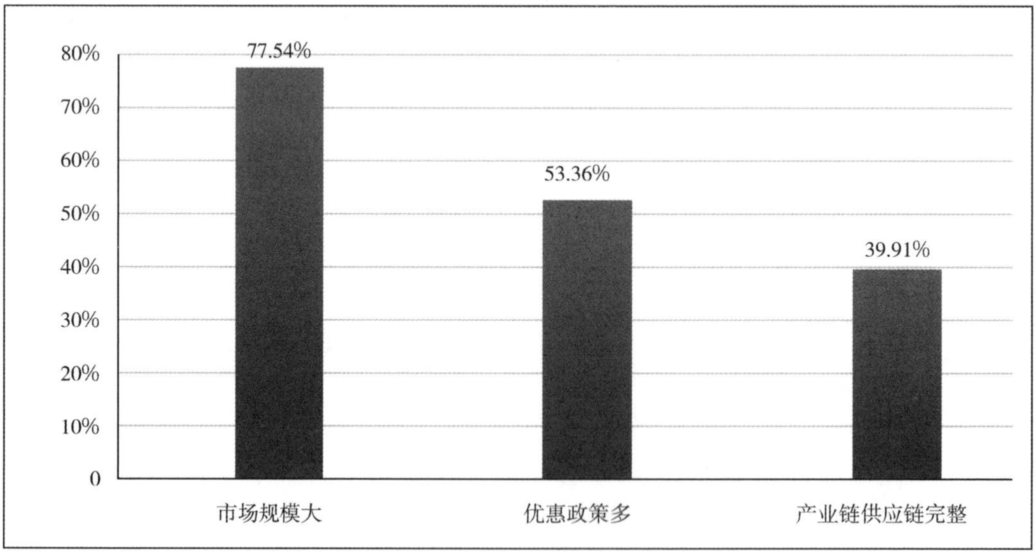

图3-13 受访外资企业来华投资的主要动因

资料来源：《二季度中国外资营商环境调研报告显示：跨国企业在华投资信心稳定》，https://baijiahao.baidu.com/s?id=1772708347655066167&wfr=spider&for=pc。

2. 把握东盟企业开拓中国市场的现实需求。根据《中国-东盟经贸合作企业信心与展望调研报告》，57%的受访东盟企业对于中国市场有进一步的商业规划，其中，计划将中国纳入供应链环节的最多，其次是将中国作为出口目标市场；25%的受访东盟企业有未来3年内投资中国的计划。

3. 发挥海南与内地市场的联通性，打造东南亚企业拓展内地市场的重要基地。根据《海南自由贸易港建设总体方案》，2025年前将适时启动全岛封关运作。但是，封关并不意味着封岛，内地14亿多人口大市场仍是海南自由贸易港建设的重要支撑。为此，需要吸引境外企业以海南自由贸易港为平台拓展国内大市场，强化国内国际市场联结。这就要求充分发挥海南自然资源丰富、地理区位独特以及背靠超大规模国内市场和腹地经济等优势，抢抓全球新一轮科技革命和产业变革重要机遇，聚焦发展旅游业、现代服务业和高新技术产业，集聚全球创新要素，深化对内对外开放，吸引东南亚跨国公司在海南自由贸易港设立面向中国内地大市场的区域总部。

（二）支持央企在海南自由贸易港设立国际运营总部

1. 我国央企海外资产巨大。目前，国资央企在全球180多个国家和地区拥有的项目超过8000个[1]。“十三五”期间，央企实现的海外营业收入超过24万亿元，利润总额接近6000亿元[2]。

2. 打造央企境外产业回流总部。利用海南自由贸易港政策，在海南设立产业回流总部，打造央企境外产业回流的重要平台。例如，按照《中华人民共和国海南自由贸易港法》提出的“在海南自由贸易港加工增值达到一定比例的货物，免征关税”要求，将加工增值比例下调至20%，并列入RCEP增值部分，吸引央企境外中

[1] 《国务院国资委：10年来中央企业资产总额从31.4万亿元增至81万亿元》，https://baijiahao.baidu.com/s?id=1758620113149300915&wfr=spider&for=pc。

[2] 《中央企业高质量发展报告（2022）》，http://www.sasac.gov.cn/n2588020/n2877938/n2879671/n2879673/c26508617/content.html。

高端加工制造环节回流至海南自由贸易港。

3. 打造央企境外资金归集中心。目前，央企境外资产总额近8万亿元，但仍然处于分散管理状态中。这使得央企境外资金既不安全，也难以高效使用。有的央企在香港或者新加坡设立了境外资金归集中心，集中管理境外资金。要利用海南自由贸易港的政策，对接央企需求，打造央企境外资金归集中心。例如，支持央企建立离岸业务性质的资金池，由央企境外主办企业在海南自由贸易港内开立资金主账户，对其在境外的资金实行集中管理，提高资金的安全性与使用效率。

4. 打造央企境外业务总部。利用海南自由贸易港的政策，将海南作为央企"走出去"的重要基地，集中统一管理央企境外业务，形成合力，降低境外业务的风险，并支持其按照国际通行规则开展对外投资业务。

（三）形成最高水平开放的市场环境是关键

当前，百年未有之大变局加速演进，具有竞争力的开放市场成为吸引境外企业的关键因素。有研究显示，东盟对华投资所希望获得的支持中，17%的受访者选择外商投资优惠，占比排第一位；11%的受访者选择市场开放、法规透明、融资便利，并列占比排第二位[1]。基于此，以打造当今世界最高水平开放形态为基本目标的海南自由贸易港，需要以服务贸易为重点实现海南自由贸易港制度型开放的重要突破，需要坚持以对接最高标准的国际贸易投资规则为重点构建路径和改革方向，以制度型开放为重点深化市场化改革，推进规则、规制、管理、标准等与国际惯例衔接，建立并完善以公开、规范为主要标志的高水平开放型经济体系。

[1] 《中国-东盟经贸合作企业信心与展望调研报告》，https://www.pwccn.com/zh/issues/globalisation-services/survey-report-confidence-and-prospect-enterprises-sep2021.pdf。

第三节

创新总部基地政策体系

面对国际政治经济格局复杂严峻变化，出台相关举措支持国内有条件的企业到东南亚投资合作，并形成海南自由贸易港更具吸引力的总部基地政策体系，具有紧迫性。

一、创新总部基地政策体系具有现实紧迫性

（一）形成具有竞争力的总部经济政策体系是成熟自由贸易港的通行做法

1. 新加坡。

（1）实施总部计划。为了吸引大量跨国公司入驻，新加坡经济发展局实施了总部计划，鼓励企业机构在新加坡设立总部，管辖其在本区域及全球的业务及营运。同时，积极与其他国家和地区签订贸易投资便利化协定（见表3-10），如避免双重征税协定、投资保护协定和自贸或经济伙伴协议，使在新加坡开展跨国业务的总部企业享有最低税负。

表3-10　新加坡地区总部/国际总部的认定与优惠

政策	地区总部计划	国际总部计划
国际总部计划	在新加坡拥有不少于50万新元的资本，在新加坡年度商业开支不少于500万新元	—
政府提供的税收优惠	对增量应税所得增收15%的所得税；3年免税，且可延长2年；对总部获得的股息予以免税；对总部支付的股息免除预扣税	依据贡献，同新加坡经济发展局协商对应税所得缴纳0、5%或10%的税收；5～20年的免税期；对总部获得的股息予以免税；对总部支付的的股息免除预扣税

资料来源：《新加坡总部计划》，https://business.sohu.com/a/718438023_120698310。

（2）根据不同类型的企业总部制定针对性优惠措施。为吸引外资到新加坡建立总部，新加坡经济发展局制定了多项优惠政策（见表3-11），企业可根据自身条件选择适当的投资方式，以争取最大的优惠。此外，还有其他有利于吸引企业总部的优惠政策。例如，金融和财务中心奖励、全球贸易商计划、特准国际贸易计划等。

表3-11　新加坡对商业总部、区域营业总部、跨国营业总部的优惠政策

政策	优惠政策
商业总部	10年免税；对出口销售和服务所得50%予以免税，为期10年；对出口服务所得90%予以免税，为期10年；对新增固定资产投资，在原折旧率的基础上可享受50%所得税优惠
区域营业总部	享受10%所得税优惠，为期5～10年；岸外公司汇来的利息和权利金，以及总公司买卖外汇所获得的利润，岸外投资所得，均可享受10%所得税优惠
跨国营业总部	各项管理服务收入只需交10%的企业所得税；向新加坡金融机构融资，并将其转贷给区域总公司或有关企业的所得利息，可申请10%的优惠税率；租税期一般为5～10年

资料来源：中改院课题组根据公开资料整理。

专栏3-5　新加坡特定总部优惠政策

1. 金融和财务中心奖励

为鼓励跨国企业在新加坡设立金融和财务中心，金融和财务中心从事符合条件的活动取得的收入可申请享受10%的企业所得税优惠税率，为期10年，最长可延长到20年。

2. 全球贸易商计划

为鼓励全球贸易商在新加坡开展国际贸易业务，对政府批准的全球贸易商给予5～10年的企业所得税优惠，税率减低为5%或10%。

3. 特准国际贸易计划

为吸引更多跨国公司到新加坡设立办事处，符合条件的公司享受10%的企业所得税。条件如下：一是从事五大商品交易的国际贸易机构，营业额须超过2亿新元；二是具有全球贸易网络及良好的公司业绩；三是每年在新加坡的商业开支不少于200万新元；四是企业至少要有3名经验丰富、从事交易活动多年的职员；五是充分利用新加坡银行、金融、保险及航运服务等。

资料来源：中改院课题组整理。

（3）打造一流的金融与商务服务体系。以金融和商务为重点的现代服务业的迅速发展是吸引跨国公司总部的重要因素，也为许多海外金融和商贸企业提供了拓展市场的机会。根据英国智库Z/Yen和综合开发研究院（中国·深圳）联合发布的全球金融中心指数（GFCI），新加坡反超香港成为亚洲第一（见表3-12）。

表3-12　全球金融中心指数排名

排名	2023年3月	2022年9月	2022年3月	2021年9月
1	纽约	纽约	纽约	纽约
2	伦敦	伦敦	伦敦	伦敦
3	新加坡	新加坡	香港	香港
4	香港	香港	上海	新加坡
5	旧金山	旧金山	洛杉矶	旧金山
6	洛杉矶	上海	新加坡	上海

数据来源：《第30期全球金融中心指数》，http://www.cfci.org.cn/html/2022/03/29/202203290918125598001518.html；《第31期全球金融中心指数》，http://www.cfci.org.cn/html/2022/03/29/202203290918125438001519.html；《第32期全球金融中心指数》，http://www.cfci.org.cn/html/2023/01/04/202301040850442090001525.html；《第33期全球金融中心指数》，http://www.cfci.org.cn/html/2023/04/14/202304140234088030001527.html。

2. 中国香港。与新加坡相比，香港虽然没有出台专门扶持地区总部发展的政策，但由于香港拥有自由的市场环境、国际化的营商环境、完善的法律制度与专业化服务体系以及低税率和简税制，香港总部企业数量大幅增长。例如，香港是亚洲拥有国际人才最多的地方，亚洲地区精通国际事务的律师有40%汇聚在香港，在商业及贸易法、商业纠纷及仲裁法、知识产权及专利法等方面更是居于亚洲地区领导地位。

（二）内地省市纷纷出台总部经济政策

由于总部经济可实现资源的大规模聚合，越来越多的内地省市将总部经济建设提升到战略层面，北京、上海、海南、杭州等省市近年来相继出台或修订对总部经济的扶持政策，总部之争日益激烈（见表3-13）。

表3-13　部分省市出台的促进总部经济发展的政策文件

省市	地区	政策文件名称	发布年份
安徽	合肥	《合肥市支持总部经济发展若干政策（试行）》	2023
浙江	杭州	《关于推动杭州总部经济高质量发展的实施意见》	2023
海南	全省	《海南省促进总部经济发展管理办法》	2023
北京	全市	《北京市促进总部企业高质量发展的相关规定》	2021
江西	南昌	《南昌市支持总部经济发展的若干政策实施细则（试行）》	2021
广东	深圳	《深圳市鼓励总部企业高质量发展实施办法》	2021
浙江	全省	《浙江省鼓励和引导发展总部经济的若干意见》	2020
湖南	全省	《湖南省进一步加强招商引资工作的若干政策措施》	2020
江苏	南京	《中国（江苏）自由贸易试验区南京片区促进总部经济高质量发展暂行办法》	2020
陕西	西安	《西安市支持总部企业发展若干政策（修订版）》	2020
辽宁	抚顺	《抚顺市总部经济招商引资奖励办法》	2020
黑龙江	绥芬河	《中国（黑龙江）自由贸易试验区绥芬河片区促进经济发展扶持办法》	2020

续表

省市	地区	政策文件名称	发布年份
吉林	长春新区	《长春新区促进总部经济发展若干政策（暂行）》	2020
山东	淄博高新区	《淄博高新区总部经济财政扶持政策》	2020
山西	晋中开发区	《扶持总部经济发展实施细则（试行）》	2020
贵州	贵阳	《市人民政府办公厅关于支持总部经济发展的若干意见》	2021
福建	厦门市湖里区	《湖里区促进总部经济发展实施办法》	2019
海南	全省	《海南省总部经济发展省对市县财政奖励政策实施细则（试行）》	2019
上海	全市	《上海市人民政府关于本市促进跨国公司地区总部发展的若干意见》	2019

资料来源：中改院课题组整理。

（三）海南总部经济政策体系有待进一步优化

以跨国公司为例：

（1）从认定标准看。2023年，海南省商务厅印发《海南省促进总部经济发展管理办法》，提出了跨国公司区域总部、大企业总部、综合型总部、功能型总部和高成长型总部的认定标准。其中，在跨国公司区域总部认定方面，需符合“母公司授权管理的中国境内外企业不少于3家”（见表3-14）的要求。

表3-14　海南、上海关于跨国公司区域总部的认定标准

认定标准	海南	上海
企业性质	具有独立法人资格的外商投资企业	具有独立法人资格的外商投资企业
母公司持股要求	直接持股不低于50%	—
母公司总资产	不低于2亿美元	不低于2亿美元
母公司授权管理的中国境内外企业数量	不少于3家	取消地区总部被授权管理机构数量的限制
注册资本	不低于200万美元	不低于200万美元

资料来源：中改院课题组整理。

（2）从优惠政策看。对比海南与上海对跨国公司地区总部的优惠政策（见表3-15）可以看到，上海除了给予相对传统的开办奖励、贡献奖励外，更强调对企业配套服务体系的建设，如促进投资贸易便利、资金使用便利、研发便利等。

表3-15　海南、上海关于跨国公司地区总部优惠政策比较

政策	海南	上海
开办奖励	海口：300万元（一次性支付） 三亚：根据实缴注册资本累进（5000万元以内，1%；5000万元～2亿元，2%；超过2亿元，3%；累计总额不超过2000万元）（分5年支付）	500万元（分3年）
基础贡献奖励	按年地方财力贡献市级留成部分给予奖励 海口：前3年60%，后2年40% 三亚：前3年70%，后2年40%	—
管理人员奖励	海口：年工资薪金所得达到50万元以上的，按其缴纳的工资薪金所得地方财力贡献市级留成部分前3年50%、后2年30%给予奖励 三亚：前3年按60%给予奖励，后2年按40%给予奖励	国家级跨国公司地区总部：自认定年度起的年营业额首次超过10亿元的投资性公司，给予1000万元的一次性奖励
配套支持	—	提高跨国公司投资便利度，提高跨国公司资金使用自由度和便利度，提高跨国公司贸易和物流便利度，推动跨国公司研发便利化，加强对跨国公司总部功能的配套保障

资料来源：中改院课题组整理。

二、形成有利于企业“走出去”的政策与服务体系

（一）加快推进海南自由贸易港政策的全面落地

1. 全面落实以低税率为核心的特殊税收政策。

（1）全面落实“两个15%”的所得税政策，并将享受15%企业所得税范围由

正面清单向负面清单过渡。

（2）制定更大范围、更有针对性的内外资一致的鼓励类产业目录，扩大所得税政策适用范围。

（3）突破“居住满183天”的限制，允许在海南设立面向东南亚区域总部企业的相关人员的创新政策，在东南亚国家开展商务活动的时间视为“在海南”居住时间，享受最高不超过15%的个人所得税政策。

（4）明确“新增境外直接投资取得的所得，免征企业所得税”相关细则，支持企业采用投资办厂、控股参股、收购兼并等方式开展投资，并取消“2025年前”的时间限制，稳定企业预期。

（5）对投资基金、商业咨询等办公地点较为不固定的行业，降低其享受税收优惠政策所需的“实质性运营”标准。

2. 适应总部企业需求，创新金融开放政策。

（1）支持国有企业以获取粮食、能源等关键性资源要素为目标，在海南自由贸易港设立对外投资的总部基地，实行更加便利化的资金进出政策。例如，允许以海南自由贸易港为总部基地的企业，根据对东南亚国家投资的实际需求开展资金池业务，并对一定额度内资金进出实行信用监管。

（2）支持总部企业对外投资获得的利润自由便利汇回或留在国外滚动发展。

3. 创新海南自由贸易港加工增值货物内销免征关税政策。

（1）对加工制造企业，按照《中华人民共和国海南自由贸易港法》提出的“在海南自由贸易港加工增值达到一定比例的货物，免征关税”的要求，将企业在RCEP成员国的加工增值部分列入海南的增值部分。即：只要企业在RCEP区域和海南自由贸易港加工增值累计超过30%，即可享受“零关税”进入内地的政策。

（2）引入RCEP中关于区域价值成分计算公式的累加法，以便于各类企业根据自身业务特点自主选择不同计算方法提交加工增值证明。

（3）全面实行符合RCEP相关货物“6小时通关放行”要求的便利化举措。

（二）出台支持国内企业“走出去”的政策法规

1. 加强对“走出去”企业的资金支持。设立海南自由贸易港对外投资基金，对到东南亚开展农业种植、资源加工等投资成本高、风险大的企业，给予一定的财政贴息或一次性财政资金支持[1]；对高新技术企业对外并购给予并购补贴。

2. 降低企业“走出去”门槛。例如，取消农业、加工制造、数字经济、文化娱乐等领域总部企业境外投资核准制与备案制，赋予总部企业境外投资自主权。

3. 出台“海南自由贸易港对外投资管理条例”。以正面清单方式引导总部企业对东盟投资，明确企业经海南自由贸易港对外投资的形式、管理制度、融资渠道、税收政策、管理部门等。

4. 设立总部基地示范区。划定特定区域，设立总部基地示范区，实行更加优惠的土地政策，吸引国内企业落户。

5. 制定“海南自由贸易港对外投资救援办法”。对“走出去”企业遭遇非商业风险给予资金补偿与维权援助等。

（三）完善企业“走出去”的服务体系

1. 强化商务服务体系建设。

（1）深入研究RCEP区域内产业发展转型与供应链调整趋势，引导发展与之相适应的金融、会计、法律、认证等商务服务体系，支持企业建立“走出去”服务联盟。

（2）吸引专业的担保机构、会计师与律师事务所、投资咨询公司、资产评估公司等，共同组建国内企业投资东南亚的专业服务联盟，为走向东南亚的企业提供法律咨询、投资保险、直接融资、信用评级等一揽子专业服务。

2. 搭建综合信息服务平台。为“走出去”企业提供东南亚国家当地政策与法

[1] 《迟福林：面向东盟建立区域性市场是建设海南自贸港的关键之举》，http://www.xinhuanet.com/sikepro/20210417/08fb0f30afae4542aced5fe5f8265f18/c.html。

律查询解读、国别投资环境评价、境外合作项目推介、各类风险预警等相关服务。

3. 更加重视企业“走出去”的风险管理与合规建设。参照RCEP及东盟规则，制定“对外投资与海外经营合规管理指引”，并形成定期更新机制，重点就当地的安全审查、行业监管、外汇管理、反垄断、劳工管理、环境保护等问题形成基础性规范。

4. 建设海南自由贸易港总部企业能力建设中心。吸引华侨、华人、东南亚留学生等人才在海南自由贸易港开展企业“走出去”的相关服务；设立“走出去”专家咨询委员会，建立跨国经营案例资料库，建设海南自由贸易港总部企业能力建设中心。

5. 成立海南自由贸易港对外合作发展局。整合现有商务、发改、国资、财政、外汇、海关等部门的对外投资管理服务职能，专司总部企业对外投资的相关管理服务事项。

三、形成有利于企业“引进来”的政策与制度安排

（一）以精简跨境服务贸易负面清单为重点，降低企业准入门槛

1. 精简跨境服务贸易负面清单。按照《海南自由贸易港建设总体方案》与《中华人民共和国海南自由贸易港法》要求，制定更加精简的跨境服务贸易负面清单。力争在2025年前将非金融领域跨境服务贸易限制措施数量缩减至30项左右。

2. 出台“海南自由贸易港跨境服务贸易条例”。明确在海南自由贸易港范围内，给予境外服务提供者的待遇不低于在相似情况下给予国内服务提供者的待遇；以清单形式列明国民待遇的具体权利；明确在海南自由贸易港境内，不得对服务提供者的数量、交易额、人员数量等进行限制。

3. 实现重点领域人才资格单向认可。强化市场管理标准规则对接，制定面向

东盟的企业差异化责任豁免目录；允许具备国际执业资格的会计师、审计师等经海南主管部门备案后，直接为海南自由贸易港外资总部企业提供商业服务；实现重点领域人才资格单向认可，最大限度降低 RCEP 相关企业在海南自由贸易港设立区域总部的准入后壁垒。

（二）尽快形成跨境资金自由便利流动的政策安排

1. 推进跨境资金自由便利流动。明确在资金“电子围网”后，在海南自由贸易港的外国投资者的出资、利润以及资本收益、资产处置等合法所得，可以依法以人民币或者外汇自由汇入、汇出；建立总部企业资金出境审批绿色通道，提升外资总部企业及其外籍员工的合法收入汇出便利度。

2. 吸引海外优质金融机构和金融中介服务机构。在海南自由贸易港境内以跨境服务、商业存在等方式为外资总部企业提供风险对冲、保险、融资、供应链金融、财务管理、投资咨询等服务。

3. 对外资总部企业实行宽松的离岸金融外汇政策。离岸存款免交存款准备金，以贸易投融资资金自由收付，支持企业通过离岸账户开展涉外贸易投融资活动。实施离岸金融业务税收优惠政策。

（三）加强国际化专业化服务供给

第一，允许具备国际执业资格的会计师、审计师等经海南主管部门备案后，直接为海南自由贸易港外资总部企业提供记账报税、审计验资、资产评估等会计服务[1]。第二，以投资咨询中介服务机构为主体，建立面向外资总部企业的投资咨询平台，为相关企业提供专业、高效的中介服务。第三，着手建立面向RCEP的信用评级方法与标准体系，为各类机构和企业提供认证服务。

[1] 《打造双循环重要交汇点 推进海南自由贸易港建设》，http://finance.sina.com.cn/china/dfjj/2021-11-25/doc-ikyakumx0097359.shtml。

（四）制定出台具有国际竞争力的总部企业吸引政策法规

1. 修订《海南省总部企业认定管理办法》。实行以投资、结算、研发等核心业务实际开展情况为主的认定标准（见表3-16），放宽跨国公司地区总部和总部型机构母公司总资产要求，取消跨国公司地区总部母公司实缴注册资本的限制；探索将内外资企业设立的符合一定条件的办事处视作总部企业。

表3-16　海南关于总部企业的认定标准

总部企业类型	认定标准
跨国公司区域总部	由境外注册的母公司在海南省登记注册成立，具有独立法人资格的外商投资企业；实缴注册资本不低于200万美元；境外母公司直接持股不低于50%，母公司的资产总额不低于2亿美元；母公司授权管理的中国境内外企业不少于3家
大企业总部	在海南省登记注册成立，具有独立法人资格；母公司的资产总额不低于20亿元人民币；在全国范围内控股企业不少于3家，其中省外企业不少于1家；申请前一年或申请当年营业收入不低于10亿元人民币，且形成的地方财力贡献不低于3500万元人民币 在海南省登记注册成立的具有独立法人资格的企业，满足下列条件之一的，可直接认定为大企业总部：①在上海证券交易所或深圳证券交易所主板上市；②国家和中央部门确定的大企业（集团）第二总部或区域性总部；③世界500强、中国500强、民企500强在琼设立的总部或区域性总部
综合型总部	在海南省登记注册成立，具有独立法人资格；申请前一年或申请当年营业收入不低于5亿元人民币，且形成的地方财力贡献不低于2000万元人民币；在琼承担总部在中国区、亚太区或更大区域范围内的商品采购、销售和结算，生产研发和产品销售，服务及服务贸易等一项或多项业务的运营职能
功能型总部	在海南省登记注册成立，具有独立法人资格；申请前一年或申请当年营业收入不低于5亿元人民币，且形成的地方财力贡献不低于1000万元人民币；具有全国性或区域性的采购、销售、物流、配送、结算、管理、研发、法律咨询、人力资源等一项或多项职能
高成长型总部	在海南省登记注册成立，具有独立法人资格；申请前一年或申请当年形成的地方财力贡献不低于800万元人民币；在所从事业务领域拥有核心技术知识产权（自主研发或授权），企业研发费用（以审计报告数据为准）不低于当年营业收入的5%；或至少已获得私募股权投资公司C轮融资；具有专门的研发团队、研发机构或研发中心

资料来源：中改院课题组依据《海南省促进总部经济发展管理办法》整理。

2. 制定“海南自由贸易港促进跨国公司区域总部发展条例”。就跨国公司区域总部企业认定标准、资金使用、支持政策、服务保障等作出相关规定。

3. 出台“海南自由贸易港区域总部促进计划”。借鉴新加坡地区总部/国际总部计划，出台“海南自由贸易港区域总部促进计划”，形成中长期总部企业税收激励安排。例如，在明确重点行业的总部企业自动享受“两个15%”所得税基础上，制定不亚于新加坡的税收激励计划，通过税收返还、加速折旧、财政补贴、人才激励等多种方式将总部企业的实际税负降至10%以下，形成不亚于新加坡的总部企业税收政策。

4. 建设企业信用评级系统。在借鉴穆迪、标准普尔、惠誉等评级系统基础上，着手建立海南自由贸易港总部企业信用评级方法与标准体系，打造以我国为主、覆盖RCEP的企业信用评级系统。

专栏3-6　穆迪、标准普尔、惠誉信用评级系统

1. 穆迪评级

穆迪的长期评级共分九个级别：Aaa、Aa、A、Baa、Ba、B、Caa、Ca和C。其中Aaa级债务的信用质量最高，信用风险最低；C级债务为最低债券等级，收回本金及利息的机会微乎其微。

穆迪的短期评级依据发债方的短期债务偿付能力从高到低分为P-1、P-2、P-3和NP四个等级。

2. 标准普尔评级

标准普尔的长期评级主要分为投资级和投机级两大类，投资级的评级具有信誉高和投资价值高的特点，投机级的评级则信用程度较低，违约风险逐级加大。投资级包括AAA、AA、A和BBB，投机级则分为BB、B、CCC、CC、C和D。信用级别由高到低排列，AAA是最高信用等级；D为最低级别，视为对条款的违约。

标准普尔的短期评级共设六个级别，依次为A-1、A-2、A-3、B、C和D。其中A-1表示发债方偿债能力较强，此评级可另加“+”号表示偿债能力极强。

3. 惠誉评级

惠誉的长期评级用以衡量一个主体偿付外币或本币债务的能力。惠誉的长期信用评级分为投

资级和投机级，其中投资级包括AAA、AA、A和BBB，投机级则包括BB、B、CCC、CC、C、RD和D。以上信用级别由高到低排列，AAA等级最高，表示最低的信贷风险；D为最低级别，表明一个实体或国家主权对所有金融债务违约。

惠誉的短期信用评级大多针对到期日在13个月以内的债务。短期评级更强调的是发债方定期偿付债务所需的流动性。短期信用评级从高到低分为F1、F2、F3、B、C、RD和D。

资料来源：中改院课题组整理。

四、营造“两个总部基地”建设的稳定、可预期的制度环境

（一）赋予海南自由贸易港总部企业政策更大制定权

支持海南在符合《海南自由贸易港建设总体方案》和《中华人民共和国海南自由贸易港法》的前提下，根据打造“两个总部基地”需要，制定财税、金融等优惠政策或地方性法规；支持海南暂停使用、清理或修订不利于打造“两个总部基地”的法律法规相关条款；支持海南根据打造“两个总部基地”需要自主制定对接高水平国际经贸规则的相关政策，在服务贸易、投资、金融、电子商务等领域率先探索突破；支持海南创新土地供应制度，吸引境外大型企业集团、世界500强及行业协会（商会）、华侨华人、东盟–中国工商总会等在海南自由贸易港建设总部大楼、总部企业集聚区等；支持海南在59国免签政策基础上，形成商务人员临时入境清单等。

（二）尽快将有利于总部企业集聚的相关政策法律化

围绕总部企业的核心需求，推进以金融、财税为重点的自由贸易港政策法律化。例如，在金融领域，按中央提出的在海南“开展本外币合一跨境资金池业务试点”[1]的要求，出台“总部企业跨境资金池管理条例”，在真实性审查基础上，允

[1] 《关于贯彻落实金融支持海南全面深化改革开放意见的实施方案》，https://iitb.hainan.gov.cn/iitb/jrzc/202109/2e214fa0b7024dec8bf4fecc24a66438.shtml。

许在海南自由贸易港内注册的总部企业根据对外投资需要开展资金池业务，并对一定额度内的结售汇实行信用监管。

（三）用好海南自由贸易港法规制定权，形成重点领域的专项法规

例如，在免税购物领域，参照香港出台“海南自由贸易港免税购物市场管理条例”，在推进免税购物市场全面开放的同时，明确进口消费品免税税种，增强国外免税店经营主体与知名品牌商在海南设立地区总部的预期与信心；在数字经济领域，充分利用海南自由贸易港法规制定权，制定与CPTPP对接的数据流动规则。

（四）大胆引进高水平国际经贸规则，将其转化为海南自由贸易港法规

适应总部企业更大的涉外需求，按照《中华人民共和国海南自由贸易港法》提出的“国家支持海南自由贸易港主动适应国际经济贸易规则发展和全球经济治理体系改革新趋势，积极开展国际交流合作”的要求，在维护国家主权和国家安全的前提下，围绕贸易、投资及竞争、知识产权、电子商务、争议解决等重点领域，大胆引进CPTPP、中欧投资协定、数字经济伙伴关系协定等我国已谈判达成或积极加入的协定规则，以及新加坡、中国香港吸引总部企业的核心政策或法律，将其转化为海南自由贸易港法规，逐步形成与国际接轨的法规体系，最大限度减少总部企业落户海南的“不适感”或“摩擦点”。

（五）形成“两个总部基地”建设的立法时间安排

1. 把建立与打造“两个总部基地”相适应的法律体系作为封关运作前立法工作的重点。吸引国内企业尽快以海南自由贸易港为总部基地到东南亚国家投资布局，或者吸引东南亚企业以海南自由贸易港为总部基地开拓中国大市场并推进中国与东盟产业链、供应链的一体化。这是大局，是大势，具有相当大的战略性、迫切性。封关运作前，立法机关及政府部门需要在服务大局、把握大势中开展海南自由

贸易港立法工作。

2. 率先形成中国企业进入东南亚总部基地的相关法律法规。建议按照封关运作时初步建立适应“两个总部基地”建设的法律体系要求，编制具体立法规划。同时，围绕财税、金融等重大事项，并结合RCEP生效对海南自由贸易港吸引集聚总部企业的不利影响，按照“急用先立”原则，尽快形成立法清单。例如，RCEP生效对海南自由贸易港吸引农业、加工制造业和货物贸易行业等领域的企业总部产生直接影响，与之相适应的立法工作要尽快提上日程。

3. 封关运作后对标新加坡、中国香港等形成内外衔接的总部企业相关法律体系。例如，借鉴新加坡、中国香港等金融管理制度，逐步形成“非金融企业外债项下完全可兑换”的具体时间安排，明确各方预期，并逐步以法律形式固化；结合海南自由贸易港跨境服务贸易负面清单制度优化，进一步放宽金融、法律、会计、认证等重点服务贸易市场准入，为东南亚企业在海南自由贸易港设立面向中国市场的区域性总部拓展空间；通过推进行政、司法体制创新等，营造与“两个总部基地”建设相适应的政务环境与司法环境。

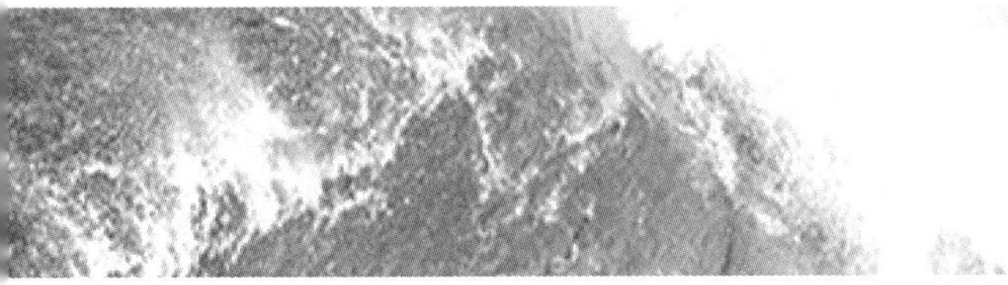

第四章

推动广东海南相向发展

推动广东海南相向发展[1]，需要立足构建双循环新发展格局的战略需求以及两省各自优势，以产业协同为主线，以交通设施互联互通为基础，以体制对接为保障，推动两省在更高层次、更深领域、更广范围合作，形成以国内大循环为主体、国内国际双循环相互促进的新发展格局的引领示范。

[1] 《坚定不移全面深化改革扩大高水平对外开放 在推进中国式现代化建设中走在前列》，《人民日报》2023年4月14日第1版。

第一节

推动广东海南相向发展的重要意义

广东海南相向发展有助服务中国与东盟全面战略合作大局，共同开展对东盟的经贸合作与人文交流，逐步构建起与之相适应的生产分工体系和经贸合作秩序，形成区域经贸合作的重要示范。

一、相向发展的战略意义

（一）服务新发展格局构建，共同打造国内国际双循环重要交汇点

1. 加快构建新发展格局的战略任务。改革开放以来，我国经济快速增长，国内大循环的条件和基础日益完善。例如，我国已经形成拥有14亿多人口、4亿多中等收入群体的全球最大、最有潜力的市场和全球最完整、规模最大的工业体系和完善的配套能力。与此同时，我国人均国内生产总值即将迈入1.3万美元的高收入国家门槛（见图4-1），生产函数与需求函数都发生重大变化，生产体系内部循环不畅和供求脱节现象显现，“卡脖子”问题突出，迫切需要以结构转型形成高质量发展的重要动力。特别是在当前国际政治经济形势正在发生深刻复杂变化，亚太区域不稳定、不确定性明显上升的背景下，需要按照“坚定不移全面扩大开放，是我国经济发展的重要法宝”的要求，以强大的国内市场吸引集聚全球优质要素资源，更好地统筹

发展和安全大局。

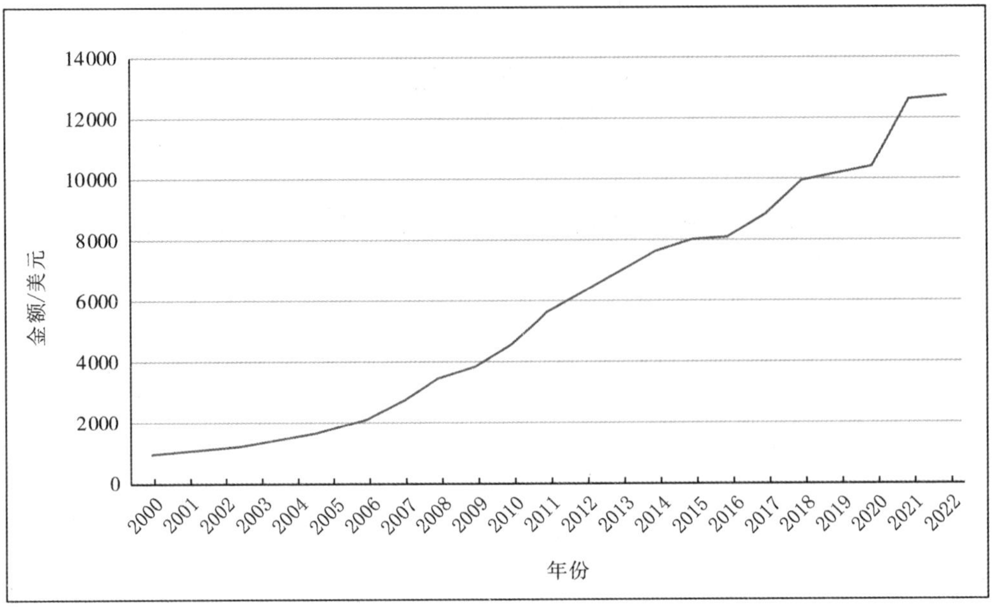

图4-1　2000—2022年我国人均国内生产总值

数据来源：国家统计局。

专栏4-1　琼粤两省书记关于广东海南相向发展的意见

1. 广东省委书记黄坤明

粤琼两省地缘相近、人缘相亲，历史渊源深厚。随着粤港澳大湾区和海南自由贸易港建设的深入推进，两省多领域合作日益深化，实现互促共进、互利共赢发展前景广阔。我们要深入学习领会，与海南相向而行、相向发展，携手共同推进高质量发展，积极服务和融入新发展格局。

广东将着力推动粤港澳大湾区和海南自由贸易港联动发展，把湛江作为重要连接点和支撑点，深化改革联动、开放联动、区域联动，促进博鳌亚洲论坛、广交会、高交会等开放平台共建共享，共同打造面向全球的资源配置和要素集聚高地，不断增强畅通国内大循环和联通国内国际双循环的功能；加快推进琼州海峡港航一体化和湛海铁路等交通基础设施建设，全力打造徐闻港水陆交通运输综合枢纽，确保琼州海峡交通安全顺畅运行，积极谋划建设琼州海峡一体化高质量发展示范区，牵引带动两省深化合作、联动发展；加强生物医药、特色船舶、海上风电、深远海养殖装备、滨海旅游等产业协作，促进两省科研院校、企业开展协同创新，强化特色优质产品产销对接、市场开拓，共同培育壮大发展新动能；聚焦群众急难愁盼深化教育医疗合作，推行更多便民服务，促进人员便捷流动，更好造福两省父老乡亲。

2. 海南省委书记冯飞

携手推动广东海南相向发展、推动粤港澳大湾区与海南自由贸易港联动发展，是党中央和习近平总书记的殷切嘱托，也是两省推动高质量发展、服务中国式现代化建设的必然选择，有利于为构建新发展格局、扩大高水平对外开放、建设全国统一大市场探索经验。

建议两省之间进一步健全合作机制，完善重大合作事项专班落实机制；共建"黄金水道"，在高铁、海运、航空、电力、天然气等基础设施建设上协同发力；扩大对外开放，加强海南自由贸易港与横琴、前海、南沙三大平台联动；促进统一市场，探索推进市场设施、市场规则、市场标准的互通、互认和互用；深化产业合作，加强种业、深海、航天等领域全产业链合作；协同防控风险，更好发挥反走私联防联控机制作用，齐心协力推动广东海南相向发展结出更加丰硕成果，打造重大国家战略联动发展典范。

资料来源：《海南省党政代表团来粤考察交流 共同谋划推动粤琼相向而行相向发展 黄坤明冯飞王伟中刘小明孟凡利沈丹阳参加有关活动》，http://www.gd.gov.cn/gdywdt/gdyw/content/post_4203537.html。

2. 在相向发展中强化两地对双循环新发展格局的重要支撑。

（1）强化对国内大循环的重要支撑。当前，由于我国供给体系结构未能很好地适应需求结构变化，产品和服务的品种、质量也难以满足多层次、多样化的市场需求，导致消费外流问题突出。以免税为例，据商务部统计，2019年我国免税品消费外流比例约为78%。当前，境外消费回流趋势开始显现，海南成为我国居民出境传统购物目的地的替代选择。然而，值得关注的是，由于海南现有消费服务体系、标准体系建设相对滞后，在一定程度上制约了国内居民消费潜力释放。例如，2022年海南离岛免税人均购物花费8262.1元（见表4-1），仅占人均免税额度（10万元）的8.26%。为此，需要抓住未来2～3年的时间窗口期，把握消费升级趋势，拓展文化旅游、购物消费等国内合作空间，并在共同促进境外消费回流中提升对国内循环的重要支撑。

表4-1　2018—2022年海南离岛免税购物情况

年份	离岛免税购物金额/亿元	离岛免税购物人数/万人次	离岛免税人均购物金额/元
2018	97.4	288.0	3381.9
2019	134.9	384.0	3513.0
2020	274.8	448.4	6128.5
2021	494.7	671.5	7367.1
2022	349.0	422.4	8262.1

数据来源：中改院课题组根据历年海口海关数据整理。

（2）强化对我国参与国际大循环的支撑作用。一方面，海南自由贸易港是我国推进高水平开放的重大战略举措，具有内地省市难以比拟的高水平开放政策优势，但受制于海南有限的产业基础与薄弱的人才、资金现实，难以在短期内形成吸引集聚全球优质要素、布局区域产业链的基础。另一方面，广东经济发展水平全国领先，产业体系完备，集群优势明显，珠三角九市已初步形成以战略性新兴产业为先导、先进制造业和现代服务业为主体的产业结构，但由于国际环境深刻复杂变化，迫切需要在对外布局中赢得发展新空间。为此，需要强化琼粤两省在资本、产业、国际化等方面的合作，形成对国际大循环的重要支撑。

（二）服务我国对外开放布局，合作提升对东盟国家的影响辐射作用

面对日益严峻的外部环境，加强与东盟交流合作成为我国推进高水平开放布局的重大任务。海南、广东作为面向东盟的前沿地区，有条件在相向发展中共同构建面向东盟的产业体系、服务体系。例如，发挥海南自由贸易港区位优势以及高水平开放政策优势，并充分利用广东产业优势，共同开展对东盟的经贸合作与人文交流，逐步构建起与之相适应的生产分工体系和经贸合作秩序，在强化地区内产业链供应链稳定性与安全性的同时，充实和拓展与东盟国家的合作内容、领域和机制等，打造大变局下区域经贸合作的新平台、新机制、新典范。

（三）服务地区发展，破解制约两省开放发展的突出障碍

1. 破解海南市场流量不足、产业基础薄弱的突出矛盾。海南作为岛屿经济体，由于自身市场规模有限及经济基础较为薄弱，建设自由贸易港需要外部资源注入。此外，海南制度集成创新缺乏产业基础，需要加大对有创新能力的高质量经营主体的引进力度，使其成为海南自由贸易港制度集成创新以及产业结构转型的重要抓手。促进广东海南相向发展，吸引广东相关企业转移至海南或在海南设立总部、分部，将明显加速海南现代产业体系建设，并助推海南加快相关政策落实与制度集成创新，充分释放高水平政策与制度红利。

2. 在促进广东提升发展平衡性的同时，形成广东开放发展新优势。城乡区域发展不平衡是广东高质量发展的最大短板。2022年，珠三角地区人均地区生产总值达133173元，分别是粤西、粤东、粤北人均地区生产总值的2.3倍、2.8倍、2.9倍（见图4-2）。相向发展有利于破解这一障碍。

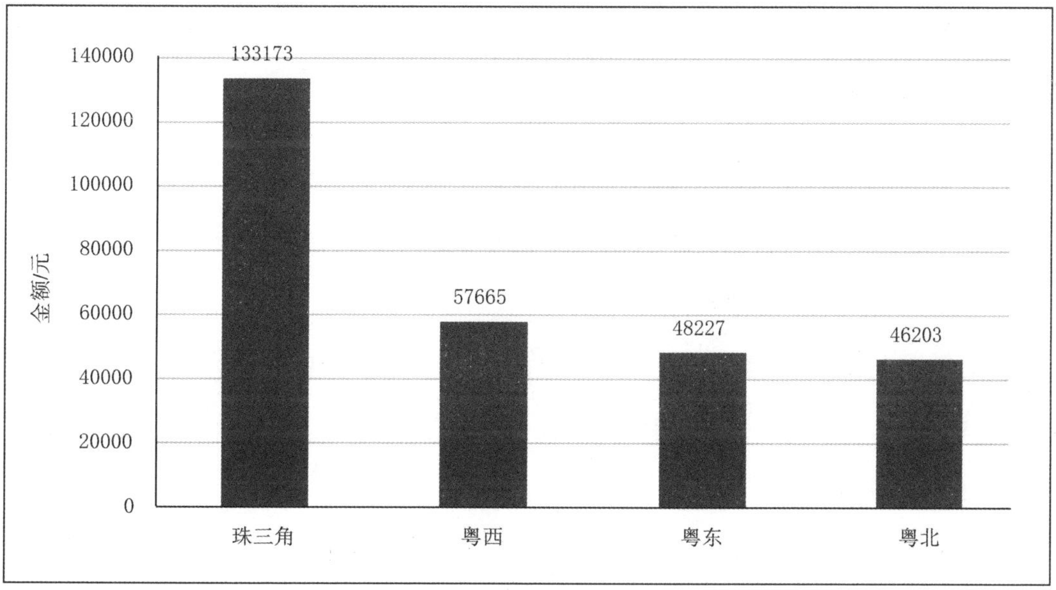

图4-2　2022年广东省各区域人均地区生产总值

数据来源：广东省各市统计局。

（1）以琼粤合作带动粤西地区发展。海南自由贸易港建设是新时期粤西地区发展转型的重大历史机遇。推动广东沿海经济带西翼服务海南自由贸易港建设，加快粤西地区交通基础设施与海南互联互通，共同发展面向国内国际双循环的产业合作，有利于加速广东沿海经济带西翼发展，破解广东区域发展不平衡的突出矛盾。

（2）以琼粤合作拓展广东对外投资贸易空间。《广东省国民经济和社会发展第十四个五年规划和2035年远景目标纲要》提出，“不断扩大广东与周边国家贸易规模”“加快高质量‘引进来’和高水平‘走出去’步伐”。深化琼粤合作，不仅将带动广东新一轮对外开放进程，也将发挥海南区位优势，在琼粤联手打造国内企业“走出去”的“总部基地”中，助力广东企业扩大东盟布局，从而拓展广东对外投资贸易发展空间。

二、相向发展的现实基础与主要矛盾

（一）合作基础

1. 两省地缘相近、历史渊源深厚。

（1）地缘相近。自古以来，广东省雷州半岛与海南岛地缘相近，两地仅隔一条琼州海峡，最窄处不到20公里。

（2）文化相融。两地文化互相交融，在生产、建筑、饮食、服饰、生活礼仪、岁时节日、民间艺术、民间语言、民间文体娱乐习俗等方面相近，共同形成了丰富多彩的雷琼文化。

（3）人文相亲。两省历史同源、文化同根，山水相连、人文相亲，人缘、文缘、商缘渊源深厚，经济互补性强，内在合作动力强劲。

2. 两省合作不断深化。

（1）省级层面。2018年10月，习近平总书记视察广东。在这一背景下，仅

2018年两省就签订了20多份合作协议。2020年，为全力推动粤港澳大湾区和海南自由贸易港联动发展，琼粤两省签署了战略合作框架协议、加快推进琼州海峡港航一体化框架协议。2023年6月，两省签署了《推动广东海南相向发展战略合作协议》。

（2）地方层面。例如，2016年，《北部湾城市旅游合作框架协议》正式签署，共同开拓珠三角、华东、东北、西南、西北等地旅游客源市场。2017年至今，湛江、海口两市分别在政法工作、琼州海峡一体化、农产品产销合作、区域旅游合作、西部国际陆海贸易新通道、琼州海峡春运应急服务、反走私等方面签署合作备忘或合作协议。

3. 合作项目有序推进落实。

（1）基础设施互联互通水平提升。琼粤已经建立起1条铁路、1条高速公路、2条海上客运航线、11条空中航线的陆海空立体跨省通道；琼州海峡跨海工程前期工作正在稳步推进，海南电网与南方主网实现联网运行[1]。

（2）以企业为主导的产业合作项目陆续启动。例如，明阳新能源投资控股集团在东方市投资建设高端海洋装备制造项目、海上风电+海洋牧场创新融合开发示范项目，助力海南海洋经济高质量发展；三亚旅文集团与珠海免税集团签订战略合作协议，共同开发口岸经济、离岛免税、跨境电商、旅游消费、旅游综合体等业务；等等。

（二）主要矛盾

1. 分工合理的产业发展格局尚未形成。以高新技术产业为例，作为四大主导产业之一，海南加快发展信息技术、深海深空产业、种业以及先进制造业，广东在高端制造、战略性新兴产业、海洋产业等领域具有核心优势，促进广东、海南在高新技术产业领域的深度融合，发展空间巨大。

[1] 罗亮：《琼粤海洋经济发展与南海合作开发》，《岭南学刊》2016年第1期。

2. 基础设施互联水平有待进一步提升。以琼州海峡为例，琼州海峡通航能力时常受制于台风等恶劣天气，大规模车辆、游客滞留，海南进出岛难的问题亟待解决；海运船型淡季不能满足高质量服务需求，旺季不能满足应急疏运要求；琼州海峡客货运输效率低，亟须进行客货分离规划建设。

3. 开放政策存在同质性。本地区内既有各类合作园区，也有广东自由贸易试验区等，从实际看，各个平台各自为战，尚未形成联动机制。例如，广东自由贸易试验区推进的放宽医疗机构和境外医师准入条件等制度创新举措形成与博鳌乐城的同质竞争。

4. 政府部门间协调机制有待优化。两省党政之间、部门之间沟通衔接密切，但仍需在具体项目中加强沟通、协调与合作。例如，《推动广东海南相向发展战略合作协议》中提出的建立两省常务副省长定期会商机制，还需进一步落实；日常工作机制尚未开展实质性运作；专家、企业等多层次的合作补充机制尚未建立。在实际工作中机制保障体系层面过高、联系不密切，合作协议的落实与合作项目的执行跟进均存在一定困难。

第二节

合作共建面向东盟的产业链供应链

以推动形成更加稳定、安全、紧密的区域产业链供应链为基本出发点，深化两省在数字经济、高端装备制造、热带特色高效农业等领域的合作，强化东盟与我国产业联结。

一、推动形成高新技术产业合作发展格局

（一）合作构建数字经济产业链供应链

1. 合力打造跨区域信息制造产业链。以深圳、东莞为重点，积极吸引珠江东岸信息技术领域制造企业在海南开展高端半导体元器件、物联网传感器、第三代芯片、光纤光缆等的原材料进口加工、组装包装、研发设计、模拟实验等，重点发展智能穿戴、智慧旅游、智慧海洋、智能汽车、智能游艇等加工制造。

2. 探索在海南自由贸易港内合作建立数字贸易试验区。吸引广东数字贸易与电商企业在海南自由贸易港建立海外仓性质的保税仓储基地；支持两省数字领域龙头企业、行业协会、产业联盟等牵头成立数字贸易、电子商务等相关领域发展基金，特别是加强对数字贸易规则制定、数字产品研发设计、数字产业海外并购、知识产权等关键环节的资金投入。

3. 合作开展区域性数字贸易压力测试。合作开展跨境数据流动、数据本地化、消费者保护等敏感领域的压力测试，探索形成以我为主的数字经济与贸易规则体系；合作建立数字贸易大数据平台，推动两地口岸数据互联、单证互认、监管互助互认。

4. 合作建立面向东盟的数据交易场所。用好海南自由贸易港跨境数据安全有序流动政策，强化琼粤两省在数字贸易领域的技术合作；利用区块链等技术开展数据确权、数据认证、数据定价、数据监管、数据交易、数据安全等标准规则制定，共同向东盟国家推广，打造面向东盟的数据定价交易服务中心[1]。

（二）合作打造绿色石油化工新材料研发制造产业链

1. 吸引广东企业参与产业链后勤服务保障基地建设。开展面向广东的定向招商，邀请广东参与澄迈油气勘探生产服务基地和海口、文昌、马村港等后勤服务保障基地和三沙前沿保障基地建设，开展多层次、立体化的南海资源开发服务体系。探索通过“海南土地出让+广东建设+合作运营”方式，以东方市为重点布局天然气化工、精细化工及新材料、仓储物流及园区公共配套设施，打造油气化工产业集群、国家级石化产业基地和出口加工基地。强化与湛江、茂名、揭阳等地原油商业储备库的协调，吸引粤西油气企业参与合作，共同发展面向东南亚国家和国内沿海地区油气化工品的分拨服务，建立完善国际油气及其衍生品交易平台。

2. 合作打造深海资源可持续开发利用示范区。合作组建企业或由企业组成的小组参与南海油气资源勘探开采。合作设立重大攻关项目，加快天然气水合物等新型资源的研发勘探和技术储备，配合国家有关部门及其机构，绘制南海天然气水合物基础地质数据图，加快推进资源区块优选、开采控制等领域研发和技术攻关。支持成立集天然气水合物勘探、钻采、开发、储运、服务等环节于一体的工程公司，合力打造面向南海的天然气水合物勘探、试采等产业集群，推动天然气水合物试采

[1] 迟福林、郭达、郭文芹：《构建新发展格局下的海南自由贸易港》，《行政管理改革》2022年第1期。

技术推广应用。

3. 合作建设临海绿色石化产业示范区。依托南海油气资源和洋浦经济开发区（含东方临港产业园），吸引广东企业参与芳烃、烯烃、新材料三大产业链深化。支持两省油气化工企业围绕补链强链组建企业联盟，开展技术研发、重大项目建设、重大基础设施改造。向石化产业链下游延伸，大力发展高性能合成树脂、特种工程塑料、高性能纤维等高端石化产品和精细化工产品。以广州、珠海、惠州、江门为重点，积极吸引珠三角地区精细化工产品加工、绿色化工产品制造等行业的企业将原材料供给、仓储分销、简单加工、中间试验等环节布局在海南。

4. 促进临港液化天然气（LNG）产业衔接。针对LNG重卡、琼州海峡客滚船、渔船等，加快布局LNG加注业务，合作布局和完善LNG加注网络。布局建设LNG接收站，建设LNG冷能工业园区，构建包含冷能发电、空气分离、冷冻、冷藏库、轻烃分离、海水淡化、低温粉碎等项目的产业园，提升LNG冷能利用效率。

专栏4-2　广东-海南跨关区保税LNG加注业务合作情况

当前，琼粤两省的跨关区保税LNG加注业务主要在海口-深圳、海口-广州展开。未来，国家管网集团海南天然气有限公司计划建设6个22万立方米的LNG储气罐，吸引外商到洋浦开展转口贸易，形成大型集聚效应，进一步打造泛北部湾区域港口燃料供给核心圈，推动西部陆海新通道国际航运枢纽建设。

1. 海口-深圳跨关区保税LNG加注业务

2023年1月13日，“海南石油301”液化天然气运输加注船运载着从国家管网海南LNG接收站装取的3万立方米保税LNG从洋浦港启航，于1月18日抵达深圳盐田港，为挂靠在该港的国际航行船舶提供LNG加注补给，标志着海口-深圳跨关区保税LNG加注业务正式落地。

2. 海口-广州跨关区保税LNG加注业务

2023年7月11日，“海南石油301”液化天然气运输加注船运载着1500吨保税LNG从洋浦港启航，于7月14日抵达广州大屿山锚地，为停靠在该锚地的国际航行船舶提供LNG加注补给，标志着海口-广州跨关区保税LNG加注业务正式落地。

资料来源：中改院课题组整理。

（三）合作打造跨区域现代生物医药研发制造产业链

1. 合作推进创新药物研发。以广州打造粤港澳大湾区生命科学合作区和研发中心、深圳建设全球生物医药创新发展策源地为契机，发挥海南博鳌乐城国际医疗旅游先行区政策优势以及海口高新技术产业开发区医药产业集聚优势，聚焦精准医学与干细胞、新药创制、生物安全、生物制造等关键核心技术，加强研发合作，共同开发抗体药物、蛋白及多肽药物、核酸药物、系统靶点药物等新型生物技术药物。

2. 吸引广东医药制造企业来海南布局。用好《国家发展改革委 商务部关于支持海南自由贸易港建设放宽市场准入若干特别措施的意见》等相关政策，鼓励和推动高端医疗机构、研究中心、高端设备、医疗器械、进口药品、先进技术等在海南落地，使海南成为重大新药创制国家科技重大专项成果转移转化试点，以广州、深圳、珠海、佛山、东莞、中山等医药制造产业为基础，吸引广东相关企业将特色中药开发，高端仿制药生产，高端化学药、海洋生物药等的新药创制、采购、试验、安全评价等布局在海南；将高端医疗器械、康复医疗器械、生物医用材料、手术辅助机器人等研发、生产、试验，干细胞技术研发、试验等环节布局在海南。

3. 合作开发海洋生物资源。利用海南自由贸易港政策优势，依托海口国家高新技术产业开发区，加大对广东海洋生物医药及生物衍生品、高端化学创新药及医疗器械研发、生产企业的招商引资力度；加大海南大学热带生物资源教育部重点实验室等与湛江湾实验室、广东湛江海洋医药研究院等机构共建海洋生物医药产业技术创新联盟，打造海洋生物医药研发基地；支持海南省医药龙头骨干企业联合广东相关重点企业，组建海洋生物资源库，搭建南海海洋生物医药资源研发公共服务平台，构建“基础研究–应用研究–成果孵化–社会产业化”运行体系。

4. 合作搭建海洋生物医药研发平台。瞄准国际海洋生物医药产业前沿，积极搭建海洋生物医药研发平台，联合打造国际海洋生物医药研发中心、产品交易中心、技术及人才中心，使琼粤逐步成为全球海洋生物医药生产要素资源集散基地。

二、合作构建海、陆、空产业链

（一）合作打造跨区域海洋工程装备研发制造维修产业链

1. 加强海洋工程装备研发制造。聚焦海洋油气开采需求，加强与广州、深圳、珠海、湛江等地海洋工程装备技术科研机构、海工装备制造企业的合作，提升关键技术装备开发制造能力。

2. 完善海洋工程装备服务。发挥海南自由贸易港深海资源优势，在广州、深圳、珠海、中山、湛江等地研发制造的基础上，在海南建设深海装备安装、测试和维修服务中心，发展海上平台、海底管道安装、海底电缆铺设，以及相关仪器、设备测试、维护和维修等服务。

3. 探索在琼建立海洋经济飞地产业园。聚焦渔业合作、油气资源勘探开发合作、农产品合作等领域，在海南设立海洋经济飞地产业园。明确不同园区产业发展重点、环保标准、投入规模要求等，明确资金投入机制、财税分成机制与利益共享机制，严格限制产能过剩行业以及高污染、高耗能、高排放项目。

4. 共建深远海海洋资源开发利用基地。支持海南省政府、广东省政府、中石油集团、中海油集团等联合建设具有规模产能的天然气水合物勘查开发示范基地，加快推进天然气水合物产业化进程；鼓励两地企业或渔民组建不同形式的远洋捕捞船队，与阳江、茂名、湛江等地共建远洋渔业资源开发和服务基地、远洋渔业海外基地，共同开发南海渔业资源和西沙、南沙、中沙渔场；加强两地在深水抗风浪网箱养殖、海水苗种生产、技术推广等领域的合作，共同打造海水养殖重点产业区域；吸引明阳风电集团、金风科技等大型风电企业在洋浦经济开发区等重点园区投资布局，打造海上风电装备制造基地和运维基地。

5. 合作建设国家级深远海试验场。充分发挥南海深海优势，加快推进三亚国家级深远海试验场建设，围绕海洋科技创新发展、高端海洋装备发展、海洋环境观测调查等需求，加大资金、用海、用地支持力度，加快建设功能完备、设施齐全的国家级深远海试验场，打造集科学观测、技术装备试验、方法研究、模式检验等多种功能的深远海综合试验/实验场，支撑我国深海、远海、极地等战略实施。

6. 支持科研机构与企业将深海科技中试与部分成果转化环节放在海南。引入科研机构、高校及涉海企业入驻崖州湾科技城，共同打造深海科技创新公共服务平台；强化政府间合作，建立琼粤深海技术实验室，重点围绕海洋科考、深海装备、深海矿产资源开发、深海材料和深海通信等领域开展关键技术攻关；依托海南区位与资源优势，支持清华大学国际深圳研究生院在三亚参与建设国家深海测试平台项目，建设深海科技中试基地和成果孵化转化基地；吸引相关企业将与深海测试相关的产业化环节放在海南。

（二）合作发展农产品加工业

合作发展农产品加工业将提升海南农业产业化水平。初步估计，若海南农产品加工产值与农业总产值之比达到2020年全国平均水平，将新增2700多亿元的农产品加工产值；若达到2021年广东水平，将新增5200多亿元的农产品加工产值（见表4-2）。

表4-2　海南农产品加工产值测算

测算内容	2022年	若达到2020年全国平均水平	若达到2021年广东水平
海南农产品加工产值与农业总产值之比	0.21：1	2.4：1	4.43：1
农产品加工产值预测/亿元	263	3009	5554
海南新增农产品加工产值/亿元	—	2746	5291

数据来源：中改院课题组依据2022年海南省国民经济和社会发展统计公报、国家统计局数据计算得出。

1. 合作发展农产品转口贸易与精深加工。依托东南亚国家丰富的农业资源，发挥海南自由贸易港“零关税”及加工增值货物内销免征关税等政策优势，吸引广东农业加工贸易企业到海南发展农产品和热带水果国际转口贸易、进口原料加工和本地农产品深加工产业，进一步延伸热带农产品产业链，提升农产品附加值。

2. 合作建立一批农业产业化项目。合作打造集加工、包装、保鲜、物流、研发、示范、服务等相互融合和全产业链的农业产业化集群[1]，使农产品加工增值超过30%后“零关税”进入内地，共同服务全国大市场；引导广东热带农业龙头企业与罗牛山股份有限公司共建农业产业化合作示范园，集中开展进口、加工、包装、保鲜、物流、研发、示范、服务等业务。

3. 合作打造面向东南亚的农产品保鲜加工储藏基地。围绕保鲜、加工、储藏等短板领域，吸引农业龙头企业在海南开展相关产业化项目，合作开展面向东南亚的农产品保鲜、加工、储藏、物流等业务。率先合作打造面向东南亚的热带农产品储藏保鲜中心，谋划建设1～2个10万吨级冷链物流基地项目，实质性提升海南农产品储藏保鲜能力。

4. 推动共建面向东南亚的热带农产品交易中心。以天然橡胶、咖啡、槟榔等为重点，引入国际化的技术与管理人才，采取国际化质量与标准，建设涵盖热带农产品信息、交易、定价、价格指数发布、金融保险等功能在内的，以人民币计价的国际化、数字化热带农产品现货期货交易所。同时，支持琼粤共同打造中国亚热带特色产品出口电商平台和海外仓。

5. 合作发展面向东南亚的种业贸易。吸引中国热带农业科学院南亚热带作物研究所参与三亚全球动植物种质资源引进中转基地建设，依托三亚政策与广东南亚热带作物种质资源共同打造热带作物新品种种苗繁育基地；依托从三亚进口的全球海产品种苗资源和徐闻海产品种苗孵化场优势，与三亚共建粤琼（徐闻）海产

[1] 《迟福林：推进海南自由贸易港建设 建立面向东盟的区域性市场》，http://cn.chinagate.cn/news/2021-04/16/content_77411855.htm。

品（青虾、贝类等）种苗养殖和孵化基地；合作对越南、老挝、柬埔寨、印度尼西亚、缅甸等国开展种业优良品种试验、推广，合作建立境外农作物优良品种试验站，推进品种联合选育和种子进出口贸易。

（三）联手促进航天产业链供应链

1. 吸引广东航天科研机构与企业研发装备环节向海南延伸。以文昌国际航天城与江东临空产业园为载体，积极吸引国微电子、深南电路、大疆创新、亚太兴通、华讯方舟、中科遥感（深圳）卫星应用创新研究院等企业、科研机构在海南设立分支机构，重点开展火箭研发和商业卫星研制、卫星导航、民用无人机组装等。

2. 推动广东在海南设立航天科技成果转化应用“飞地”。聚焦航天平台资源优势，支持广东在文昌国际航天城设立以数字产业化、科技成果转化应用为主题的“飞地”，引进和承接广东创新机构和高新技术企业，实现与广东创新主体在科学研究、实验开发、中试检验、推广应用的有机联动；实施更具弹性的审慎包容监管制度，对价值评估、检验检测认证、认证审批、金融扶持等领域提供最大便利条件。

三、共同促进传统优势产业转型升级

（一）合力打造清洁能源与节能环保等产业链

1. 发展清洁能源产业。以广州、珠海、佛山、惠州等为重点，支持珠三角氢能、太阳能、核能装备制造、储能设施研发、智能电网建设等领域企业将实验中心布局在海南；支持珠三角汽车制造企业将电动汽车、氢燃料电池汽车以及智能汽车零部件采购、整车组装环节布局在海南。

2. 发展节能环保产业。支持企业将高效节能电气设备、绿色建材、环境保护监测处理设备、固体废物综合利用设备、污水治理设备等的原材料、关键零部件采购中心、推广中心放在海南。推进海上风电项目和风电装备制造产业合作。

3. 建设琼粤新能源汽车、智能汽车制造基地。发挥海南自由贸易港的政策和区位优势，规划建设琼粤汽车制造基地，沿着整车制造牵引、核心部件支撑、科技创新赋能三条路径推动基地高质量发展。按照燃油汽车、混合动力汽车、纯电动汽车、燃料电池汽车和智能网联汽车等技术创新路线图，加快实现新能源汽车和智能网联汽车动力总成和控制系统、车身底盘、三电系统、智能终端、车规级芯片及传感器组件、关键材料、充电设施等产品本地产业化，打造琼粤绿色智能汽车产业集群。

4. 布局原材料、零部件“海外仓”。依托海南自由贸易港“零关税”政策优势，聚焦阀门、旋塞、轴承、齿轮、空气泵、压缩机等高关税零部件进口，支持广东相关企业将采购中心与仓储中心设在海南。依托海南自由贸易港加工增值货物内销免征关税政策，吸引优质企业在海南布局符合自由贸易港建设方向的产业环节，重点开展对进口商品的保税加工、保税维修、保税组装及物流保险、贸易结算等业务，使其增值30%后以“零关税”进入内地。

（二）共同促进高端食品加工业做大做强

立足可可、坚果、鱼油制品、部分水果制品等高关税高增值产品原料，开展来料保税加工；吸引广东食品加工龙头企业与省内相关企业合资设厂，明显提升海南食品加工能力。

（三）合作构建海洋旅游合作圈

一方面，联合开发海岛休闲、海上运动、海底观光等特色旅游项目、旅游产品，丰富区域旅游产品与服务质量。另一方面，联合打造面向南海的邮轮旅游产品体系。例如，开辟连接菲律宾、马来西亚、印度尼西亚、新加坡、越南等沿线国家的定期邮轮旅游航线，打造“一程多站”式国际邮轮旅游精品航线；加快推进邮轮母港建设，推出特色化、主题化、定制化服务的旅游升级产品，打造连接琼州海峡经济带、粤港澳大湾区的邮轮旅游航线。

四、加快建设琼州海峡一体化发展示范区

（一）高标准谋划建设琼州海峡一体化发展示范区

目前，广东正积极谋划建设琼州海峡一体化发展示范区，海南也将在紧邻徐闻港的海口国家高新区布局建设琼粤合作产业园。琼粤要以“两地双园”为重要平台，尽快打通琼州海峡两岸经济联通的堵点，实现广东、海南间资源要素联结、产业协同联动、市场互联互通的重要突破。为此，要发挥示范区地处国家重大战略交汇点、广东海南相向发展最前沿等区位优势，在释放粤西地区发展潜力的同时，实现海南与内地市场的更好联通。

（二）确定琼州海峡一体化发展示范区的功能定位

1. 琼州海峡一体化发展示范区是琼州海峡市场连接的重要门户。要放大地缘优势，围绕打造琼州海峡半小时经济圈建设临港经济区，并在拓展内地与东南亚市场腹地中提升经济辐射带动作用。

2. 琼州海峡一体化发展示范区是琼州海峡产业协同发展的示范引领区。要把握琼粤发展所需，形成梯度衔接、分工合理、优势互补、上下游协同的跨区域产业链和特色产业集群。

3. 琼州海峡一体化发展示范区是琼州海峡物资运输的集散枢纽。要聚焦封关运作后海南与广东物资双向流动的实际需求，做大做强枢纽经济，在强化对海南自由贸易港重要物资供给保障功能的同时，促进琼粤两地生产资料跨区域双向便捷

流动。

（三）推动实现“两地双园”规划衔接、产业协同

1. 统一规划。组建两省相关职能部门参与的规划设计专班，按着有利于发挥各自优势的要求，规划设计“两地双园”各自承载的产业链环节、重点项目、土地布局、短中长期发展目标等。

2. 统一建设。由两省组建特别投资开发公司、园区建设投资基金，鼓励央企参与，撬动社会资本参与建设，共同推动园区开发建设，确保“两地双园”进度一致。

3. 统一运营。组建统一运营主体，打破行政区划界限；以“园中园”形式开展双向飞地建设。同时，支持港澳发挥资金、智力等优势，参与园区招商引资、规划设计。

第三节

推进基础设施互联互通

2023年4月10日，习近平总书记在徐闻视察时指出，琼州海峡是国家经略南海的战略通道，也是海南自由贸易港建设和发展的咽喉要道，要把“黄金水道”和客货运输最佳通道这篇大文章做好[1]。要以广东基础设施完备优势和海南自由贸易港运输往来自由便利政策优势为基础，推进广东、海南以及以东盟为重点的区域内重大基础设施建设协同，形成高效便捷的基础设施互联互通新格局。

一、合力推进琼州海峡港航一体化

（一）推进港航资源整合与多式联运服务

1. 加快推进琼州海峡两岸港口资源整合和提质升级。目前，航运资源一体化已经完成，但仍需进一步强化琼州海峡南北两岸港口资源整合，加快实现琼州海峡两岸港口资源的“统一规划、统一管理、统一经营、统一调度、统一服务标准”，提高港口服务效率与品质，提升港口设施的专业化水平和服务能力。

2. 推行湛（江）海（口）“组合港”通关模式。即所有进口口岸为海南辖区

[1] 《坚定不移全面深化改革扩大高水平对外开放 在推进中国式现代化建设中走在前列》，《人民日报》2023年4月14日第1版。

的进口货物运抵湛江港、徐闻港等同运抵海南，经湛江海关放行后可以直接在湛江港、徐闻港到岸卸货装车（或转国内航线船只）提离；所有出口口岸为海南辖区出口货物运抵湛江港、徐闻港等同运抵海南，经湛江海关查验后可以直接在湛江港、徐闻港装船出口，以降低海南进出口商品周转时间、跨海峡运输成本及受天气因素影响程度。

3. 大力发展多式联运，推进港航一体化交通布局。完善疏港交通与城市交通衔接，提前谋划各类公共交通规划，打造“三位一体”现代化水陆交通运输综合枢纽；扎实做好湛海高铁、二湛综合运输通道桂林至湛江段高铁、雷州半岛西线高速公路等项目前期工作，推动湛海高铁引入徐闻港，融入国家高速铁路网，密接海南经湛江港、徐闻港航线，做好配套码头工程的规划建设，尽可能缩短跨越海峡的时间；加快推进沈海高速公路粤西部分扩容升级和海口段项目建设；推动新海港基础设施及交通路网建设，不断完善新海港客运枢纽等基础设施建设，对接港口、城市骨干路网与绕城高速；尽快开通琼州海峡高速客船、高速客滚船、水上飞机等海峡水上多元化运输服务方式，打造琼州海峡水上“半小时交通圈”。

（二）实现港航信息一体化

1. 推动“互联网+港口”行动计划。构建功能完善的信息管理平台，推动港航信息网络互联互通，为港航一体化发展提供信息技术支撑；在人货分离前提下，建立统一的售票App，推进船舶证书电子化，实现港口作业单证数字化和信息共享；完善船舶通关一站式作业，推进船舶证书电子化，推进“单一窗口”建设，支持湛江海关与海口海关创新合作监管模式，构建信息交流与合作平台；积极谋划打造海南自由贸易港联动发展平台。

2. 打造统一的调度平台。加快完善琼州海峡港航一体化协调运作机制，以新海港、秀英港与湛江港为重点，由海南、广东交通运输厅牵头，建立由海口市与湛江市交通运输局及港口运营企业共同参与的船舶调度管理局，对琼州海峡过海的所有船舶进行统一调度，最大限度缩短船舶进出港和等待泊位的时间。

3. 建立统一的应急管理平台。建立琼粤应急事件议事协调机制，推动实现两省应急指挥平台信息互通共享，合作制定琼州海峡应急预案，切实防范因自然因素导致的旅客、货轮滞留堵塞问题；在海口新港建立危险品专用泊位；推进海口新海港与徐闻南山港规划衔接，并统一海口新海港与徐闻南山港设计标准、设计能力、码头结构；合作打造琼州海峡救助队伍与信息发布中心，实现应急救援统一指挥、联合行动、信息共享。

（三）统筹推动港航集疏运通道网络体系建设

1. 着力完善港口集疏运通道网络，畅通港口与腹地连接。加强内陆“无水港”和具备多式联运功能的货运枢纽建设，加快推进海口新海港区、徐闻南山港区等港口设施、综合客运枢纽和集疏运体系建设，增强港口集散能力。

2. 推进港口运输结构调整。推动大宗散货“公转铁”，加强集疏港铁路与码头堆场的有效衔接，打通铁路进港“最后一公里”。优化港口公路运输网络，强化徐闻港、海口港等重要港口与高速公路网络的对接，提升港口的快速集疏能力。发展以港口为枢纽的物流体系，开展集装箱物流、热带农产品冷链物流、国际粮油物流、石化物流等专业物流服务。推动管廊和皮带机建设，实现港区与临港产业园区的无缝衔接。

二、共建琼粤综合交通走廊

（一）实现琼粤异地交通一卡通互联互通

为提高琼粤异地通行，探索增设“交通联合”办理点，并推行“琼粤一卡通”App或微信小程序。为提高交通一卡通运营服务，建议增加一卡通服务网点和代理机构，同时推进一卡通产品认证结果采信工作。鼓励琼粤异地交通一卡通发卡机构联合发行交通一卡通，且确保一卡通在非发卡地使用时享受当地同等优惠。

（二）构建琼州海峡专业化货运快速通道

改扩建琼州海峡30万吨级航道工程，对接湛江港40万吨级船舶的深水港口。支持湛江在雷州港区布局对接海南的专业货运通道，密集湛江港徐闻港区南山作业区与海南的航线布局，推进湛江港雷州港区与海南重要港口共建“组合港”，共同开辟面向西部陆海新通道的海铁联运网络。

增设琼州海峡通往五个沿海主要港口和三个沿海石化基地的进港主航道布局，加密琼粤港澳间班轮航线。用好“中国洋浦港”船籍港政策，支持广东的船舶在海南自由贸易港开展船舶登记。推进货运铁路建设，优化海陆空货运运输结构调整，稳步推进货物在琼州海峡与铁路、公路双向转移，加强海港、空港合作，形成航陆空综合型物流枢纽。

专栏4-3　“中国洋浦港”船籍港政策

1. 特殊的国际船舶登记制度

（1）登记机关：由中华人民共和国海南海事局设立的国际船舶登记机关具体负责海南自由贸易港国际船舶登记工作。

（2）受理范围：“中国洋浦港”船籍港率先实施“全岛一港”国际船舶注册机制，规定在海南自由贸易港内符合条件的中国公民、法人或非法人组织都可以选择“中国洋浦港”为船籍港，从而享受“中国洋浦港”船籍港政策。

（3）登记主体：在“中国洋浦港”船籍港登记制度中，取消船舶登记主体外资股比限制。

（4）登记种类：一是全国首创船舶临时所有权登记制度，即允许船舶所有人在暂时无法提交船舶所有权取得的证明文件原件时，凭船舶所有权取得证明材料的复印件或者扫描件申请办理临时船舶所有权登记；二是新增可办理临时国籍的情形，即从境外购买二手船舶，暂时无法提交船舶注销登记证明书，允许申请人持原船舶所有人出具的承诺文件申请办理临时船舶国籍证书。

（5）登记流程：一是船舶登记由三级审批改为二级审批；二是使用格式文本规范国际船舶登记申请材料。

2. 开放的船舶检验制度

（1）开放船舶入级检验：在海南自由贸易港范围内，可由外国船舶检验机构开展国际船舶入级检验。

（2）逐步放开法定检验：《海南自由贸易港建设总体方案》提出，建设“中国洋浦港”船籍港，简化检验流程，逐步放开船舶法定检验。法定检验放开后，获得法定检验授权的外国船级社检验的船舶转籍到“中国洋浦港”的，不需要变更船舶检验机构。

（3）船舶综合质量评价及分级管理制度：建立信息平台，将船舶质量、船员情况、企业安全和防污染管理等方面纳入指标体系进行分析和质量评价，并根据评价结果对船舶实施分级管理。海南自由贸易港国际船舶实施综合质量评价管理为全国首创。

（4）开放的海员市场：自2021年11月1日起施行《外国籍人员参加海南自由贸易港船员培训、考试和申请船员证书管理办法》。作为国内首个允许外国籍人员参加中国船员培训考试、发证的制度文件，填补了国内相关领域制度空白。

3. 税收优惠及便利化措施

（1）进口船舶“零关税”：2020年12月25日，财政部、海关总署、税务总局联合印发《关于海南自由贸易港交通工具及游艇“零关税”政策的通知》，规定进口用于营运用交通运输、旅游业的船舶及游艇，免征进口关税、进口环节增值税和消费税。

（2）境内建造船舶增值税退税：2020年9月10日，财政部、交通运输部等联合印发《关于海南自由贸易港国际运输船舶有关增值税政策的通知》，对境内建造船舶企业向运输企业销售，且船舶登记在“中国洋浦港”船籍港并从事国际运输和港澳台运输业务的船舶，对购进船舶的运输企业实行增值税退税政策。

（3）内外贸同船运输加注不含税油：全岛封关运作前，对以洋浦港作为中转港从事内外贸同船运输的境内船舶，允许其在洋浦港加注本航次所需的保税油；对其在洋浦港加注本航次所需的本地生产燃料油，实行出口退税政策。上述保税油和适用出口退税政策的本地生产燃料油统称为“不含税油”。

（4）船舶保税油供受作业便利化：印发《海南海事局关于深化海南自由贸易港船舶保税油供受作业便利化海事监管措施的公告》，制定一系列措施，提升船舶保税油供受作业效率。例如，实施国际航行受油船舶“即加即走”管理模式、开辟船舶燃油装载和使用信息报告便捷通道等。

（5）启运港退税：对符合条件的出口企业从启运地口岸（启运港）启运报关出口，由符合条件的运输企业承运，从水路转关直航或经停指定口岸（经停港），自离境地口岸（海南省洋浦港）离境的集装箱货物，实行启运港退税政策。其中，危险品不适用启运港退税政策。

（6）企业所得税：全岛封关运作前，注册在海南自由贸易港并实质性运营的鼓励类产业企业，减按15%征收企业所得税。全岛封关运作后，将按负面清单行业管理，不在负面清单行业内的企业，减按15%征收企业所得税。

资料来源：《一图读懂|“中国洋浦港”船籍港政策》，https://dofcom.hainan.gov.cn/dofcom/sjjd/202307/80e8982a10ba48ec80676fb6b794483c.shtml。

（三）共建功能互补的区域性港口群

1. 优化沿海港口功能布局，共建世界级港口群。支持湛江港与海南港航线挂靠，并推进湛江港以及海口港、洋浦港等海南重要港口积极融入粤港澳大湾区世界级港口群建设。同时，借鉴香港港口物流业经验，依托海南自由贸易港通关便利化制度，提高海南港口通航及物流的效率，从而增强海南港口的国际竞争力，大力发展"水水中转"业务，共建航运中心和大宗货物交易中心。

2. 打造"一单制"联运平台。探索由粤港澳大湾区实力雄厚的港口集团对海南部分港口进行开发管理。发挥洋浦港交通运输自由便利特殊政策，积极开展以洋浦港为中转站的内外贸同船、沿海捎带业务。推动"单一窗口"标准与功能统一、数据共享、单证互认，建立大宗散货经海口、洋浦、湛江港中转的港口运输合作机制，实现一张单证联运合作。

（四）适时启动琼州海峡跨海通道建设

1. 启动琼州海峡跨海通道建设具有全局性影响。

琼州海峡是国家经略南海的战略通道，也是海南自由贸易港建设和发展的咽喉要道。如果琼州海峡跨海大桥建成，内地商品要素自由进入海南，则以海南为"总部基地"进入东南亚的需求量和便利度就会相当大。

琼州海峡跨海通道工程不仅仅可以解决海南的进出岛问题，而且是国家南北综合运输大通道的关键节点，也是打通广东、海南相向发展"最后一公里"、实现资源要素低成本高效便捷流动的重大举措，更是国家经略南海的交通保障性通道以及面向RCEP开放战略实施的重要一步。

尽快启动琼州海峡跨海通道建设，不仅将为广东、海南商品要素高效流动提供基础性、关键性的条件，也将明显增强各方对海南自由贸易港建设的信心与预期，更是确保琼州海峡战略通道安全的重大举措。

专栏4-4　琼州海峡跨海大通道的历史沿革

1974年，周恩来总理指示国务院副总理万里，组织研究修建琼州海峡海底铁路隧道的问题。“这是共和国第一代领导人第一次明确提出在琼州海峡修建跨海通道、跨海铁路。”

1984年，时任国务院副总理的王震陪同日本友人来海南访问时再次提到，周总理生前希望有朝一日能够建设琼州海峡海底铁路隧道。

从20世纪90年代开始，各级政府、相关部门和相关领导对琼州海峡跨海通道的建设都表示支持，认为大有必要、完全可行。并且联合开展了多轮研究论证，提出了多种方案和建议。

2007年5月，海南专门成立了推进琼州海峡跨海通道工程领导小组。6月，琼粤两省共同签署了《高层会晤备忘录》，成立联合办事机构，共同推进琼州海峡跨海通道前期工作。

2008年3月7日，国家发改委、铁道部、交通部和海南省、广东省在北京签署会议纪要，明确未来的跨海通道为“公路铁路两用通道”，规划研究报告年底出炉，标志着这一重大工程前期工作已实质性启动。

2008年6月5日，琼州海峡跨海工程领导小组第一次会议召开，原则上通过了琼州海峡跨海工程规划研究工作方案和规划研究大纲。这标志着琼州海峡跨海工程进入实质性推进阶段。

2009年3月，铁道部、交通运输部、广东省和海南省共同签署了《琼州海峡跨海通道前期工作会议纪要》，这标志着这项连接内陆与海南岛的重要跨海工程前期工作又向前迈出了实质性一步。

2010年12月29日，琼州海峡跨海工程前期工作领导小组在海口召开第四次会议，在两部两省签署的会议纪要中提出，将紧紧围绕国家发改委提出的4个方面的问题，牢牢把握环境主要控制因素、核心技术难点和关键环节，深入开展调查研究、科技公关，提出项目建议书补充意见，2011年上半年报送国家发改委。

2011年初，在获知琼州海峡工程被写入国家“十二五”规划后，专家组原本预期在当年最终敲定方案。12月13日，海南省跨海工程筹建办公室称，由于国家宏观政策影响，工程方案仍未确定下来。

2015年3月6日，媒体报道称“全国人大代表、海南省发改委主任林回福在海南团开放日活动上答记者问时透露，琼州海峡跨海通道需要严谨的科学论证，与此同时，海南正加快与全国高铁融合连通的建设，连通之后高铁将可以无须拆分，整列开进轮渡，运输过海，与全国连通”。

2015年4月，海南省发改委披露的信息显示，精心谋划和推进琼州海峡跨海通道工程“长期重大项目”。

2022年10月，海口市交通运输和港航管理局官网发布关于公开征求《海口市综合交通体系规划（含枢纽规划）（2020—2035年）》（公示稿）意见的公告。公示稿透露，要加快实现琼州海峡湛海高铁开通运营，并明确提出“远景预留琼州海峡跨海工程”。

资料来源：中改院课题组整理。

2. 启动琼州海峡跨海通道建设的需求增强。从现实看，受管理协同水平低与自然因素限制的影响，琼州海峡通行效率明显低于陆路交通。特别是随着海南自由贸易港经济流量的持续提升，以水路为主的通行模式，其服务能力提升受限和安全风险增加的双重挑战将日益明显。此外，相关研究表明，从我国海底隧道建设工程技术实力和投资综合收益回报看，启动琼州海峡“硬联通”工程建设具备了比较充分的有利条件和技术可行性。

3. 建议就跨海通道建设开展研究。建议琼粤两省尽快向国家提出启动琼州海峡跨海通道重大项目建设的申请；成立工作组，就工程设计的技术问题和相关政策问题进行研究，就重点项目所涉及的问题进行论证，并设立重大研究专项对相关技术难题进行联合攻关。同时，发挥智库等作用，增进共识、扩大影响。

三、共建以东盟为重点的对外综合运输通道

（一）将洋浦区域国际集装箱枢纽港打造成为区域航运枢纽

1. 加快洋浦港国际集装箱枢纽港建设。着力提升洋浦港集装箱码头和航道等级能力，增强洋浦港国际中转业务功能，推动公共码头资源整合。完善洋浦国际物流和冷链物流设施，与香港、广州、深圳等形成优势互补的港口、航运、物流和配套服务体系[1]。

2. 联合推进海南洋浦港和湛江港的港口资源整合与分工优化。鼓励开通洋浦港与广东省内各港口间的航线，实现洋浦港通过广东省内港口与北方各港口航线对接。加快在雷州港区布局建设对接海南洋浦港的专业货运、货滚码头，同步配套建设湛徐高速乌石支线、粤海铁路乌石支线，促进琼州海峡客货运输分离，构建琼州

[1] 《省委、省政府印发关于贯彻落实〈粤港澳大湾区发展规划纲要〉的实施意见》，http://www.gd.gov.cn/gdywdt/gdyw/content/post_2530491.html。

海峡专业货运通道[1]。

3. 支持洋浦港吸引国内外货源，做大洋浦港国际中转运输业务。琼粤两省联合组织开通至新加坡、越南等国家主要港口的国际中转或直达航线，拓展洋浦港至北方各港口的通道，逐步将洋浦港发展成为区域国际集装箱枢纽港。

（二）共同开辟琼粤铁海联运国际班列航线

铁海联运国际班列是“陆海新通道”三种物流运输方式之一，琼粤可以利用粤海铁路、黎湛铁路等铁路运输干线和两省地处北部湾的湛江港、洋浦港等港口群，联通东南亚国家以及世界其他国家和地区，共同参与西部陆海新通道建设并开展中欧班列与两省港口的铁海联运国际班列业务，不断优化完善铁海联运网络布局。

（三）共建区域港口联盟

协同推进海南、广东、香港、澳门与东南亚国家和地区在国际中转、运输航线、物流配送等方面的密切合作，推动共建泛南海区域航运标准体系、管理制度体系等；强化海上航线联合开发、共享，联合组织开行至新加坡、越南等国家主要港口的国际航线，形成放射性、网络化、便捷化的航运交通网络布局；建立并完善区域港口物流合作协调机制，组建“21世纪海上丝绸之路”货运物流合作网络，打造泛南海区域海上运输大通道。

（四）共建区域空中运输大通道

1. 强化基础设施硬件的互联互通。加快推进粤西地区和海南通用航空机场建设，加强湛江机场航空口岸与内陆、海口、三亚、博鳌国际机场合作，不断完善湛江吴川国际机场空陆、空铁换乘体系，加快推进航空与港口、铁路等互联互通的基

[1] 刘稳、黄余武、顾大炜、陈昌波、康韵怡：《雷州：奋力迈过“四道坎” 坚决打赢“五大会战”》，《南方日报》2020年9月13日A08版。

础设施建设，并与东南亚国家建立范围更广的供应链联盟，统一物流标准，共同打造区域供应链平台。

2. 利用海南航权优势联合开发国际客货运新航线。谋划构建直通全球的国际客货运航线网络，助力国内国际双循环构建。在客运方面，加快推动第七航权“首单”落地。在航运枢纽方面，加强海口美兰国际机场、三亚凤凰国际机场、湛江吴川国际机场与粤港澳区域国际枢纽机场、区域枢纽机场的合作，联合加密或新开通面向东南亚国家和地区的直飞、中转国际航线，助力海南构建与泛南海区域各国家间通达通畅的航线网络，推动海口美兰国际机场由区域枢纽向国际枢纽转型。

第四节

推进琼州海峡两岸反走私协同

提升琼州海峡反走私有效性，不仅事关广东海南产业协同成效，也是广东海南相向发展的重大任务。无论是从琼州海峡的地理特征看，还是从海南自由贸易港的实际需求看，都需要广东海南两省协同配合，增强琼州海峡反走私工作有效性。

一、琼粤协同反走私的现实需求

（一）事关广东海南相向发展成效的关键举措

1. 以反走私强化琼州海峡通道安全畅通，是广东海南相向发展的基本前提与要求。作为中国三大海峡之一，琼州海峡是连接我国陆地和海南岛的交通咽喉。海南省90%以上的生产生活物资、30%左右的旅客及往来的所有车辆、火车都需要通过琼州海峡客滚运输进出岛（见表4-3）。推动广东海南相向发展，需要实现两省间的互联互通。因此，保持琼州海峡畅通与安全，不仅对海南自由贸易港建设发展至关重要，也是推动广东海南相向发展的基本前提与要求。

表4-3　2018—2022年琼州海峡轮渡运输情况

流量		2018年	2019年	2020年	2021年	2022年
进出岛客流量/万人	进岛客流量	735	725	591	627	583
	出岛客流量	760	760	582	635	577
	小计	1495	1485	1173	1262	1161
进出岛车流量/万台次	进岛车流量	166	169	178	192	189
	出岛车流量	163	167	171	185	177
	小计	329	336	349	377	366
进出岛实航（含危险品）/航次	进岛实航	25312	26080	28846	32367	31524
	出岛实航	25232	26461	28735	32358	30793
	小计	50544	52541	57581	64725	62317
进出岛载重量/万吨	进岛载重	3054	3517	3917	—	—
	出岛载重	2878	2759	2880	—	—
	小计	5932	6276	6797	—	—

数据来源：2018—2020年数据来源于海南省琼州海峡轮渡运输管理办公室2018—2020年《琼州海峡轮渡运输情况小结报告》，http://jt.hainan.gov.cn/hnsqzhxldysglbgs/ghdt/；2021年数据来源于交通运输部珠江航务管理局《2021年珠江水运经济运行和琼州海峡客滚运输情况简述》，https://www.mot.gov.cn/yunjiazhishu/zhujiangshuiyunjjyxfx/202202/t20220209_3640600.html；2022年数据来源于交通运输部珠江航务管理局《2022年珠江水运经济运行和琼州海峡客滚运输情况简述》，https://zjhy.mot.gov.cn/zzhxxgk/jigou/zhghc/202301/t20230131_3748332.html。表中数据因四舍五入与原数据有细微出入，但相差小于1。

2. 以提升反走私成效保持并强化海南自由贸易港“一线”开放预期。推动广东海南相向发展，就是要发挥海南自由贸易港高水平开放的政策与制度优势，将其与广东的产业发展优势相结合，共同打造中国与东盟全面战略合作的重要枢纽。从目前的情况看，受离岛免税“套代购”等走私案件高发影响，“二线”管住成为中央及相关部委关注的焦点，在一定程度上制约了“一线”放开进程。据统计，近两年来，共立案侦办海南离岛免税“套代购”走私犯罪案件518起、行政案件2000余起，案值达20亿元[1]。

3. 以反走私协同带动形成两省体制对接新格局。促进琼州海峡反走私协同，

[1] 《公安部：今年以来依法立案侦办走私等违法犯罪案件2520起》，https://baijiahao.baidu.com/s?id=1771378648954510916&wfr=spider&for=pc。

推进两省反走私体制机制对接的条件基本成熟，对两省管理体制对接具有一定的示范带动作用。例如，两省在反走私信息共享、联合打击、联合治理、基础设施等方面取得了积极进展；徐闻海关已初步建立了以打击“套代购”为重点的监管体系。

（二）是海南自由贸易港封关运作的重大课题

封关运作后，海南自由贸易港将实行精简的“零关税”负面清单，经海南进入内地的货物有可能大幅增长，可能产生走私的商品类型将由目前的免税消费品、成品油、冻品等散装、低附加值品类，逐步发展为航空船舶材料配件、保税燃油、高科技产品、珍稀特有动植物、管制类药物、贵重医疗机械与耗材、工业用特种气体等高附加值、大宗交易类货物，琼州海峡反走私压力将进一步加大。

（三）符合琼州海峡反走私的基本特点

1. 从琼州海峡地理特点看，需要琼粤协同反走私。琼州海峡东西长约80公里，南北平均宽度为29.5公里，平均水深44米，水域面积2300余平方千米。整个琼州海峡拥有铺前港、新港、秀英港、马村港、金牌港、粤海北港、海安港、徐闻港等8个港口。反走私工作不仅涉及海上、岸线、陆地等多个区域，也涉及海南、广东两省。从目前琼州海峡反走私情况看，不仅建立了琼粤桂三省反走私联防联控机制，开展了多轮次打击治理离岛免税“套代购”走私专项行动，湛江市与海口市的打击走私综合治理办公室还签订了《湛江海口两地反走私合作机制协议》，形成了“新海港+徐闻港”联动打击工作机制，进一步加强两岸城市在反走私工作上的联络沟通与信息交流，实行共同打击治理。

2. 从走私行为侦查难度看，需要琼粤协同反走私。以离岛免税“套代购”为例。根据《最高人民法院、最高人民检察院、海关总署〈关于办理利用海南离岛旅客免税购物政策走私刑事案件有关问题的指导意见〉》对走私犯罪的认定标准，无论是“水客”以转卖牟利为目的的走私行为，还是“上线”明知而收购的走私行为，其在海南本地的行为阶段均难以实时判断，仅能根据相关情报作出推断，也就导致其监管难度较大。封关运作后，新型走私犯罪行为的产生，使其监管难度与“套代购”相比更大。因此，需要琼粤两省协同，在反走私信息共享、明确监管责任、证据移交、战果共享等方面形成紧密配合。

专栏4-5　离岛免税政策走私行为的认定

违反海关监管规定，组织利用他人离岛免税购物资格和额度分散购买免税商品后再次销售牟利的，系伪报贸易性质的走私行为，构成犯罪的，依照刑法第一百五十三条的规定，以走私普通货物罪定罪处罚。

旅客违反海关监管规定，以转售牟利为目的，利用自身免税额度购买免税商品后销售的，系走私行为，构成犯罪的，依照刑法第一百五十三条的规定，以走私普通货物罪定罪处罚。案发后主动退缴违法所得，情节显著轻微的，可不作为犯罪处理。

明知他人利用离岛免税政策走私免税商品仍直接向其收购，数额较大的，依照刑法第一百五十五条第（一）项的规定，以走私罪论处，但对于普通消费者利用离岛免税政策委托他人代购商品自用的，不作为犯罪处理。

资料来源：新规速递 || 《关于办理利用海南离岛旅客免税购物政策走私刑事案件有关问题的指导意见》，https://mp.weixin.qq.com/s/wy0JvSwXzbqG0nhy4F0prA。

3. 从口岸监管特点看，需要琼粤协同反走私。当前，海南省正加快推进8个“一线”口岸、10个“二线”口岸建设。全岛封关运作后，8个“一线”口岸将兼具海南与内地间“二线”口岸功能，这就意味着在这8个口岸内将形成“单一口岸、两处关境”的不同法律属性。因此可能存在利用混合口岸内货物管理和仓储漏洞进行逃关走私的情况。例如，若同一船舶在同一混合口岸同步实施进口与转口内地的通关报关程序等，可能存在一定的程序和管理漏洞。为此，需要在口岸建设方面加强琼粤两省合作，避免因混合口岸监管漏洞带来的走私行为。

二、推进琼粤反走私基础设施建设一体化

（一）反走私基础设施建设一体化是“二线”管住的基础

反走私基础设施建设一体化事关海南自由贸易港政策能否顺利落地实施、沿海反走私防控体系能否形成闭环、走私风险能否得到有效管控等重要问题。对先进系统和监控设备进行更新升级、可持续投资，有助于应对新型走私模式下的提前预防、事中查验、事后监管。

（二）建设琼粤反走私一体化基础设施体系

1. 完善海上反走私监管巡查设备升级。实现视频监控、雷达、北斗定位终端常态化、高清、精准信息反馈，形成“网上+网下”常态化巡控模式，严厉打击各类涉海涉船违法犯罪活动。重点关注监控视频和光电雷达系统感知精度问题、缉私快艇配置及使用问题等，重在提升识别可疑船只成效、接收预警及时性、海上见警率等。

2. 完善海岸线基层派出所技术防控。实现岸线管控区域、走私易登陆港岙口、滩涂等区域监控精准识别、无盲区；船舶管理信息化、动态化。配备巡逻车辆、巡逻快艇，增加岸线和近海见警率，以期达到以岸治海的防治效果。

3. 完善海关口岸通关检查设备，实现琼粤两地反走私全链条无缝监管。设备完善可参考迪拜海关最近在杰贝阿里海关中心和TECOM引入使用的X射线扫描技术。X射线扫描技术为检查重型和轻型车辆、大型设备、游艇和集装箱提供了参考。该系统有助于打击对封关后通过伪造变造相关凭证规避附加值规则进行的货物物品走私、口岸夹带走私等。对于货物走私的防范，可依靠在物流环节采用射频识别技术，在集装箱上安装电子标签，在运输检查站或中转站设置阅读器，了解货物的具体位置。高端技术亦可用于自然人出入境检查，打造便利通关环境。

（三）打造畅通互联的协同反走私信息化平台

1. 实现两地三区域监控、雷达全覆盖联通。在港口、码头、沿海岸、进出关口实现监控、雷达全覆盖，实现广东、海南两地海岸、海上区域监控系统24小时巡查，线上常态化巡控，实现沿海岸线无死角、无盲点监控。

2. 建设共享信息平台。广东、海南两地信息化综合平台资源应实现实时联网共享，针对“套代购”防治，搭建关于海南离岛免税消费人员、琼粤往来重点旅客、涉私前科人员、海港轮渡交管车辆等信息的资源共享库；针对货物走私，搭建关于船舶信息、船舶定位等信息共享平台。

三、推进琼粤反走私标准规范一体化

（一）推进琼粤反走私法律法规体系一体化

1. 联合制定反走私法律法规体系。联合琼粤两地反走私专家和一线工作人员，充分考虑广东、海南两地走私案件的特点，着眼于海南封关运作后新型走私态势，联合出台一系列反走私法律法规，为两地协同反走私工作提供执法依据。例如，共同制定《琼粤反走私综合治理条例》《琼粤协同反走私工作条例》《琼粤反走私联防联控合作机制》等，共同制定《反走私法律法规汇编》作为司法参考等。

2. 法律法规体系适用一体化。例如，对于发生在琼州海峡地区的走私犯罪案件，两省应加强研究，尽量形成统一的执法尺度，确保区域间法律适用标准、证据审查标准、量刑建议工作的一致性和协调性。

3. 普法宣传一体化。一方面，要实现琼粤反走私普法宣传内容一体化，尤其是对违法行为、相关处罚措施等需保持一致口径；另一方面，要通过互联网、短信、视频、公众号、口岸广播等方式进行多渠道普法宣传。

（二）推进琼粤反走私执法一体化

1. 执法标准一体化。

（1）执法依据一体化。琼粤两地反走私综合执法需依据现行的宪法、法律、行政法规、地方性法规、单行条例、行政规章、具有权限的司法或执法机关的法律解释进行执法，做到有法必依，对同一反走私事件有相同的执法程序，形成同一执法结果。

（2）执法制度程序一体化。在执法依据一体化的前提下，严格遵守执法公示制度、执法全过程记录制度、重大执法决定法制审核制度等，形成规范化执法制度、程序化执法过程。

（3）执法细则一体化。建立政策贯彻、法律适用协同机制，加强对具有琼州海峡反走私共性或者本地区新型的疑难复杂问题的联合调研、共同研究，通过共同出台工作细则、证据指引等方式，努力形成一批经得起检验的可执行、可推广的反走私一体化执法标准。

2. 执法行为一体化。加强法治责任，各部门、各案件主要负责人切实履行法治建设第一责任人职责；强调规范文明执法；强化执法监督，建立监督反馈机制，切实推进执法部门严格规范公正文明执法，有效促进依法行政。

3. 办案制度一体化。健全走私犯罪案件公益诉讼协作机制，建立违法犯罪线索双向移送、案件管辖争议解决的常态工作机制；建立法院、检察院、公安、海警、海关等部门信息、资源交换机制，定期通报琼州海峡区域走私犯罪案件、公益诉讼案件、监督案件和综合治理案件等相关业务数据，搭建信息共享平台，推进大数据资源共享；建立跨区域司法协作、联合办案制度，加强司法工作联动，促进鉴定检验资源、专家咨询共享，开展走私犯罪案件集中公诉、审判和宣传；建立典型案例共同发布制度，联合开展典型案例的发掘、应用和共享，建立走私犯罪案例库，强化跨区域反走私案例的指导作用。

（三）推进琼粤反走私管理一体化

1. 实行统一领导模式。琼粤两地反走私队伍统一领导、扁平化管理，有利于提高执法效率。在执法队伍管理上，广东和海南作为两个独立省份，难以实现两省统一领导下的共防共治。因此，建议在争取国家部委协调、支持的基础上，注重琼粤两地执法队伍管理一体化，构建自上而下统一领导、统一指挥、统一行动的执法队伍。

2. 建设统一队伍。

（1）建立综合专业化的执法队伍。针对“套代购”走私行为，在通关口岸构建以海关为主，联合公安部门、烟草部门等的执法队伍；针对海上、海岸发生的走私行为，在打击走私综合治理办公室的统筹下，集海关、海警、公安机关、海岸警察、综合执法、渔政、物流寄递业等相关部门及行业联防联控。同时，及时调整充实一线执法人员力量，强化与组织人事及机构编制部门的沟通对接；强化执法人员队伍教育培训，鼓励符合条件的干部参加国家统一法律职业资格考试。

（2）构建联防联控执法机制。明确各单位职责分工，制定相关协查制度、反走私联合机制、反走私监督工作机制等，形成运行完备、统筹协调、权责一致、综合治理的反走私联防联控机制。

（3）构建完善的情报网。以反走私综合执法站和地方派出所为基本骨干，联合各海岸线乡镇、沿岸线社区（村）两委，建立协作配合机制，发展情报线人，构建情报网，制定警民联巡防机制和相应的情报奖励制度。

四、推进琼粤协同反走私的行动建议

（一）在省级层面建立海南与广东协同反走私领导小组

1. 建立协同反走私领导小组。进一步强化两地省委、省政府对反走私工作的领导，建议由两省的省级领导共同担任协同反走私领导小组组长，统筹协调琼州海峡协同反走私工作；由两省海关、海警、公安等相关部门负责同志担任副组长。

2. 建立协同反走私联席会议制度。加强反走私犯罪领域工作交流。原则上每年召开一次联席会议，由协议双方轮流组织。通过联席会议通报本区域反走私工作，共同分析研判走私犯罪案件的新情况、新特点、新问题，交流工作开展经验，研究解决办案实践中的取证问题、法律适用问题、跨省作案管辖问题等重大事项。对于达成一致的事项，以会议纪要、会签文件等形式予以明确。

3. 建立协同反走私联络员制度。指定负责走私案件审查的部门具体对接开展工作，并指定专人负责联络。在开展工作中，除召开联席会议外，重大影响案件、区域关联案件等重要工作信息可随时通过联络员通报。

4. 建立重大专项工作联动机制。针对琼粤两省开展的涉走私犯罪重大专项工作，可共同研究部署、联合开展反走私宣传、两项监督、线索核查、行政执法与刑事司法衔接、市场流通领域清理整治等方面的专项行动，扩大专项行动的效果。

（二）明确两省反走私职责分工

1. 广东承担反走私监管责任。由广东牵头组织税务等相关部门建立口岸退税工作监管机制。税务部门负责对货物的退税信息进行核验，并对可能存在的骗取退税行为向退税地税务部门提供违法线索；海关负责向税务部门提供分类监管货物的物流流向等报关信息，实现内地进入海南货物的税务、物流、通关等数据合流共享。

2. 海南承担协同综合治理责任。

（1）加强信息化建设与物联网、区块链等新技术在反走私工作中的应用。口岸建设突出海关主导作用，紧密结合海南自由贸易港通关便利化要求和反走私工作要求，建设智慧无感监管；依托反走私大数据监控，实现海口海关与徐闻海关信息实时共享；建设海关信息数据库，有效提升反走私工作实效，实现“一次申报、一次查验、一次通关”。

（2）加强走私高风险人员管控协同。充分发挥地市级打私办统筹协调作用。例如，在强化涉嫌违法人员有关信息采集的基础上，向广东实时推送可能涉及走私人员信息，加强重点人员的管控。

（3）强化反走私综合整治协同。持续提高海警部门对海上船只的巡查率，强化渔政部门对船舶的管理，加强寄递物流行业清查整治，形成多部门齐抓共管、全方位综合治理的工作局面。

3. 强化两省案件办理协作。在工作中发现属于对方管辖的走私犯罪案件线索要及时向有管辖权的部门通报情况、移送案件线索，并配合承办单位做好相关工作。

（三）开展协同反走私专项立法

1. 就基本法律框架下存在的管辖区域模糊之处，在海南以立法形式予以明确。例如，可供船舶航行的海域范围，应当由海警负责反走私执法、巡查与日常监管；口岸港口设关地，由海关负责日常通关检查、反走私执法，以及牵头负责在设关地区域开展联合执法等活动；其他非设关地区域以及毗连滩涂等船舶无法航行的岸线区域，应当由公安部门负责反走私巡查与日常监管，按照法律规定自行侦办或者向海关缉私部门移送有关案件。

2. 联合制定《琼粤协同反走私实施方案》。在明确海南与广东两省反走私职责分工的基础上，结合现有反走私条例，出台《琼粤协同反走私实施方案》，就两省反走私职责权限、反走私法律法规体系建设、执法标准统一、办案制度统一、情报共享、队伍建设等作出明确规定。

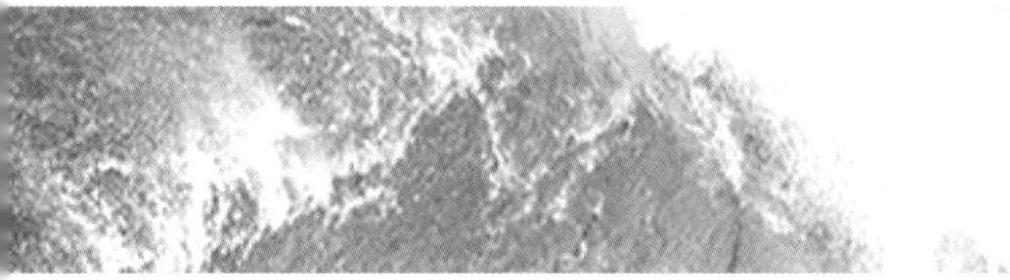

第五章

努力实现“双港”金融合作的重要突破

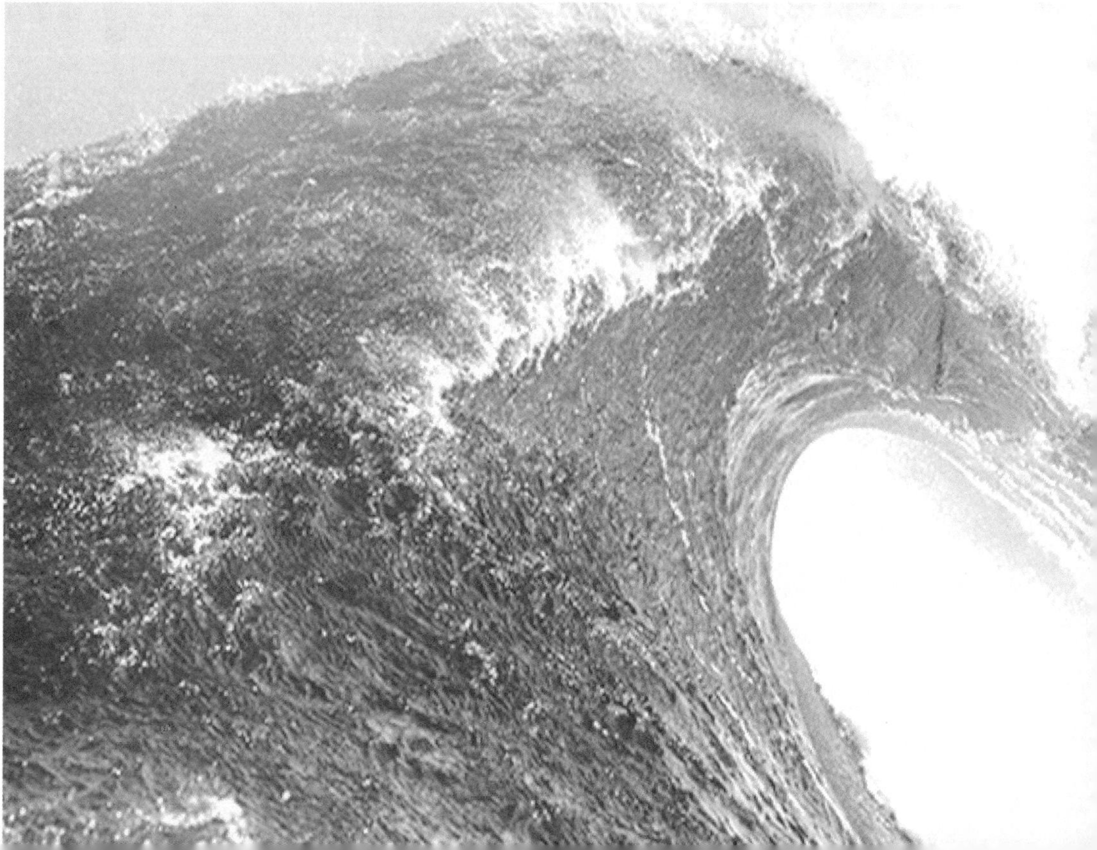

对标全球最高水平开放形态，实现“五个自由便利和一个安全有序流动”，是海南自由贸易港封关运作的重大任务。其中，能否实现资金自由便利流动，更具紧迫性。充分利用香港作为国际金融中心的优势，通过制度创新推动海南自由贸易港和香港在金融领域的合作，不仅可以使两地在服务国家对外开放全局中扮演更加重要的角色，而且可以为两地发展开拓更大的空间。

第一节

“双港”金融合作的现实需求

深化“双港”金融合作，不但着眼于海南自由贸易港与香港两地发展的迫切需求，而且着眼于国家推进人民币国际化这个战略层面。通过制度创新与设计，把海南自由贸易港与香港有机对接起来，发挥其在高水平开放中的重要作用。

一、新发展阶段推进人民币国际化的现实需求

（一）加快人民币国际化进程的需求日益增强

1. 人民币国际化进程明显加快。随着我国经济发展水平的不断提升，融入国际市场的程度不断加深，人民币国际化进程明显加快。2022年，人民币跨境收付金额约为42万亿元，较2017年增长了约3.3倍（见图5-1）。目前，人民币已成为全球第五大支付货币、第五大储备货币，在国际货币基金组织特别提款权货币篮子中的权重排名第三。人民币支付货币功能稳步提升，投融资货币功能进一步深化，储备货币功能不断上升，计价货币功能逐步增强。

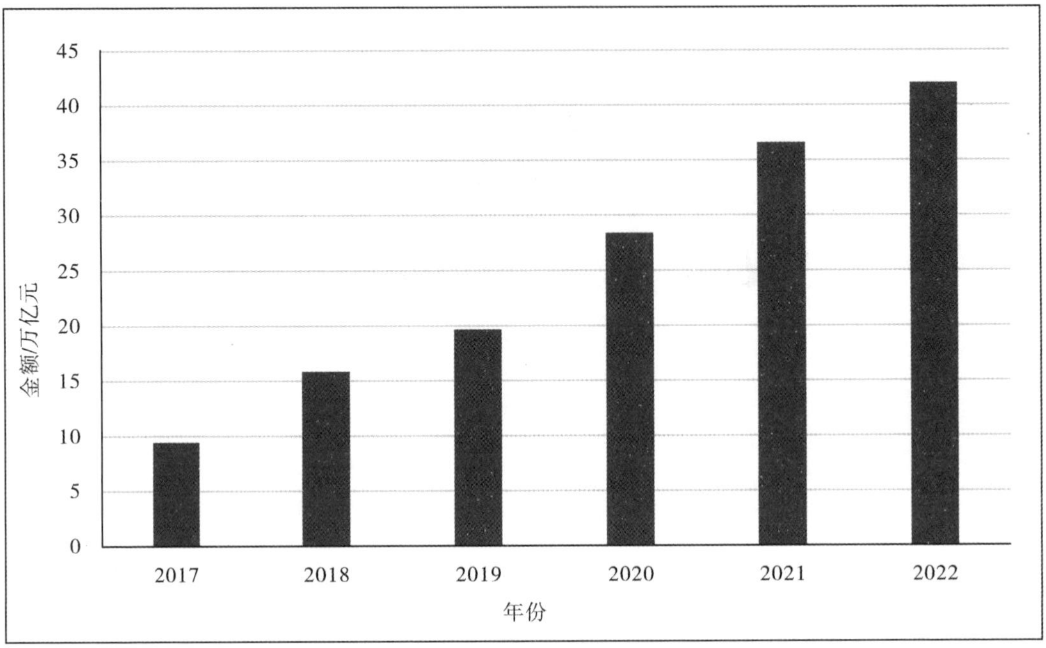

图5-1　2017—2022年人民币跨境收付金额

数据来源：2018—2022年的人民币国际化报告，http://www.pbc.gov.cn/huobizhengceersi/214481/3871621/index.html。

2. 人民币国际化正处于以跨境交易为主导的阶段。从美元等国际货币发展趋势看，从以跨境交易为主导向离岸交易为主导进行过渡是其基本历程。2022年人民币跨境收付金额合计约为42万亿元，约是离岸市场人民币存款余额（2.53万亿元）的17倍[1]。从这里可以看出，人民币跨境交易目前占绝对主导地位，而离岸交易还处于很低的水平。

3. 人民币国际化具有极大潜力。在我国进入新发展阶段，加快构建双循环新发展格局的特定背景下，人民币国际化还有很大空间。环球银行金融电信协会（SWIFT）数据显示，2023年7月，美元、欧元、人民币在国际支付市场中的份额分别为46.46%、24.42%、3.06%（见表5-1）。国际货币基金组织（IMF）数据显示，2022年第四季度，在全球外汇储备中人民币占比为2.69%。中国人民银行的数

[1]　数据来源：中国人民银行。

据显示，2022年第一季度，人民币国际化综合指数为2.86，美元、欧元、英镑、日元等货币的国际化指数分别为58.13、21.56、8.87和4.96[1]。

表5-1　2022—2023年主流货币国际支付份额、全球外汇储备份额、SDR权重排名

币种	国际支付份额（2023年7月）		全球外汇储备份额（2022年第四季度）		SDR权重（2022年8月）	
美元	1	46.46%	1	58.36%	1	43.38%
欧元	2	24.42%	2	20.47%	2	29.31%
人民币	5	3.06%	5	2.69%	3	12.28%
日元	4	3.51%	3	5.51%	4	7.59%
英镑	3	7.63%	4	4.95%	5	7.44%

数据来源：国际支付份额源自SWIFT，全球外汇储备份额、SDR权重源自IMF。

（二）人民币国际化是一个中长期过程

1. “去美元化”成基本趋势。IMF等机构的数据显示，过去20年里美元在全球外汇储备中的占比整体呈现下降趋势，已经从2000年的超过70%下降到目前的56%左右。尽管当前国际结算和国际储备依然以美元为主，但近年来美国频频以美元作为“武器”对一些国家实施金融制裁，例如美国对俄罗斯实施制裁，使其他主要经济体和新兴市场质疑美元在国际金融体系中扮演的角色，“去美元化”的意愿越来越强。截至2023年7月14日，全球至少有110个国家正以一种或多种方式“去美元化”。值得关注的是，由于经济的快速发展与提高自身金融稳定性的需要，东盟各经济体开始逐渐放弃“紧盯”美元的汇率制度安排，其货币篮子逐步向人民币倾斜。

2. 在重点领域、重点项目率先探索。当前，我国资本项下的大部分项目已经实现基本可兑换和部分可兑换，但仍有少数涉及资本行为主体类项目没有实现可兑换，包括外商以外币对华投资、中国居民对外以外币负债、中国资本市场对外币开

[1]　《2022年人民币国际化报告》，https://www.gov.cn/xinwen/2022-09/24/5711660/files/003e0bd04d4742a5a06869fdc37ea8c8.pdf。

放等。这就需要在上述重点领域、重点项目上率先探索，实现重大突破，以有效破解贸易计价话语权较低、金融产品较少、离岸市场规模不大等难题。

（三）发挥“双港”在人民币国际化进程中的作用

1. 发挥海南区位与金融开放政策优势。从美元、欧元、日元的国际化历程可以发现，其国际化历程都离不开三个要素：一是外向型经济的贡献，即出口规模扩大使得经济实力快速增强，提高货币在国际市场的吸引力；二是汇率制度转变为自由浮动汇率制度；三是经常、资本账户逐渐开放，经常和资本项目下货币可自由兑换。

（1）独特的地理区位优势。海南地处RCEP中心位置，是面向东盟的最前沿。中国和东盟这两个最具发展潜力的市场快速增长，不仅带来了充足的实体经济资源，还将产生大量金融服务需求，为“双港”金融合作提供重要的市场空间。

（2）《中华人民共和国海南自由贸易港法》的支持。作为海南自由贸易港建设的基本法，《中华人民共和国海南自由贸易港法》第五十条、第五十一条、第五十二条对海南自由贸易港金融开放作出具体规定，为“双港”金融合作促进人民币国际化提供重要法治保障。

专栏5-1　《中华人民共和国海南自由贸易港法》有关金融开放的规定

第五十条　海南自由贸易港坚持金融服务实体经济，推进金融改革创新，率先落实金融业开放政策。

第五十一条　海南自由贸易港建立适应高水平贸易投资自由化便利化需要的跨境资金流动管理制度，分阶段开放资本项目，逐步推进非金融企业外债项下完全可兑换，推动跨境贸易结算便利化，有序推进海南自由贸易港与境外资金自由便利流动。

第五十二条　海南自由贸易港内经批准的金融机构可以通过指定账户或者在特定区域经营离岸金融业务。

资料来源：《中华人民共和国海南自由贸易港法》，https://www.hainan.gov.cn/hainan/c100507/202106/15ed6f5709354ea4beef517799fa6255.shtml。

（3）以贸易投资自由化便利化为重点的制度安排。海南作为唯一的中国特色自由贸易港，实施贸易、投资、跨境资金流动、人员进出等自由便利政策，也将实行“零关税、简税制、低税率”政策，与其他地区相比更具条件发展离岸金融业务，助力人民币国际化进程。

2. 发挥香港国际金融中心优势。

（1）开放的金融市场。香港实行自由兑换货币制度，没有外汇管制，方便跨国公司资金流动和结算。2021年，香港金融业增加值约6000亿港元，占本地生产总值的23%（见图5-2）。

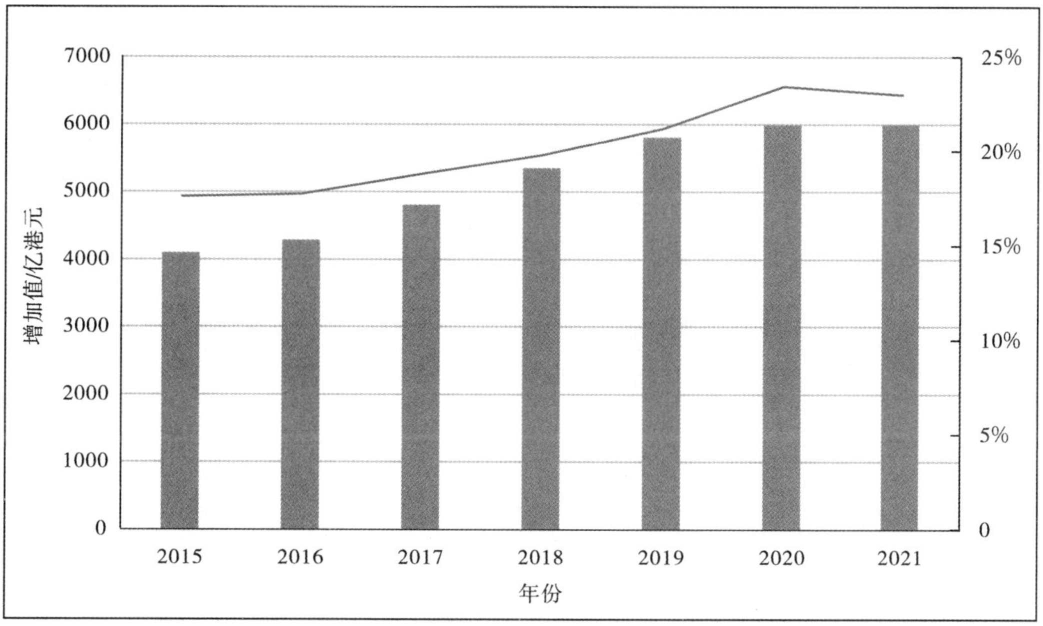

图5-2　2015—2021年香港金融业增加值和占本地生产总值的比重

数据来源：香港特别行政区政府统计处。

（2）发达的资本市场。香港证券交易所是全球最大的股票市场之一，吸引了众多国际投资者和跨国公司在香港上市；香港是全球最大的离岸人民币业务中心，为跨国公司提供了便利的人民币资金操作和结算渠道。根据SWIFT统计，香港地区接受由内地发出的人民币信用证及托收指令名列境外地区首位。此外，香港地区人民币清算量、人民币存贷款、人民币点心债发行、人民币资产及保险等，均居境外离岸金融中心榜首。

（3）高素质的金融人才和专业服务机构。香港金融局2021年数据显示，2021年香港金融业从业人员约27万人。截至2021年底，在全球100家规模较大的银行中，有78家在香港设行，且具有全类别金融服务（见表5-2）；截至2022年7月，香港拥有认可的183家银行机构资产总额达26.96万亿港元。

表5-2　香港金融业行业体系及主要业务

行业	主要业务
银行业	在亚洲，银行是最重要的集资渠道之一。香港银行业体制完善，服务范围远超本土，在区内具有举足轻重的作用。香港的银行提供各类零售及商业银行服务，并为企业提供投资银行服务
基金管理业	基金管理业由资产管理、顾问业务、私人财富管理及其他银行活动构成。截至2020年底，共有2789项证监会认可的集体投资计划，当中包括2194项单位信托及互惠基金、300项与投资有关的人寿保险计划、270项退休/强积金相关基金，以及25项其他类别投资计划
证券业	在一级市场，投资银行及证券公司提供首次公开招股（IPO）服务。二级市场主要买卖在香港交易所上市的证券
保险业	保险业的两大主要业务为一般保险业务及长期保险业务。以毛保费计算，意外和健康业务、一般法律责任业务及财产损坏等是一般保险业务的三大范畴。长期保险业务方面，个人人寿保险最为重要，占2019年该业务保费的86.1%
债务市场业	银行及经纪行等金融机构提供债务证券（如债券）发行及买卖服务，这些债务证券主要是政府债券及企业债券
私募基金业	截至2019年底，香港是亚洲第二大私募基金中心，管理的资产总值约1600亿美元，仅次于内地。投资管理服务通过创业投资及杠杆收购等各种投资策略，投资于初创企业的私募股权或经营公司

资料来源：中改院课题组整理。

3. 以“双港”金融合作促进人民币国际化进程。通过“双港”金融合作，探索制度创新，在海南域内率先实现资本项目本外币可兑换，成为人民币在岸市场与离岸市场的连接点，不仅可以为国内市场主体投资贸易布局提供更大便利，而且可以为人民币国际化进行压力测试和经验积累。例如，发挥海南作为中国与RCEP其他成员国市场重要交汇点的优势，尽快在RCEP区域内构建人民币回流的机制化渠道，满足包括RCEP成员国在内的境外人民币资产配置和投融资需求。

二、香港实现“两个转型”的现实需求

（一）大变局下香港“两个转型”的紧迫性明显增强

1. 大变局下香港地区成为中美竞争的“前沿阵地”。作为国际金融枢纽，金融制裁和动摇香港国际金融中心地位成为美对华战略竞争的选项。2022年，美联储开启了加息周期，加息的幅度不断加大、频率不断加快，香港面临巨大压力。2022年底，香港银行体系总结余降至约963亿港元；2023年4月，香港银行体系总结余进一步降至约491亿港元（见图5-3）。

2. 内地市场是香港经济发展的重要依托。以香港资本市场发展为例,1998—2021年，港交所首次公开募股（IPO）规模从不到10亿美元上升到超过3000亿港元；截至2022年4月，内地企业在港上市达1370家，占港交所上市企业总数的53.3%，占港股总市值的77.7%。作为中国机构进行国际债券发行的重要枢纽，随着中国债券发行活动的大幅增加，过去11年，香港超越多个亚洲以外的金融中心，成为亚洲国际债券发行最主要的安排地点。2022年，香港安排了30%的亚洲国际债券发行，而美国、英国和新加坡分别占26%、13%和5%（见图5-4）。

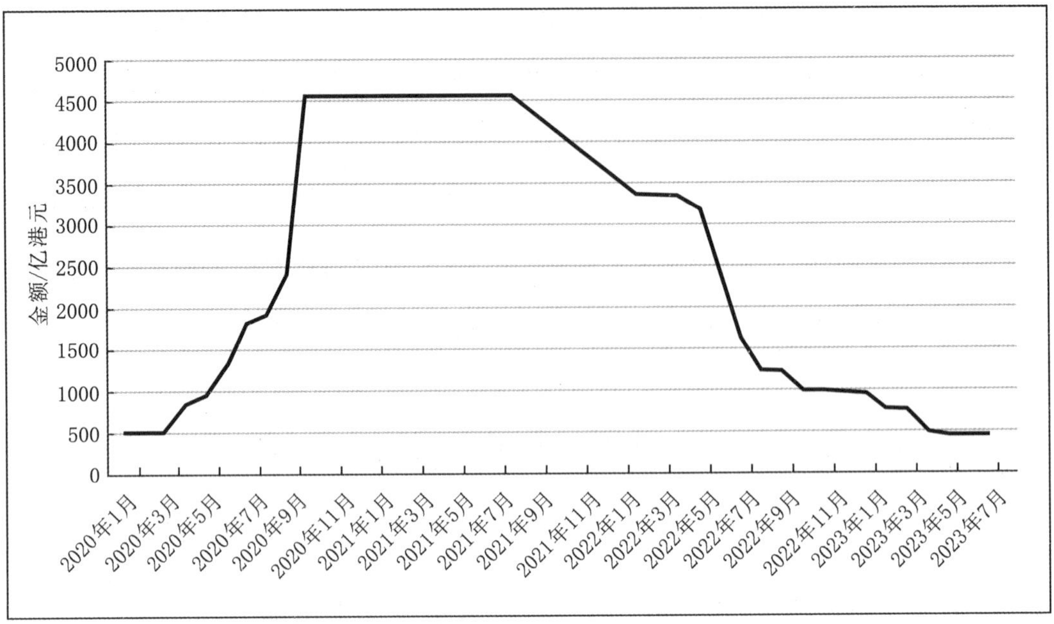

图5-3　2020年1月—2023年7月香港银行体系总结余

数据来源：香港金融管理局。

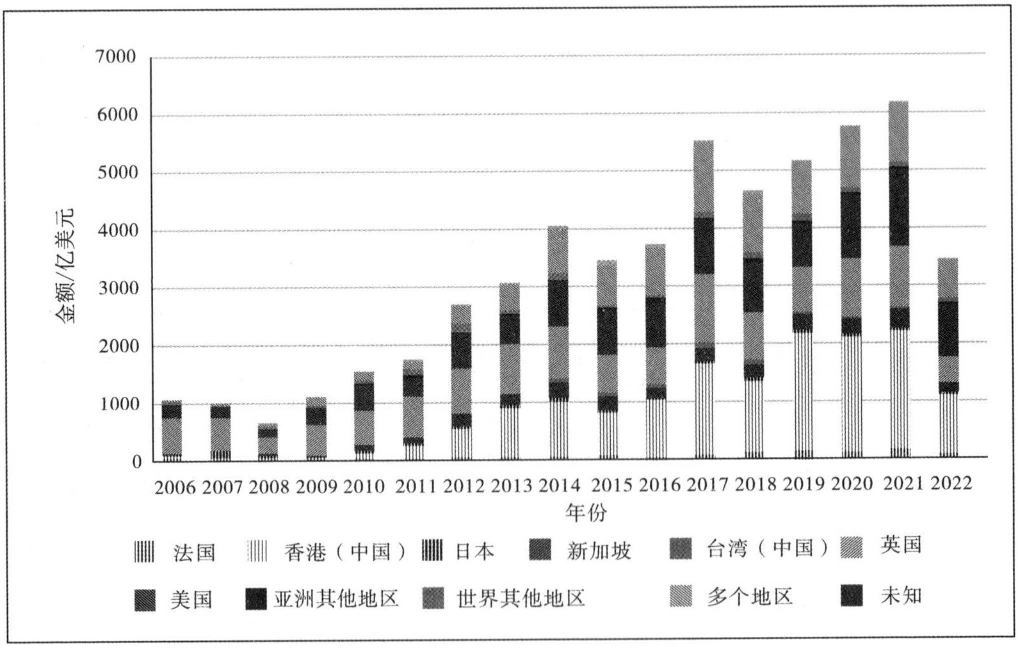

图5-4　2006—2022年亚洲国际债券发行安排地

资料来源：国际资本市场协会发布的“亚洲国际债券市场：发展与趋势”系列报告。

3. 强化与东盟间的经贸联系成为新形势下香港巩固“超级联系人”地位的重要选项。

（1）过去10多年，香港与东盟经贸合作逐步深化。从货物贸易看，2011—2022年，香港与东盟货物贸易额年均增长5.4%；2022年，香港与东盟的货物贸易额占香港全球商品贸易额的13.7%，东盟是香港第二大货物贸易伙伴。从服务贸易看，2020年，香港与东盟服务贸易总额达946亿港元，东盟是香港第三大服务贸易伙伴。从双向投资看，2011—2021年，香港对东盟直接投资额年均增长10.4%（见图5-5）；2022年底，东盟为香港第三大向外直接投资目的地，有关投资存量为5733亿港元；东盟是香港第六大外来直接投资来源地，有关投资存量为5300亿港元[1]。

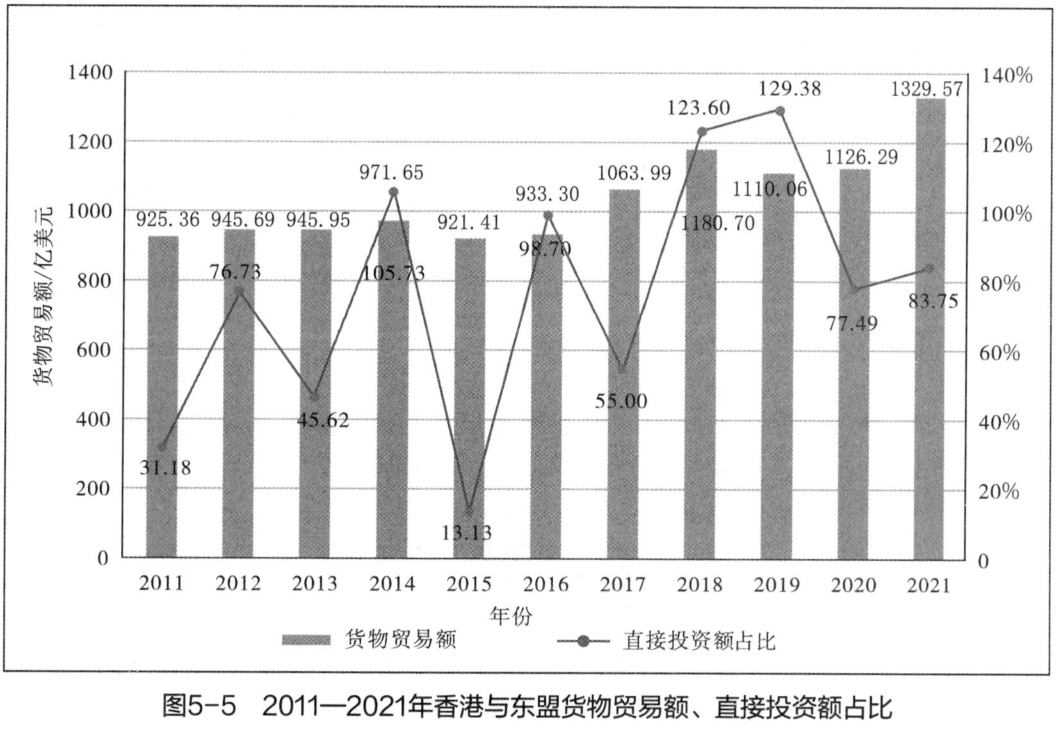

图5-5　2011—2021年香港与东盟货物贸易额、直接投资额占比

数据来源：香港特别行政区政府统计处。

[1]　数据来源：《贸易及投资协定》，https://www.tid.gov.hk/sc_chi/ita/fta/hkasean/index.html。

（2）面对中美战略竞争形势，香港需要在中国与东盟全面战略合作中发挥重要作用。过去10年香港与东盟经贸往来的深化，主要是香港在中国与东盟经贸合作快速增长大趋势下，依托自身金融及专业服务优势，扮演了“中间人”的特殊角色。随着中国与东盟贸易投资自由化便利化水平的不断提升，特别是RCEP的生效实施，香港需要更加关注东盟市场，在深化与东盟经贸联系的过程中，提升自身地位，拓展巨大的东盟市场。

（二）以“双港”金融合作促进香港向与内地深度合作的转型

1. 更深程度融入国家发展大局是中央对香港的基本要求。新一届香港特区政府将更好融入国家发展大局作为重大任务。长期以来，香港以大湾区为平台推进与内地的深度合作。从实际情况看，由于主要城市间发展差距的缩小及政策体制障碍，大湾区合作的潜力远未释放。例如，2021年香港与内地服务贸易额约为2596亿港元，占香港与内地贸易总额的比重仅为4.8%（见图5-6）。

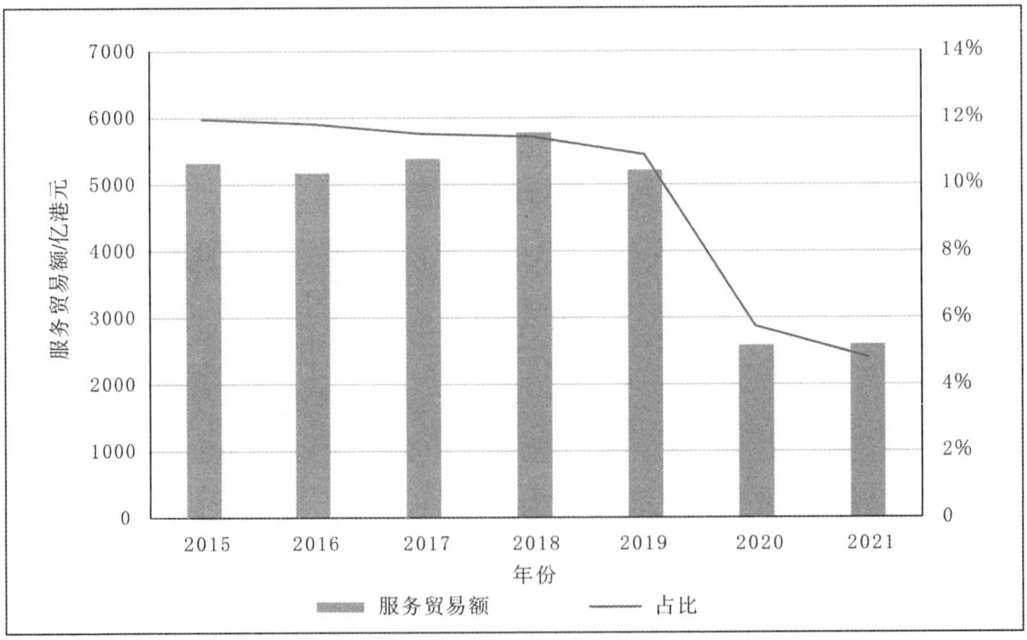

图5-6　2015—2021年香港与内地服务贸易额及占比

数据来源：《香港统计年刊2021年版》，香港特别行政区政府统计处；《香港统计年刊2022年版》，香港特别行政区政府统计处。

2. 发挥14亿多人口大市场优势。作为全球知名的自由贸易港，香港既背靠内地市场，又对接国际市场，是双循环新发展格局的关键节点。作为离岸人民币业务中心，香港可以协助中央金融监管部门在控制风险的前提下，在特定区域（比如海南）推动相关试点，逐步积累人民币国际化的经验，特别是监管和风险管理的知识。这不仅能够有力促进内地高水平开放进程，也将为香港拓展重要发展空间。

3. 借助海南打造香港联通内地金融市场的重要窗口。海南自由贸易港致力于对标世界最高水平开放形态，具备承载香港更好融入国家发展大局的平台功能。特别是全岛封关运作后，贸易、投资、金融、人员、财税、海关等政策制度将进入全面落实阶段，这将为“双港”金融合作，特别是以海南为平台使香港更好联通内地金融市场提供基础条件。例如，《海南自由贸易港建设总体方案》明确，2035年前，最终实现海南自由贸易港非金融企业外债项下完全可兑换。香港有望借助海南自由贸易港这一平台，通过“双港”金融合作实现与内地金融市场的更好连接。

（三）以“双港”金融合作促进香港市场向东盟延伸的转型

1. 让香港适应由与欧美合作为主向与亚太地区合作为主转移的大趋势。2021年，香港资金净流入为2049.68亿港元，其中内地流入为3745.28亿港元；资金净流出为2546.34亿港元，其中向美国净流出185.94亿港元、向英国净流出757.02亿港元（见图5-7）。

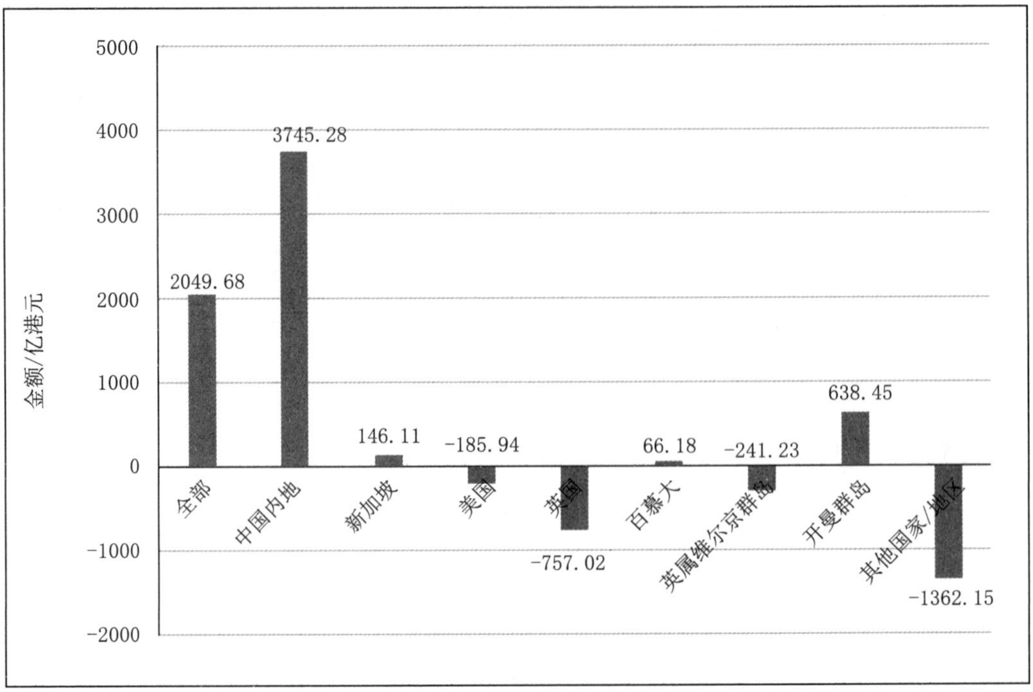

图5-7　2021年香港跨境资金流动情况

数据来源：《香港统计年刊2022年版》，https://www.censtatd.gov.hk/en/data/stat_report/product/B1010003/att/B10100032022AN22B0100.pdf。

2. 发挥海南地缘优势在“双港”金融合作中促进香港市场向东盟延伸。作为全球重要的金融中心，香港金融发展有着突出优势，在国际金融市场上扮演着“超级联系人”的重要角色。面对新形势，需要适应中国企业投资东盟和国际相关企业进入内地市场的双向需求，推动境内外人民币市场有序联通，形成人民币“走出去”和“流回来”更加畅通的流动机制。香港作为全球最大的离岸人民币市场，可以借助海南自由贸易港地理区位及实体企业投资东盟的相关业务，实现金融服务体系向东盟及RCEP大市场延伸。例如，在海南自由贸易港开展跨境人民币业务创新，并在服务实体经济跨境人民币进出自由便利中增强自身辐射力。

三、海南自由贸易港打造“两个总部基地”的现实需求

（一）资金进出自由便利是核心诉求

1. 企业跨境投融资需求不断增长。随着中国与全球经济联系日益紧密，中外资企业对资金跨境流动需求更加多元化。与一般企业相比，总部企业更关注资金的低成本和结算的便利性。例如，既需要方便地将全球不同货币的货款归集到企业总部境内账户，也需要快速向境外发放资金拓展全球业务。根据联合国贸易和发展会议发布的《2021世界投资报告》，2020年亚洲发展中国家的外国直接投资流入增至5350亿美元，若排除流向中国香港的相当大规模的中转投资，该区域的外资流入实则下降了6%；其中，流向东亚的外国直接投资增至2920亿美元，增幅达21%，部分原因是总部设在中国香港的跨国公司的企业重组和交易。

2. 提升资金进出自由便利水平是国际知名自由贸易港的基本做法。例如，新加坡共和国成立初期金融业发展水平较低，从20世纪70年代开始逐步建立宽松的金融环境，实行内外分离型离岸金融管理制度，到70年代末，其国际金融中心雏形已现。在此基础上，新加坡于1978年开始实行完全自由的外汇制度，放开了对资金进出的管制，资金可自由流入流出，企业汇入汇出无限制、无特殊税费、可自由决定结算货币种类。又如，资金流入、流出在香港均不受限制，我国约2/3的对内及对外投资都经由香港进行。

3. 跨境双向资金池业务模式是我国便利企业资金跨境划转使用与货币兑换的重要创新。自2012年9月国家外汇管理局在上海、北京试点开展跨国公司总部外汇资金集中运营管理试点起，跨国企业跨境双向资金池管理机制不断完善，逐步形成三大试点版本，分别是“跨境资金集中运营业务”“跨境双向人民币资金池”“跨境公司本外币一体化资金池”（见表5-3）。但三大试点版本在准入条件、跨境放款额度管理、跨境资金使用等方面存在差异，导致企业决策流程被拉长等问题。

表5-3　三种跨境双向资金池业务模式比较

<table>
<tr><th>跨境资金池版本</th><th>跨境双向人民币资金池</th><th>跨境资金集中
运营业务</th><th>跨境公司本外币一体化
资金池</th></tr>
<tr><td>开办地区</td><td>全国</td><td>全国</td><td>已先后两批共50家企业在8地开展试点</td></tr>
<tr><td>监管部门</td><td>中国人民银行</td><td>国家外汇管理局</td><td>国家外汇管理局</td></tr>
<tr><td>主要
文件依据</td><td>银发〔2015〕279号</td><td>汇发〔2019〕7号</td><td>中国人民银行、国家外汇管理局相关通知</td></tr>
<tr><td>入池范围</td><td>主办企业：境内成员企业或财务公司
成员企业：控股51%以上的子公司，母公司、控股51%以上的子公司单独或者共同持股20%以上的公司，或者持股不足20%但处于最大股东地位的公司</td><td colspan="2">主办企业：取得跨国公司授权履行主体业务备案、实施、数据报送、情况反馈等职责，且具有独立法人资格的一家境内公司（含财务公司）
成员企业：跨国公司内部相互直接或间接持股的，具有独立法人资格的境内外成员企业；与主办企业无直接或间接持股关系，但属同一母公司控股的兄弟公司</td></tr>
<tr><td>入池量化条件</td><td>境内外成员企业须成立满一年；境内成员企业上年度营业收入合计金额不低于10亿元人民币，境外成员企业上年度营业收入合计金额不低于2亿元人民币</td><td>上年度境内成员企业国际收支合并超过1亿美元</td><td>上年度境内成员企业营业收入不低于100亿元人民币，本外币国际收支规模合计金额不低于70亿元人民币，境外成员企业营业收入不低于等值20亿元人民币</td></tr>
<tr><td>搭建框架</td><td>主办企业须开立跨境双向人民币资金池专户</td><td colspan="2">主办企业须开立国内资金主账户</td></tr>
<tr><td>合作银行数量</td><td>1～3家</td><td colspan="2">无限制</td></tr>
<tr><td>池内币种</td><td>人民币</td><td colspan="2">人民币和外币</td></tr>
<tr><td rowspan="2">通道限额</td><td rowspan="2">净流入（出）额上限=资金池应计所有者权益（境内成员企业的所有者权益×跨国企业集团的持股比例）×宏观审慎政策系数（现为0.5）</td><td colspan="2">外债集中额度≤∑主办企业及参与集中的境内成员企业上年末经审计的所有者权益×跨境融资杠杆率（现为2）×宏观审慎调节参数（现为1.25）</td></tr>
<tr><td>境外放款集中额度≤∑主办企业及参与集中的境内成员企业上年末经审计的所有者权益×境外放款杠杆率（现为1）×宏观审慎调节参数（现为0.3）</td><td>境外放款集中额度≤∑主办企业及参与集中的境内成员企业上年末经审计的所有者权益×境外放款杠杆率（现为1）×宏观审慎调节参数（现为0.8）</td></tr>
</table>

续表

跨境资金池版本	跨境双向人民币资金池	跨境资金集中运营业务	跨境公司本外币一体化资金池
资金运营	境内运营环节限制较少，归集、下拨境内成员企业账户资金仅限人民币	可使用人民币或外币与成员企业账户进行资金往来	国内主账户可使用人民币或外币与成员企业账户进行资金往来，国内主账户资金可归集、下拨成员企业账户资金，简化了资金池内账户架构和资金划转体系，打通了“境内池—跨境资金池—境外资金池”的资金流转环节，实现了一体化的贯通运营
2012年国家外汇管理局试点推出跨国公司外汇资金集中运营管理业务，后发展为由中国人民银行主导的跨境双向人民币资金池和由国家外汇管理局主导的跨国公司跨境资金集中运营两大体系 在与境外资金往来方面，资本项下额度内自由流动是跨境资金池的核心功能，其管理模式在跨境双向人民币资金池体系和跨国跨境资金集中运营体系之间存在较大差异			

资料来源：司春晓、兰云、程弘毅：《多版本跨境资金池适用详解》，《中国外汇》2022年第24期；《外汇局关于印发〈跨国公司跨境资金集中运营管理规定〉的通知》，《中华人民共和国国务院公报》，2019年第18期。

（二）金融业发展滞后成为海南自由贸易港“总部基地”建设的突出掣肘

1. 金融业发展滞后。

（1）总体规模偏小。尽管自2018年探索建设自由贸易港以来，海南金融业保持平稳快速增长，综合实力不断增强，2022年全省金融业增加值达439亿元，较2018年增长41.9%，但与国内发达地区相比仍有较大差距。2022年，海南金融业增加值占GDP的比重仅为6.4%，不仅低于北京（19.7%）、上海（19.3%）、广东（9.1%）等发达地区的水平[1]，而且低于全国平均水平（8.0%），与香港（21.3%[2]）差距更大。

（2）市场结构不均衡。从金融市场主体类型看，机构类型较为单一，信托和

[1] 中改院课题组根据公开报道整理计算。

[2] 该数值为2021年数据，来源于香港特别行政区政府统计处。

消费金融等领域尚未设立市场主体；从金融机构业务类型看，以银行等金融机构传统存贷款业务为主，间接融资占据主导地位，缺乏新型金融产品和业务支撑；证券市场等直接融资比重小，资本市场发育滞后；会计师事务所、律所、评估机构等金融中介服务机构缺乏，金融要素市场、基础设施不完善。2022年，海南拥有上市公司28家，在全国排第27位（见表5-4）。

表5-4　2022年各省区市上市公司数量

排名	地区	数量/家	排名	地区	数量/家
1	广东	834	17	重庆	70
2	浙江	657	18	天津	70
3	江苏	637	19	新疆	59
4	北京	460	20	吉林	49
5	上海	422	21	云南	42
6	山东	291	22	山西	40
7	福建	170	23	黑龙江	40
8	四川	169	24	广西	40
9	安徽	161	25	甘肃	36
10	湖南	138	26	贵州	35
11	湖北	138	27	海南	28
12	河南	107	28	内蒙古	26
13	辽宁	86	29	西藏	22
14	江西	77	30	宁夏	15
15	陕西	75	31	青海	11
16	河北	74			

数据来源：《中国上市公司2022年发展统计报告》，https://capcofile.oss-cn-beijing.aliyuncs.com/2023/file/活动/中国上市公司2022年发展统计报告.pdf。

2. 金融开放水平不高。全球知名自由贸易港都通过符合自身实际的相关安排，实现了资金自由流动与可自由兑换。与之相比，尽管海南在跨境资金便利化方面进行了积极探索，但总体尚处于金融深化对外开放的起步阶段，仍以在岸金融为主，资金进出自由兑换与流通仍未实现，与金融管制相对宽松的香港和新加坡等地差距较大（见表5-5）。受此影响，目前在海南注册的73家总部企业中，大多结算中心、信息中心等核心业务仍不在海南。

表5-5　海南跨境资金流动便利度横向对比

样本主体	所属梯队	评价维度
中国香港	第一梯队	①金融政策开放度 ②本外币跨境资金汇兑和结算便利度 ③本外币跨境资金投资便利度 ④银行对贸易真实性审核便利度
新加坡		
迪拜		
巴哈马	第二梯队	
毛里求斯		
泰国		
海南	第三梯队	
菲律宾		

资料来源：《海南自由贸易港对外开放综合评价研究报告》，https://dofcom.hainan.gov.cn/dofcom/Policys/202212/5472e41d07d54ab5a44139b7cb940cde/files/2aa94c8dff7f4d3cba9a958956d13bfc.pdf。

3. 国际化金融人才匮乏。海南金融人才发展整体水平与发达国家及内地经济发达省市相比仍有较大差距，这与海南自由贸易港金融改革发展要求不相适应。例如，2021年，海南金融业从业人员有7.7万人，仅相当于上海的23.7%、广东的9.2%（见图5-8），证券、保险等领域高端人才非常短缺，特别是既熟悉金融业务又了解国内、国际政策法律规范的复合型人才十分匮乏。

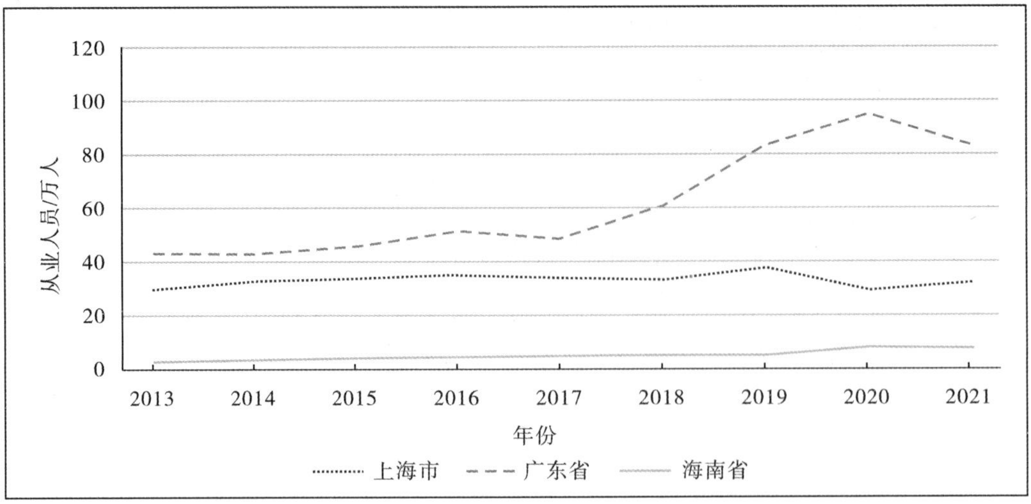

图5-8　2013—2021年海南、上海、广东金融业从业人员数量对比

数据来源：国家统计局。

（三）以“双港”金融合作实现海南自由贸易港金融开放的重要突破

香港是典型的混合型离岸金融中心，在岸市场与离岸市场合一，居民与非居民账户相同，可直接向境内外支付或接受各种来源的资金，实现了全球最高水平的可自由兑换，有能力为各类市场主体提供全类别的金融服务，将为海南自由贸易港“总部基地”建设提供强有力的支持。

第二节

“双港”金融合作的思路与方案

从服务国家发展大局出发，深化“双港”金融合作，要以推动人民币-港币自由兑换为基本目标，为人民币国际化探索重要路径；以金融账户创新为重要突破，着力解决金融基础设施建设问题；以制度集成创新为关键动力，推进相关配套改革，形成制度集成创新的效应。

一、“双港”金融合作的基本思路

（一）以推动人民币-港币自由兑换为基本目标

1. 人民币-港币自由兑换是实现人民币自由兑换的重要路径。实现人民币自由兑换是一个中长期过程，需要以市场驱动、企业自主选择为基础，稳慎推进人民币国际化。从区域看，人民币国际化可以努力在RCEP（尤其是东盟区域）市场加快推进；从币种看，人民币国际化可以努力在人民币与港币间率先实现。

2. 率先在海南实现人民币与港币的自由可兑换。抓住海南自由贸易港封关运作的重大机遇，按照有利于保持香港金融、贸易中心和促进海南金融开放的要求，探索在海南支持香港金融机构依据香港规则为海南相关企业服务，以海南自由贸易港为中介实现香港离岸人民币市场与内地在岸市场的连接，在海南实现人民币与港币的自由可兑换。

3. 具体目标。一是实现“双港”人民币、港币自由流通，使用创新性的政策进行规范和指引；二是海南率先探索实现跨境资金自由流动和资本项下可自由兑换；三是海南成为金融市场率先高度开放的区域，对接在香港通行的金融管理、标准、规则、规制等。

（二）以金融账户创新为重要突破

1. 账户是重要的金融基础设施。香港、新加坡等自由贸易港均建立了高效的金融基础设施，确保兼顾金融高度开放与金融风险有效防控。账户是最为重要的金融基础设施之一（我国目前银行账户体系见表5-6），为此，海南需要以金融账户创新为基础推进金融服务创新，在不断满足企业多样化金融需求与发挥海南金融账户功能之间形成良性互动。

表5-6　我国目前银行账户体系

账户	币种	账户性质	覆盖范围	推出时间	开户主体	监管机构
境内账户	人民币	在岸	全国	—	境内机构和境内个人	中国人民银行
	外币	在岸	全国	—		国家外汇管理局
离岸账户（OSA）	外币（可兑换货币）	离岸	全国	1997年	境外机构和境外个人	国家外汇管理局
境外机构境内账户（NRA）	外币	在岸	全国	2009年7月	境外机构	国家外汇管理局
	人民币	在岸	全国	2010年9月		中国人民银行
自由贸易账户（FT）	人民币	在岸	上海、海南、广东、天津4个自贸试验区	2014年6月	区内机构、境外机构、区内个人、境外个人	中国人民银行
	外币	在岸		2015年4月		
创新离岸人民币账户	人民币	离岸	新疆中哈霍尔果斯跨境合作区	2015年7月	境外机构和境外个人、合作区内的中方企业	中国人民银行

资料来源：中改院课题组整理。

2. 海南自由贸易港金融账户创新的三种思路。综合各方观点，共同点是海南应该实行“双账户”的模式，即一般账户与对外账户并存。对于一般账户，仍采取现行的在岸金融的管理方式；对于对外账户，则采取离岸金融的管理方式。目前需要突破的是如何创新和设计对外账户，概括起来主要有以下三种选择：

选择一：优化FT账户，构建多功能自由贸易账户体系。把FT账户从上海FT账户体系中独立出来，在海南实现自主平盘；赋予FT账户更多的离岸功能；隔离金融账户以有效实现资金“电子围网”。

选择二：构建具备完全离岸功能的金融账户。参考新加坡（亚洲货币单位，ACU）、美国（国际银行设施，IBFs）的做法，对离岸业务与在岸业务实行“双账户”管理，构建一个具有完全离岸功能的账户，实现跨境资金自由进出和自由兑换。

其余选择：如“自由兑换”账户、“FT+”等。利用区块链技术改造现有一般账户，通过金融科技实现资金“进岛加密、出岛解密、自由流动、自由兑换”的目标。

（三）以制度集成创新为关键动力

“双港”金融合作的核心，不仅在于金融业务、金融市场的对接，更在于金融制度创新、规则衔接、机制对接，从而形成与海南自由贸易港发展相适应的金融开放发展的道路。目前，海南和香港在制度方面存在较大差异。比如，在金融法律方面，香港属于海洋法系，而海南属于大陆法系；目前，内地金融机构不但要分业申请金融牌照，根据具体业务申请批准或备案，且在税收政策、资金流通政策、金融监管政策等方面与香港存在差异。从企业需求出发，在海南自由贸易港实现人民币自由兑换，需要充分发挥海南自由贸易港制度与政策创新优势，以制度集成创新推动金融创新，形成推动“双港”金融合作的重要动力。

二、“双港”金融合作方案

（一）人民币–港币自由兑换要求下多功能FT账户的局限性

1. FT账户稳步推进，但也面临挑战。自2019年上线至今，海南FT账户稳步推进。目前可以办理FT账户业务的金融机构有中国银行、浦发银行、工商银行、光大银行、兴业银行、建设银行、农业银行、交通银行、中信银行、招商银行和平安银行等11家商业银行。2022年，海南FT账户资金收付2561.97亿元，同比增长64%，发生融资业务190亿元[1]。但从海南自由贸易港市场主体迫切需要的资金进出自由与自由兑换看，现有FT账户实现这一目标仍面临掣肘。

专栏5-2　海南FT账户在实践中面临的挑战与掣肘

（1）海南FT账户仍为在岸账户，受在岸管理的约束。一是其业务流程和核算管理仍然依赖于现有的系统，跨境业务结算上依赖于开立在总行的清算账户，在结算、交易、存款准备金缴纳和税收制度方面遵循在岸账户体系管理要求，无法与国际对接。即使是在结算、汇兑等常规业务方面，也不能像真正的离岸账户那样，在账户交易和资金期限、流动性、币种汇兑管理上直接将其纳入银行海外核心业务系统，并比较自由地参与离岸国际市场。二是受制于在岸法律法规以及FT账户和业务管理制度，在账户物权属性、监管规则、准备金要求、利率汇率决定、税收优惠等方面并不能享受国际上通行离岸账户的好处。

（2）FT账户具有离岸功能，自由化便利化程度不高。比如，在海南FT账户使用便捷性方面，虽然当前相关便利化政策已落地，但绝大部分市场主体为非“跨境人民币结算优质企业”名录内企业，海南FT账户在发生资金划转时，仍需提供真实性的证明材料办理收付汇，甚至在“二线”划转时较使用传统账户手续更为烦琐，账户使用便捷性方面也未比传统账户有明显优势。这一点在企业调研中得到证实。

（3）FT账户带来了碎片化的挑战，加大了管理成本。比如，当海南FT账户发生一笔人民币跨境收付时，需要分别向人民币跨境收付信息管理系统（RCPMIS）、国际收支报送系统（BOP）以及自贸区资金监测系统（FTZMIS）报送数据。这三项系统分别由中国人民银行总行、国家外汇管理局以及中国人民银行上海中心支行建设，彼此基本上相互独立，采集数据的范围也有所不同。

[1]《“4·13”重要讲话发表五年来金融支持海南自贸港建设新闻发布会》，http://en.hainan.gov.cn/hainan/zmgxwfb/202304/f9a86336fd2e40f1ad7d2d71e17706b5.shtml。

资料来源：周诚君：《关于我国银行账户体系的若干思考——兼论FT账户和海南自贸区（港）账户选择问题》，《上海金融》2018年第11期。

2. 针对FT升级版能否实现人民币-港币自由兑换的问题，目前不少专家提出了FT升级版的思路。比如：“人民币-港币”账户通，即海南先解决人民币自由流动问题，把自由兑换问题放在香港解决，再创造条件逐步过渡到自由兑换。总的来看，大部分FT账户升级版思路都认为要赋予其更多的离岸金融的功能，但对于“多功能”没有明确界定，同时，在现行制度框架下，没有也很难明确“多功能自由贸易账户体系”的基本性质、法律保障等。

专栏5-3 “人民币-港币”账户通

在海南自由贸易港内的居民企业除了境内一般账户外，再注册一个多功能FT账户，并同时在香港银行开设一个账户。通过“人民币-港币”账户通，在海南自由贸易港多功能FT账户与香港银行账户之间实现人民币自由流通，自由兑换环节在香港实现。

基于一般账户和FT账户在未来一段时期同时存续于海南自由贸易港的现实情境，逐步由跨境双向人民币资金池过渡到海南区域跨境资金池。资金池主办企业可以依托FT账户实现海南跨境资金池内资本项下一定额度内的人民币-港币自由兑换。同时，服务于打造“两个总部基地”，鼓励总部企业尤其是投资东盟的总部企业申请设立海南跨境资金池。

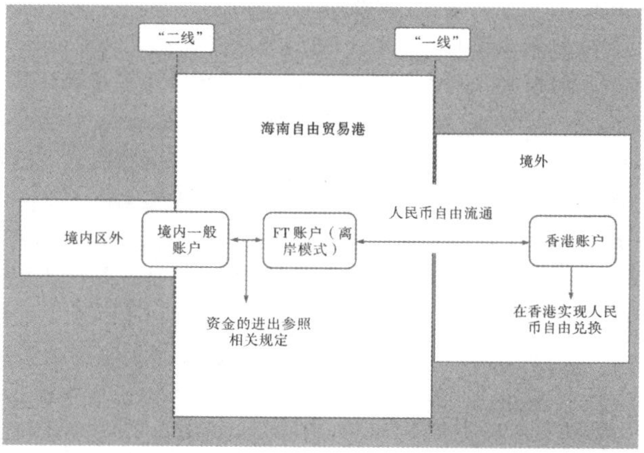

图5-9 “双港”“人民币-港币”账户通示意图

资料来源：中改院课题组整理。

（二）重构账户体系，构建海南跨境资金单位账户

1. 设计目标。参考新加坡亚洲货币单位（ACU）的经验，建立一套完全独立于既有在岸系统、能够充分体现全岛封关运作后海南离岸性质财产权利及其交易特征的海南跨境资金单位（HCU）。对标国际离岸金融业务发展的标准，建立账户设计和业务规则清晰、简洁、纯粹，结算和清算功能完备，并具有系统安全性、灵活性和技术先进性特征的账户体系。海南自由贸易港以“双账户”运行为重点，实现资金进出自由，并在海南实现自由兑换；经过较长时间的运行后，逐步过渡到单一账户。

专栏5-4 “双账户”中离岸账户建设的国际经验

（1）新加坡亚洲货币单位（ACU）的探索与经验。

新加坡自1968年引入亚洲美元市场（ADM）后，在新加坡经营的商业银行允许以国内银行单位（DBU）或亚洲货币单位（ACU）登记其银行业务，但两者必须单独分账管理，即离岸业务与在岸业务实行“双账户”管理。DBU登记主要以新加坡元计价的国内交易；ACU登记除新加坡元外货币计价的离岸交易，获得ACU牌照的银行可开展外汇交易、外币资金借贷等业务。与DBU相比，ACU受到的监管规则和要求更少，如不受对DBU施加的最低现金余额和法定流动性的约束。1975年，新加坡境内从事ACU的金融机构增加到66家，存款总额高达125.97亿美元，年均递增85.5%，相当于1975年新加坡国民生产总值的2.5倍。

为防范风险，新加坡金融管理局（MAS）通过要求定期提交统计数据和报告来监管DBU和ACU。一是提交两周一次的报告。报告包括负债基数和准备金率维持的计算，以及银行资本金和总行资金净额。二是提交月度报告。月度报告是为了显示DBU或ACU在每个月最后一个营业日的资产和负债状况，MAS可据此监测向非银行客户提供的贷款和预付款、远期外汇交易、银行间负债以及两个单位之间的资产转移情况。三是提交截至每个月最后一个工作日向所有借款人（包括银行董事、员工和相关人员）提供的信用档案、贷款和预付款。四是其他要求，包括新加坡各银行办事处和分行贷款及垫款的季度明细表，以及附有资产负债表和损益表的年度报告。

1978年，主营ACU业务的离岸银行可从事国内业务，但必须符合以下条件：不得从事新加坡元的普通存款业务；不得吸收新加坡居民的新加坡元定期存款；非新加坡居民的新加坡元定期存款只有等于或超过25万新加坡元方可接受；每家离岸银行新加坡元存款不得超过5000万新加坡元；在新加坡不能成立1家以上的分行。1981年，MAS允许ACU通过货币互换安排获得新加坡元；1990年3月31日，92家持有离岸银行执照的外国银行在新加坡开业；离岸银行的新加坡元贷款上限不断提高，1992年8月提高到7000万新加坡元，1999年5月提高到10亿新加坡元。

1997年亚洲金融危机之后，马来西亚、菲律宾、印度尼西亚等国纷纷选择了更为开放、更为自由的金融改革政策，新加坡进行金融体制改革，逐步从一个强调管制、注重风险防范的市场，演变成以信息披露为主、鼓励金融创新的金融中心，新加坡的离岸金融市场也从分离型市场逐步转变为一体型市场，放开了对资金进出的管制，允许资金自由进出。

自2008年全球金融危机以来，监管离岸银行业务和国内银行业务的规则大体一致，MAS于2015年不再要求银行分开DBU和ACU，2021年7月1日取消DBU和ACU账户的区分。

（2）美国国际银行设施（IBFs）的实践与经验。

20世纪80年代，为解决大量国际客户转向欧洲美元市场的问题，美联储通过修改其《D条例》和《Q条例》，允许美国的各类存款机构、艾奇法公司[1]以及外国分行或代理机构建立国际银行设施（IBFs），以在岸方式开创性解决离岸金融服务的问题。IBFs推出之后，美国离岸金融取得了迅速发展，从1981年12月到1983年7月，已有400多家银行建立了IBFs，拥有资产1870亿美元。从性质看，IBFs并非独立于银行系统的金融机构，而只是为了方便记录美国境内的国际银行业务及与之相关的收支状况而专门设立的一套账户系统，即对境内金融机构的离岸业务与国内业务实行“双账户”管理。美联储通过建立IBFs，一方面吸引欧洲美元回流美国，恢复并提高美国金融服务业竞争力；另一方面对IBFs实施严格的监管，防止境外美元渗入境内美元体系冲击国内金融市场，影响美联储货币政策。

一是业务对象限制。IBFs仅允许与三类对象开展业务：非居民客户（包括银行业金融机构）、其他IBFs及设立IBFs的母公司。母公司（美国总行）从IBFs所获得的资金视同从离岸分行获得的融资并需交纳与后者相同比率的准备金。

二是资金用途限制。IBFs须遵循“资金向外”原则，即在与非居民客户开展存贷款业务时，借款人所得款项、存款人存款必须用于支持在美国境外的经营活动，以确保IBFs不会与国内存贷业务竞争。美联储要求IBFs对各项业务资金用途进行审核，在首次建立信贷关系时，IBFs须以书面形式将相关政策规定通知对方，如对手为美国公司的境外分支机构或关联公司，需要得到客户的书面确认。

三是业务种类限制。IBFs仅接受定期存款，不得吸收活期存款和储蓄存款。为了限制流动性，除银行外的其他外资存款不能少于10万美元且要存两天或以上才能转账取现。IBFs可从事二级市场交易，包括贷款转让、有价证券及存单转让等，但这些交易必须是独立、不含追索权的，且资金同样须遵循“资金向外”原则。IBFs同境外银行、母公司、其他IBFs之间的交易，至少隔夜存放。IBFs不得发行可转让、不记名票据（如大额可转让定期存单等类型的可转换工具），以防止离岸美元资产以其他形式进入美国的二级市场。

四是记录、报告义务。建立IBFs无须正式申请，任何符合要求的机构建立IBFs须履行告知义务，在第一个准备金计算期之前的至少14天，通知所在地区联储，承诺遵守相关规定。IBFs应分账记录资产负债，并定期依照美联储的要求递交相关报告。

五是美联储监察形式。美联储将IBFs视同海外业务进行检查，并定期抽选国外分支机构和子公司进行现场检查。

资料来源：中改院课题组整理。

[1] 艾奇法公司（Edge Act Corporation）是美国跨国银行根据1919年修订的联邦储备法准许设立的经营国际银行业务的海外分支机构形式。艾奇法公司有两种类型：银行艾奇法公司及投资艾奇法公司，前者是美国跨国银行经营国际业务及设立海外分行的主要机构，后者则主要通过国外金融机构为母行建立附属行等。

2. 海南跨境资金单位（HCU）的具体操作。设立“双账户”，即一般账户与HCU账户，实行分账运行、分账监管（见图5-10）。对海南跨境资金单位，明确其为离岸性质，实行最开放的金融政策，跨境资金自由进出、自由兑换。

3. 实施路径。通过一定时间的“双账户”运行，在时机成熟时将HCU账户与一般账户合二为一，形成高水平的金融开放。

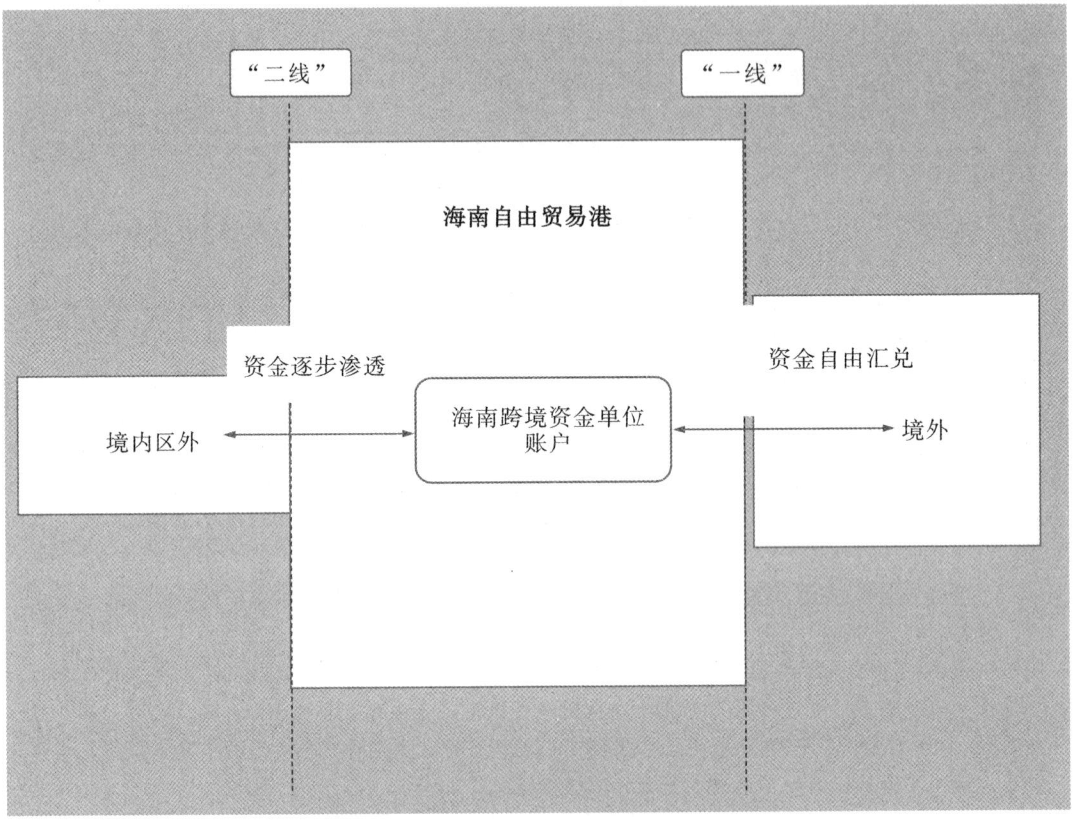

图5-10　海南跨境资金单位账户示意图

（三）构建海南区域跨境资金池

1. 海南FT全功能型跨境双向人民币资金池入池的突破与短板。相对于全国版跨境双向人民币资金池，当前海南FT全功能型跨境双向人民币资金池入池准入条件较低，主办企业范围扩大，与境外成员企业资金调拨无币种和额度限制，跨境人民币资金净流出（入）额的额度高出1倍，主办企业可通过FT账户实现池内资金的自由汇兑。但是，当前的资金池业务本质是企业集团内部余缺调剂，属于借款性质的资金调剂，需要在一定期限内“补平”，而利润汇出、对外直接投资、贸易等资金汇出等不能通过资金池来办理。

专栏5-5 海南FT全功能跨境双向人民币资金池

海南的跨境资金池是基于FT账户的全功能型跨境双向人民币资金池。从2020年6月全省首个FT账户全功能型跨境双向人民币资金池业务落地至2022年11月底，海南已设立全功能型跨境资金池5个。

1. 如何使用。

（1）“一线”（即境外成员企业与区内主办企业之间，或境外主办企业与境内成员企业FT账户之间）可以自行选择本币或者外币进行归集，资金的净流出（入）额度无限制，企业凭收付指令即可完成资金划转，但资金池内资金划出境外后应在1年内返回资金池，以满足资金池“自求平衡”原则。

（2）“二线”（即境外主办企业或区内主办企业与境内成员企业普通账户之间）只能以人民币进行归集，跨“二线”的人民币资金净流出（入）额设有上限，为资金池应计所有者权益乘以宏观审慎政策系数（宏观审慎政策系数为1）。

（3）资金池归集账户还可提供日间及隔夜透支服务。

2. 优势。与全国版跨境双向人民币资金池相比，FT账户全功能型跨境双向人民币资金池具有以下优势：

（1）准入门槛较低。只需要3家及以上入池企业，具有股权控股关系，对入池企业的营业收入、净资产等财务指标未作要求。

（2）主办企业范围扩大。在海南自由贸易港成立时间不满1年的企业也可作为主办企业加入资金池，而全国版跨境双向人民币资金池则要求池内企业的成立时间应满1年。

（3）可多币种归集境内外资金。FT账户与境外成员企业资金调拨无币种和额度限制，实现集团全球各币种资金更灵活的调拨和归集。

（4）跨境人民币资金净流出（入）额的宏观审慎系数为1，全国版跨境双向人民币资金池系数为0.5，额度高出1倍。

（5）主办企业可通过FT账户实现池内资金的自由汇兑，主动规避汇率风险。

资料来源：中改院课题组整理。

2. 以实现池内资本项下人民币与港币自由兑换为目标设立海南区域跨境资金池（见图5-11）。海南区域跨境资金池与当前海南FT账户型全功能跨境双向人民币资金池的最大不同在于：海南区域跨境资金池不仅涉及资金归集和调拨，而且涉及投资贸易等。

3. 实施路径。基于一般账户和FT账户在未来一段时期同时存续于海南自由贸易港的现实情境，逐步由跨境双向人民币资金池过渡到海南区域跨境资金池。资金池主办企业可以依托FT账户实现海南区域跨境资金池内资本项下一定额度内的人民币与港币自由兑换。同时，服务于打造“两个总部基地”，鼓励总部企业尤其是投资东南亚的总部企业申请设立海南区域跨境资金池。

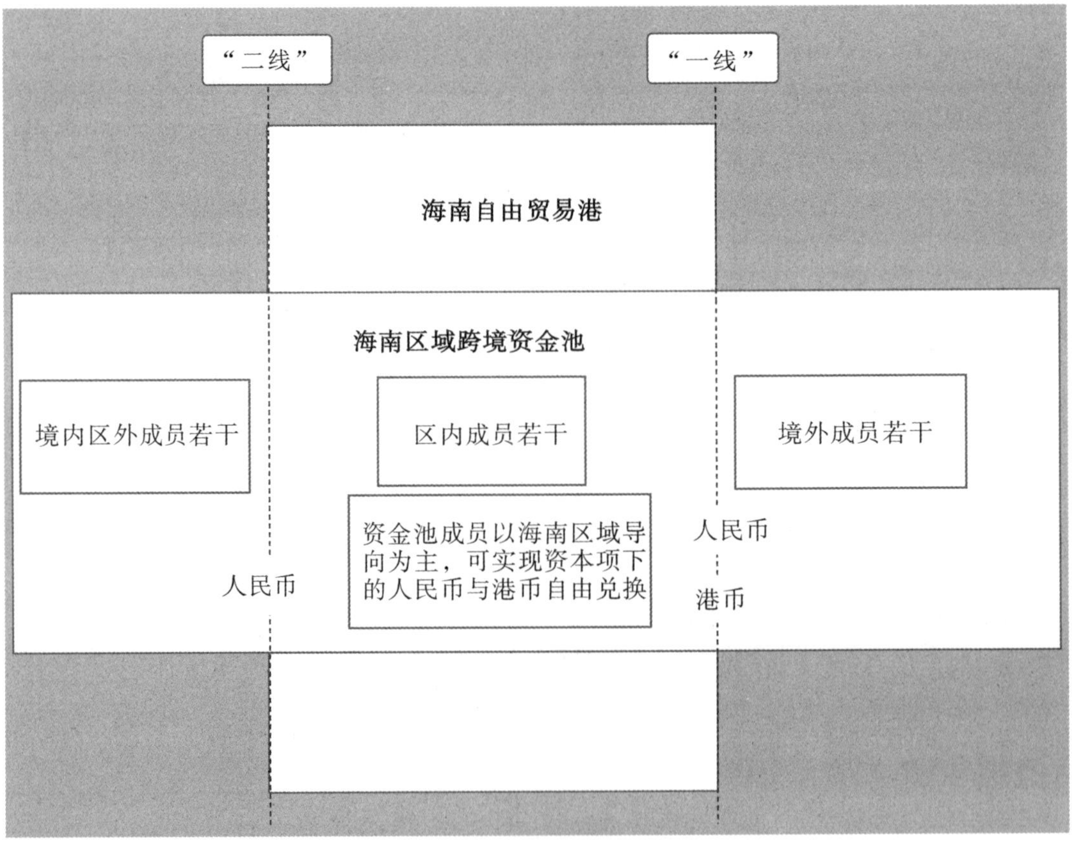

图5-11 海南区域跨境资金池示意图

三、“双港”金融合作方案的可行性

（一）将弥补海南金融开放短板

1. 适应海南高水平开放需求。在现有账户的基础上设立单独的海南跨境资金单位账户，承担离岸金融的相关功能，可以实现人民币可自由兑换、跨境资金的自由进出，能够满足海南投资贸易自由化便利化的需求，尤其是能够满足企业在东南亚等地投资布局的需求。

2. 提升账户系统性。单独的海南跨境资金单位账户完全可以取代现有的多功能FT账户，不仅不会带来账户的碎片化问题，还能提升账户的系统性水平。

3. 具有一定的可操作性。

（1）可借鉴新加坡经验。新加坡已经完成了亚洲货币单位从设立到优化，再到融合的全过程，海南跨境资金单位账户的方案有成熟的经验可借鉴。

（2）在设计时可以充分利用区块链等金融科技的作用。

（3）成本可控。银行主体重建一套账户的成本投入，与FT账户改造的成本近似，但前者的效果却远大于后者。更重要的是，调研中银行普遍反映，账户设置的成本固然重要，但更重要的是账户能否实现企业资金自由进出、自由兑换的需求。

（4）分步推进。封关前可以先从在海南的总部企业开始，为其开设海南跨境资金单位账户；封关后再扩大到所有企业。

（二）可通过数字人民币等金融科技防范金融风险

当前，我国数字人民币进入扩大应用阶段，但主要用于满足社会公众零售支付便捷性、安全性、普惠性、隐私性等需求。通过更大范围地应用区块链技术，可以为海南跨境资金单位和区域资金池提供重要的技术支持。

目前，中国人民银行与香港金管局正在合作，测试在香港以数字人民币作为跨境支付工具，以提升跨境支付服务效率和用户体验。建议在海南尽快推出第一张跨境投资贸易的数字人民币支付牌照，将其拓展到结算领域，实现海南岛内所有资金“进出自由，兑换自由，有痕流动，可识别、可追溯、可监管”。同时，作为数字人民币底层技术的区块链，不是将其打造成为去中心化的底层，而是打造一个中心化的底层。由此，监管部门可以有效监管每一笔资金的流动，从而确保监管效果。

（三）总体方案的可行性分析

1. 海南跨境资金单位的可行性分析。

（1）优势：对标全球最高水平开放形态，在海南域内通过账户创新实现人民币可自由兑换，将有助于推动总部企业在东盟地区的投资布局，也有利于构建人民币稳定回流机制。

（2）挑战：重建一套账户体系需要形成共识，并且取得相关方面的支持。

2. 海南区域跨境资金池的可行性分析。

（1）优势：具有一定的发展基础。经过几年发展，目前海南已设立的全功能型跨境资金池超过40个；仅招商银行海口分行就设立了14个资金池，并正在筹备10个资金池。资金池内可以实现人民币与港币的自由兑换，便利总部企业在内部调剂资金，监管难度相对较小。

（2）挑战：第一，资金池仍是以在岸性质的FT账户为基础，没有完全和国际市场连接。第二，基于海南流量偏小的情况，做大资金池需要时间。

第三节

“双港”金融合作的重大举措

立足海南自由贸易港“两个总部基地”建设对跨境资金流动自由便利的现实需求，尽快实现“双港”金融合作的重要突破。

一、推进“双港”金融服务对接

（一）率先实现“海南承接+香港服务”金融合作模式突破

以企业为主体开展试点。例如，选择海南自由贸易港优质总部企业，支持其与香港金融机构签订合作协议，允许在港金融机构为合作企业直接提供与香港相同的国际金融服务业务，实现企业项下的金融服务直通，并探索合作协议框架下的跨境金融服务直接提供模式。同时，政府放松对试点企业的外汇管制及监管规则。

（二）在海南设立服务“总部基地”的人民币与港币的双币资金池

1. 适应企业需求，在海南自由贸易港设立人民币与港币的双币资金池。共同向中央申请设置较高额度，在额度范围内实现人民币与港币的自由兑换。例如，内地企业可以在海南自由贸易港设立地区总部，在香港设立“走出去”总部，允许这些双总部企业通过双币资金池实现资金自由进出，并在资金池内自由调配并开展融资，降低企业财务成本。

2. 待条件成熟时，探索实现与香港离岸人民币市场的连接，使人民币在海南和香港之间通过特定管道实现进出自由，并形成统一的离岸人民币市场。

（三）合作搭建面向国内企业的金融服务平台

1. 吸引香港金融企业入驻，完善海南自由贸易港金融市场体系。吸引在港银行、保险机构在海南自由贸易港内设立分支机构，专司航运金融、船舶融资租赁及相关会计、审计、信用评级、资产管理、投资咨询、融资保险等服务；支持香港金融资本参股海南省发展控股有限公司等投资公司；吸引香港优质公募基金与保险、证券、期货公司在海南设立合资企业，重点服务海南高新技术产业与三大未来产业金融需求。

2. 合作建设国际交易场所。支持在港央企、在港金融服务机构与海南合作建立服务国内和东南亚企业的能源、航运、大宗商品、产权、股权、碳排放权等国际交易场所，并通过委托符合条件的香港金融机构管理运营等方式，全面引入香港交易标准。

3. 共推自由贸易港国际财资中心建设。聚焦跨境财富管理和跨境资金运营，以自由贸易港账户体系资金池试点为切入口，推动跨国公司和“走出去”央企在海南设立跨境资金运营机构。

（四）合作开拓面向东南亚的特色金融市场

未来，随着东南亚基础设施投资的加大，以及商业生态系统的改善，私人投资将涌进当地市场。特别是在数字经济、绿色发展等新的增长点领域，蕴藏着巨大的金融服务需求。区域内的主要金融中心新加坡无法满足全部需求，这为琼港金融服务范围的拓展提供了重要机遇。例如，合作开拓面向东南亚的绿色金融与ESG金融［以环境（Environmental）、社会（Social）和公司治理（Governance）为核心的金融理念］市场，聚焦“碳达标、碳中和”的目标和绿色金融的细分领域，对标国际先行探索，共建覆盖内地与东南亚的碳汇交易中心。

（五）合作建设离岸人民币债券市场

1. 合力在海南自由贸易港建设离岸人民币债券流通市场。“双港”合作在海南自由贸易港建立面向境内投资者的债券流通市场，将其作为香港离岸人民币债券市场的二级市场；共同向中央申请政策支持，允许境内合格投资者购买离岸人民币债券，进一步拓展交易主体。

2. 共同向中央争取在海南自由贸易港设立离岸金融特别监管区。将其作为香港的“金融飞地”，全面实行香港地区金融管理规则，并以香港为主负责开发运营、企业招商等。重点开展金融与保险、会计、法律、仲裁、认证等专业服务业合作。在园区内制定实施不亚于香港的更具竞争力的税收政策。

3. 吸引香港金融人才参与海南自由贸易港离岸人民币债券市场规则建立与立法。组建由“双港”立法人员组成的立法咨询团队，研究提出《海南自由贸易港离岸人民币债券管理条例》（专家建议稿），促进相关法规更好对接国际规则，更好适应总部企业离岸人民币债券融资需求。

（六）推进“双港”金融基础设施对接与人才联动

1. 金融基础设施对接。例如，推进平台数据对接、支付系统对接、征信系统对接背后的制度创新；推进参照“深港通”“理财通”“债券通”，并探索“保险通”“新股通”“碳市通”等金融市场互联互通背后基础性的制度创新。

2. 实施更具吸引力的引才政策。2021—2023年，海南认定金融高层次人才接近600人。未来，推动“双港”金融合作离不开“双港”金融人才的联动发展。建议出台有利于吸引香港金融高层次人才的、分类别有针对性的政策。例如，对于具有丰富实操经验的高层次人才可采用落户、临聘、项目合作、会议交流等多种引才方式。

二、创新海南自由贸易港金融制度体系

（一）深化海南自由贸易港外汇管理制度改革

1. 海南自由贸易港外汇管理制度在很大程度上决定了“双港”金融合作方案的实际推行效果。当前，海南FT账户在实际运行过程中仍存在一些问题，比如，未能实现“一线”放开、未能实现本外币一体化等，直接原因就是外汇管理制度改革仍然没有突破，对账户资金进出管理仍是按照在岸模式进行。

2. 深化重点领域外汇管理制度改革。在“双港”金融合作思路下，需要深化海南自由贸易港跨境贸易结算、跨境直接投资、跨境融资、跨境证券投融资等领域的外汇管理制度改革。例如，在贸易结算领域，需要加快推动银行真实性审核从事前审查转为事后审查。具体而言，要在海南自由贸易港现有政策的基础上，扩大凭支付指令结算的优质客户范围、扩大凭支付指令结算的试点银行范围。更重要的是，建立海南跨境资金单位账户，要做到按照离岸模式进行管理，实现贸易结算资金凭客户支付指令就能自由划转。

（二）以“制度气泡”引入香港金融监管规则

1. 在海南探索实施“制度气泡”具有可操作性。例如，可以鼓励和支持香港合格金融市场主体在海南展业，并由香港行业监管部门按香港法律、监管条例、行业准则对这些离岸市场主体进行数字化精准监管。这些香港离岸金融市场主体向海南相关监管部门备案产生的税收与GDP由“双港”共享。

专栏5-6　专家关于建立“制度气泡”的建议

香港中文大学（深圳）高等金融研究院政策与实践研究所所长、香港国际金融学会创会理事及主席肖耿建议：建立海南自由贸易港与香港“企业通”“制度气泡”。

2003 年提出了 QDII（合格境内机构投资者），现在看来，这些探索非常成功。成功的原因是没有创造新的轮子，而是直接利用香港的市场与国内 A 股市场实现连接。建议利用“制度气泡”的概念。比如香港的银行、证券公司、行业管理在海南可以作为离岸市场主体运作，受香港监管机构监管，服务的对象是境外居民。这样会极大地激发跨国公司和港人、华侨到海南投资。通过香港“制度气泡”模式影响海南岛的发展，所有的行政还实行属地监管。这需要中央给予海南特殊的自由贸易港地位来引进境外制度，更重要的是引进香港的制度。这需要海南主动与香港对接，并制定合理的利益分成机制。

资料来源：肖耿在“高水平开放的海南自由贸易港——2025’封关运作的重大任务”为主题的2023’海南自由贸易港论坛上的发言，2023年4月13日，海南海口。

2. 在海南探索实施香港“制度气泡”有利于拓展香港金融市场空间。通过香港“制度气泡”，将推动香港金融业由海南市场辐射到内地14亿多人口大市场。这不仅将大幅度拓展香港产业发展的空间、人才与市场，也将大幅度提升海南金融发展的质量，并有可能通过“香港开放制度+海南空间与市场”吸引更多的高端要素。

3. 我国金融监管体制改革为探索实施“制度气泡”提供制度空间。借鉴国际先进的监管经验，加快与香港金融监管规则的对接，在海南尽快实现从分业监管、机构监管向功能监管和穿透监管转变，由此加快构建与高水平开放相适应的自由贸易港金融监管体系。

（三）逐步建立“双港”金融“单一通行证”制度

1. 建立“双港”总部企业金融服务直通机制。发挥香港金融人才与信息服务业发达优势，允许在港金融机构通过跨境服务、自然人移动等方式为在海南自由贸易港设立总部基地的企业提供金融及信息服务，并在一定范围内允许其在海南自由贸易港内使用港币。

2. 借鉴欧盟经验，实施“双港”金融机构牌照和资格“单一通行证”制度。建立“双港”共同商定“单一通行证”认证标准，对经认证的金融机构，经备案后无须单独申请准入即可为两地企业提供相关金融服务，在两地间打造出一条跨境金融业务和跨境资金融通的“高速公路”，由此推动海南金融更高水平开放。在起步阶段，可率先在银行、保险等领域开展探索，并逐步向外汇交易、期权期货、证券发行、货币经纪、资产管理等领域拓展；可由具有一定门槛的机构开始，等条件成熟时再逐步推广到其他金融机构。

专栏5-7　欧盟“单一通行证”制度简介

1. 基本情况

“单一通行证”制度是指欧盟成员国国内金融机构可在他国境内设立分公司或不设立分公司直接提供金融服务，而无须经过东道国许可的制度安排。该制度安排主要涉及九类金融机构，包括银行、贷款公司、保险与再保险公司、保险经纪、投资公司、支付机构、电子钱包、另类投资基金和可转让证券投资基金。

欧盟“单一通行证”制度发展至今，其具体表现形式是：只要经金融机构所在成员国批准，该金融机构便可在欧盟其他成员国自由开展业务，其他成员国原则上不能施加额外监管要求。作为欧盟单一金融市场的核心制度，其主要通过减少成员国之间提供跨境金融服务的壁垒，大幅推动欧盟国家间金融服务的一体化。

2. 实施效果

从实践看，欧盟“单一通行证”制度消除了金融机构在欧盟境内的跨境展业障碍，促进了资金自由流动，推动了欧盟金融市场一体化进程。比如，卢森堡作为欧洲的金融中心之一，是很多国际机构包括中资机构设立地区总部的优先选项，其最大的吸引力是，在卢森堡申请金融业务牌照后，即可在整个欧元区内通行。

从市场发展看，根据英国金融行为监管局（FCA）统计，实施“单一通行证”制度后，英国约有5500家机构在欧盟其他国家开展金融活动，同时约有8000家注册在欧盟其他国家的机构在英国开展金融业务。与此同时，欧盟内部并购活动迅猛增长，金融市场集中度显著提升，金融业竞争加剧。

资料来源：中改院课题组整理。

3. 建立金融风险共同防范机制。成立琼港金融协调监管委员会，协调处理两地之间有关互设金融机构、货币互换和汇兑机制、互相信用支持、金融信息交换、金融风险防范和合作监管机制等金融事务；建立琼港金融调解与仲裁、诉讼的对接机制，依法维护金融消费者的合法权益；建立琼港反洗钱和反恐怖融资监管合作机制，防范非法资金跨境、跨区流动。

（四）建立“双港”金融合作协调机制

由国家有关部委、海南有关部门、香港有关部门共同组成“双港”金融合作协调机制。采取联席会议机制，重点围绕“双港”金融合作下的监管、基础设施对接、市场互联互通等重要问题定期开展沟通、协商。

三、完善海南自由贸易港金融法律体系

（一）形成海南自由贸易港金融立法的顶层设计

结合《海南自由贸易港建设总体方案》《中国人民银行 中国银行保险监督管理委员会 中国证券监督管理委员会 国家外汇管理局关于金融支持海南全面深化改革开放的意见》中的金融政策制度尤其是其中的创新突破点，借鉴新加坡金融法律体系建设的经验做法，对金融相关领域现有法律法规的覆盖范围、效力层级、法条完备程度等进行分析，在此基础上尽快形成海南自由贸易港金融立法的框架思路。

专栏5-8　新加坡金融立法

1. 新加坡金融领域的主要法律体系

（1）金融监管方面：既包括以《新加坡金融管理局法》等为核心的专门监管法律、附属法

规，又包括《银行法》《保险法》《证券期货法》等法律中涉及的监管规定，还有 MAS 发出的指导性信函及其他相关法规。

（2）银行业方面：以《银行法》为核心，包括《银行条例》《商业银行条例》《存款保险和保单持有人保障计划法》《汇票法》等一系列法律及附属法规。

（3）资本市场方面：建立了以《证券期货法》为核心，包括《可变公司法》《新加坡交易所上市指南》等及相关附属法规、非法令性公文、证券交易所的章程和实施细则等在内的资本市场法律体系。此外，新加坡还颁布了《可变资本公司法》，创建了可变资本公司（VCC）这一新型基金结构。

（4）保险业方面：《保险法》是金融业较早制定的法规。《保险法》及其附属法规、MAS 的规范性文件构成了新加坡保险业成文法的主要规范。

（5）外汇管理方面：随着新加坡金融开放，《外汇管制法》和《货币法》进行了多次修改。1978 年 MAS 取消外汇管制，居民和非居民均可自由汇入或汇出新加坡元，所有支付形式或资金转移均不受外汇监管手续或审批的约束，但对个人携带现金出入境有一定限制，如超过3万新加坡元或等值外币必须如实申报。

2. 新加坡金融纠纷解决机制

新加坡具有高效有力的纠纷解决系统，最普遍的三种民事争议解决方式是民事诉讼、仲裁和调解。

（1）民事诉讼。新加坡法院民事纠纷根据金额不同分别在高等法庭、区域法庭、推事庭或小额法庭提起，新加坡不设陪审团，实行三审终审制度，法官是案件适用法律、案件事实的仲裁者。新加坡开设国际商事法庭（SICC），聘请外籍国际法官，可以使用新加坡法律或外国法律，提供解决跨国争议诉讼渠道。

（2）仲裁。新加坡最主要的两家仲裁机构分别是新加坡国际仲裁中心、麦士威国际争议解决中心。目前，两部并行的仲裁法律《新加坡仲裁法》《新加坡国际仲裁法》均采纳了联合国国际贸易法委员会主持制定的《国际商事仲裁示范法》。《新加坡仲裁法》适用国内仲裁，《新加坡国际仲裁法》适用国际仲裁。仲裁裁决为终局裁决，除国内仲裁中的法律问题外，不允许提请法院对仲裁裁决上诉。

（3）调解。新加坡鼓励通过调解解决争诉，主要调解机构有新加坡调解中心、新加坡国际调解中心、新加坡消费者协会等机构。法院系统自1994年建立调解机制以来，几乎所有案件都有机会进行调解。2017年新加坡颁布的《新加坡调解法》规定，尚未经诉讼程序就通过调解达成和解协议的，允许法庭将其制作为法庭庭令，增强和解协议强制执行力。

资料来源：王方宏、王少辉：《新加坡金融立法经验对海南自贸港的借鉴》，《今日海南》2022年第2期。

（二）用好、用足中央赋予的超级特别立法授权

2023年3月15日，修改后的《中华人民共和国立法法》第八十四条规定：“海

南省人民代表大会及其常务委员会根据法律规定，制定海南自由贸易港法规，在海南自由贸易港范围内实施。”海南要用好、用足海南自由贸易港法规制定权，探索推进跨境资金自由便利流动的系列法律配套保障体系，通过立法凝聚各方共识、明确政策导向、稳定市场预期。目前，除了《中华人民共和国海南自由贸易港法》和《海南自由贸易港建设总体方案》外，支持海南金融改革的主要是国家四部门发布的《关于金融支持海南全面深化改革开放的意见》。

专栏5-9 为什么是超级特别立法授权——专家解读

对比海南与上海浦东新区、其他自贸试验区、民族区域自治地区的立法权可以看到，包括上海浦东新区在内的立法权是来自全国人大常委会的个案授权，在这个事项上上海浦东新区等可以有自己的立法调整权；其他自贸试验区要想突破现有立法的规定，必须有全国人大常委会的个案授权；经济特区必须拿到全国人大常委会的个案授权后才能开展立法；民族区域自治地区，虽然可以直接根据自身情况制定自己的法规，但是必须经过全国人大常委会批准才能生效；海南自由贸易港根据法律规定（《中华人民共和国海南自由贸易港法》等）制定的海南自由贸易港法规，原则上只需向全国人大常委会和国务院备案即可。所以，从《中华人民共和国立法法》规定的各组立法机构可以看出，海南拿到的特权是超级特权，权限相当大，任何地方都无法跟海南相比。

资料来源：中国政法大学教授、中国政法大学WTO研究中心主任史晓丽在“第三届海南自由贸易港法治建设论坛”上的发言，2023年6月10日。

（三）形成海南自由贸易港金融法律法规体系

海南自由贸易港应用好法规制定权，制定适应企业需求、符合最高水平开放要求的海南自由贸易港金融法律法规及相关交易规则。比如，在《中华人民共和国海南自由贸易港法》中“海南自由贸易港内经批准的金融机构可以通过指定账户或者在特定区域经营离岸金融业务”的基础上，明确在海南能构建与离岸金融业务相适应的金融账户，并形成支持海南包括海南跨境资金单位账户创新在内的制度支持。

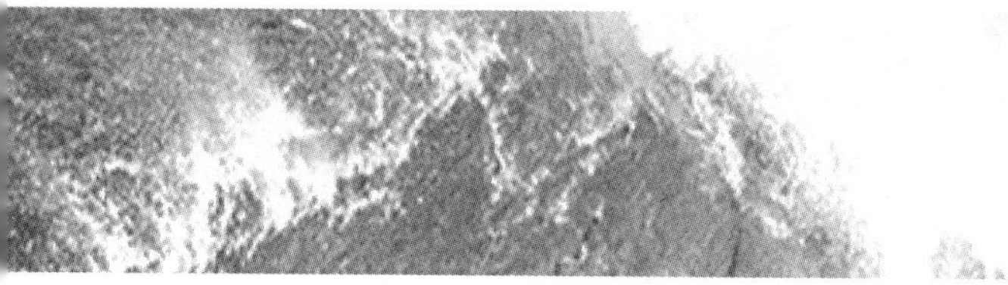

第六章

形成“一线”放开的制度安排

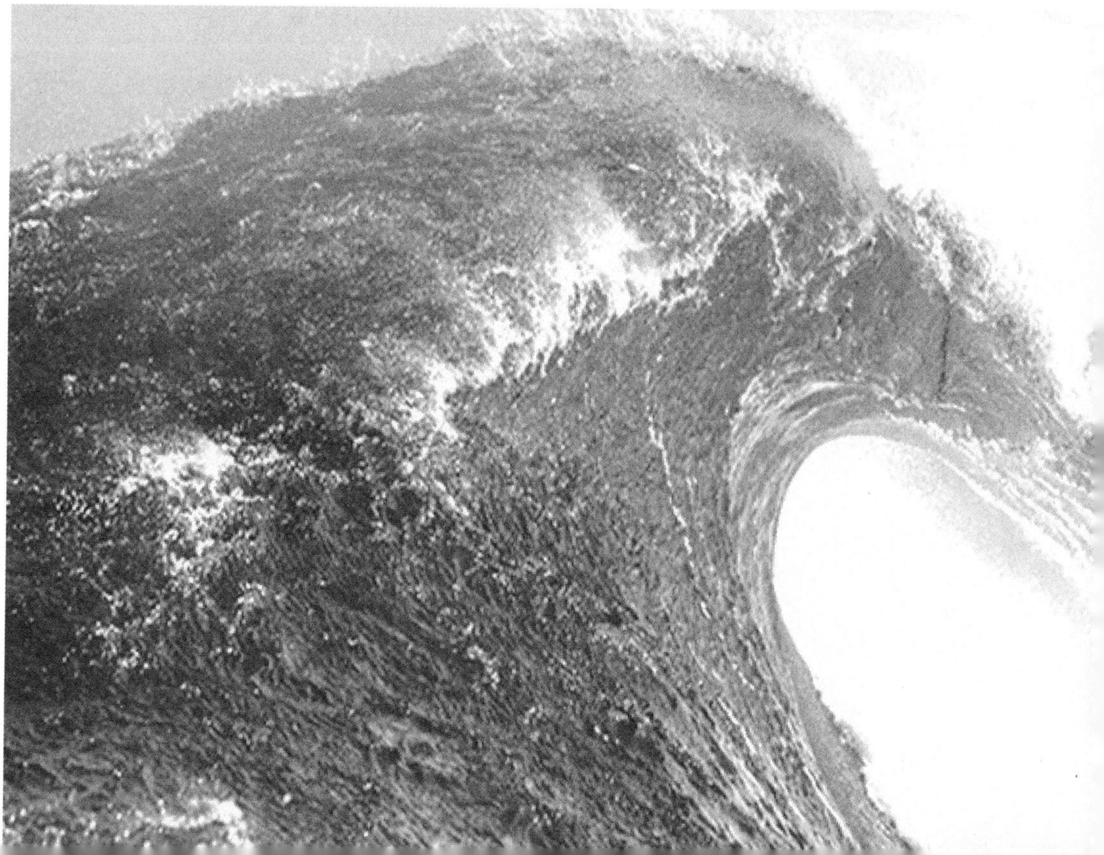

全岛封关运作，就是要充分利用海南相对独立的地理单元优势，打造与内地相对分隔的“境内关外”性质的海关监管特殊区域，由此保障海南自由贸易港全面深化改革和最高水平开放政策得以全面贯彻实施。

为此，需要按照中央要求，在谋划开展封关运作各项准备工作的同时，主动对接国际高标准经贸规则，推动高水平、制度型开放，在高水平开放压力测试中形成具有国际竞争力的开放政策和制度，充分展示我国改革开放的信心和意志，明显提升在区域合作中的影响力、竞争力。

第一节

形成以“零关税”为主要特征的货物贸易自由化便利化制度

实施以“零关税”为主要特征的货物贸易自由化便利化的政策与制度，不仅是高水平经贸协定传统议题中的核心内容，也是自由贸易港的基本制度。全面对接高水平货物贸易及通关便利化规则，有利于形成海南自由贸易港货物贸易自由便利的突出优势，也将为我国扩大“零关税”商品比例、优化海关监管及通关程序、完善配套制度提供重要示范。

一、把握更高标准的货物贸易自由化便利化规则趋势

（一）最终实现98%以上的货物“零关税”

在CPTPP中，缔约方最终实施“零关税”的税目超过98%（见表6-1），明显高于RCEP中90%以上的水平；其中，生效第一年立即降为“零关税”商品的比例高达86%，明显高于我国在RCEP中53%左右的承诺水平。

表6-1　CPTPP各国“零关税”商品占比情况

国家	基准期	第一年	最后一年	过渡期/年
澳大利亚	47.54%	93.21%	99.87%	3
文莱	75.83%	91.93%	100.00%	10
加拿大	57.58%	93.99%	98.66%	11
智利	0.42%	89.85%	94.81%	7
日本	38.28%	81.12%	93.02%	20
马来西亚	64.70%	85.58%	99.87%	15
墨西哥	55.02%	76.39%	98.85%	15
新西兰	58.60%	95.09%	100.00%	6
新加坡	100.00%	100.00%	100.00%	0
秘鲁	53.81%	81.06%	99.38%	15
越南	32.46%	65.10%	98.11%	20

资料来源：中改院课题组整理。

（二）更加复杂严格的原产地规则

1. CPTPP形成了更为精细和严格的原产地认定标准。例如，与RCEP提出扣减法、累加法及40%以上的价值增值不同，CPTPP提出价格法、扣减法、增值法、净成本法（仅适用于汽车产品）四种方法，并按照不同方法分别要求区域价值增值在35%～55%。

2. CPTPP原产地规则将立即生效。RCEP明确累计规则：“除缔约方另有共识外，缔约方应当自开始之日起5年内结束审议”，CPTPP并无相关要求，意味着其生效后立即实施。

（三）可预测、一致与透明的通关程序确保海关管理和贸易便利化

从文本看，CPTPP与RCEP在海关管理和贸易便利化方面较为类似，均提出了货物48小时内的通关要求及快运货物6小时的通关时限；但CPTPP明确将“自动化”作为缔约国的一项要求，并提出“每一缔约方应努力提供相关设施，使进口商和出口商在一单一接入点通过电子方式完成标准化的进口和出口要求”。

二、拓展海南自由贸易港“零关税”清单

（一）未完全发挥海南自由贸易港“零关税”政策优势

自2022年RCEP生效后，海南自由贸易港与内地同步实现56%的商品“零关税”，与CPTPP第一年实现86%的商品“零关税”水平仍有30个百分点的提升空间。即便叠加海南自由贸易港“一负三正”“零关税”清单，海南实施“零关税”商品的比例仍不足60%。按进口商品涉及的8位HS商品编码看，2021年1～10月，海南口岸进口8位HS编码商品1627个。其中，以“零关税”原辅料政策进口编码7个，约占0.43%；以“零关税”交通工具政策进口编码10个，约占0.61%；以“零关税”生产设备政策进口编码43个，约占2.64%。由此可见，海南自由贸易港“零关税”商品比例与最高水平开放的目标要求相比有较大差距。

（二）对标最高水平开放，提升海南自由贸易港货物贸易自由化

1. 出台精简的海南自由贸易港禁止、限制进出口的货物、物品清单。

（1）降低许可类商品进口门槛。重点聚焦许可类、配额类等限制类货物，结合海南自由贸易港产业发展和实际需要，在部分货物的许可审批程序上进行简化；在服务于岛内生产、消费需要的货物配额上适当放宽，并逐步取消主动的进出口配额限制。

（2）减少或取消非安全准入类贸易管制。例如，除因履行国际义务及维护安全原因等需要对贸易实行必不可少的管制外，取消对其他货物的进出口贸易管制。

2. 发挥单向开放的灵活性、主动性，2025年前全面实行我国在RCEP中的“零关税”承诺清单。封关运作前，海南“零关税”进口商品仅适用于“一负三正”四张清单，范围较小。2022年，海南通过“零关税”及三张清单进口的商品只有90.8亿元，仅占当年全省外贸总额的4.5%。在RCEP框架下，我国将最终实现88.5%

的商品“零关税”。建议利用RCEP“零关税”清单全面实施前的“窗口期”，封关运作前在海南提前全面实施我国在RCEP中的“零关税”商品承诺比例（见表6-2），实施对象为包含东盟在内的全球经济体或单独关税区，明显提升海南自由贸易港“零关税”覆盖度，并为“零关税”清单由正转负探索经验。

表6-2　我国在RCEP中的“零关税”商品承诺比例

成员	基准期	第一年	最后一年	过渡期/年
东盟	8.45%	67.91%	90.50%	21
澳大利亚	8.45%	65.82%	89.98%	21
日本	8.45%	25.01%	86.00%	21
韩国	8.45%	38.64%	86.00%	36
新西兰	8.45%	66.14%	89.98%	21
平均	8.45%	52.70%	88.49%	24

资料来源：中改院课题组整理。

3. 封关运作后尽快使海南自由贸易港“零关税”比例提升至99%左右。若海南自由贸易港将RCEP中非“零关税”工业品（见表6-3）全部实现“零关税”，则“零关税”商品比例将达到98.8%；若将农产品中非热带农产品剔除，将提升至99%以上。为此，建议在我国RCEP关税承诺表的基础上，逐步对非“零关税”工业品全部实行“零关税”管理，并对这类产品实行现有的“二线”管理制度，即进入内地照章纳税。

表6-3　我国在RCEP中的非“零关税”产品分布

行业商品名称	非“零关税”数量	行业商品名称	非“零关税”数量
动物产品	1	工业品	688
植物产品	66	纺织品、服装	39
食品	31	石头、玻璃	21
矿产品	1	金属	40
燃料	3	机械	109
化学品	69	电子产品	68
塑料和橡胶	18	运输设备	124
兽皮	1	玩具	1
木制品	173	杂项	21
农业品	98	—	—

数据来源：中改院课题组整理。

4. 逐步实现全面“零关税”。立足最高水平开放的目标要求，参考新加坡、中国香港、迪拜国际成熟自由贸易港的一般做法，除将酒类、烟草制品、石油类商品纳入海南自由贸易港进口商品征税目录外，对其他所有在海南本地消费的商品、本地自用的生产设备、基础设施原材料等全面实行“零关税”。

（三）全面提升通关便利化水平

1. 海南自由贸易港通关便利化水平已接近CPTPP标准。自由贸易港自建设以来，以“单一窗口”为重点的便利化平台作用显现，海南通关便利化水平明显提升，进、出口通关时间由2017年的127.94小时和110.34小时压缩至2022年的31.04小时和0.89小时（见表6-4），已符合CPTPP货物48小时内通关时限的要求。此外，通过上线自由贸易协定优惠关税查询系统等方式实现了通关程序透明度的明显增强，但在自动化、电子化通关方面仍有提升空间。

表6-4　2017—2022年海南口岸进出口通关时间

年份	进口通关时间/小时	出口通关时间/小时
2017	127.94	110.34
2018	52.05	3.48
2019	44.24	3.20
2020	55.53	1.88
2021	44.52	1.47
2022	31.04	0.89

数据来源：海口海关。

2. 实行全链条式的国际贸易“单一窗口”管理制度。一是推动“单一窗口”功能由口岸通关执法环节向前置和后续环节拓展，以贸易供应链的各个参与方为对象，提供贸易便利化与增值服务。二是率先采用国际普遍适用的数据协调和技术标准，以确保平台各项数据的录入和使用能够畅通无阻，同时引入移动互联技术，实现移动“单一窗口”等。三是实行舱单申报。承运人通过国际贸易“单一窗口”的运输工具申报功能，申报“一线”进出境舱单信息，并由货物收发人作出货物状态声明，一般不再履行其他申报手续、不递交纸质单证。

3. 实行以信用管理为核心的便捷通关制度。

（1）尽快实行RCEP快速通关机制。在率先实现RCEP货物48小时内通关要求的基础上，加大企业认证力度，优化、细化预裁定和抵达前处理等便捷通关流程，精简预提交材料，率先在海南自由贸易港“一线”口岸全面实行易腐货物和快件、空运货物、空运物品6小时内放行的便利措施。

（2）实行便捷通关制度。对标新加坡、中国香港，实行以信用管理为核心的便捷通关制度，如“认可经济营运商计划”“企业自主声明+规定期限备案+抽检”等管理模式。同时，依托“单一窗口”系统，对载运工具、上下货物、物品进行实时监控和标记处理。

4. 对标新加坡全面提升海关监管与通关程序自动化水平。定期开展企业调研，以企业需求为导向进一步提升企业特别是中小企业使用“单一窗口”的便利性；参照新加坡（见表6-5），进一步完善“单一窗口”功能，不断推进海口海关与主要贸易伙伴及CPTPP成员国间的合作与标准对接。

表6-5 新加坡TradeNet、TradeXchange、Networked Trade Platform比较

贸易平台	平台定位	平台工作重点	平台功能	实施效果
TradeNet（1989年）	国际贸易“单一窗口”（政务服务系统）	处理与贸易相关的申请	实现企业注册、进口许可证业务、原产地证办理、通关申报、海关与港务部门数据交换等功能	连接35个政府部门，与进出口（包括转口）贸易有关的申请、申报、审核、许可、管制等全部手续均通过该系统进行，实现从接收、处理到审单、批准全程电子化24小时运行，90%以上的申报数据无须人工干预，用户可在10分钟内查收并打印相关单证
TradeXchange（2007年）	企业服务系统	连接贸易和物流领域	对贸易、物流企业和政府部门的IT系统进行流程与数据信息的处理	集装箱通过大门仅需2秒
Networked Trade Platform（2018年）	科技资讯平台	推动整个贸易与供应链的数字化转型	进出口许可证申请、海关申报、货运安排和追踪、融资申请等所有手续均可在该平台完成，是集企业对政府（B2G）、企业对企业（B2B）于一体的综合贸易平台	—

资料来源：中改院课题组整理。

三、推进海南自由贸易港加工增值货物内销免征关税政策创新

（一）现行政策与高水平开放要求不相适应

1. 认定标准具有一定的局限性。

（1）RCEP规定了视为原产货物的三种情况。根据协定文本，RCEP原产货物认定标准有三条，分别为：完全获得、完全生产、实质性改变。其中，附件一中产品特定原产地原则反映了实质性改变标准，包括税则归类改变标准（章改变、品目改变、子目改变均可）、区域价值成分标准（RVC≥40%）、加工工序标准（化学反应）。RCEP适用选择性规则，大多数货物适用区域价值成分标准和税则归类改变标准二选一。

专栏6-1　RCEP协议中原产地认定标准

完全获得。如果货物是“在一缔约方完全获得或生产”，则可认定该缔约方为原产国。完全获得或生产的方式包括种植、收获、采摘、收集、饲养、捕捞（包括公海）、耕种、捕猎等，也包括在该缔约方生产或消费中产生的废碎料、收集的旧货物等。

完全生产。如果货物是“在一缔约方仅使用来自一个或一个以上缔约方的原产材料生产”，则生产国为原产国。这是RCEP的特有标准，只要全部原材料都来自区域内成员国（地区）即可。

实质性改变。RCEP规定“在一缔约方使用非原产材料生产，并且符合第三章附件一（产品特定原产地规则）所列的适用要求”，即如果货物因使用了非成员国（地区）的货物或材料，但符合附件一中的产品特定原产地规则，则视为原产货物。

资料来源：中改院课题组整理。

（2）海南自由贸易港加工增值货物内销免征关税政策对原产地的认定仅有“实质性改变”一种情况。《海关对洋浦保税港区加工增值货物内销税收征管暂行

办法》规定，“本办法所称加工增值超过30%，是指备案企业在洋浦保税港区对含有进口料件的货物进行制造、加工后的增值部分，超过进口料件和境内区外采购料件价值合计的30%”。这就意味着，目前海南实施的加工增值货物内销免征关税政策对原产地的认定仅有“实质性改变”一种情况。

2. 区域价值成分计算方式较为单一。RCEP的区域价值成分计算方法有两种，分别为直接法（累加法）和间接法（扣减法）。尽管海南自由贸易港对从其进口到内地的增值要求比RCEP低10个百分点，但在计算增值比例时采用扣减法，在出区销售价格中扣减了进口料件和洋浦保税港区外境内（即海南本地与内地）的料件价值，不利于我国以RCEP区域为原材料来源地的企业在海南利用加工增值政策。

3. 累积规则与RCEP、CPTPP等对接困难。RCEP、CPTPP都在货物贸易领域规定了区域累积规则（见表6-6），而海南不适用区域累积原则，因此不利于海南加工增值货物内销免征关税政策的利用。例如，若RCEP成员国实现35%的价值增值，经海南自由贸易港后再次增值15%，则既享受不了RCEP原产地规则，也享受不了海南“零关税”政策。

表6-6　海南、RCEP、CPTPP原产地规则比较

比较项目	海南	RCEP	CPTPP
认定标准	实质性改变	完全获得、完全生产、实质性改变	完全获得、完全生产、实质性改变
增值比例	30%以上	40%以上	35%、45%、55%不等
区域累积规则	—	区域内原产地累积（RCEP第三章第四条第二款，目前并非RCEP的生效条文，而是留待缔约方在5年之内审议，目前对非原产材料进行的生产活动，尚未计入原产成分进行累积）	区域内完全累积（各缔约方内所有生产和货物增值，不仅包括原产货物，也包括非原产货物）

续表

比较项目	海南	RCEP	CPTPP
计算方法	扣减法：货物出区内销价格－Σ境外进口料件价格－Σ境内区外采购料件价格）/（Σ境外进口料件价格+Σ境内区外采购料件价格）×100%≥30%	直接法（累加法）：（原产材料价格+直接人工成本+直接经营费用成本+利润+其他成本）/离岸价格×100%≥40% 间接法（扣减法）：（货物FOB价格－非原产材料价格）/货物FOB价格×100%≥40%	价格法：（货物价格－特定非原产材料价格）/货物价格×100% 扣减法：（货物价格－非原产材料价格）/货物价格×100% 增值法：原产材料价格/货物价格×100% 净成本法：（净成本－非原产材料价格）/净成本×100%

资料来源：中改院课题组整理。

（二）优化价值增值计算方法

1. 丰富价值增值计算公式。引入RCEP中的累加法和CPTPP中的净成本法，以便于各类企业根据自身业务特点自主选择不同计算方法提交加工增值证明。

2. 调整现有计算方法。叠加政策下的区域价值成分计算公式分母项目，改变为货物出区内销价格。无论是参考CEPA还是RCEP，抑或是其他国际贸易协定，在区域累积的情形下，大多数都是以货物FOB价格为分母，即货物增值是相对于货物出境价值来计算的。

3. 实行差异化的加工增值比例。借鉴中国–新西兰自由贸易协定中部分货物区域价值成分的比例要求（见表6–7），确定不同货物加工增值比例，以符合海南自由贸易港产业发展现实及发展趋势。例如，对粮食、珠宝、药品原材料、电机电气设备等仍实行相对较高关税的商品，适用较高的加工增值比例，使更多加工环节留在海南。

表6-7 中国-新西兰自由贸易区协定中部分货物区域价值成分比例要求

区域价值成分比例要求	品名
不少于30%	其他薄荷油，制版照相机，已组装的完整表芯
不少于40%	未浸除咖啡碱，已浸除咖啡碱，船用桅杆式起重机，起重机，移动式吊运架、跨运车及装有起重机的工作车，用激光、其他光、光子束、超声波、放电、电化学法、电子束、离子束或等离子弧处理各种材料的加工机床，加工金属的加工中心、单工位组合机床及多工位组合机床，其他真空吸尘器
不少于45%	牵引车、拖拉机，10座及以上的客运机动车辆，主要用于载人的机动车辆，货运机动车辆，特殊用途的机动车辆，装有发动机的机动车辆底盘，机动车辆的车身（包括驾驶室），摩托车，船舶及浮动结构体，医疗、外科、牙科或兽医用仪器及器具
不少于50%	橙油

资料来源：中改院课题组整理。

4. 确定海南本地增值比例。实现海南自由贸易港政策与RCEP规则叠加的本质是将海南和RCEP区域视作一个整体，若不规定在海南本地增值的最低比例，就可能出现货物在海南并未实现加工增值就达到区域增值比例的目标，直接内销。海南本地增值比例可以根据不同的产业来确定。

5. 将与加工相关的生产性服务环节纳入增值计算范围。从海南加工产业发展现实与加快发展现代服务业的实际需求出发，将研发设计、信息技术、节能环保、检验检测认证等与加工制造紧密相关的生产性服务投入及增值纳入加工增值计算范围。

（三）率先在海南自由贸易港实行完全累积原则

1. 近期将企业在RCEP 成员国的加工增值部分列入海南的增值部分。只要企业在RCEP和海南自由贸易港内加工增值累计超过30%，即可享受“零关税”进入内地的政策。

2. 逐步实现海南自由贸易港与RCEP其他成员国间的完全累积。RCEP明确将在协定生效5年内就原产地“完全累积”规则进行审议。着眼于发挥海南自由贸易港在区域产业链构建中的服务促进作用，建议将RCEP其他成员国内所有生产和货物增值纳入累积适用范围。即，即使非原产材料在RCEP其他成员国经过加工未获得原产资格，也仍对其实现的加工增值部分予以累积，再经过海南自由贸易港加工增值累积达到40%，即可享受“零关税”进入内地的政策。同时，应明确在海南自由贸易港的加工工序要求，如最后生产工序必须在海南。

（四）形成更加灵活严谨的海南原产货物认定标准

1. 将税则归类改变、制造或加工工序标准纳入海南自由贸易港原产货物判定标准。在加工增值政策上引入税则归类改变、制造或加工工序标准，制定海南产品特定规则目录，并且参照RCEP，扩大货物的标准选择范围，让能满足相应标准的货物在通过“二线”时享受免关税政策。

2. 对标RCEP进一步明确加工增值“微小加工和处理”边界。海南加工增值政策规定，超过30%的货物出区内销时，仅经过掺混、更换包装、分拆、组合包装、削尖、简单研磨或简单切割等一种或多种微小加工或者处理的，为不享受免征进口关税的情形之一。但在实践过程中，目前并没有相关规定详细说明海南加工增值政策中的微小加工或处理应如何把握。对于有争议的微小加工或处理情形，可以参考RCEP的相关规定。RCEP除了明确10种简单加工的情况外，专门标注说明了“简单加工”中的“简单”是用来描述既不需要专门的技能，也不需要专门生产或装配机械、仪器或装备的行为。叠加政策可以借鉴RCEP这条实用性较强的规则，明确在海南实现RCEP区域完全累积的货物“微小加工和处理”的边界。

专栏6-2　RCEP规定的“微小加工和处理”

尽管有本章的任何其他规定，但使用非原产材料生产货物时，下列操作应当视为不足以赋予该货物原产资格的加工或处理：

（一）为确保货物在运输或储存期间保持良好状态而进行的保存操作；

（二）为运输或销售而对货物进行的包装或展示；

（三）简单加工，包括过滤、筛选、挑选、分类、磨锐、切割、纵切、研磨、弯曲、卷取或开卷；

（四）在货物或其包装上粘贴或印刷标记、标签、标识或其他类似的用于区别的标志；

（五）仅用水或其他物质稀释，未实质改变货物的特性；

（六）将产品拆分成零件；

（七）屠宰（指仅杀死）动物；

（八）简单的涂漆和抛光操作；

（九）简单的去皮、去核或去壳；

（十）同种类或不同种类货物的简单混合；

（十一）第（一）项至第（十）项所述的两种或两种以上操作的任意组合。

资料来源：中改院课题组依据RCEP协定整理。

3. 引入微小含量规则。微小含量规则是对认定不满足税则归类改变标准货物的原产性质的一种补充，在实践中有很强的利用价值。RCEP的微小含量规则采用价值标准或重量标准（重量标准仅限于纺织品和服装HS50-HS63），比例均为10%。为了与RCEP原产地规则形成叠加效应，完善海南原产货物认定标准，可以同时引入微小含量标准。

专栏6-3　RCEP规定的“微小含量规则”

1. 微小含量规则的定义

微小含量规则又称“容忍规则”，在某种程度上放宽了税则归类改变的原产地标准。换句话说，如果货物含有不符合税则归类改变标准的非原产材料，而该非原产材料的占比在一定百分比内，则该货物仍可被认为是原产。我国已实施的自贸协定大部分有微小含量条款。

2. RCEP微小含量规则的特点

根据RCEP的微小含量条款，如果货物生产中使用的一部分非原产材料不满足税则归类改变标准，只要这部分非原产材料的价值占比或者重量占比不超过10%，那么该货物仍然可以获得原产资格。

对于第1章至第97章的所有货物，RCEP项下的微小含量可以按价值计，即允许未发生税则归类改变的非原产材料的价值不超过该货物FOB价值的10%；

对于第50章至第63章的货物（纺织原料以及纺织制品），微小含量也可以按重量计，即允许未发生税则归类改变的非原产材料的重量不超过该货物总重量的10%。

需要特别提醒的是，微小含量规则仅在运用税则归类改变标准来判断货物的原产地时适用。在适用区域价值成分标准判断货物原产资格时，不适用微小含量规则，此时非原产材料价值应当计入货物的非原产材料价值中。

资料来源：《RCEP微课堂 | RCEP原产地规则解读与案例应用——微小含量》，https://mp.weixin.qq.com/s?__biz=MzA4NDU4OTYwNw==&mid=2651246539&idx=1&sn=153f9d375dc4b053d39977e90628cd09&chksm=84168283b3610b951ff985ff2f6d10b0067c6cd4ff72f937ff3d25069d55d745b6f66507a6bd&scene=27。

（五）率先全面实行RCEP原产地自主声明制度

原产地证明是原产地规则体系的重要组成部分，灵活高效的原产地证明规则能大大提升企业最终实际减免关税的便利程度。RCEP提出了更加丰富灵活的原产地证明类型，包括由出口方签证机构签发的原产地证书、经核准出口商出具的原产地声明、出口商或生产商出具的原产地声明（对不同成员有不同的过渡期），并提出考虑引入进口商出具的原产地声明（日本自协定生效起可将进口商出具的原产地声明视为原产地证明）。为此，建议在海南承认RCEP成员国进口商、出口商、生产商出具的原产地声明文件与签证机构签发的原产地证明文件具有同等效力，大幅降低相关货物享受“零关税”政策的制度成本。

第二节

形成服务贸易自由化便利化制度

以优化跨境服务贸易负面清单制度为重点，加快构建与CPTPP要求相适应的服务贸易自由便利政策与制度，带动海南自由贸易港内服务业规则、规制、管理、标准的改革深化，进一步规范影响服务贸易自由便利的国内规制。

一、把握高水平服务贸易自由化便利化规则趋势

（一）精简的跨境服务贸易负面清单

CPTPP通过附件1详细列明各国将会对跨境服务贸易采取的相关限制措施。同RCEP对比，CPTPP缔约国均采取了更加精简的跨境服务贸易负面清单。例如，日本在CPTPP中的承诺比在RCEP中少16项，澳大利亚少11项，新加坡少7项，马来西亚少3项。CPTPP负面清单限制措施数量最多的为日本，有41项，最少的为新西兰，仅4项（见表6-8）。

表6-8　CPTPP与RCEP跨境服务贸易负面清单（附件1）限制措施数量

单位：项

协定	日本	加拿大	新西兰	澳大利亚	新加坡	马来西亚	文莱	智利	秘鲁	越南	墨西哥
CPTPP	41	16	4	8	25	17	20	20	25	5	31
RCEP	57	—	—	19	32	20	—	—	—	—	—

数据来源：中改院课题组整理。

（二）具体可操作的“边境内”规制大幅降低跨境服务贸易壁垒

CPTPP通过国民待遇、最惠国待遇、国内规制、承认、透明度等相关条款，确保跨境服务贸易自由便利。例如，CPTPP明确对境外服务提供者的待遇不得低于本国，不得以数量配额、垄断、专营服务等形式限制服务提供者的数量，不得以当地存在作为跨境服务提供的条件；要求一缔约方对服务提供者在另一缔约方领土内或一非缔约方领土内获得的学历、经历和职业资格等，以自主、协调或其他方式予以承认；等等。

（三）以“棘轮机制”等措施确保服务贸易越开越大

一方面，CPTPP对负面清单的约束规则有严格限定，避免了各方对负面清单的滥用。如对不符措施的修正，应当保证与该措施修正前的情况相比未降低该措施开放度。另一方面，CPTPP以附件2的方式详细列明未来可能采取的不符措施，给予服务提供主体以明确的预期。

二、制定更加精简的跨境服务贸易负面清单

（一）精简海南自由贸易港跨境服务贸易负面清单

当前，《海南自由贸易港跨境服务贸易特别管理措施（负面清单）（2021年版）》共有限制措施70项，其中金融17项，与CPTPP、RCEP中各国对跨境服务贸易的开放度相比，存在较大差距。为此，建议对标CPTPP中新加坡等国家，大幅精简跨境服务贸易负面清单限制措施，争取在两年内将非金融领域跨境服务贸易限制措施缩减至30项左右。

（二）分类缩减海南自由贸易港跨境服务贸易负面清单

1. 按于法有据的原则清理部分限制措施。对照国内相关法律，建议删除“境外服务提供者不得提供建筑及相关工程服务”“境外企业或个人不得成为证券交易所的普通会员……”“境外个人不得参加国家统一法律职业资格考试……”等相关法律并无此规定的限制措施。

2. 按最高水平开放要求清理部分限制措施。例如，取消“境外服务提供者不得经营国内水路运输业务”“未经中国政府批准，任何外籍船舶不得以任何方式经营中国港口之间的拖航”等限制措施。

3. 按《海南自由贸易港建设总体方案》的要求清理部分限制措施。例如，删除“中国籍船舶的船长应当由中国籍船员担任”“境外单位或个人不得从事境内期货及其他衍生品业务”“境外企业或个人不得申请开立证券账户或期货账户”等限制措施。

4. 按有利于发挥海南自由贸易港战略作用的要求清理或弱化部分限制措施。例如，取消“只有通过中国司法考试或统一法律职业资格考试的中国公民可以申请担任公证员”“只有中国公民可以申请从事司法鉴定业务”等限制；在明确外国律

师只能从事国际商事法律服务的前提下，取消“境外律师事务所驻华代表机构不得聘用中国执业律师”“不得派员入驻中国律师事务所从事法律服务活动”限制。

5. 适应海南自由贸易港产业发展需要清理或弱化部分限制措施。例如，适应旅游业发展需要，取消“境外个人不得报考全国导游资格考试”限制；适应教育发展需要，取消“境外个人教育服务提供者……，须具有学士以上学位”限制，允许境外教育服务提供机构举办职业类学历考试，并逐步实现职业资格与国际接轨；适应医疗健康产业发展需要，放宽外籍医师在琼执业时间限制，将执业期限延长至3年；适应文化娱乐产业发展需要，取消举办国际性节目交流、举办社会艺术水平等级考试活动业务、演艺团体举办营业性演出限制；适应研发设计产业发展需要，取消工程规划、设计、咨询等须与中方合作等限制。

6. 弱化金融、电信等领域限制强度。例如，将货币经纪业务、非金融机构支付业务由商业存在模式放宽至跨境交付模式；将“区域性股权市场运营机构不得超过1家”调整为“海南自由贸易港根据市场情况对区域性股权市场运营机构实行总量控制”；允许取得牌照的境外增值电信运营商以跨境交付方式提供增值电信服务；在保留许可管理的前提下，将广播电视视频点播服务由三星级以上的宾馆拓展至全岛所有宾馆饭店。

7. 适应企业发展需求清理部分限制措施。例如，适应企业对外投资需要，取消“境内单位或个人不得从事境外期货及其他衍生品业务”限制；取消只能通过商业存在方式提供法定审计、代理记账服务限制；适应建立区域性市场需要，取消“不得在境内指定或者设立商品期货交割仓库”等限制。

（三）推进跨境服务贸易负面清单内容与国际接轨

1. 实现限制措施描述由“行”到“表”的拓展。建议借鉴CPTPP、USMCA等的通行做法，针对每条限制措施补充权利与义务（国民待遇、市场准入、最惠国待遇、本地存在、高管与董事会）、政府层级（中央、地区、地方）、措施来源等要件，并进一步细化描述措施。特别是尽可能将“等”“符合我国相关法律法规”等话语以举例方式详细列明，以减少投资者对负面清单的理解偏差。

2. 合并外商投资准入负面清单与跨境服务贸易负面清单。从海南自由贸易港跨境服务贸易负面清单内容看，金融业，租赁和商务服务业，文化、体育和娱乐业等领域的限制措施大多与投资相关或重叠。建议将其合并，并在法律、会计、专利、咨询、调查、测绘、统计、建筑设计、教育、医疗、公证、出版、广播、电视、互联网信息服务等领域率先实现商业存在模式下的开放，并逐步向跨境服务开放过渡。

3. 区分时态增加未来可能施加限制措施的兜底条款。例如，海南省政府保留对影响国家安全、生态环境的相关投资与跨境服务贸易业务增加限制措施的权力，但应遵循必要性原则；在金融、电信等领域保留对未来可能出现的新业态增加限制措施的权限。

4. 实现产业分类与国际通行分类的对接。海南自由贸易港跨境服务贸易负面清单采用《国民经济行业分类》（GB/T 4754—2017）标准，可能会因国内国际分类标准不同而引起纠纷。因此，建议在现有分类的基础上，将产业分类进一步具体化至具体业务；同时，制定国内国际分类转换表，明确与国际通行分类间的转换关系，尽可能做到与国际接轨。

三、形成以跨境服务贸易负面清单为核心的配套制度

（一）对标CPTPP形成跨境服务贸易的境内规制

1. 国内规制限制措施较严。从跨境服务贸易限制措施的内容看，主要为“不得”“经批准”等表述，与CPTPP中的国民待遇、市场准入、当地存在等有所冲突。例如，“未经中国政府批准，任何外籍船舶不得以任何方式经营中国港口之间

的拖航”，与CPTPP“如为许可程序，则此类程序本身不成为对服务提供的限制”的要求不符。

2. 明确细化国民待遇标准。明确在海南自由贸易港内，对境外服务提供者的待遇不低于在相似情况下给予本国服务和服务提供者的待遇；以清单形式列明国民待遇的具体权利，包括准入阶段的管理权力、要素供给、融资方式、进出口权、税收政策、法律保护、司法救济等一系列细化的待遇标准。

3. 明确跨境服务贸易市场准入及当地存在标准。例如，明确提出“除负面清单内规定的措施外，在海南自由贸易港内不得以数量配额、垄断、专营服务提供者的形式，对服务提供者的数量、交易额、人员数量等进行限制”；除负面清单内规定的措施外，不得要求另一缔约方的服务提供者在海南自由贸易港内设立或维持代表处或任何形式的企业或成为居民，作为跨境提供服务的条件；等等。

（二）引入跨境服务贸易负面清单“棘轮机制”

建立“棘轮机制”，明确负面清单限制措施“只减不增”。同时，制定与CPTPP接轨的负面清单体系，如划分目前采取措施、未来不符措施、金融等类别，详细列明跨境服务贸易负面清单管理措施所对应的正面义务、不符措施详细描述、现行不符措施的法律依据、政府层级，并为关键领域及未来新业态预留空间。

（三）制定实施更加便利的资金支付和转移制度

1. 与服务贸易相配套的资金支付与转移制度差距较大。目前，我国居民每人每年对外汇款额度为5万美元，与CPTPP提出的“应允许所有与跨境服务提供相关的转移和支付自由进出其领土且无迟延”的要求相比，有巨大差距；由于资本项目尚未完全开放，达到CPTPP中的“每一缔约方应允许与跨境服务提供相关的转移和支付使用自由流动货币，按转移时的现行市场汇率进行”等要求仍有较大困难。

2. 探索在服务贸易企业跨境支付领域实行法人承诺制。依托FT账户，对实体企业对外投资，除开展事中事后真实性审查和额度管理外，按照最大限度便利服务贸易企业开展跨境服务业务，探索在服务贸易企业跨境支付领域实行法人承诺制。

3. 对区域性总部企业的资金汇出需求，按照余额管理模式，如允许其一定比例的投资增量资金自由汇出。对基金类企业对外投资，在合格境内有限合伙人（QDLP）制度框架下管理，并在强化对其高管、金融资产实时监管的条件下逐步放宽认证条件与额度上限。

▶▶▶

第三节

形成更加开放、透明、安全的投资自由便利制度

不仅要对标CPTPP投资自由便利的内涵、规则，也要积极开展投资者–国家争端解决机制的压力测试，在细化海南自由贸易港投资自由便利政策与制度的同时，为我国参与全球经贸争端规则重构探索经验。

一、把握国际经贸协定投资规则的基本要求与特点

（一）RCEP

1. 投资保护。首先，明确了投资的保护范围。RCEP第十章第一条第（三）款明确指出投资所具有的特征包括承诺资本或其他资源的投入、对收益或利润的期待、风险承担等。其次，进一步完善了投资保护措施。例如，第十章附件二对间接征收作出了明确的规定，与国际投资法对间接征收的规制趋势紧密衔接。

2. 投资自由化。一方面，对于非服务业领域投资，15个成员国采用负面清单方式对制造业、农业、林业、渔业、采矿业作出较高水平的开放承诺；另一方面，对于服务业领域投资，成员国通过立即采用负面清单或承诺在协议6年内采用负面清单的方式，扩大服务业开放。

3. 投资促进。根据RCEP文本，投资促进的主要方式包括：在缔约方之间组织联合投资促进活动；促进商业配对活动；组织和支持举办与投资机会以及投资法律法规和政策相关的各种介绍会和研讨会[1]；就与投资促进有关的其他共同关心的问题进行信息交流等。

4. 投资便利化。根据RCEP文本，投资便利化的主要方式包括：简化投资申请、批准程序；设立或维持联络点、一站式投资中心、联络中心或其他实体，向投资者提供帮助和咨询服务[2]；接受并适当考虑外商提出的与政府行为有关的投诉，以及在可能的范围内帮助解决外商和外资企业的困难。

（二）CPTPP

1. 广覆盖。在CPTPP投资章节（见表6–9），不仅包括传统自贸协定投资规则的全部领域，还在投资者–国家争端解决机制等新议题上有大幅进展；投资覆盖范围不仅包括传统的企业、股权、建设项目，还包括金融资产、特许权、租赁、抵押、知识产权等，较《中华人民共和国外商投资法》中列明的投资行为有很大的拓展（见表6–10）。

表6–9　CPTPP投资规则重点核心条款简介

条款名称	条款简介
国民待遇	在设立、获得、扩大、管理、经营、运营、出售或以其他方式处置投资时，另一缔约方投资者和涵盖投资所得待遇不低于本国
最惠国待遇	在设立、获得、扩大、管理、经营、运营、出售或以其他方式处置投资时，另一缔约方投资者和涵盖投资所得待遇不低于其他缔约方或任何非缔约方
业绩要求	缔约方对投资的设立、获得、扩大、管理、经营、运营、出售或其他处置，不得在出口、生产资料获取、技术等业绩方面，强制投资者要求作出承诺

[1]　《以RCEP为杠杆，助推国际国内双循环》，https://www.yicai.com/news/100851199.html。

[2]　张礼卿、孙瑾：《RCEP投资便利化条款及其影响》，《长安大学学报（社会科学版）》2021年第2期。

续表

条款名称	条款简介
高级管理人员和董事会	缔约方不得要求企业任命具有特定国籍的自然人担任高级管理职务，在不实质损害投资者控制其投资的能力条件下，可以要求企业董事会的半数以上成员具有特定国籍或在该缔约方领土内居住
不符措施	减让表中所列内容不适用于国民待遇、最惠国待遇、业绩要求、高级管理人员和董事会条款
征收和补偿	对投资直接征收或实行国有化，应当为公共目的、根据正当法律程序进行、以非歧视的方式进行、依照相关条款支付及时、充分和有效的补偿
转移	缔约方应允许与涵盖投资相关的所有转移可自由进出其领土且无迟延

资料来源：中改院课题组整理。

表6-10　CPTPP与我国的外商投资法内涵对比

区别	CPTPP	《中华人民共和国外商投资法》
投资主体	企业	外国投资者单独或者与其他投资者共同在中国境内设立外商投资企业
投资含义及范围	①企业中的股份、股票和其他形式的参股 ②债券、无担保债券、其他债务工具和贷款 ③期货、期权和其他衍生品 ④交钥匙、建设、管理、生产、特许权、收入分成及其他类似合同 ⑤知识产权 ⑥根据该缔约方法律授予的批准、授权、许可和其他类似权利 ⑦其他有形或无形财产、动产或不动产及相关财产权利，例如租赁、抵押、留置和质押	①外国投资者取得中国境内企业的股份、股权、财产份额或者其他类似权益 ②外国投资者单独或者与其他投资者共同在中国境内投资新建项目 ③法律、行政法规或者国务院规定的其他方式的投资

资料来源：中改院课题组整理。

2. 高水平。CPTPP不仅通过投资与跨境服务贸易的一体化负面清单管理，实现了投资准入的高度自由，并且大量涵盖投资准入后的相关规定。例如，投资章节“业绩要求”条款，除了包括传统的出口比例、当地含量、外汇收入、特定市场销售等领域外，还增加了不得要求出口达到一指定水平或比例的货物或服务、限制货物或服务在其领土内的销售、要求货物或服务仅通过本地出口、要求本地购买技术、组织本地购买技术等内容。

3. 强保护。CPTPP成功将投资者-国家争端解决机制的程序引入多国协议，推行争端解决程序标准化，确保投资者利益。支持投资者先在本国起诉，不满意后再申请国际仲裁，而仲裁机构和规则也有很多选择。此外，与世界贸易组织（WTO）相比，CPTPP不仅大幅缩减了争端解决机制的时限，也通过严格裁决者资质等方式确保了争端解决的权威性。

二、建立更加开放的外商投资负面清单管理制度

（一）全面实行外商投资准入前国民待遇加负面清单管理制度

《海南自由贸易港建设总体方案》与《中华人民共和国海南自由贸易港法》明确提出，海南自由贸易港对外商投资实行准入前国民待遇加负面清单管理制度。2020年12月31日，《海南自由贸易港外商投资准入特别管理措施（负面清单）（2020年版）》正式发布，并于2021年2月1日起施行。与 2021年的全国版外商投资准入负面清单31条特别管理措施相比，海南自由贸易港外商投资准入负面清单仅有27条特别管理措施，且在农业、渔业、制造业、商业服务等领域的特别管理措施更为宽松；与2021年版的全国自贸试验区外商投资准入负面清单相比，尽管两张负面清单的特别管理措施数量相同，但两者在制造业、采矿业等领域的特别管理措施有所区别（见表6-11）。海南自由贸易港外商投资准入负面清单管理制度的实施，是提高海南自由贸易港投资自由化便利化水平，加快形成具有国际竞争力的开放政策和制度的重要举措。

表6-11　全国自贸试验区与海南自由贸易港外商投资准入负面清单对比

比较项目		全国自贸试验区	海南自由贸易港
负面清单		《自由贸易试验区外商投资准入特别管理措施（负面清单）（2021年版）》	《海南自由贸易港外商投资准入特别管理措施（负面清单）（2020年版）》
条目数量		共11类27条	
农、林、牧、渔业	1	小麦、玉米新品种选育和种子生产的中方股比不低于34%	
	2	禁止投资中国稀有和特有的珍贵优良品种的研发、养殖、种植以及相关繁殖材料的生产（包括种植业、畜牧业、水产业的优良基因）	
	3	禁止投资农作物、种畜禽、水产苗种转基因品种选育及其转基因种子（苗）生产	
采矿业	4	禁止投资稀土、放射性矿产、钨勘查、开采及选矿（未经允许，禁止进入稀土矿区或取得矿山地质资料、矿石样品及生产工艺技术）	—
制造业	4	—	卫星电视广播地面接收设施及关键件生产
电力、热力、燃气及水生产和供应业	5	核电站的建设、经营须由中方控股	
批发和零售业	6	禁止投资烟叶、卷烟、复烤烟叶及其他烟草制品的批发、零售	
交通运输、仓储和邮政业	7	国内水上运输公司须由中方控股。（且不得经营或租用中国籍船舶或者舱位等方式变相经营国内水路运输业务及其辅助业务；水路运输经营者不得使用外国籍船舶经营国内水路运输业务，但经中国政府批准，在国内没有能够满足所申请运输要求的中国籍船舶，并且船舶停靠的港口或者水域为对外开放的港口或者水域的情况下，水路运输经营者可以在中国政府规定的期限或者航次内，临时使用外国籍船舶经营中国港口之间的海上运输和拖航。）	国内水上运输公司须由中方控股

续表

比较项目		全国自贸试验区	海南自由贸易港
交通运输、仓储和邮政业	8	公共航空运输公司须由中方控股，且一家外商及其关联企业投资比例不得超过25%，法定代表人须由中国籍公民担任。通用航空公司的法定代表人须由中国籍公民担任，其中农、林、渔业通用航空公司限于合资，其他通用航空公司限于中方控股（只有中国公共航空运输企业才能经营国内航空服务，并作为中国指定承运人提供定期和不定期国际航空服务）	公共航空运输公司须由中方控股，且一家外商及其关联企业投资比例不得超过25%，法定代表人须由中国籍公民担任。通用航空公司的法定代表人须由中国籍公民担任，其中农、林、渔业通用航空公司限于合资，其他通用航空公司限于中方控股
	9	民用机场的建设、经营须由中方相对控股。外方不得参与建设、运营机场塔台	
	10	禁止投资邮政公司（和经营邮政服务）、信件的国内快递业务	禁止投资邮政公司、信件的国内快递业务
信息传输、软件和信息技术服务业	11	电信公司：限于中国入世承诺开放的电信业务，增值电信业务的外资股比不超过50%（电子商务、国内多方通信、存储转发类、呼叫中心除外），基础电信业务须由中方控股（且经营者须为依法设立的专门从事基础电信业务的公司）。上海自贸试验区原有区域（28.8平方公里）试点政策推广至所有自贸试验区执行	电信公司：增值电信业务除在线数据处理与交易处理外，按照《自由贸易试验区外商投资准入特别管理措施（负面清单）》执行；允许实体注册、服务设施在海南自由贸易港内的企业，面向自由贸易港全域及国际开展互联网数据中心、内容分发网络等业务；基础电信业务限于中国入世承诺开放的电信业务，须由中方控股
	12	禁止投资互联网新闻信息服务、网络出版服务、网络视听节目服务、互联网文化经营（音乐除外）、互联网公众发布信息服务（上述服务中，中国入世承诺中已开放的内容除外）	
租赁和商务服务业	13	禁止投资中国法律事务（提供有关中国法律环境影响的信息除外），不得成为国内律师事务所合伙人（外国律师事务所只能以代表机构的方式进入中国，且不得聘用中国执业律师，聘用的辅助人员不得为当事人提供法律服务；如在华设立代表机构、派驻代表，须经中国司法行政部门许可）	禁止投资中国法律事务（提供有关中国法律环境影响的信息、部分涉海南商事非诉讼法律事务除外），不得成为国内律师事务所合伙人
	14	广播电视收听、收视调查须由中方控股。社会调查中方股比不低于67%，法定代表人应当具有中国国籍	

续表

<table>
<tr><th colspan="2">比较项目</th><th>全国自贸试验区</th><th>海南自由贸易港</th></tr>
<tr><td rowspan="3">科学研究和技术服务业</td><td>15</td><td colspan="2">禁止投资人体干细胞、基因诊断与治疗技术开发和应用</td></tr>
<tr><td>16</td><td colspan="2">禁止投资人文社会科学研究机构</td></tr>
<tr><td>17</td><td colspan="2">禁止投资大地测量、海洋测绘、测绘航空摄影、地面移动测量、行政区域界线测绘，地形图、世界政区地图、全国政区地图、省级及以下政区地图、全国性教学地图、地方性教学地图、真三维地图和导航电子地图编制，区域性的地质填图、矿产地质、地球物理、地球化学、水文地质、环境地质、地质灾害、遥感地质等调查（矿业权人在其矿业权范围内开展工作不受此特别管理措施限制）</td></tr>
<tr><td rowspan="2">教育</td><td>18</td><td>学前、普通高中和高等教育机构限于中外合作办学，须由中方主导［校长或者主要行政负责人应当具有中国国籍（且在中国境内定居），理事会、董事会或者联合管理委员会的中方组成人员不得少于1/2］。
［外国教育机构、其他组织或者个人不得单独设立以中国公民为主要招生对象的学校及其他教育机构（不包括非学制类职业培训机构、学制类职业教育机构），但是外国教育机构可以同中国教育机构合作举办以中国公民为主要招生对象的教育机构。］</td><td>学前、普通高中和高等教育机构限于中外合作办学（境外理工农医类高水平大学、职业院校、非学制类职业培训机构除外），须由中方主导（校长或者主要行政负责人应当具有中国国籍，理事会、董事会或者联合管理委员会的中方组成人员不得少于1/2）</td></tr>
<tr><td>19</td><td colspan="2">禁止投资义务教育机构、宗教教育机构</td></tr>
<tr><td>卫生和社会工作</td><td>20</td><td colspan="2">医疗机构限于合资</td></tr>
<tr><td rowspan="2">文化、体育和娱乐业</td><td>21</td><td>禁止投资新闻机构（包括但不限于通讯社）（外国新闻机构在中国境内设立常驻新闻机构、向中国派遣常驻记者，须经中国政府批准。外国通讯社在中国境内提供新闻的服务业务须由中国政府审批。中外新闻机构业务合作，须中方主导，且须经中国政府批准）</td><td>禁止投资新闻机构（包括但不限于通讯社）</td></tr>
<tr><td>22</td><td>禁止投资图书、报纸、期刊、音像制品和电子出版物的编辑、出版、制作业务（但经中国政府批准，在确保合作中方的经营主导权和内容终审权并遵守中国政府批复的其他条件下，中外出版单位可进行新闻出版中外合作出版项目。未经中国政府批准，禁止在中国境内提供金融信息服务）</td><td>禁止投资图书、报纸、期刊、音像制品和电子出版物的编辑、出版、制作业务</td></tr>
</table>

续表

比较项目		全国自贸试验区	海南自由贸易港
文化、体育和娱乐业	23	禁止投资各级广播电台（站）、电视台（站）、广播电视频道（率）、广播电视传输覆盖网（发射台、转播台、广播电视卫星、卫星上行站、卫星收转站、微波站、监测台及有线广播电视传输覆盖网等），禁止从事广播电视视频点播业务和卫星电视广播地面接收设施安装服务（对境外卫星频道落地实行审批制度）	禁止投资各级广播电台（站）、电视台（站）、广播电视频道（率）、广播电视传输覆盖网（发射台、转播台、广播电视卫星、卫星上行站、卫星收转站、微波站、监测台及有线广播电视传输覆盖网等），禁止从事广播电视视频点播业务和卫星电视广播地面接收设施安装服务
	24	禁止投资广播电视节目制作经营（含引进业务）公司［引进境外影视剧和以卫星传送方式引进其他境外电视节目由广电总局指定的单位申报。对中外合作制作电视剧（含电视动画片）实行许可制度］	禁止投资广播电视节目制作经营（含引进业务）公司
	25	禁止投资电影制作公司、发行公司、院线公司以及电影引进业务（但经批准，允许中外企业合作摄制电影）	禁止投资电影制作公司、发行公司、院线公司以及电影引进业务
	26	禁止投资文物拍卖的拍卖公司、文物商店和国有文物博物馆（禁止不可移动文物及国家禁止出境的文物转让、抵押、出租给外国人。禁止设立与经营非物质文化遗产调查机构；境外组织或个人在中国境内进行非物质文化遗产调查和考古调查、勘探、发掘，应采取与中国合作的形式并经专门审批许可）	禁止投资文物拍卖的拍卖公司、文物商店和国有文物博物馆
	27	文艺表演团体须由中方控股	

资料来源：中改院课题组整理。

（二）海南自由贸易港外商投资准入限制仍较多

1. 投资准入限制措施数量多。虽然海南已全面实施外商投资准入前国民待遇加负面清单管理制度，但与CPTPP这一高水平经贸规则相比，限制措施数量相对较多。例如，CPTPP附件1中，新加坡涉及投资的限制措施14项、澳大利亚10项、日本22项、越南35项，而《海南自由贸易港外商投资准入特别管理措施（负面清单）（2020年版）》涉及投资的限制措施总数为27项。又如，CPTPP附件1中，新加坡涉及服务业投资的限制措施仅9项，而《海南自由贸易港外商投资准入特别管理措施（负面清单）（2020年版）》中涉及服务业投资的限制措施数量达22项。

2. 外资准入限制措施强度高。从《海南自由贸易港外商投资准入特别管理措施（负面清单）（2020年版）》看，限制措施主要采取股比限制、禁止投资等高强度限制方式，其中股比限制10项、禁止投资16项，分别占全部措施的37%、59%。而CPTPP中发达国家对于外资准入的限制则采用外资特别筛选程序、行政许可、对等开放、特定企业组织形式等其他方式[1]。

3. 业绩要求仍然广泛存在。CPTPP要求对投资行为“不得施加或强制执行任何要求，或强制要求作出任何承诺或保证”。从海南实践看，在部分政策中依然可以出现“对赌协议”、投资规模要求、“一事一议”等相关措施。

（三）对标最高水平开放，完善外商投资负面清单管理制度

1. 进一步精简外商投资准入负面清单。在全面落实外商投资准入前国民待遇的基础上，按着打造最高水平开放形态的目标要求，在现行的《海南自由贸易港外商投资准入特别管理措施（负面清单）（2020年版）》基础上，进一步缩减负面清单限制措施数量，扩大投资准入，特别是适应我国服务贸易开放大趋势及海南自由贸易港以服务贸易为主导的要求，逐步放开互联网信息服务、法律、医疗、文化等CPTPP成员国限制较少而海南限制较多的领域。

2. 弱化部分行业负面清单限制强度。改变目前外商投资准入负面清单过多采用禁止准入、股比限制等硬约束的现状，更多采用牌照管理，保留优先股权利，明确高级管理人员和董事会任职资格等柔性、多元化限制措施，探索外商投资特定条件下准入模式，在通过渐进方式推动行业进一步开放的同时实现开放与安全的有效

[1] 迟福林：《加快建立海南自由贸易港开放型经济新体制》，《行政管理改革》2020年第8期。

平衡，并推进限制措施最大限度与国际接轨。

3. 推进外商投资准入负面清单与跨境服务贸易负面清单合并。从《海南自由贸易港外商投资准入特别管理措施（负面清单）（2020年版）》和《海南自由贸易港跨境服务贸易特别管理措施（负面清单）（2021年版）》文本看，两者在金融、租赁商务服务业、文化体育娱乐业等领域的限制措施大多相关或重叠，故建议将两者合并。

4. 逐步形成与国际接轨的外商投资准入负面清单基本框架。第一，参照国际一般做法，建议海南自由贸易港外商投资准入负面清单由“内外资一致的限制性措施+附件1+附件2”三部分构成。其中，附件1为外商投资的额外规定，是单独为外商投资设立的限制措施；附件2为未来保留措施，是未来可能变动的领域。第二，借鉴CPTPP等的通行做法，针对每条限制措施补充违背的义务、政府层级、措施来源等要件，并进一步细化描述措施。特别是尽可能将“等”“符合我国相关法律法规”等话语以举例方式详细列明，以减少投资者对负面清单的理解偏差。

5. 全面清理业绩要求的相关规定。在明确不得以业绩要求作为投资准入前置条件这一基本原则的情况下，聚焦负面清单外的领域，就目前省、市、县出台的招商引资政策及产业发展政策中，关于投资规模、当地含量、购买要素等领域的业绩要求进行全面清理。

三、实现“市场准入”“承诺即入”

（一）市场准入进一步放宽

2021年4月，《国家发展改革委 商务部关于支持海南自由贸易港建设放宽市场准入若干特别措施的意见》出台，大幅放宽多领域市场准入，围绕医疗、金融、文化、教育等领域推出22条具体举措（见表6-12）。这22条特别措施，针对《市场准入负面清单（2020版）》，在几十个准入事项中进行了放宽，以支持海南先行先试、率先破局。

表6-12　支持海南自由贸易港建设放宽市场准入22条措施和涉及放宽事项

领域	市场准入特别措施	涉及放宽的事项
医疗领域	1. 支持开展互联网处方药销售 2. 支持海南国产化高端医疗装备创新发展 3. 加大对药品市场准入支持 4. 全面放宽合同研究组织（CRO）准入限制 5. 支持海南高端医美产业发展 6. 优化移植科学全领域准入和发展环境 7. 设立海南医疗健康产业发展混改基金	1. 未获得许可或履行法定程序，不得从事药品、医疗器械等特定产品的批发零售、经营和进出口（项目号44，事项编码206006） 2. 未获得许可或资质条件，不得设置医疗机构或从事特定医疗业务（项目号94，事项编码217001） 3. 未经许可或检验，不得从事药品的生产、销售或进出口（项目号25，事项编码203008） 4. 未获得许可，不得从事医疗器械或化妆品的生产与进口（项目号24，事项编码203007） 5. 未获得许可，不得发行股票或进行特定上市公司并购重组（项目号66，事项编码210008）
金融领域	1. 支持金融业在海南发展 2. 开展支持农业全产业链发展试点	1. 未获得许可，不得设立银行、证券、保险、基金等金融机构或变更其股权结构（项目号59，事项编码210001） 2. 未获得许可，不得从事特定金融业务（项目号62，事项编码210004） 3. 未获得许可，不得从事特定渔业养殖、捕捞及相关生产经营活动（项目号11，事项编码201006） 4. 未获得许可或检疫，不得从事动物饲养、屠宰和经营（项目号14，事项编码201009） 5. 未获得许可或资质，不得超规模流转土地经营权（项目号16，事项编码201011）
文化领域	1. 支持建设海南国际文物艺术品交易中心 2. 鼓励文化演艺产业发展 3. 鼓励网络游戏产业发展 4. 放宽文物行业领域准入	1. 未获得许可或资质条件，不得从事拍卖、直销业务（项目号43，事项编码206005） 2. 未获得许可，不得从事特定金融业务（项目号62，事项编码210004） 3. 未获得许可或资质条件，不得从事考古发掘、文物保护和经营等业务（项目号98，事项编码218001） 4. 未获得许可或资质条件，不得从事特定文化产品的进出口业务（项目号100，事项编码218003） 5. 未获得许可、资质条件或未通过内容审核，不得从事特定文体演艺活动、业务或社会艺术水平考级活动，不得设立娱乐场所、销售游戏游艺设备或经营文体业务（项目号104，事项编码218007） 6. 未获得许可或资质条件，不得设立出版传媒机构或从事特定出版传媒相关业务（项目号99，事项编码218002）

续表

领域	市场准入特别措施	涉及放宽的事项
教育领域	1. 鼓励高校在海南进行科研成果转化 2. 支持国内知名高校在海南建立国际学院 3. 鼓励海南大力发展职业教育	未获得许可，不得设立、分立、合并、变更、终止学校、幼儿园（项目号92，事项编码216001）
其他领域	1. 优化海南商业航天领域市场准入环境 2. 放宽民用航空业准入 3. 放宽体育市场准入 4. 放宽海南种业市场准入，简化审批促进种业发展 5. 支持海南统一布局新能源汽车充换电基础设施建设和运营 6. 优化准入环境开展乡村旅游和休闲农业创新发展试点	1. 未获得许可，不得从事武器装备、枪支及其他关系公共安全相关产品设备的研发、生产制造、配售、配置、配购和运输（项目号27，事项编码203010） 2. 未获得许可，不得从事航空、航天器及相关设备制造及使用（发射）相关业务（项目号29，事项编码203012） 3. 未获得许可，不得从事民用机场建设、民航运输业务或其辅助活动（项目号50，事项编码207005） 4. 未获得许可或资质，不得从事特定植物种植或种子、种苗的生产、经营、检测和进出口（项目号6，事项编码201001） 5. 未获得许可，不得调运农林植物及其产品，不得从国外引进动物、动物产品、农业、林木种子、苗木及其他繁殖材料（项目号7，事项编码201002） 6. 未获得许可，不得从事农林转基因生物的研究、生产、加工和进口（项目号8，事项编码201003） 7. 未获得许可，不得从事动物诊疗、进出境检疫及引种试种等业务（项目号12，事项编码201007） 8. 未取得许可或履行法定程序，不得从事建筑业及房屋、土木工程、海洋工程等相关项目建设（项目号38，事项编码205001） 9. 未获得许可或资质条件等，不得从事食品生产经营和进出口（项目号18，事项编码203001） 10. 未获得许可，不得经营旅馆住宿业务（项目号53，事项编码208001）

资料来源：中改院课题组整理。

（二）按照内外资一致的原则完善市场准入负面清单

内外资一视同仁、平等对待是《中华人民共和国外商投资法》确立的基本原则。为此，建议：全面清理对外资单独设置的市场准入限制，确保市场准入阶段内外资标准一致；将准入前认证限定在满足最低标准要求的范围以内，除涉及人身生命健康、国家安全、公民财产安全、系统性风险和生态环境保护等特定事项保留前置审批外，放宽对市场准入前置条件的限制，并最大限度在市场准入后管理过程中保持中性，保障任何市场主体都不受歧视地获得认证许可；明确准入后国民待遇标准。

（三）对市场准入负面清单外投资实行“准入即准营”

市场准入清单外其他领域对内外资全面开放，市场主体在持有营业执照的前提下可自由经营清单外的任何业务，并且可以根据自身状况和市场行情自行变更经营范围。如变更后的经营范围仍属清单外的，无须审批；如变更后的经营范围涉及清单内投资领域的，实行企业法人承诺制依法取得许可。同时，市场监管部门及时将相关企业变更信息通过政务信息共享交换平台推送至有关主管部门，有关主管部门及时将其纳入监管范围，依法实施事中事后监管。

（四）对清单内非禁止事项涉及的准入后审批实行“企业法人承诺制”，实现“承诺即入”

1. 系统梳理准入后行政审批事项，形成行政审批事项清单，并推进其与负面清单的有效衔接。依托证照分离改革形成的事项清单，结合产业结构调整指导目录、市场准入负面清单、外商投资准入负面清单等，加快制定综合版、内外资统一的涉企经营许可事项极简清单，率先取消目前实行备案制与告知承诺制的涉企经营许可审批事项。同时，对具有强制性标准的领域，原则上取消许可和审批，建立健全备案制度。

2. 对行政审批事项清单内的涉企经营许可事项实行企业法人承诺制，实现“承诺即入”。一是将直接涉及公共安全、生态环境保护和直接关系人身健康、生命财产安全的行政审批事项由相关职能部门进行审批，其余确需保留的涉企行政许可事项，一律实行企业法人承诺制。市场主体在提交申请书与证明材料时，一并提交承诺书，并对提交的申请文件、材料的真实性、合法性、有效性、完整性和一致性负责。行政审批部门收到经申请人签章的承诺书，以及关键性证明材料后，经形式审查，即时颁发相关许可证。待投资完成或实际经营后，组织相关部门对企业实施协同监管。二是对具有强制性标准的领域实行承诺制。市场主体承诺符合相关要求并提交材料进行备案，即可开展投资经营活动。

四、强化对各类投资者的保护

（一）海南自由贸易港产权保护制度体系不断完善

按照《海南自由贸易港建设总体方案》关于“完善产权保护制度”，以及《中华人民共和国海南自由贸易港法》关于“国家依法保护自然人、法人和非法人组织在海南自由贸易港内的投资、收益和其他合法权益，加强对中小投资者的保护”的要求，在中央相关部委的支持下，海南自由贸易港产权保护体系日益完善。

第一，海南省印发实施《关于完善产权保护制度依法保护产权的实施意见》，提出了加强各种所有制经济产权保护、健全完善平等保护产权的制度机制、妥善处理历史形成的产权案件、审慎把握处理产权和经济纠纷的司法政策、完善财产征收征用制度、强化知识产权保护、健全增加城乡居民财产性收入的各项制度、营造全社会重视和支持产权保护的良好环境等十一项措施。

第二，加大产权司法保护力度。《最高人民法院关于人民法院为海南自由贸易港建设提供司法服务和保障的意见》要求“加大产权司法保护力度”，并提出了包含依法审理产权纠纷案件和跨境投资、融资担保、不正当竞争和垄断等民商事、知识产权案件，在行政审判和刑事审判中，切实保护投资者人身权、财产权及其他各项合法权益等具体措施和要求。

（二）海南自由贸易港产权保护仍有较大提升空间

1. 在征收、补偿、转移等方面仍然受到较大限制。例如，CPTPP明确以公平市场价值作为征收补偿标准；从海南情况看，《海南自由贸易港征收征用条例》仍要求“土地补偿费、安置补助费的分配标准和分配方式由省人民政府制定”。再例如，CPTPP要求“每一缔约方应允许与涵盖投资相关的所有转移可自由进出其领土且无迟延”[1]；我国由于安全管控而导致资金向外转移程序复杂。

2. 争端解决机制不完善。CPTPP利用13个条款详细规定了投资者与东道国争端解决机制。海南自由贸易港在争端解决人才、规则等方面仍存在较多问题。

3. 外资安全审查能力有待进一步提升。《海南自由贸易港建设总体方案》要求“实施好外商投资安全审查”。《中华人民共和国海南自由贸易港法》同样规定“在海南自由贸易港依法实施外商投资安全审查制度，对影响或者可能影响国家安全的外商投资进行安全审查”。目前，海南实行与全国一致的外资安全审查制度，而与高水平开放相适应的投资风险防控体系，尤其是海南自由贸易港外商投资安全审查制度体系尚未建立。

（三）对标国际强化对投资者各类产权的保护

1. 参照CPTPP标准进一步拓展投资保护范围。例如，除《中华人民共和国外商投资法》规定的投资外，将债券、无担保债券、其他债务工具和贷款，期货、期权

[1] 《全面与进步跨太平洋伙伴关系协定》（CPTPP）中英对照本，https://gjs.mofcom.gov.cn/wjzl/zymyq/art/2021/art_d730af75744a4a30901c9812bdef2ab6.html。

和其他衍生品，知识产权，授权、许可和其他类似权利等纳入投资保护范围。

2. 明确征收补偿标准。按照《中华人民共和国外商投资法实施条例》第二十一条第二款的要求，明确各类要素“按照被征收投资的市场价值及时给予补偿”。

3. 系统研究并形成境外投资者与投资相关的资产、收益等可自由转移办法。

（四）构建对标CPTPP的涉外商事多元化纠纷解决机制

借鉴CPTPP中仲裁员的选择条件，即“仲裁庭应由3名仲裁员组成，每一争端方指定一名仲裁员，第三名仲裁员应经争端双方同意指定并担任首席仲裁员”；允许涉外商事纠纷双方自由选择仲裁地并采用当地仲裁规则，且对仲裁结果予以承认；进一步放宽法律服务业市场准入，允许境外律师在海南自由贸易港内设立分支机构，专司涉外法律服务；明确多元化争端解决机制的程序及时限，大幅提升争端解决效率。

第四节

形成更加自由便利的出入境制度

实现人员进出自由便利，是自由贸易港的基本要求。实现海南自由贸易港“一线”高水平开放，需要对标国际知名自由贸易港的一般做法，尽快形成更加自由便利的人员出入境制度体系。

一、以高度开放为目标促进人员进出自由便利

（一）人员进出自由便利是自由贸易港的基本特点

1. 实行高度开放的出入境政策。例如，香港入境事务处对到香港从事商务活动的访客、游客和香港居民提供方便的出入境措施，对境外访客实施非常宽松的签证政策，以方便其前往香港。目前，有168个国家和地区的公民可免签证赴港进行商务、探访、探亲或观光旅游（见表6–13）。

表6–13 中国香港、新加坡入境旅游签证政策比较

签证政策	中国香港	新加坡
免签/落地签国家和地区/个	168	193
需申请签证国家和地区/个	58	33

数据来源：香港特别行政区入境事务处官网、新加坡移民局官网。

2. 国际化人才流动便利。完善人才吸引制度，制定更加开放的引才、引智清单，是香港、新加坡等成功自由贸易港的一般做法。例如，为吸引世界各地的优秀人才，以更有效和聚焦的方式配合香港经济高增值及多元化发展，2018年8月，香港特区政府公布首份香港人才清单。同时，众多优质的跨国公司和香港企业吸引了来自全球各行各业的优秀人才，他们在香港进出十分方便，只需企业向香港特区政府申请工作签证即可（见表6-14）。

表6-14　中国香港工作签证政策

举措	时间	人才来源	具体方法	人数限制	备注
一般就业政策	—	海外及中国台湾地区、澳门地区的专业人士和企业家	—	无	—
优秀专业人才赴港计划	2000年	中国内地、中国澳门、保加利亚、罗马尼亚、蒙古国等国家和地区居民	—	不设配额，不限行业	获得本地雇主聘任；获准来港的受聘人在入境时，通常会签发为期12个月的工作进入许可/签证，视其雇佣合约的有效年期而定；到期前可申请延长逗留期限；在香港连续居住满7年后，可申请香港居留权
优秀人才入境计划	2006年6月	非港籍高技术人才或优才	根据“综合计分制”“成就计分制”中的一套计分制度获取分数，与其他申请人竞争配额	1000人/年	无须获得本地雇主聘任；获批后可留港2年、6年或8年，到期前可申请延长逗留期限
输入内地人才计划	2003年7月	中国内地优秀人才和专业人才	填写相应申请表格，提交相关证明文件及费用	无	获得本地雇主聘任；获批后可获准在港以雇佣身份逗留2年或根据其雇佣合约的有效期限而定（以较短者为准），到期前可申请延长逗留期限

续表

举措	时间	人才来源	具体方法	人数限制	备注
非本地毕业生留港/回港就业计划	2008年5月	来自香港特区以外而在香港修读经本地评审全日制课程而获得学位或更高资历的人士	填写相应申请表格，提交相关证明文件及费用	无	获批后可留港12个月
科技人才入境计划	2018年5月	除阿富汗、古巴、老挝、朝鲜、尼泊尔及越南外的科技人才	符合资格科技公司/机构须先申请配额，获创新科技署发出配额的公司/机构可相应于为期6个月的配额有效期内为符合资格人士申请工作签证/进入许可	首年度最多1000人	为期3年
发布人才清单	2018年8月	包括11项专业：资深废物处理专家或工程师、资产管理专才、海运保险专才、精算师、金融科技专才、数据科学家及网络安全专家、创新及科技专家、造船师、轮机工程师及船舶总管、创意产业专才、争议解决专才和业务交易律师	符合人才清单要求的申请人，经评核后，可享有“优秀人才入境计划”优势：在“综合计分制”下获得30分额外分数	—	—
高端人才通行证计划	2022年12月	除阿富汗、古巴、老挝、朝鲜、尼泊尔和越南外的公民	符合条件的申请人提出前来香港特区的签证／进入许可申请	有年度配额可供分配（只适用于C类申请人）	不接受成人高等教育本科学位，如专升本、网络教育、远程授课、函授、夜大等字样的名校学历申请高才通B类和C类

资料来源：香港政府一站通网站。

3. 劳动力资源配置具有较高流动性。如香港企业可以雇用本地员工和内地员工。此外，香港的劳动力谋职是自由的，在行业、企业、单位之间的流动也是自由的。

（二）加快建设海南自由贸易港的客观要求

海南从2018年5月1日开始，正式实施59国人员入境旅游免签政策。虽在吸引境外游客上有积极进展，但总体来看，受政策实施时间、政策实施方式、政策配套条件以及政策管理等因素的影响，59国免签政策效应远未释放，离打造具有世界影响力的国际旅游消费中心和加快推进海南自由贸易港建设需求还不相适应。

（三）吸引国际化人才集聚的现实需求

经济发展最关键、最重要的因素就是人。从中国香港、新加坡、迪拜等国际知名自由贸易港和纽约、伦敦、悉尼等世界发达城市的经验看，打造全球人才枢纽、形成国际化人才的集散地是基本做法。从现实看，无论是精通国际贸易规则、拥有自由贸易港建设经验的政府官员，还是律师、会计、仲裁、公证、知识产权、科技研发等专业人才，甚至是调酒师、养老护理等应用型人才，海南都十分缺乏。

近年来，海南以实现“百万人才进海南”为目标，在人才评价、人才管理与服务、单向人才认可、人才吸引激励等方面推出了一系列重大政策与制度安排。截至2022年4月，全省共引进各类人才43.2万人[1]。但是，现有人才规模、结构、素质和能力，离自由贸易港的实际需求差距明显，人才资源特别是高端人才资源供给不足。未来，外部环境不确定性不稳定性明显上升，海南自由贸易港吸引全球优质人才的难度将进一步加大。这就需要加快人才吸引的制度集成创新，释放政策与制度的综合效应。

[1] 《“奋进自贸港 建功新时代”系列专题新闻发布会（第五场）创新驱动发展和招才引智专场实录》，http://iitb.hainan.gov.cn/iitb/zxgk/202204/70e50648e8a9447291faca1696a82b40.shtml。

二、实施更加开放的签证政策

（一）以便利化为重点，优化现行59国免签政策

1. 逐步取消“旅行社邀请接待模式”。

（1）增加自由行免签游客自主申报信息渠道。现阶段，争取国家移民管理局支持，在保留团队“旅行社邀请接待模式”的同时，建立面向个人的免签预申报信息系统，增加免签游客自主申报信息渠道。

（2）适时取消“旅行社邀请接待模式”。随着iAPI（interactive Advance Passenger Information，出境入境航空器载运人员信息预报检测）系统的有效运行、离岛管控等系统的建立与完善，以及对入境旅客动态信息掌控的逐步增强，适时取消“旅行社邀请接待模式”，进一步提升免签手续的便利化水平，增强政策实施效果。

2. 完善免签预申报系统。

（1）提高免签预申报系统的稳定性。加强对免签预申报系统的维护，提高免签预申报系统的稳定性和实操性，确保免签旅客资料信息预申报顺畅开展。

（2）增加免签预申报信息系统终端。推动接待旅行社或免签来琼外国人自由通过互联网、手机App、微信公众号等方式进行预申报，通过终端实时了解掌握申报信息流转审核进度。

（3）丰富预申报信息内容。从国际经验看，为防范免签政策在执行过程中可能出现的国家安全隐患、非法滞留风险、社会风险隐患等各类情况，加强入境前相关信息的申报已经成为一大趋势。在海南扩大开放的同时，完善风险防范机制也是必然要求。建议在保持旅行社预申报平台相关申报信息不变的情况下，完善免签人员个人基本信息和行程信息。例如，设置英文姓名、紧急联系电话、其他联系方

式、职业、境外住址为必录选项，新增电子邮箱、其他国籍、未成年人监护人证件信息及亲属关系证明（如出生证明）、来华拟居住地和个人照片信息等其他信息的填写。

专栏6-4　部分国家免签预申报信息要求

从各国要求申报的信息来看，个人基本信息、护照信息和联系方式是各国都要求提供的内容。此外，有的国家要求提供更多的信息。

（1）美国：要求申请人提供个人生物信息、其他国籍、紧急联系人信息、行程、职业等信息；回答关于健康、违法犯罪、诚实、涉恐、移民史等内容的问题。

（2）加拿大：要求申请人提供个人生物信息、其他国籍、可用资金、职业等信息；回答关于健康、移民史或判决（如果有的话）等内容的问题，与签证申请过程不同，申请者较少被问及通用问题，也不会被问到旅行计划问题。

（3）英国：要求申请人提供在英国的地址、行程细节、出发和到达日期等，并要求重要行程信息更改必须在系统上操作。

（4）俄罗斯：要求申请人申报行程信息（出入境日期、行程、酒店名称，以及接待旅游组织的名称、地址和电话号码）。

资料来源：中改院课题组根据海南省公安厅出入境管理局提供的材料整理。

（4）新增免签预申报回执。旅客在境外预申报通过审核后，申报系统可生成回执，方便旅客调阅和出示给相关部门查看。

3. 拓展入境海南免签事由范围。

2018年至今，已有美国、日本、卢森堡、英国、以色列、泰国、马达加斯加、中国香港、瑞士等诸多国家和地区的企业、投资人、专家、学者到访海南，开展商务、研讨、调研活动。未来，随着海南自由贸易港的建设进程加快，外籍人员来琼开展商务、医疗、探亲、留学、工作、公务、中转等各种需求不断增长。为此，建议对访琼国际人士的需求进行全面调研，争取对59国来琼中转、商务、医疗、探亲等外籍人员实施入境免签。

（二）逐步扩大免签国家范围

在现有59国免签政策的基础上，在严控风险的前提下，参考其他国家免签数据，适时将有潜力的客源国列入免签国家范围，逐步放宽免签政策实施范围（见表6-15）。例如，将已开通直达航线的柬埔寨、老挝、缅甸等东盟国家纳入免签国家范围，率先实现入境免签东盟国家全覆盖；将向往热带岛屿的中亚国家乌兹别克斯坦等国列入海南免签国范围。

表6-15　部分国家免签国家数量

国家	免签国家数量 / 个
美国	44
加拿大	54
英国	90
新加坡	193
澳大利亚	45
新西兰	61
韩国	110
泰国	82
日本	69
马来西亚	163
印度尼西亚	93

资料来源："Henley Global Mobility Report 2023 Q3"，https://www.henleyglobal.com/publications/global-mobility-report/2023-q3。

（三）制定商务人员临时入境政策

参照CPTPP，在59国免签政策的基础上，形成商务人员临时入境清单，详细列明商务人员临时进入和停留的条件和限制，包括每类人员的停留时长等。

（四）完善中高层次人才工作签证制度

1. 探索开展职业技术移民积分制。设立综合的职业技能打分制度，不再单纯以学历或职称作为审核标准，探索开展职业技术移民积分制。

2. 取消对获得工作签证的外籍人员的就业限制。例如：取消外籍人员来琼工作需办理就业证的相关规定，实行备案制管理；突破外籍人才只能在一家单位工作的限制，在有效管理的前提下，允许外籍人才在签证有效期内自由选择兼职与创新创业，并与本地人才享受同等待遇；取消现有“聘用外国人从事的岗位应是有特殊需要、国内暂缺适当人选”等规定，在雇佣人员结构限制的条件下允许在海南注册的各类企业或机构自主选择聘请外籍人员。

3. 降低“绿卡”申请门槛。取消对专业技能人才申请永久居留的最短居住时间限制；借鉴美国、新加坡等职业紧缺名单，根据上一年度劳动力需求和经济发展形势制定海南重点引才目录，并为外籍高层次人才申请永久居留开辟绿色通道。增设自雇投资类别，对于可以拉动海南就业的商业性投资者给予永久居留许可。

（五）实施更加开放的职业资格单向认可制度

1. 海南自由贸易港认可制度有待进一步优化。海南自由贸易港实行境外人员参加职业资格考试、境外人员执业管理等是一项重大制度创新，有利于大幅降低服务贸易壁垒。从实际看，这项制度仍有待进一步完善。例如，参加职业资格考试的境外人员需“已被海南自由贸易港用人单位聘用且已取得境外职业资格”，且放开的职业资格考试行业仍然较少；认可境外职业资格数量较少，特别是对日本、澳大利亚、新加坡等CPTPP成员国等的职业资格认可数量更是少之又少。

2. 扩大对CPTPP成员国职业资格单向认可范围。在现有基础上，以医疗健康、研发设计、文化娱乐、商务等为重点领域，增加新加坡、日本、加拿大、新西兰等发达国家职业资格单向认可目录内容；取消认定人员“已被海南自由贸易港用人单位聘用”的限制，允许取得境外职业资格的相关技术人员经认定后提供跨境服务。

3. 放宽境外人员参加职业资格考试范围。尽快将旅游、交通运输、租赁和商务服务、科学研究和技术服务、文化体育娱乐等领域纳入允许参加职业资格考试范围。

4. 成立由境外人员、企业参与的技术委员会。共同制定服务业领域标准，尽可能减少服务贸易领域的技术性壁垒。

三、实施外国人工作许可负面清单管理制度

（一）实施外国人工作许可负面清单管理制度的意义

1. 有利于吸引全球优质人才参与海南自由贸易港建设。2018年，习近平总书记在庆祝海南建省办经济特区30周年大会上的讲话中提出，“欢迎全世界投资者到海南投资兴业，积极参与海南自由贸易港建设，共享中国发展机遇、共享中国改革成果”[1]。实施外国人工作许可负面清单管理制度，在进一步便利人员进出的同时，有利于更有针对性地实现全球优质人才要素在海南集聚。

2. 有利于强化各方对海南自由贸易港建设的信心。当前，各方对海南自由贸易港建设成效仍存在观望甚至疑虑等情况，其中一个重要原因是优质人才短缺。在此背景下，尽快实施外国人工作许可负面清单管理制度，有利于形成明确的引才引智导向，有利于提升海南自由贸易港的区域影响力、辐射力，也有利于尽快补齐海南自由贸易港人才短板，强化各方的信心与预期。

3. 有利于为全国引才引智体制机制改革探索经验。党的十九届五中全会提出了建设人才强国的战略目标。率先在海南探索高度开放、高度便利、高度透明的引

[1] 习近平：《在庆祝海南建省办经济特区30周年大会上的讲话》，《人民日报》2018年4月14日第2版。

才引智政策与制度体系，并以此倒逼引才引智体制机制改革深化，为我国在更加复杂严峻的国际形势下更有效地增强人才吸引力，为实现“来得了、待得住、用得好、流得动”的目标提供海南经验，更好承担中央赋予海南自由贸易港开展国际人才服务管理改革试点的重要使命。

（二）实施外国人工作许可负面清单管理制度的时机条件基本成熟

1. 海南省初步具备外国人管理的经验与基础。一方面，从2010年海南实施26国人员入境旅游免签政策到2018年实施59国人员入境旅游免签政策至今，海南在外国人管理方面积累了一定的经验。另一方面，《海南自由贸易港建设总体方案》公布至今，海南不断完善外国人管理服务体系，不仅出台了《关于开展海南自由贸易港国际人才服务管理改革试点工作的实施方案》《外国人来海南工作许可管理服务暂行办法》等政策文件，还在国家发改委的组织下，整合了原先分设在科技厅、公安厅的审批办事窗口职能，开通运行“外国人来华工作管理服务系统（海南版）”，为外国人在琼工作、投资、创业提供了更加高效、便捷的服务。

2. 实施外国人工作许可负面清单管理制度是落实《海南自由贸易港建设总体方案》的任务之一。截至目前，在外籍人才引进方面，海南制定出台了《海南自由贸易港外籍“高精尖缺”人才认定标准（2020—2024年试行）》等一系列政策文件（见表6-16），但《海南自由贸易港建设总体方案》提出的“对外籍人员赴海南自由贸易港的工作许可实行负面清单管理”，尚未形成相关政策文件。因此，建议尽快出台海南自由贸易港外国人工作许可负面清单管理办法、海南自由贸易港外国人工作许可特别管理措施（负面清单）、海南自由贸易港外国人工作许可负面清单管理办法实施细则，以此向世界表明中国更高水平开放的信心与决心。

表6-16　海南引进外籍人才的相关政策文件

政策名称	发布时间	发布机构
《海南自由贸易港外籍“高精尖缺”人才认定标准（2020—2024年试行）》	2020年9月16日	海南省人民政府
《海南自由贸易港境外人员参加职业资格考试管理办法（试行）》 《海南自由贸易港境外人员执业管理办法（试行）》	2020年9月21日	海南省人民政府
《海南自由贸易港对境外人员开放职业资格考试目录清单（2020）》	2020年9月22日	中共海南省委人才发展局等部门
《海南自由贸易港认可境外职业资格目录清单（2020）》	2020年9月22日	中共海南省委人才发展局等部门
《关于印发〈海南自由贸易港境外人员参加税务师职业资格考试实施办法〉的通知》	2021年8月10日	海南省税务局、中共海南省委人才发展局
《关于允许外籍人员参加全国注册验船师职业资格考试的公告》	2021年9月26日	海南海事局
《关于持永久居留身份证外籍高层次人才创办科技型企业试行办法》	2020年9月27日	海南省市场监督管理局
《海南自由贸易港聘任境外人员担任法定机构、事业单位、国有企业领导职务管理规定（试行）》	2021年2月27日	中共海南省委办公厅、海南省人民政府办公厅
《海南自由贸易港境外人员参加拍卖师职业资格考试指引（试行）》	2022年7月18日	海南省商务厅
《海南自由贸易港支持港澳青年来琼就业创业实施细则》	2022年12月28日	中共海南省委统战部、中共海南省委人才发展局

资料来源：《海南自贸港重要政策汇编（2023年6月）》，https://mp.weixin.qq.com/s?__biz=MzI3MzMzNjIyNw==&mid=2247510592&idx=1&sn=4b3fcb4fd5f210f3d4a7c85a871150c1&chksm=eb26388cdc51b19a0a6080f1ac626b2ccc2bdbc3082be4809c3c8a2e005593ac884ac4476980&scene=27。

（三）尽快发布实施海南自由贸易港外国人工作许可特别管理措施（负面清单）

1. 明确具体管理措施。建议将特别管理措施区分为禁止类和限制类，并从岗位条件、人员条件两方面提出不同岗位、行业的特别管理措施。例如，明确“计点积分在60分以下的限制准入”，以此进一步提升海南自由贸易港外籍人才管理的透明度与可操作性。

2. 明确将可能产生经济社会安全风险的行业、岗位纳入负面清单管理。

（1）明确将可能带来经济风险的行业、岗位纳入负面清单管理。从国际经验看，一般将涉及国家安全的产业、产品或技术，关系国家金融体系平稳运行，影响国家发展战略的行业或领域纳入负面清单管理。为此建议，在负面清单中明确提出：法律、法规、国务院决定等明确设立且与市场准入相关的禁止性规定禁止准入。

（2）明确将可能产生社会风险的行业、岗位纳入负面清单管理。一是将可能影响社会稳定与意识形态的工作岗位列入禁止类。例如，将学前、普通高中和高等教育机构，宗教院校行政领导职务等列入禁止类事项。二是将可能影响公共安全与社会稳定的行业与岗位列入禁止类或限制类。例如，建立工作许可配额管理制度，防止大量进入的外来人员冲击本地劳动力市场。

（3）明确将关乎国家安全的行业、岗位纳入负面清单管理。以国防安全为例，建议在负面清单中明确提出：通用航空公司的法定代表人禁止准入，民用航空情报员禁止准入，在中国境内从事互联网地图编制和出版活动的禁止准入，等等。

第五节

形成数据安全有序流动的制度体系

在逐步扩大电信市场开放的同时，参照国际高水平经贸协定，形成以跨境数据流动与数据本地化为重点的电子商务规则，在推动海南自由贸易港数字经济发展的同时，为我国参与全球数字贸易规则构建提供经验。

一、数据安全有序流动是打造世界最高水平开放形态的应有之义

（一）促进数据流动自由便利是国际成熟自由贸易港的基本做法

作为全球贸易自由化程度较高的经济体，新加坡、中国香港积极推动跨境数据流动，并成为区域数据中心选址目的地。例如，新加坡把增强跨境数据流动管理能力作为增强其数字经济核心竞争力的重要抓手，以建设亚太地区数据中心为导向，主张将高水平的数据保护和数据自由流动相结合，并积极加入APEC《跨境隐私规则体系》（CBPRs），寻求区域内数据自由流动。中国香港将数据自由流动原则与合理限制原则相结合，对个人资料出境条件作了具体规定。根据《凯谛思2021数据中心全球选址指数报告》，在所调查的全球50个城市中，新加坡被评为最具吸引力数据中心选址市场第2位（见表6-17），中国香港为亚太地区第4位。

表6-17　2021年最具吸引力数据中心选址市场（得分）

排名	国家/地区	得分	排名	国家/地区	得分
1	美国	77.86	11	中国台湾	63.27
2	新加坡	76.86	12	中国香港	63.03
3	日本	73.52	13	英国	62.64
4	瑞典	70.61	14	澳大利亚	61.56
5	挪威	68.24	15	中国	61.55
6	丹麦	65.93	16	韩国	61.33
7	阿联酋	64.61	17	卢森堡	61.33
8	芬兰	64.44	18	加拿大	61.21
9	法国	64.28	19	荷兰	61.01
10	瑞士	64.17	20	波兰	60.63

数据来源：凯谛思官网。

（二）跨境数据流动已成为高水平开放压力测试的重点、难点

当前，我国积极申请加入CPTPP、DEPA，而高标准的跨境数据流动与数据本地化要求是两者的共性特征。例如，DEPA规定，在数字贸易过程中，原则上应允许数据（包括个人信息）跨境自由流动，禁止要求数据本地存储或处理；CPTPP要求缔约方应允许包括个人信息在内的信息以电子形式跨境流动，并严格限制数据本地化措施。然而，我国《征信业管理条例》《人民银行关于银行业金融机构做好个人金融信息保护工作的通知》《人口健康信息管理办法（试行）》《网络预约出租汽车经营服务管理暂行办法》等法律规定对不同行业的数据本地化作了要求。为此，需要海南加快开展跨境数据流动相关压力测试，为我国加入DEPA提供实践经验。

（三）尽快形成海南自由贸易港数据开放新优势

当前，国内其他地区已开展相关探索。例如，《中国（北京）自由贸易试验区总体方案》提出，“加强跨境数据保护规制合作，促进数字证书和电子签名的国际互认。探索制定信息技术安全、数据隐私保护、跨境数据流动等重点领域规则”。《上海市全面深化服务贸易创新发展试点实施方案》明确“在临港新片区开展汽车产业、工业互联网、医疗研究（涉及人类遗传资源的除外）等领域数据跨境流动安全评估试点，推动建立数据保护能力认证、数据流通备份审查、跨境数据流动和交易风险评估等数据安全管理机制”。2021年12月1日，深圳数据交易所有限公司正式成立，已与香港生产力促进局签订《跨境数据流通试点合作框架协议》，正在推进首批跨境数据交易。尽管海南自由贸易港外商投资准入负面清单已放宽了互联网数据中心、内容分发网络等增值电信业务准入限制，但因缺乏高水平开放的压力测试场景而无法有效推进数据开放。

二、构建数据安全有序流动的制度体系

（一）基本思路

1. 以打造跨境数据流动特殊监管区域为目标。服务于海南自由贸易港打造当今世界最高水平开放形态的目标要求，立足海南自由贸易港汇聚全球优质要素、打造“两个总部基地”的现实需求，海南应形成与国际接轨的跨境数据流动规则体系，形成与内地相对区隔的跨境数据流动监管体制。

2. 以维护国家数据主权与安全为底线。以落实总体国家安全观为宗旨，适应、应对不断加剧的国际数据治理竞争，在《中华人民共和国网络安全法》《中华人民共和国数据安全法》《中华人民共和国个人信息保护法》的框架下，形成严

谨、专业、规范的数据本地化要求。同时，适应“总部基地”建设需求，充分考虑我国企业境外数据获取需求，适当延伸数据主权内涵，并在强化数据出境安全评估的基础上完善跨境数据流动的监管体系。

3. 以促进跨境数据有序流动为主线。适应数字经济发展趋势以及数字产业全球布局需要，形成有利于跨境数据有序流动的制度安排。一是进一步放宽电信、互联网等市场准入限制，提升跨境数据流动自由化水平；二是对数字技术、医疗、教育、文化、咨询、研发等知识密集型服务业相关数据本地化要求进行梳理，严格限制数据存储本地化要求；三是以认证机制建设为突破推进与国际数字规则对接，降低跨境数据流动障碍，提升跨境数据流动便利化水平。

4. 以数字基础工程建设为保障。着眼封关运作后将显著增长的跨境数据流量及用好、用足国内11亿用户群体形成的海量数据，按着适度超前原则，加快布局建设一批包括以5G、物联网、工业互联网、卫星互联网为代表的通信网络基础设施，以人工智能、云计算、区块链等为代表的新技术基础设施，以数据中心、智能计算中心为代表的算力基础设施等。同时，强化数据领域的制度集成创新，在国家上位法框架下，制定包括信息保护、数据安全等在内的基础性制度体系。

5. 充分借鉴国际经验。按照打造当今世界最高水平开放形态的目标要求，对标CPTPP、DEPA等高标准数据规则（见表6-18），以统筹数据主权安全与数据便利流动为基本原则，结合海南自由贸易港建设需求，形成海南自由贸易港跨境数据流动、利用、保护、流转等规则体系，探索创新跨境数据安全的制度设计。

表6-18 RCEP、CPTPP、DEPA对“跨境数据流动”议题的承诺水平

协定	特定规则		一般性规则			特征
	自由化	特定例外	一般例外	国家例外	审慎例外	
RCEP	承诺有约束力的跨境数据自由流动	公共安全例外（缔约方所认可的），监管例外，基本安全利益例外	GATS第14条，GATT1994第20条	安全例外范围更为细致	设置在金融服务章节中	DEPA-

续表

协定	特定规则		一般性规则			特征
	自由化	特定例外	一般例外	国家例外	审慎例外	
CPTPP	承诺有约束力的跨境数据自由流动	监管例外，公共安全例外	GATS第14条（a）（b）（c）	涵盖“基本安全利益”例外	设置在金融服务章节中	DEPA+
DEPA	承诺有约束力的跨境数据自由流动	监管例外，公共安全例外	GATS第14条，GATT1994第20条	涵盖“基本安全利益”例外	针对数字经济设定	无

数据来源：中改院课题组整理。

（二）基本目标

1. 2025年：数据跨境传输安全管理试点取得明显成效。

（1）电信、互联网市场开放度明显提升。基础电信业务限制进一步放宽，增值电信业务市场准入全面放开，互联网访问限制明显减少。

（2）跨境数据流动分类监管模式基本形成。重要数据、敏感数据、一般数据认定标准基本建立；金融、证券、深海、种业等特定领域或特定行业的分级分类指引初步形成。

（3）跨境数据流动监管体制基本建立。权威、专业、统一的跨境数据流动监管组织体系基本建立，实现跨境数据监管责任边界清晰、监管标准统一、内部协调一致；初步形成一支专业、高效、国际化的数据出境安全监管队伍，实现出境数据的评估、审查、监管全覆盖。

2. 2035年：与国际接轨的跨境数据流动制度体系基本形成。

（1）数据出境安全评估等跨境数据流动的基础性制度日益完善。重要数据、敏感数据、一般数据出境安全评估制度，跨境数据流动审查制度，重要数据境内储存制度，数据主体审核制度等跨境数据流动基础制度体系不断健全。

（2）跨境数据流动法律法规体系不断健全。与数字经济发展相适应，形成包含跨境数据安全管理、数据交易、风险评估、离岸数据中心等在内的系列法律法规，“顶层法案-通用细则-行业特殊标准列表”的跨境数据流动规则体系不断完善。

（3）形成以我国为主的区域性跨境数据流动规则体系。在加强与区域性国际跨境数据流动制度安排对接的基础上，积极参与跨境数据流动国际规则制定，逐步形成以我国为主的数据确权、数据交易、数据安全和区块链金融的标准和规则体系。

三、对标最高水平开放逐步放开电信市场

（一）海南自由贸易港电信市场开放程度有待提升

1. CPTPP要求电信市场全面开放。从CPTPP电信章节的内容看，一方面，明确“每一缔约方应保证，另一缔约方的任何企业可按照合理和非歧视的条款和条件，接入和使用在其领土内或跨境提供的任何公共电信服务，包括专用线路”等条款，实现电信市场准入环节的全面开放。另一方面，通过监管、竞争保障、条款执行、争端解决、透明度等边境内规则（见表6-19），确保外资电信服务供应商和外资企业在本国电信市场享有国民待遇，并能够无歧视地参与电信市场竞争。

表6-19　CPTPP电信章节的相关规定

具体条款	市场准入类	边境内条款	其他条款	具体条款	市场准入类	边境内条款	其他条款
13.1定义	—	—	√	13.14主要供应商拥有或控制的电杆、管线、官网和路权的接入	—	—	√
13.2范围	—	—	√	13.15国际通信海缆系统	—	—	√

续表

具体条款	市场准入类	边境内条款	其他条款	具体条款	市场准入类	边境内条款	其他条款
13.3监管方法	—	√	—	13.16独立监管机构和政府所有权	—	√	—
13.4公共电信服务的接入和使用	√	√	—	13.17普遍服务	—	√	—
13.5公共电信服务供应商的义务	—	√	—	13.18许可程序	√	—	—
13.6国际移动漫游	—	—	√	13.19稀缺资源的划分和使用	—	√	—
13.7公共电信服务主要供应商给予的待遇	—	√	—	13.20执行	—	√	—
13.8竞争保障	—	√	—	13.21电信争端的解决	—	√	—
13.9转售	—	√	—	13.22透明度	—	√	—
13.10主要供应商的网络元素非捆绑	—	—	√	13.23技术选择的灵活性	—	—	√
13.11与主要供应商的互联互通	—	—	√	13.24与其他章的关系	—	—	√
13.12主要供应商对专用线路服务的提供和定价	—	—	√	13.25与国际组织的关系	—	—	√
13.13主要供应商的共址服务	—	—	√	13.26电信委员会	—	—	√

数据来源：中改院课题组整理。

2. 电信市场开放度与CPTPP相比仍有较大差距。海南自由贸易港跨境服务贸易负面清单要求“对电信业务经营实行许可制度”；外商投资准入负面清单要求“增值电信业务的外资股比不超过50%，基础电信业务须由中方控股”。

（二）逐步扩大电信市场开放

1. 稳步放宽基础电信业务牌照管理限制。采用国际招标等方式引进国际电信运营商在海南经营固定通信、移动通信、网络接入等基础电信业务；允许国际电信运营商投资建设基站。

2. 全面放开增值电信业务市场准入。取消增值电信业务外资股比限制，取消除跨区域服务外的增值电信业务牌照管理，实行注册制；允许民营、外资等社会资本与三大运营商以完全平等身份进入电信市场竞争，经营国内国际呼叫中心业务、国际通信服务业务、信息搜索查询服务、因特网接入服务业务等。条件成熟时，允许外资企业与境内企业以合资形式在海南自由贸易港内经营互联网视频播放业务。

3. 充分利用海南自由贸易港法规制定权突破上位法的限制。我国电信市场准入条件主要来自《外商投资电信企业管理规定》，且上海自贸试验区、北京等地均通过暂停实施等方式突破了增值电信业务外资股比限制的要求。建议海南自由贸易港制定实施电信市场管理条例，突破原管理规定股比限制，并借鉴CPTPP、DEPA，就电信市场透明度、竞争保障、安全监管等方面形成法律安排。

（三）强化电信领域的公平竞争市场监管

1. 加强已放开的增值电信业务公平竞争监管。进一步降低信息服务业务、在线数据处理与交易处理业务、互联网接入服务业务、国内呼叫中心业务、互联网数据中心业务等领域的准入门槛，探索实行备案制；支持无自有网络的电信供应商、服务商经备案后便利接入公共互联网。

2. 加强对现有基础运营商公平竞争的审查。特别是对涉及消费者的价格歧视、捆绑销售等方面的互联网服务要加大监管力度，倒逼企业提升服务质量与效率。在条件成熟时，引入国外优质运营商，专司国际网络服务，形成公开市场、公平竞争的发展格局。

3. 明确电信业补贴政策的适用规则。制定适用公共电信业务扶持政策的正面清单，减少选择性补贴、投资补助等举措，将扶持政策严格限定在具有重大外溢效应或关键核心技术的领域。

（四）率先在海南自由贸易港实行《中欧全面投资协定》中的电子商务开放承诺

放宽计算机服务外商投资准入限制。取消软件实施服务仅限于合资企业的限制，允许外商以独资、合资、合作等多种形式在海南自由贸易港投资软件服务；在计算机软件领域引入“技术中立”原则，除涉及政府的软件服务外，允许各类企业自主采用相关技术以达到监管要求，逐步消除软件开发领域的隐性壁垒。待数字安全屏障能力完备后，视国家安全利益情况放宽云服务领域的外商投资准入限制。

四、借鉴国际经验分类推进跨境数据安全有序流动

（一）分步骤放松互联网访问限制

1. 拓展国际互联网交互访问试点范围。在保留新闻、广播等文化和视听业务限制措施的前提下，逐步扩大访问国际互联网试点范围，推行访问境外网站的个人和机构“白名单”制度，赋予省内科研机构、外事单位、认可企业等特定人群、特定机构访问权限，实现由重点园区向全省区域拓展，不断扩大“白名单”范围。

2. 加大互联网开放的压力测试。建议采用电子身份证、人脸识别等先进技术，允许符合条件的人员在实名认证下获取国际互联网信息；探索以试点的形式逐步提升互联网资讯的开放水平，在海口、三亚等重点城市率先实现直接接入国际互联网，开展压力测试，探索跨境数据自由流动的可行性。

3. 封关运作后，实现互联网无屏蔽访问。在与国内互联网物理隔离的前提下，允许海南自由贸易港内各类人员、企业实名备案后自由查阅、访问国外数据库、网站等。在保障网络信息安全的前提下，允许个人在实名认证下查询国际互联网信息。逐步提升互联网咨询开放水平，探索通过公共Wi-Fi网络平台提供上网通

道，允许部分合格企业经登记后，更加开放地接入域外网站。

（二）建立数据分类管理制度

1. 按数据内容划分。将数据区分为不同类型，如政府数据、技术数据、商业数据和个人数据，采取绝对禁止流动、一定限制流动和无限制流动等规制措施，以实现数据安全、有条件、有秩序地跨境流动。对事关国家经济、社会安全、个人基本权利的重要数据、个人数据等特定数据的跨境流动进行规制，保障网络安全；对不妨害国家安全和个人利益，不影响网络安全的数据则予以放开，促进自由流动。

2. 按不同区域划分。在洋浦经济开发区、海南博鳌乐城国际医疗旅游先行区、海口江东新区、三亚崖州湾科技城等外资企业和外国人集聚的主要产业园区，允许直接接入国际互联网；其他区域可借鉴前海经验，开发海南自由贸易港公共网络平台，符合条件的人员可通过专门通道接入国际互联网。

（三）建立数据出境评估制度

1. 个人数据出境评估：以市场机制为主导。对涉及个人数据的出境审核，建议以市场机制为主导，遵循政府监督与企业自律相结合的方式进行监管。以我国最新出台的《中华人民共和国个人信息保护法》中关于跨境数据流动规制的法律为依据，针对不同数据类型，具体划分为一般个人数据和敏感个人数据。同时，政府将监管的重点放在对评估机构的资格认定、评估程序、标准、事后监管等领域。

2. 商业数据出境评估：以自评机制为主导、政府评估为补充。商业数据不仅反映企业的生产运营情况，而且揭示产业的未来发展趋势，同时以国家和公共利益为主的商业数据可能会危害国家主体安全，诱发国际不正当竞争。因此，对于商业数据跨境传输，政府应当设置具体的自查义务，对高新技术领域的相关数据出境，应取得相关资质部门的审批同意后方可传输。此外，对于商业数据出境评估，在以企业自评为主的同时，由网络安全主管部门根据不同国家的数据保护能力、政治法律环境等制定出台商业数据出境合规指引，提高企业自评专业性。

3. 涉及国家安全的数据出境评估：以政府评估为主导。对于涉及国家安全的数据跨境审核，设立宽严相济的数据分级监管模式，以数据的敏感程度以及数据离境后的潜在风险为划分标准，制定与之相对应的数据跨境规则，实现梯度监管。

（1）确定限制数据的内涵及范围，划分不同数据出境风险等级。依据涉及的不同行业领域制定不同的分类标准，根据涉及国家安全数据的影响程度划分不同数据出境风险等级。例如，美国依据《出口管理条例》形成“受管控非秘数据列表”（CUI），列出了农业、受控技术信息、关键基础设施、应急管理、出口控制、金融、地理产品信息、信息系统漏洞信息、情报、国际协议、执法、核、隐私、采购与收购、专有商业信息、安全法案信息、统计、税收等门类。这类数据视为“重要数据”，采取较为严格的管理措施。同时，将CUI的传播范围分为六类：禁止向外国传播、联邦雇员专用、联邦雇员和承包商专用、不向承包商开放、受管制的开放列表、只允许开放给某些国民。

（2）对出境数据开展实时实地追踪审核。依据涉及国家安全出境数据的潜在风险程度，对完全限制出境、准限制出境、审批后出境、出境后备案等不同情形采取不同的监管模式。

（四）推动跨境数据流动规则国际互认

1. 率先落实RCEP中电子商务的相关规则。探索同东南亚国家或地区签署数字领域的信任协定、争端解决机制协定等。

2. 推动建立跨境数据流动认证机制。以物联网、人工智能、区块链、数字贸易等重点领域数据出境为突破口，开发与GDPR、CBPR等对接的认证机制，使海南自由贸易港获得认证的企业与CBPR成员、GDPR成员的认证企业间的数据传输自由。

3. 积极参与跨境数据流动国际规则制定。建立数据确权、数据交易、数据安全和区块链金融的标准和规则，推动建立区域统一的数据流动规则。

（五）出台数据安全有序流动的地方性法规

1. 尽快出台海南自由贸易港网络与数据安全条例。建议借鉴欧盟GDPR标准，制定出台海南自由贸易港网络与数据安全条例，围绕数据的生产、采集、存储、加工、分析、服务、出境，建立数据资源及应用分级分类标准化制度体系；明确界定需经第三方或政府评估的数据范围，如允许非个人市场数据经自我评估后出境；前瞻性设置安全例外条款，参考美国“合法公共政策目标”的做法，提高政策灵活性，并吸收欧盟个人隐私保护条款，提高隐私保护水平。同时，鉴于海南自由贸易港未来不可避免地会遇到数据领域的“长臂管辖”问题，建议在条例中按着《中华人民共和国数据安全法》第三十六条的规定形成具体的反制举措。

2. 出台海南自由贸易港数据安全有序流动管理办法。以维护国家数据主权与数据安全为底线，以促进数据跨境流动便利为基本方向，制定出台海南自由贸易港数据安全有序流动管理办法。重点就数据安全有序流动的基本目标、基本原则、管理内容、主管单位、制度建设、管理措施、法律责任等作出具体规定。

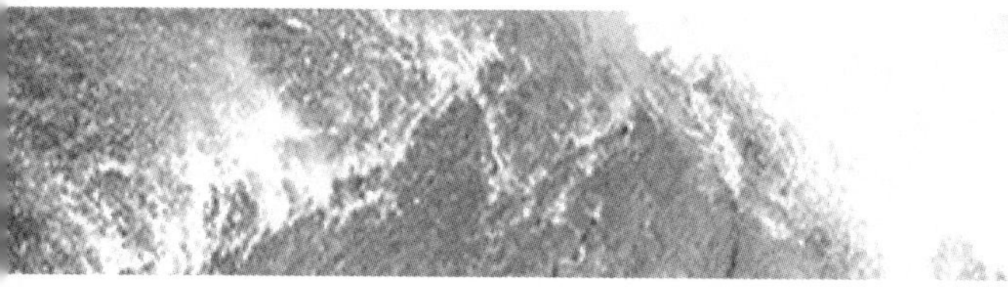

第七章

形成自由、便利、安全的“一线”“二线”监管体系

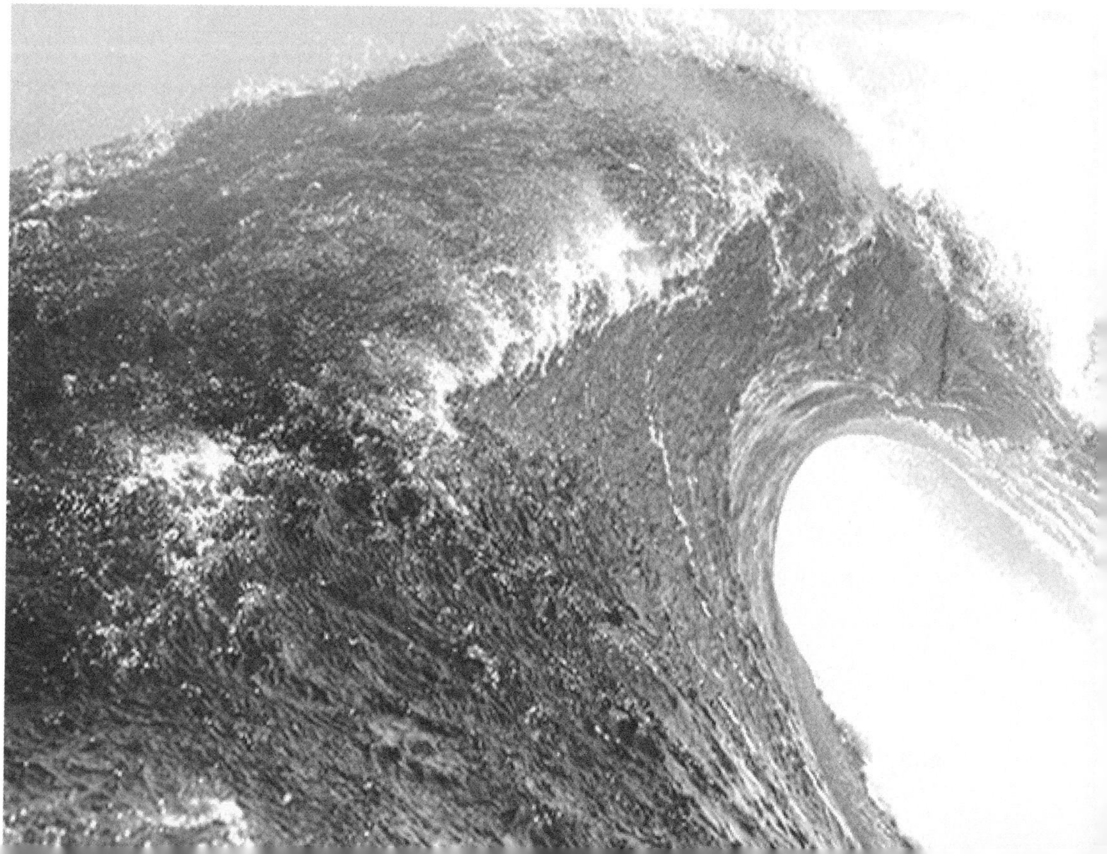

适应海南自由贸易港封关运作的现实需求，充分借鉴中国香港、新加坡等国际公认的高水平自由贸易港的监管制度安排，以低干预、高效、精准为目标构建自由、便利、安全的监管制度。

第一节

海南封关运作监管的突出特点

无论是从封关运作后海南自由贸易港产业发展的方向看，还是从风险防控的实际需求看，重点、难点都在服务贸易。封关运作后的前5年，需要在最大限度保障服务贸易自由便利的前提下，探索形成以服务贸易为重点的监管新模式。

一、打造双循环重要交汇点的重点是服务贸易

（一）服务国内经济大循环的重点在服务贸易

1. 服务于畅通国民经济循环的关键是服务贸易。例如，适应我国制造业转型升级，解决各类“卡脖子”和瓶颈问题，关键是加快推进以知识产权、维修设计、金融保险、物流等为重点的生产性服务贸易。从生产性服务业占GDP的比重看，虽然近年来我国生产性服务业规模与占比不断上升，占比超过20%，但与美、德、日等工业强国40%～50%的水平[1]相比仍有明显差距；从生产性服务业占服务业的比重看，自20世纪90年代以来，美国生产性服务业占服务业的比重一直保持在70%左右，尤其是金融、会计、评估、咨询等生产性服务业向全球持续输出，为美国占据

[1] 刘志彪、赵伟、徐宁：《巩固壮大实体经济根基应强调稳定和提升“制造业+生产性服务业”占比》，《科技与金融》2021年第12期。

全球价值链高端地位奠定了坚实基础，而我国当前生产性服务业占服务业的比重还不到40%，差距仍然相当大。

2. 提升海南在国内循环中作用的关键在服务贸易。从全国对海南的实际需求看，提升海南在我国国民经济循环中的贡献度，关键在于通过服务贸易自由化便利化形成与国内其他地区差异化的产业体系与供给体系。21世纪以来，我国城乡居民消费结构呈现持续升级的态势，包括旅游、医疗、教育、信息等在内的国际化服务型消费全面增长。据统计，2013—2022年我国居民人均服务型消费支出从5246元增长到10590元，年均增长8.1%（见图7-1），其中教育文化娱乐、医疗健康养老等服务型消费支出快速增长，年均增速分别高达6.5%、9.8%。在此背景下，海南国际旅游消费中心建设，需要抓住消费回流大趋势，在推进离岛免税政策创新的同时，加强医疗、健康、教育、文化、娱乐等领域的服务贸易自由化便利化，提高海南供给体系对国内需求的满足能力。

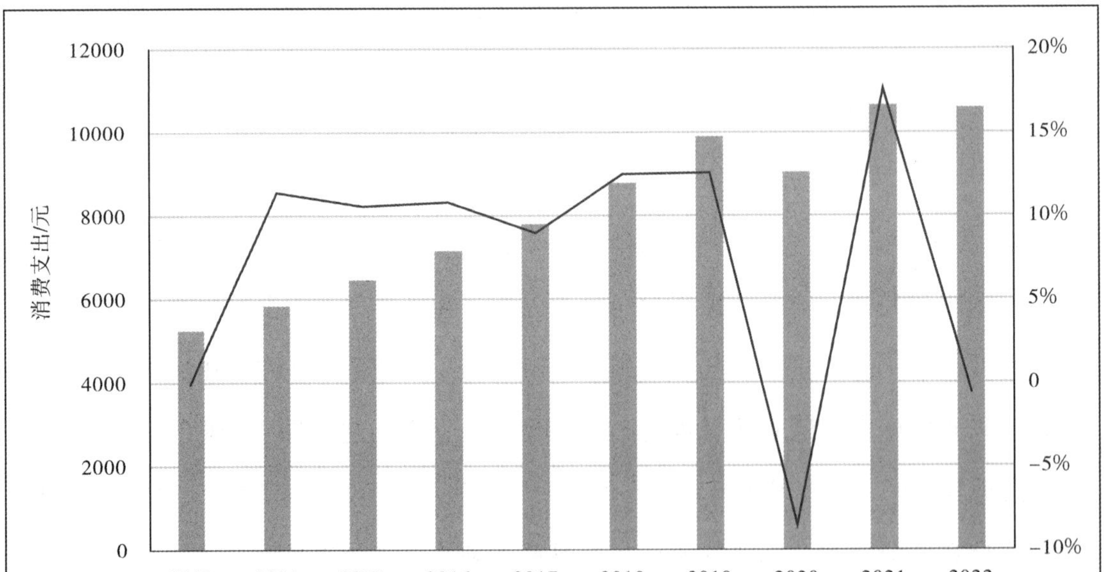

图7-1　2013—2022年我国居民人均服务型消费支出及增长率

数据来源：国家统计局。

（二）参与国际经济大循环的重点在服务贸易

当前，服务贸易已成为全球自由贸易的重点与焦点，也是国际经贸规则重构的重点与焦点。从我国情况看，我国对外开放的短板在服务贸易，重点也在服务贸易，服务贸易监管制度体系建设将为我国参与国际经贸规则重构提供重要支撑。与货物贸易仅涉及货物自由流动的海关监管不同，服务贸易涉及资金、人员、信息等要素的自由流动及内外标准的衔接。如果海南自由贸易港能尽快探索出实现自由便利基础上的监管制度与服务体系、标准规则体系，将有条件成为我国推进服务进出口的大通道与参与国际经贸规则重构的大平台。

（三）海南自由贸易港现代产业体系建设的关键在服务贸易

1. 以服务贸易为主导是海南自由贸易港的突出特点，也是海南自由贸易港现代产业体系的基本特点。《海南自由贸易港建设总体方案》明确提出：“大力发展旅游业、现代服务业和高新技术产业，不断夯实实体经济基础，增强产业竞争力。”自2018年以来，海南按着中央要求，聚焦发展旅游业、现代服务业和高新技术产业，加快构建现代产业体系。据统计，2020—2022年海南省的旅游及相关产业、现代服务业、高新技术产业和热带特色高效农业四大主导产业占全省GDP的比重由57.9%提升至70.3%（见表7-1）。

表7-1　2020—2022年海南省四大主导产业增加值及占全省GDP的比重

产业	增加值/亿元			占全省GDP的比重		
	2020年	2021年	2022年	2020年	2021年	2022年
旅游及相关产业	402.31	587.45	489.57	7.3%	9.1%	7.2%
现代服务业	1610.20	2004.51	2124.70	28.9%	31.0%	31.2%
高新技术产业	357.29	961.96	1086.71	6.5%	14.9%	15.9%
热带特色高效农业	842.89	962.04	1090.02	15.20%	14.9%	16.0%
总计	3212.69	4515.96	4791	57.9%	69.9%	70.3%

数据来源：2020年、2021年、2022年《海南省统计年鉴》，https://www.hainan.gov.cn/hainan/tjnj/list3.shtml。

2. 海南产业发展仍有较大提升空间。例如，2019年海南接待入境过夜游客142万人次，仅相当于广东省（3771.38万人次）的约3.8%。2022年，海南省现代服务业增加值2124.70亿元[1]，仅相当于广东省（46232.54亿元[2]）的约4.6%；高新技术产业增加值1086.71亿元，仅相当于浙江省（14291亿元[3]）的约7.6%。

3. 要以服务贸易自由化便利化形成海南自由贸易港现代产业体系新优势。构建以旅游业、现代服务业、高新技术产业为主导的现代产业体系，关键在于以服务贸易自由化、便利化为重点实现制度型开放的重点突破，特别是要在告知、资格要求、技术标准、透明度、监管一致性等方面率先探索。

二、把服务贸易作为封关运作后监管的重点

（一）货物领域防走私不再是封关运作后监管的主要任务

1. “零关税”是一个大趋势。一方面，从全球看，1990—2017年全球所有产品简单平均适用关税税率由15%下降至5.2%，关税表中达到国际最高关税税率的所有税目产品所占比例由28.5%下降至10.8%（见图7-2）；另一方面，从我国看，2001—2023年我国关税总水平由15.3%下降至7.3%[4]。特别是RCEP生效后，90%以上的货物将实现“零关税”，海南自由贸易港“零关税”政策与国内关税政策落差明显缩小。在此背景下，海南自由贸易港建设面临的“货物走私”风险

[1] 海南省统计局、国家统计局海南调查总队：《2022年海南省国民经济和社会发展统计公报》，https://stats.hainan.gov.cn/tjj/tjgb/fzgb/n_84743/202302/t20230217_3361879.html。

[2] 广东省统计局、国家统计局广东调查总队：《2022年广东国民经济和社会发展统计公报》，https://www.gd.gov.cn/attachment/0/517/517271/4147108.pdf。

[3] 浙江省统计局、国家统计局浙江调查总队：《2022年浙江省国民经济和社会发展统计公报》，https://tjj.zj.gov.cn/art/2023/3/16/art_1229129205_5080307.html?eqid=bb29d42200001517000000006642b9806。

[4] 数据来源：国务院关税税则委员会。

大大降低。

图7-2　1990—2017年全球关税表中达到国际最高关税税率的所有税目产品所占比例

数据来源：世界银行数据库。

2. 海南在货物领域反走私方面积累了一定经验。与30多年前相比，海南的管理能力、监管手段都有了较大改变。此外，海南不仅出台实施了《海南省反走私暂行条例》，还建立了海南社会管理信息化平台，具备了一定的管理经验。更重要的是，自离岛免税政策实施以来，海南在免税品的供应、销售、服务、管理上积累了比较丰富的经验。此外，随着电子锁、区块链等现代信息技术的广泛应用，再加上海南相对独立地理单元的突出优势，海南有条件在高度开放的背景下有效防范货物走私风险。

专栏7-1　海南自由贸易港离岛免税“反走私”措施

1. 信用联合惩戒机制

出台《海南自由贸易港免税购物失信惩戒若干规定》，预防和惩戒海南自由贸易港免税购物严重失信行为，对列入免税购物严重失信主体名单的自然人、有关机构和单位实施惩戒措施。

2. 构建“反走私”联防联控体系

组织构建“1+N”（海口海关缉私局+全国其他海关缉私局）打击海南离岛免税“套代购”走私联防联控机制，重点推进海南、广东、广西反走私联防联控，开展全领域协同、全方位联动、全系统控制、全链条打击，形成反走私联防联控体系，为海南自由贸易港高质量发展营造良好环境。

3. 开展“套代购”走私违法行为专项治理

2023年5月，公安部、海关总署部署开展“护航2023”联合专项行动，严厉打击海南离岛免税“套代购”走私。近两年来，共立案侦办海南离岛免税“套代购”走私犯罪案件518起、行政案件2000余起，案值20亿元。

4. 溯源码管理免税品以降低违法风险

通过对免税商品进行加“码”，即可以追踪监测到免税商品从进口至离岛、离岛后的流通全过程，精准识别流通存在异常情况的商品，并通过免税商品的流转情况追溯至可能存在违规行为的可疑人员。

资料来源：何晓琳：《海南自由贸易港离岛免税政策实施风险防控法律对策研究》，海南大学，2022年。

（二）封关运作后，以服务贸易为主导的现代产业体系将初步形成

估计到2025年，海南旅游业、现代服务业、高新技术产业增加值将分别达到1200亿元、3500亿元、1500亿元，占当年地区生产总值的比重将分别达到12%、35%、15%以上[1]，初步形成以服务贸易为主导的现代产业体系。适应海南产业转型升级的基本趋势，需要以促进服务贸易自由便利为目标，推进服务领域的监管方式创新、监管体制变革。

[1]《海南省国民经济和社会发展第十四个五年规划和二〇三五年远景目标纲要》，https://www.hainan.gov.cn/hainan/qjcqhghqw/202104/3ecc6cf2792d4cf190bc0b6258cafa58.shtml。

（三）服务贸易自由便利风险涉及范围更广、情况更复杂

1. 服务贸易开放涉及范围广。服务贸易开放除涉及商品要素的自由流动外，还涉及资金、信息、服务、人员等要素的自由流动。

2. 服务贸易监管难度大。鉴于服务的无形性，生产与消费的同步性，以及内外标准、法律协调的复杂性等特点，与货物贸易风险防控相比，在确保服务贸易自由便利基础上的风险防控任务更为艰巨、难度明显加大。

3. 借鉴国际经验强化风险防控。服务贸易自由便利风险涉及范围更广、情况更复杂，海南自由贸易港需要充分借鉴中国香港、新加坡等的经验教训，不仅要有效防范经济、金融、科技、生态、信息、社会等外部输入性风险，更要有效防范意识形态等非传统安全风险，同时还要处理好海南与内地的关系。

三、适应服务贸易不同模式，实行分类精准监管

（一）跨境交付模式下强化境外服务贸易内容监管

在全面实施海南自由贸易港跨境服务贸易负面清单的基础上，根据不同的服务贸易内容确立对境外服务的认可标准。允许经认可的服务贸易提供商远程为自由贸易港内的居民和企业直接提供服务。同时，强化以互联网、电话及其他媒体为载体对海南自由贸易港内的居民和企业提供服务的内容监管，确保内容合法合规。

（二）境外消费模式下强化跨境资金流动监管

适应国内居民国际化旅游、教育、医疗等服务消费的现实需要及国内企业技术研发、维修设计等业务需要，依托资金流信息监测管理系统，充分利用大数据等现代科技手段，在最大限度便利个人及企业境外消费、投资等活动的同时，强化对不合理资金外流行为的事中事后监管。

专栏7-2　金融科技带来跨境资本流动的新变化

1. 跨境支付和资产形态更加丰富

随着金融科技发展进入网络时代和数据时代，支付手段和资产从传统的实物形态逐步向数字形态演进。既有官方发行的央行数字货币，也有私人发行的比特币、泰达币等虚拟货币，日益成为跨境资本流动中不可忽视的新形态。目前世界上已公开交易的虚拟货币有上万种，总价值超过3万亿美元。又如非同质化代币（NFT）数字资产，依托区块链平台具备独一无二的特性，近年来市场不断发展壮大。截至2022年3月，NFT数字资产持有人数达到202.9万人。

2. 资金跨境的边界更加模糊

随着金融科技创新，数字形态资产如加密货币等，依托区块链、电子加密等新技术，脱离了银行账户体系，在全球范围内迅速流动，摆脱了地域限制。理论上，法定货币一旦转化为虚拟资产，便可在全球自由流通，网络化和数字化的资金流动使得跨境边界概念发生变化，冲击了传统资金跨境流动的判断标准。

3. 跨境资本流动更加高效便捷

和境内支付相比，跨境支付在一定程度上存在着支付过程长、时效低、费用高等问题。但区块链技术简化了传统代理行中转跨境支付模式，实现了收付款人之间的点对点资金划转，基本实现了资金实时到账，极大地降低了跨境资本流动的时间和交易成本，刺激资金跨境流动速度进一步加快、规模进一步扩大。

4. 跨境业务经营主体更加多元

随着跨境电商业务发展，境内头部科技公司纷纷进入跨境支付领域，在小额、高频、个性化的支付领域发展迅速，经营业务的主体由银行拓展至第三方支付机构等。截至2021年底，中国境内持牌第三方支付机构达220家，其中21家取得跨境支付牌照。此外，一些境外金融服务主体也突破国界地域限制，直接通过互联网站、App软件向境内消费者提供跨境金融服务。

资料来源：宣昌能：《跨境资本流动新形态及其监管》，《中国外汇》2022年第11期。

（三）商业存在模式下强化市场主体经营行为的监管

在推进服务业市场全面开放的基础上，把商业存在模式下的监管重点放在确保境内外服务贸易企业公平竞争、税费缴纳、质量安全等经营行为及环节上。

（四）自然人移动模式下强化对人员资格的监管

在放开境外商务人员入境限制的基础上，全面实行境外人才单向认可制度，并强化对医生、教师、律师、会计及其他国内实行资质认证的行业领域的资格条件的监管。

第二节

借鉴成熟自由贸易港“一线”“二线”管理经验

高起点谋划全岛封关运作的制度安排，高标准建设全岛封关运作的软硬条件，需要充分学习借鉴成熟自由贸易港的先进方法和成功经验。

一、香港模式：低干预、安全、集约监管

（一）海关监管

1. 集约化的海关职能设置。香港海关职能主要包括口岸执法、便利商贸、旅客清关、货物清关、消费者保护和贸易管制等六大职能，细分为打私、缉毒、知识产权保护、粗钻石进出口证签发和打击洗钱等职责。

2. 便捷的货物通关制度。

（1）对特定货物豁免报关。香港海关根据货物性质将进出口货物分类为报关货物和豁免报关货物。根据《进出口（登记）规例》，豁免报关的物品有转运货物、过境货物、政府或中国人民解放军输入或输出的物品、船舶和飞机补给品、除汽车外的私人行李、价值4000美元以下的任何邮包等16类。

（2）便捷的报关制度。香港海关有3个电子货物清关平台，分别是空运货物清关系统、电子货物舱单系统和道路货物资料系统。香港是全球唯一的准许贸易商

在货物付运后提交进出口报关单的主要贸易经济体。除豁免物品以外，承运人只需要在物品进口或出口后14日内向海关准确及完整地填报进出口报关单（“事后申报”）；此外，还可以多批次货物一次性申报（“多单集报”）。

（3）实行以信用管理为核心的便捷通关计划。如“海易通计划”“多模式联运转运货物便利计划”“认可经济营运商计划”等。

3. 实行严格的安全管制制度。香港海关是香港唯一的战略物资贸易管制执法机构，重点对战略物品、跨境金钱服务、钻石贸易开展贸易管制。战略物资清单总体较为简洁，但管控非常严格。香港海关对军品、部分电子通信导航设备等战略物资进行全方位严格的管控。在食品安全方面香港海关对活鸡有进口总量限制，在环境保护方面香港海关对消耗臭氧层物质进行配额管控，在公共安全卫生方面香港海关对碳氢油、烟草、酒和甲醇实施进出口许可证管理。香港海关主要通过单证审核、实地检查、情报搜集、调查检控等方式开展战略物资管制。

（二）市场监管

香港奉行高度开放自由的经济政策。政府对本地及境外投资者一视同仁，既没有股比限制、经营范围限制等差异化的政策，也没有歧视性、选择性的产业政策与补贴政策，但是赌博业受到政府最严格的管制。同时，香港特区政府也未对各行业的进入设置统一法定的进入条件。除电信、广播、交通、能源、酒制品销售、餐厅、医药和金融等事关公共安全的领域实行牌照管理外，其余行业均可以自由进出。

（三）税收征管

1. 实行征、管、查“三分离”。香港税务征管权力分配明确，相互分离又相互制约。税法由律政司制定，税务局作为全港税务最高行政机关负责执行税法。

2. 实行通知申报及评税制度。税务人员与纳税人一般不直接接触，往来通过书面形式进行。

3. 加强税收征管国际协调。自2010年香港税务（修订）条例实施以来，香港已与多个税务管辖区签订全面性避免双重征税协定（安排）。此外，香港与美国就航运收入达成有限度的避免双重征税协定，并与加拿大、德国、以色列、韩国、毛里求斯、荷兰、新西兰及英国等地就空运收入签订同类协定。

（四）金融监管

1. 实行混业经营、分业监管。采取政府监管及行业自律的两级监管模式；金融监管架构由金融管理局、证券及期货事务监察委员会、保险业监理处三大监管机构及相应的行业自律协会构成。

2. 实行牌照管理、分类监管。采取国际监管标准，实行审慎、风险为本的银行监管制度。例如，为更好地对银行业进行监管，香港实行了持牌银行、有限制牌照银行、接受存款公司等三层级分类标准，对银行业实行分类监管。同时，香港对银行采取三级监管制度，由金融管理局的强制监管、审计局的会计监管和银行公会的自律监管构成。

专栏7-3　香港“银行三级发牌制度”

香港实行存款机构三级制，分别为持牌银行、有限制牌照银行和接受存款公司，全部统称为认可机构。

1. 持牌银行

只有持牌银行才可经营往来及储蓄存款业务，并接受公众任何数额与期限的存款，支付或接受客户签发或存入的支票，且不受限制地使用“银行”之名。

2. 有限制牌照银行

有限制牌照银行主要从事商人银行及资本市场活动等业务，亦可接受50万港元或以上任何期限的存款。

3. 接受存款公司

接受存款公司大部分由银行拥有或与银行有联系，主要从事私人消费信贷及证券等多种专门业务。这些公司只可接受10万港元或以上，最初存款期最少为3个月的存款。

资料来源：香港金融管理局网。

3. 金融自由化与强化金融监管并重。在推进金融自由化和国际化的过程中，实施有效的风险管理，而非简单地规避风险，确保各种金融衍生品健康有序发展。

（五）互联网及跨境数据流动管理

对于互联网，香港实行特区政府与互联网行业组织共同管理的方式。同时，以《个人资料（私隐）条例》《跨境资料转移条例》为基础，配套以成熟的律师、顾问团队，保护数据在跨境传输中的安全。此外，香港还设立了个人资料私隐专员公署，专门负责监督《个人资料（私隐）条例》的执行。

二、新加坡模式：少干预、法治化、专业高效监管

（一）海关监管

1. 单一的海关职能设置。新加坡海关隶属于财政部，是新加坡贸易便利化和税收执法的牵头机构，2003年重组后，新加坡海关将税收征收和执法、贸易文件、贸易便利化纳入一个机构管理，设置了贸易管理司等10个司局33个部门。新加坡海关的职能设置较为单一，主要分为税收征管和通关管理两类职责。新加坡旅客入境检查站由移民与关卡局（ICA）负责，检查站设置了红绿通道，ICA官员对红绿通道入境旅客进行检查，新加坡海关按职责配合ICA负责旅客超过免税优惠应课税品的关税以及超过减免额度商品的消费税的征收。

2. 高度信息化的通关监管制度以及便捷的自由贸易园区通关制度。新加坡作为自由贸易港在境内设立了自由贸易园区，从境外进出自由贸易园区的货物仅凭过境提单就可办理通关手续，而且自由贸易园区内货物流转自由，包括仓储、展览、简单加工等均免于向海关办理核批手续。

3. 先进的信息化系统应用。

（1）建立智能化一站式贸易监管平台系统，并不断升级。1989年，新加坡政府开始推行全球首个一站式通关服务平台——TradeNet。该系统开发至今经过了7次更新升级，目前TradeNet连接了海关、检验检疫、税务、卫生部、企业发展局等35个政府部门，已实现企业注册、进口许可证业务、原产地证办理、通关申报、海关与港务部门数据交换等功能，实现从接收、处理到审单、批准全程电子化24小时运行。截至2018年底，TradeNet贸易网络系统已将5000多家政府机构（包括新加坡海关）和企业的管理系统联通，企业通过单一窗口向政府机构通过电子化数据办理手续，实现了降低单证成本、压缩单证流转时间、提高政府工作效率和透明度的目的。TradeNet贸易网络系统内嵌智能化处置系统，使得90%以上的申报数据无须人工干预，用户可在10分钟内查收并打印相关单证。新加坡全部进出口报关货物均通过TradeNet贸易网络系统以电子方式向海关申报。2007年，新加坡在TradeNet基础上启动了集成化平台——TradeXchange，该平台的最大特点是在保持中立性和安全性的基础上，对贸易、物流企业和政府部门的IT系统进行流程与数据信息的处理，将贸易单一电子化窗口扩大到物流领域。2018年9月，新加坡政府通过整合TradeNet和TradeXchange平台，新开发了互联贸易平台（Networked Trade Platform，NTP）并投入使用。NTP成为率先实现集企业对政府（B2G）、企业对企业（B2B）于一体的综合贸易平台，通过把贸易商、物流服务商、运输商和银行等聚集在该平台上，贸易商可随时获得各种政府以及商业服务和信息，申请进出口许可证、海关申报、安排和追踪货运、申请融资等所有手续均可在该平台上完成。

（2）加强与全球海关数据联通。2016年，新加坡推出GeTS全球电子贸易服务平台，该平台已联通全球60多个海关节点、90余家船公司和无船承运人，以及约17.5万个合作机构，进一步提升了新加坡海关通关效能。

（3）基于风险管理提供差别化的通关便利措施。新加坡海关推出TradeFIRST系统，该系统是贸易便利化和风险管理的综合系统，免费对所有进出口相对人开展评估。该系统从6个方面对企业进行评估，包括公司概况、程序和过程、安全、仓储管理、其他特定要求、合规性，评估层次如需延续，需经新加坡海关在一定年限后重新评估。通过综合评估框架对进出口相对人的整体评估并确定提供差别化的通关便利措施，将便利程度分为基本、标准、中级、增强和高级5个层次，TradeFIRST评估层次越高，新加坡海关给予的通关便利程度就越高（见表7-2）。

表7-2　TradeFIRST不同评估层次的通关便利程度

评估层次	通关便利程度
基本	1. 豁免2000新元及以下的保证金 2. 临时进口计划 3. TradeNet账户 4. 货物代理的进口授权计划 5. 原产地证书
标准	1. 持牌仓库计划Ⅰ型 2. 零消费税仓库计划Ⅰ型 3. 消费税工厂计划（微酿酒） 4. 压缩天然气站
中级	1. 持牌仓库计划Ⅱ型 2. 零消费税仓库计划Ⅱ型 3. 安全贸易伙伴关系认证
增强	1. 战略贸易计划批量许可证 2. 持牌仓库计划Ⅲ型 3. 零消费税仓库计划Ⅲ型 4. 石油和生物柴油混合物许可证 5. 航空商店担保计划 6. 免税店计划 7. 消费税工厂计划 8. 集装箱货运仓库许可证

续表

评估层次	通关便利程度
高级	1. 减少容器密封 2. 取消进口后文件审查 3. 安全贸易伙伴关系增强版认证 4. APEX许可证 5. 合并申报 6. 保税卡车计划

资料来源：新加坡海关网。

（4）检验检疫措施便利。新加坡进口食品、药品、动植物和化妆品需要提前向相关检验检疫部门申请许可证。许可证申领和检验检疫部门的查验工作都通过TradeNet进行。

（二）市场监管

1. 较少直接干预市场的监管理念。新加坡政府在市场管理方面，很少直接干预市场，并给市场主体很大的自由。对于本土和外资企业注册后的运营监管，实行必要的合理干预，一般通过完善的法律法规体系、行业协会等行业自律组织来规范和约束企业行为。

2. 内外资监管规则一视同仁。突出表现在管理体制方面，新加坡使用同一套规则对内资企业和外资企业进行监管，并没有一个单独的外资管理体制存在，外资和内资同等对待，享受同等待遇，得到同样保护。企业在新加坡完成注册后的日常监管，如劳工保护、知识产权、环境保护等方面的监管完全依靠完善的法律体系来进行。新加坡实行年报制度，政府对企业经营情况的了解主要来自企业年报。

3. 市场监管法治化。例如，在新加坡早期的自由贸易区法中，明确规定了新加坡市场监管制度、监管主体、监管内容等。需要强调的是，新加坡监管主体主要由法定机构组成，且并没有日常行政管理职能，而是依照相关法律确定的职责、方式、范围等对园区内的所有企业进行监督管理。

4. 监管的专业高效。一方面，新加坡监管主体主要由法定机构组成，监管人员的招聘、薪酬待遇、绩效考核等都实行市场化方式，由此最大限度地吸引监管高端人才进入监管领域。另一方面，通过打造集海关、检验检疫、税务、金融为一体的一站式贸易监管平台，打通了各个部门的行政、信息壁垒，降低了企业的通关成本。

（三）税收征管

1. 专业的税收征管机构。新加坡主要有关税与国内货物税局、国内税务局两大税务征收与行政管理机构，分别负责关税和国内货物税的征收管理业务、其他税种的征收管理业务。其中，国内税务局作为政府法定机构，实行董事会管理制度。

2. 实行纳税人诚信管理制度。主要包括：充分培养纳税人的纳税意识；主动服务、方便纳税人，简化纳税程序；严格检查、奖罚分明等。

3. 建立纳税数据采集及信息库。一是评税情报库，该数据库内资料主要是从政府各部门及金融机构等社会各界的电子信息系统调取的纳税人的相关资料。二是申报信息库，该数据库储存数据主要来源于纳税人的日常各类税种申报表及财务报表。新加坡税务机构主要通过对评税情报库和申报信息库信息的核对比较，判断纳税人是否如实申报纳税。

（四）金融监管

1. 实行高度集中的金融监管体制。由法定机构性质的新加坡金融管理局统一执行货币政策、金融监管与促进金融市场发展的职能，并对国内金融机构和境内外金融市场实行差异化的监管策略。金融管理局承担的金融监管职能由“金融机构监管组团”实施，该组团由银行署、保险署、证券期货署、市场体系与风险顾问署、监管政策署、监管法律服务署组成。

2. 差异化的监管策略。例如，新加坡金融管理局对国内金融机构和境内外金融市场区别对待，形成放管结合、内外有别、分业经营、集中管理的金融监管体制。新加坡通过对外资银行颁发差别化的执照，确保外资银行在本地存款和支付体系方面的市场份额不超过50%。

3. 先进的监管技术和方法。一方面，新加坡建立了相当完善的风险分析系统。例如，对本地银行和外资银行分别建立了CAM ELOTS评级系统和PLATOS评级系统。另一方面，建立了较为完善的监管信息处理系统，实现了“非现场监管–现场检查–风险评级–非现场跟踪监管”的良性循环。

4. 严格的监管标准。为促进金融市场保持稳健，新加坡高标准制定了相关管理办法从严管理。例如，新加坡金融管理局在防止新元受攻击方面设置了四道防线：一是颁发不同许可证限制外资银行经营新元业务；二是使所有金融机构的新元账户与非新元账户完全分离，明令严禁新元用于金融投机，对新元境外使用有非常具体的限制；三是利用电子支付系统MEPS等现代化科技手段实时监测所有经营新元银行的新元账户（包括新元政府证券），实时监测新元流向，严格执行新元非国际化的各项法规；四是必要时的入场干预。

（五）互联网及跨境数据流动管理

1. 设立专业管理机构。根据不同的管理重点，新加坡设立媒体发展局，负责互联网内容管理；明确国内安全部为网络安全管理机构；设立个人数据保护委员会作为新加坡数据跨境流动的主要监管责任部门，负责建立个人数据保护机制、进行监管和政策实施。

2. 实行互联网内容分类管理。一方面，实行分类许可证制度。新加坡对互联网服务提供商（ISP）和互联网内容提供商（ICP）实行分类管理，采取不同的登记制度。另一方面，实行严格的检查制度。新加坡政府信息与艺术部下设的检察署负责对互联网信息进行检查：对进入家庭的资料的检查严于对进入公司企业的资料的检查；对未成年人的信息利用检查严于对成年人的信息利用检查；对公共消费信息的检查严于对个人消费信息的检查；对仅用于艺术、教育等资料的检查则较为宽松。

3. 加强数据保护。新加坡制定实施《个人数据保护法》《个人数据保护条例》及实施细则，对个人数据跨境流动做了相应限制，禁止向数据保护水平低于新加坡的国家或地区转移数据。

4. 积极推动数据跨境流动规则国际互认。2018年，新加坡加入APEC主导的跨境隐私规则体系（CBPR），并着手开发与CBPR对接的认证机制。此外，新加坡还充分吸收借鉴ASEAN（东南亚国家联盟）数字信息管理框架和OECD（经济合作与发展组织）隐私原则等有关要求，积极推广互通性的、相互协调的、国际公认的标准。

（六）人员出入境管理

1. 对外国人才实行严格的等级分类管理制度，有针对性和策略性地引入外国人才。新加坡工作签证种类较多，无论是从事高端研发、管理工作的金领阶层，还是低端蓝领工人，都可以根据自身学历、技能水平获取不同的签证。

2. 对外籍工人实行配额制度。依据《外国人力雇佣法案》，新加坡对外籍工人实行配额制度（见表7-3）。

表7-3　新加坡外籍工人比例上限

评估层次	行业	外籍工人比例上限
高级S准证	制造业	20%
	建筑业、海事业、加工业	18%
	服务业	10%
劳务准证	制造业	60%
	服务业	35%
	建筑业	有MYE指标
		无MYE指标
	加工业	有MYE指标
		无MYE指标
	海事业	77.8%

资料来源：《对外投资合作国别（地区）指南 新加坡（2023年版）》，https://fdi.mofcom.gov.cn/resource/pdf/2024/03/21/e308cf3f10794fb7912b32a29c7f9b3c.pdf。

3. 制定相关法律及规章制度。通过《外国人才遵循移民法案》《外国劳工法令》和《就业机构法》规范外国人的入境和出境、雇主和员工的权利和义务，以及外国人才招聘机构的权利和义务。

4. 设立移民与关卡局。负责出入境人员、货物、空中、海上、旅行证件、身份证等的检查和办理，禁止非法移民及非法就业。

三、迪拜模式：非必要不干预、智能化监管

（一）海关监管

迪拜海关是参与促进可持续发展和提升迪拜全球形象的主要政府部门之一。其主要发展动力为：强调其在贸易供应中的作用，除非必要，否则不干预货物流动和乘客流动；致力于处理社会和贸易中的非法行为；确认对世界贸易组织和世界海关组织以及其他国际条约和公约的责任；强调迪拜在海湾阿拉伯国家合作委员会的重要存在以及执行《共同海关法》的必要性；强调对迪拜政府、贸易部门、迪拜的商业和金融业、迪拜酋长国的居民的责任。

迪拜海关采用公司治理模式，致力于实践和保持对利益相关者的透明度和响应能力，核心业务的性质是保护和维护国家安全，促进合法贸易和赚取收入。迪拜海关设港口、海关和自由贸易区公司（PCFC）主席办公室、局长办公室、海关稽查科、客户管理部、财务和行政司、人力资源司、政策及立法司、海关发展司。

迪拜海关旨在加强与世界其他国家以及国际组织的关系、加强与在迪拜经营的当地和外国商业委员会的沟通，为提供透明、专业的营商环境作出贡献；致力于提供世界领先的海关手续，节省时间、精力和成本，促进对外贸易；利用内部开发的电子平台完成清关手续，包括估价和收取海关费用，大大提高了通关效率；秉承服务理念，提供全天候客户服务。

（二）市场监管

对于政府来说，大数据理念、思维和技术能够应对复杂公共问题，实现公共管理的智慧化、精准化[1]。阿联酋迪拜政府制定并实施“数字迪拜”战略，通过智能化、数字化、区块链手段不断升级政府功能与服务，提高行政效率，以满足企业和民众不断变化的需求。

（三）税收征管

迪拜为企业提供的税收环境极具吸引力。以杰贝阿里自由贸易区为例，企业开业50年内免除公司所得税，在自由贸易区内储存、贸易、加工、制造货物均不征税；企业进口生产所需的机器、设备、零件等一律免征关税。对个人与企业所得税、税后分红、利息收入等税收进行减免，减免的期限持续到2054年，到期还能再延续50年。此外，迪拜国际金融中心与约70个国家或地区签订了双边合作条约，并构建了更为广泛的避免双重征税的国际条约网络。

（四）金融监管

为匹配国际金融中心的定位和实践，管控由于高度自由的金融政策可能带来的各类风险，迪拜国际金融中心设立了迪拜金融服务管理局，建立了独立的金融监管体系，专门负责迪拜国际金融中心的金融监管工作。

[1] 范如国：《公共管理研究基于大数据与社会计算的方法论革命》，《中国社会社科》2018年第9期。

专栏7-4　迪拜金融服务管理局

迪拜金融服务管理局（DFSA）是一个独立的混业监管机构，使用国际上公认的标准，并参考欧洲、美国等国家和地区的金融监管经验，制定了较为合适的金融监管制度。该部门负责颁发经营许可证并管理迪拜国际金融中心各类金融服务公司的活动。

监管范围包括资产管理、银行、信贷、证券、信托、期货、伊斯兰金融、保险、证券交易所、商品期货交易所等。

该独立监管机构借鉴了伦敦和纽约经验，兼顾资本结构灵活性的各种法律类型主体。例如，对刚刚进入该地区开展初期基础性工作、进行市场调研并评估商业机遇的公司，发放“代表处”许可。这种许可不受迪拜金融服务管理局规则手册中规定的约束，有助于机构以最低的成本快速进入市场。

资料来源：中改院课题组根据公开资料整理。

四、对海南的启示

（一）监管要有利于促进要素流动自由化便利化

1. 监管要有利于促进投资自由便利。以中国香港为例，由于实施了高水平的产业开放和投资自由便利政策，改革开放45年来，中国企业到海外投资的第一目的地和外商投资到内地来的最大来源地都是香港，大约占到60%[1]。

2. 监管要有利于促进贸易自由便利。一是要有利于促进货物进出自由。以新加坡为例，新加坡通过一系列信息化监管作业平台的搭建，在保证货物进出高度自由便利的同时，实现了有效监管。二是要有利于促进服务贸易自由。例如，新加坡、中国香港等自由贸易港均实现了跨境支付自由，自由贸易港内的服务贸易企业可以充分利用远程技术、邮递等方式向境外消费者提供便捷、高效及高质量的服务。

[1]　《港澳继续保持内地最大的境外投资来源地和境外投资目的地》，https://news.cctv.com/2023/06/29/ARTIND1BfuSQ7PWVzl1T7PqX230629.shtml。

3. 监管要有利于促进资金流动自由。新加坡、中国香港等自由贸易港的共同特征是实现了汇兑自由，并开展了离岸金融等业务。在资本流入流出方面实现了高度国际化、自由化、便利化，成为全球开放经济的重要引擎。

4. 监管要有利于促进人员往来自由。新加坡、中国香港等均实行了免签等人员自由流动政策，其免签政策覆盖的国家和地区分别为191个、164个。

（二）突出事中事后监管

以中国香港的食品安全领域为例，虽然香港90%以上的食品需要从外地运入，但是香港食品安全合格率一直维持在99%以上，实现了高度开放下的有效监管。究其原因，就在于香港通过不断完善相关法律条例，形成了完善的事中事后监管标准、规则及执法队伍，并通过充分引导行业组织、企业、消费者等参与监督，形成了有效的社会监管体系与风险防控体系。

（三）注重信用监管和风险监管

例如，新加坡借助第三方非官方评估机构的力量，对所有企业进行信用风险甄别与画像，提示可能出现的信用风险，帮助市场参与者规避潜在的信用风险。

（四）注重形成与国际接轨的监管法律法规、监管规则标准体系

例如，新加坡继承了相对完整的英国法律体系，并在此基础上采取因需立法的原则，制定了一系列监管的法律条例及司法判例，由此构成了完整的监管法律体系。

（五）注重形成统一高效的监管体制

通过建设信息口岸，提升监管效能，实现综合监管与专业监管有机结合，是新加坡、中国香港、迪拜监管体制创新的重要经验。海南自由贸易港监管也应逐步形成统一高效的监管体制。

第三节

建立“一线”“二线”监管制度体系

适应将海南自由贸易港打造成为国内国际双循环重要交汇点的现实需求，服务于以服务贸易为重点的监管转型，充分借鉴中国香港、新加坡等国际公认的高水平自由贸易港的监管制度安排，以低干预、高效、精准为目标构建自由、便利、安全的监管制度。

一、货物：以“零关税”商品为重点完善海关监管制度

（一）“一线”：强化对禁止、限制类货物的进出口管理

以《中华人民共和国货物进出口管理条例》《中华人民共和国海南自由贸易港法》《海南自由贸易港建设总体方案》为基础，制定《海南自由贸易港进出口货物、物品管制办法》，明确禁止的进出口货物不得进口、出口，明确限制进出口货物的具体限制类型、限制措施等，明确每一项违反法律法规行为的具体量刑及惩罚标准。同时，借鉴中国香港和新加坡的经验，针对每一类禁止、限制进出口货物发布配套法律法规，完善禁止、限制进出口货物、物品的管理。

（二）“二线”：重点强化对“零关税”货物的监管

1. 根据货物状态对“二线”货物实行分类监管。主要包括免税、保税、混合状态的货物等。对于免税货物，从“一线”经海南自由贸易港进入内地，实施提前申报、便捷通关；对于保税货物，从“一线”经海南自由贸易港进入内地，实施常规的申报清关程序，按规定进行监管，照章征税；对于混合状态货物，依托海关等多部门数据共享形成的跨境贸易大数据平台，根据加工增值水平（大于等于30%）确定是否转为“免税状态货物”，低于30%的情况下根据料件成分确定关税。

2. 建立FTA（自由贸易协定）项下货物识别机制。借鉴RCEP做法，实现FTA项下货物“零关税”与海南自由贸易港“零关税”政策的衔接；对海南自由贸易港“零关税”政策进口，并进入内地的产品（非FTA“零关税”产品），建立跟踪识别机制。

3. 根据“二线”货物流向实行分类监管。从海南自由贸易港进入内地的货物，原则上按进口规定办理相关手续，照章征收关税和进口环节税。属于国家限制进口的，经“二线”申报，实施风险防控和处置、单证验核、税收征管；行邮物品由海南自由贸易港进入内地，按规定进行监管，照章征税。从内地进入海南自由贸易港的货物，按国内流通规定管理，经“二线”无须申报通道进入岛内。内地货物经海南自由贸易港中转再运往内地无须办理报关手续，应在自由贸易港内海关监管作业场所（场地）装卸，与其他海关监管货物分开存放，并设立明显标识。

（三）明确海口海关与内地海关的权责和分工

从国际自由贸易港的一般做法看，“一线”放开、“一线”监管是自由贸易港海关监管的重点。海南自由贸易港作为我国内地的第一个自由贸易港，其海关监管与国际自由贸易港有所区别，需要在“二线”管住上承担一定的职责，不能一放了之。为此，建议海口海关以“一线”监管为主，重点对从境外、岛外进入海南自由贸易港的各类人员、货物等进行监管，可通过海南社会管理信息化平台进行监管；内地海关加强“二线”监管，强化对经海南自由贸易港进入内地的人员、货物等的监管。

二、投资：建立以信用为基础的投资安全监管制度

（一）“一线”：强化外商投资安全审查

1. 健全外商投资安全审查制度。按照《中华人民共和国外商投资法》“国家建立外商投资安全审查制度，对影响或者可能影响国家安全的外商投资进行安全审查”的要求，制定海南自由贸易港外商投资安全审查实施细则，明确安全审查主管部门、审查内容、标准及程序，重点加强网络与信息、金融、意识形态与文化、国防等领域的安全审查。

2. 组建海南自由贸易港外商投资安全审查委员会。借鉴其他国家的成熟做法，在省政府组建常设性的外资安全审查机构——外商投资安全审查委员会，在国家安全委员会的指导下开展工作，对涉及国家安全的外商投资（包括绿地投资和并购投资）进行审查，强化国家安全审查的部门协调联运机制，进一步提升安全审查主体的层次与权威性。

专栏7-5　外国的投资安全审查委员会

1. 美国的外国投资委员会

美国的外国投资委员会（CFIUS）是由美国政府各部门组成的一个委员会，主要负责审查外国投资是否对美国国家安全构成威胁。根据美国法律，CFIUS有权审查涉及美国国内企业的外国投资交易，无论是直接投资还是间接投资。这些交易包括收购、合并、设立合资企业等。

CFIUS的审查程序相对复杂，包括初步审查和详细审查两个阶段。在初步审查阶段，CFIUS

会对外国投资进行初步评估，确定是否需要进行详细审查。如果需要进行详细审查，CFIUS会对投资交易进行更加深入的调查和评估。在审查过程中，CFIUS主要关注的是投资交易是否对美国国家安全构成威胁。

2. 澳大利亚的外国投资审查委员会

澳大利亚的外国投资审查委员会（FIRB）是澳大利亚联邦政府设立的专门机构，负责在国家安全和公共利益的基础上，审查和管理外国直接投资澳大利亚企业、资产和不动产的申请。其中，企业投资的审查范围包括暂时和永久的投资、股权和债权投资，以及企业收购或合并等。资产投资主要包括未开发的土地、住宅楼盘、农业用地和水资源等。不动产投资主要包括商业用房、工业用房和个人住宅等。

FIRB审查申请的标准是基于澳大利亚的国家安全和公共利益。其中，国家安全包括国防、边境安全、通信安全和关键基础设施的安全等方面。此外，FIRB还要求外国投资者合法纳税，否则他们的投资申请将被拒绝。

3. 沙特的外国投资审查常设部长委员会

沙特成立外国投资审查常设部长委员会（CEFI），主要负责对可能对国家安全或公共秩序等敏感和战略性领域有直接或间接影响的外国投资者进行安全审查，制定禁止或限制在沙特投资的外国个人或公司名单并与有关政府机构协调以不定期更新名单。

该委员会有权要求所有部门和政府机构提供其所需的信息、数据、报告、统计数据或视觉资料，也可以邀请政府机构，并邀请合适的专家和顾问参加会议，但他们没有投票权。

资料来源：中改院课题组整理。

3. 建立投资事中事后智能监管系统。建设以大数据理念为支撑、与全国企业信用信息平台对接的投资全过程智能监管系统，加大数据采集、开发、分析应用，充分利用互联网、人工智能、区块链等新技术，通过线上线下一体化监管，及时发现违法违规线索，提高风险预判能力，提高市场监管的精准度和适配性，实现"事前锁定对象、事中下达指令、事后反馈统计"。

（二）"二线"：按照投资方向与投资主体实行内外资有别的投资管理制度

对外资经海南自由贸易港进入内地的投资活动，按我国外商投资相关规定执行；对内地进入海南自由贸易港的投资活动执行国内投资相关管理规定；对内地经海南自由贸易港向境外的投资活动，按照海南自由贸易港境外投资管理办法执行。

（三）建立与国际衔接的信用监管制度

努力探索构建“事前信用联动承诺、事中信用联动评估分类、事后信用联动奖惩”的全链条信用监管体系，建立企业信用、信息采集共享机制，实现跨部门、跨区域的协同高效管理。借鉴新加坡等经验，以政府为主导建立企业与个人信用风险管理的基本体系，将经营行为与个人信用相结合；通过政府购买、授权发布等多种方式引入第三方信用风险评级机构，对企业的经营状况及信用、信息进行评估，不断提升信用评价结果的公信力。将市场主体信用评价结果与行业准入、融资信贷、税收、产品推介乃至企业负责人信用等挂钩，探索实施失信“黑名单”制度，加强对“黑名单”企业经营活动的重点监控，对再次发生违法行为的企业，依法从严从重处罚，构建对市场主体失信行为的全方位约束机制。

三、税收：基于自由贸易港税收征管系统的信用监管制度

（一）开发适应简税制的税收征管系统

1. 搭建海南自由贸易港税收征管平台。提前谋划，尽快组织开发与海南简税制、低税率相匹配的税收征管信息系统，并实现与现行税收征管信息系统的接口、标准等对接，为防范逃税奠定基础。

2. 建立专项税源档案库。细化企业在境内外银行、金融、保险等机构的资料信息，结合企业信用评级和企业投资或贸易额总量，对企业信息进行分类管理，将纳税人编码与企业在境外的经营情况、境外涉税项目、税收优惠享受等情况相联系，并定期对企业信用等级有关资信情况进行重新检查，充分了解企业产出构成、经营变化、征税情况等，对于停产、合并、非正常户等特殊税源进行动态跟踪，防

止税源流失。

（二）建立税收风险预警机制

1. 建立税收风险预警系统。充分利用大数据、人工智能等信息技术，按照实质经济活动所在地和价值创造地原则，加强涉税信息的对比、挖掘、分析，对纳税行为进行评估和预警，实现监控、风险预警、风险应对等全过程管理。对纳税行为异常的企业、个人提供预警服务，并实施重点监管，对严重违法失信的，予以取消享受税收优惠资格，并对其已经享受的税收优惠予以追缴和处罚。依托企业纳税信用评级制度，对轻微失信纳税人提供“一对一”企业纳税信用预警和提醒服务。

2. 建设税收风险智能监控平台。整合市场监管、税务、海关、金融等监管部门数据，建设覆盖多部门的智能监控平台，研发税收风险预警指标，构建市场主体画像，对虚开发票偷逃税等税收风险进行无感监控、实时评估、等级排序和预警，设置低风险提示、提醒和中高风险业务阻断规则，自动向风险处置团队实时派发风险任务，实行案头评估、实地审核和调查、结果反馈、指标优化等全流程闭环管理，加强过程监管，降低税务人员执法过错风险。

（三）探索对数字经济领域的跨境税收征管新规则

率先在数字经济税收管辖权标准、税收侵蚀、利润转移及跨境电商税收征管、反洗钱等领域进行探索，为我国积极参与国际数字经济税收规则制定提供海南经验。

（四）强化海南与境内外税收部门的协调合作

1. 成立由国家税务总局牵头的跨部门、跨省市的税收“联席协调”特别机制。从征税对象、纳税地点、纳税环节、信息沟通等方面，对税收征收管理中遇到的地方性差异问题进行统筹协调。在国家税务总局的协调下，联合制定防逃税监管标准体系。

2. 建立与内地联通的税务信息共享机制。实现海南与内地在企业、个人纳税信用联动、涉税信息互换、联合税收稽查等信息的共享。充分利用大数据、区块链等信息技术，实现税收征管的精细化，准确识别企业的逃税行为，并有效防止重复征收。

3. 采用与国际衔接的预约定价协议机制强化对跨境业务的税收征管协调。跨境业务公司通过与海南税务机关进行协商讨论，预先确定税务机构和跨境业务企业双方同意的关联交易定价原则，将转移定价的事后税务审计变为事前约定。

4. 加强国际税收征管合作。积极参与国际税收征管合作和《税基侵蚀和利润转移行动计划》，加强涉税情报信息共享和联合防控，防止企业与境外组织联手逃税。建设跨国税收征管协作平台，尽快建设以海南自由贸易港为中心的泛南海区域国际税收征管机构，整合区域内各国的税收信息分析报告，整合企业、中介机构以及税务机关三方资源信息情况，推动国际税收信息和数据共享；建立区域内涉税法规信息交流机制，建立法律法规信息库，对各层级海关的法律法规及政策进行汇总和分类，以便企业查询和各国适时调整；加强税收征管对话。

专栏7-6　税基侵蚀和利润转移行动计划

1. 计划简介

2013年6月，经济合作与发展组织（OECD）发布《税基侵蚀和利润转移行动计划》（简称“BEPS行动计划”），是由二十国集团（G20）领导人背书，并委托OECD推进的国际税改项目，是G20框架下各国携手打击国际逃避税，共同建立有利于全球经济增长的国际税收规则体系和行政合作机制的重要举措。

2. 计划产生的原因

原因有很多，较为典型的有以下三种：一是各国独立行使税收主权，造成各国国内税制不匹配；二是国际税收规则不健全，随着数字经济和科技的发展，原来普遍适用的征税原则和方法已经过时或存在漏洞；三是缺乏国际税收合作的有效机制，例如，情报交换和征管互助机制等。

3. 计划内容

BEPS行动计划含有15个项目，除数字经济设计增值税问题以外，其余主要设计所得税问题，并基本涵盖了所得税国际方面的全部内容。通过转让定价和滥用税收协定等形式转移利润是税基侵蚀的主要形式，也是该行动计划的主要针对对象，其中的11项行动都与此有关，BEPS行动计划根据其性质和特点分为5大类，具体见表7-4。

表7-4 税基侵蚀和利润转移行动计划分类

序号	类别	行动计划
1	应对数字经济带来的挑战	数字经济
2	协调各国企业所得税制	混合错配
3		受控外国公司规划
4		利息扣除
5		有害税收实践
6	重塑现行税收协定和转让定价国际规则	税收协定滥用
7		常设机构
8		无形资产
9		风险和资本
10		其他高风险交易
11	提高税收透明度和确定性	数据统计分析
12		强制披露规则
13		转让定价同期资料
14		争端解决
15	开发多边工具促进行动计划实施	多边工具

资料来源：中改院课题组整理。

四、金融：创新账户体系对资金流动实施分类监管

（一）“一线”：根据资金流向实施分类监管

1. 以建立安全审查制度为重点的流入侧管理。在贸易领域，依托FT账户及信息管理系统，对跨境货物、服务和新型国际贸易主体进行分级管理，对其出口的资

金管理实行信用监管；在投资领域，对境外资本在海南自由贸易港投资，在自由贸易港账户建立前依托FT账户与人民币跨境支付系统（CIPS），进一步拓展跨境合格境外有限合伙人（QFLP）制度（见表7-5），将适用QFLP制度的主体由基金向境外企业与个人领域拓展，取消经QFLP对自由贸易港内投资需由国家发展改革委审核的规定，将其下放至海南省投资主管部门。

表7-5 我国部分地区对QFLP基金的主要条件规定

地区	注册/认缴资本	投资者	投资领域	组织形式
北京	单只基金规模原则上不少于1亿元人民币（或等值外币）	境外机构投资者：净资产不低于500万美元等值货币，单笔投资金额不低于100万美元等值货币 境内机构投资者：净资产不低于1000万元人民币，单笔投资金额不低于100万元人民币 境内外个人投资者：金融净资产不低于300万元人民币且金融资产不低于500万元人民币或近三年年均收入不低于50万元人民币，单笔投资金额不低于100万元人民币 另有规定的其他条件	境内非上市公司股权、优先股、债转股和可转债、夹层投资、私募债、不良资产、境内私募投资基金等	公司制、合伙制、契约制等
广州	不设要求	无明确规定	境内非上市公司股权	公司制、合伙制等
上海	不低于1500万美元，每个有限合伙人的出资不低于100万美元	自有资产规模不低于5亿美元或管理资产规模不低于10亿美元，以及其他相关条件	外资准入负面清单以外的各类投资活动（房地产企业和地方政府融资平台除外）	公司制、合伙制、契约制等
深圳	无明确规定	无明确规定	境内非上市公司股权、上市公司非公开发行和交易的普通股、境内私募股权、创业投资基金等	公司制、合伙制等

续表

地区	注册/认缴资本	投资者	投资领域	组织形式
海南	不设要求	无明确规定	除列举的不得投资领域以外的各类投资活动（经相关部门认可的二级市场股票和企业债券交易也可投资）	公司制、合伙制等

资料来源：《私募股权投资基金（系列之一）——QFLP试点简介及各地实践》，https://www.sohu.com/a/701272580_676545。

2. 以有效防范资金不合理外流为重点的流出侧管理。对货物、服务及新型贸易出口，实现真实性审查基础上的全面开放。对实体企业对外投资，依托FT账户，除开展事中事后真实性审查和额度管理外，按照最大限度便利企业境外收购、获取关键性资源要素等投资活动，取消其他类型的金融监管。对区域性总部企业的资金汇出需求，按照余额管理模式，如允许其一定比例的投资增量资金自由汇出。对基金类企业对外投资，在合格境内有限合伙人（QDLP）制度框架下管理，并在强化对其高管、金融资产实时监管的条件下逐步放宽认证条件与额度上限。对个人对外投资，建立个人对外投资指导目录，对目录内的投资行为实行真实性审查与额度管理。

3. 探索非金融企业外债管理新模式。按着“最终实现海南自由贸易港非金融企业外债项下完全可兑换”的目标要求，尽快建立以企业信用评级为基础的境外人民币债券发行办法。发挥中介组织在外债风险防控的重要作用，吸引集聚一批具备相应资质的中介机构积极发展发债代理业务。

（二）“二线”：重点强化内地经海南自由贸易港对境外的投资活动

内地投资海南自由贸易港活动按照境内资金管理办法管理；内资资金经海南自由贸易港向境外投资活动，自动赋予其FT账户，并按照自由贸易港“一线”流出侧的相关规定管理。

五、人员：兼顾人员进出自由便利与防范涉外安全风险

（一）“一线”：以签证与配额管理相结合

1. 借鉴新加坡经验，完善中高层次人才工作签证制度。例如，对认定的高端专业人才或急需人才，对其个人及家属签发不少于5年的多次出入境有效签证及居留许可；对认定为中等技能人员和技师的，对其个人及家属签发不少于2年的多次出入境有效签证及居留许可。

专栏7-7 新加坡中高层人才工作签证制度

1. 新加坡就业准证（EP）

EP是新加坡人力部给外国专业人员、经理、主管或专业职位提供的工作准证。EP没有劳工税要求，也没有配额限制。首次申请EP获批后，可获得最长2年有效期，延签可获得最长3年有效期。EP持有者将可为亲属申请DP或LTVP亲属准证。

申请EP的资格要求主要有四项：一是已在新加坡获得工作机会；二是从事管理、主管或专业工作；三是具有良好的学历、专业资格或专业技能；四是固定薪资达到新加坡当地前1/3的PMET收入水平。

从2023年9月1日起，新加坡推出全新的积分评估制–互补专才评估框架（COMPASS），用于EP的申请（对于需要更新EP的人士，评估框架从2024年9月起生效）。新的打分机制上线之后，除了符合第一阶段的工资标准（起薪5000新元/金融行业5500新元）外，申请人还必须通过第二阶段COMPASS的评估（达到40分以上），才能够获得新加坡EP的申请资格。

2. 顶级专才准证（ONE Pass）

ONE Pass是为商业、艺术和文化、体育、科技、学术和研究领域的顶尖人才提供的一项准证。该准证于2023年1月1日起正式开放申请。此准证允许持有者同时经营和任职于多家企业，提供灵活的就业机会。

申请ONE Pass的要求有三项：一是过去一年的月收入须达到至少3万新元，或者来到新加坡本地后会赚取3万新元以上的月收入；二是海外申请者还需证明自己在市值超过5亿美元或者年收入超过2亿美元的企业工作至少1年时间；三是持有者须每年向人力部汇报个人专业活动及从中获得的年薪，确保持有者作出有意义的贡献。

3. 新加坡科技准证（Tech Pass）

Tech Pass是新加坡经济发展局于2020年11月推出的一个高级准证，面向全球科技领域的人才精英。科技准证有效期为2年，期满后符合特定条件可以续签。此外，科技准证持有者还可以为配偶、子女和父母申请家属准证或长期探访准证，方便家人来新加坡团聚。后期符合相关条件，可以进一步申请绿卡。

满足以下任意两个条件，就可以申请科技准证：一是固定月薪至少10万元人民币或年收入达到120万元人民币；二是在市值至少5亿美元或拥有3000万美元以上资金的科技企业担任管理职位，拥有5年以上的领导经验；三是拥有5年以上的科技产品研发经验，产品活跃用户10万人以上或创造至少1亿美元年收入。

4. 新加坡个人化就业准证（PEP）

PEP是新加坡政府为了吸引海外精英人士发放给外国高收入专业人士的准证，是工作准证中的最高级别。与其他工作准证相比，PEP持有人具有更大的工作灵活性。

申请PEP的条件有四项：一是申请人拥有大学或以上学位；二是专业资格认证；三是如果是EP持有者，固定月薪达到12000新元以上即可换成PEP；四是如果是海外人士，申请前6个月固定月薪需达到18000新元。

此前，新加坡官方宣布，自2023年9月1日起，PEP的申请门槛提高到月薪2.25万新元。同时增加两项福利：一是雇主可不用在公平考量框架下刊登招聘广告就可直聘PEP持有者，二是不需要符合互补专才评估框架需求，即新加坡现有招聘限制几乎对PEP豁免。

资料来源：中改院课题组整理。

2. 建立外国人入境免签动态调整机制。借鉴美国、新加坡、中国香港等国家和地区动态调整免签国家名单的做法，根据我国国家战略发展和双边发展需要、外国经济发展情况、安全形势、外国人在琼违法指标等综合因素，经第三方定期和不定期评估，动态调整免签国家范围。

专栏7-8　美国免签证计划

免签证计划是由美国国土安全部与美国国务院协商实施的一项计划。这一计划允许特定国家和地区的公民在无须申请签证的情况下前往美国进行商务旅行或旅游长达90天。作为回报，这些国家和地区必须允许美国公民和国民在没有签证的情况下以类似时间段前往其国家或地区进行商务旅行或旅游。所有参与这项计划的国家和地区都有较高的人类发展指数，而且大多被认为是发达国家或地区。

1. 历史

出于方便前往美国进行旅行及短期商务访问的目的，同时使得美国国务院能够把更多的领事资源分配给更高级别的危机，美国于1986年启动了免签证计划。

2006年11月美国国土安全部宣布旅游许可电子系统将会进一步发展，将使旅行者预先提供更多他们赴美旅行的相关信息给美国政府。而作为回报，旅行者将通过线上申请获得免签证赴美旅行的许可。这项计划是仿效澳大利亚已实行多年的类似计划——电子旅行许可计划。

2. 免签证成员国资格的获取与撤销

要想在免签证计划下获得豁免签证资格，向美国提出申请的旅行者必须是美国司法部长指定并且与美国国务卿协商过后的“计划国家”的公民，指定国家的永久居民持有另一个非指定国家的公民身份则不符合资格。

美国移民与国籍法第217条c项详细说明了被指定为“计划国家”的标准。这项标准强调护照安全性（采用生物特征护照避免伪造、变造护照，且实施本人亲自申办护照制度避免冒领、冒用护照）以及非常低的非移民签证拒绝率，即美国移民与国籍法第217条（c）（2）（A）规定的不超过3%，同时也要满足现在《美国移民法》的承诺。候选国需与美国签订交换反恐资讯、合作打击严重犯罪及遗失护照资讯交换等协定。具体而言，美国对获取免签证计划资格国家的规定有：该国必须签发电子护照；该国必须同意加强与美国的执法和安全数据共享；该国必须有一个有效的系统来报告丢失或被盗的护照；该国的非移民签证拒签率必须低于3%；该国必须具备强大的反恐、边境管制、执法和其他安全标准。

此项资格随时可以撤销，这通常是发生在美国认为某个国家的公民可能不遵守免签证计划的限制要求（例如未获得允许而私自在美国打工或者超期在美国停留）。例如，考虑到阿根廷发生的金融危机可能使得该国公民利用此项计划非法移民到美国，阿根廷的免签证计划参与资格在2002年被撤销；基于同样的原因乌拉圭参与此项计划的资格在2003年被撤销。

3. 免签证国家和地区名单的历年修订

美国国土安全部于2008年6月宣布与捷克、爱沙尼亚、拉脱维亚、斯洛伐克、立陶宛、匈牙利、马耳他和韩国等8个国家签署了谅解备忘录，这些国家将在2008年的某些时候参与免签证计划。2008年6月17日，美国国土安全部与保加利亚签署了免签证计划临时公告。

2008年11月17日，韩国、捷克、匈牙利、爱沙尼亚、立陶宛、拉脱维亚及斯洛伐克批准加入美国免签证计划开始生效；2008年12月30日，马耳他加入美国免签证计划开始生效。美国免签证计划国家及地区名单从三十国增加到三十五国。

2010年4月5日，希腊加入美国免签证计划开始生效。

2012年11月1日，中国台湾加入美国免签证计划开始生效。

2014年2月28日，智利加入美国免签证计划开始生效。

2016年1月21日，依据《2015年改善免签证计划暨防范恐怖分子旅行法案》新增规定，下列两类旅客将不再符合资格使用免签证计划前往美国或入境美国，需先申请美国签证：在2011年3月1日当天或之后曾赴伊朗、伊拉克、苏丹或叙利亚旅行，或在此4个国家停留的免签证计划参与国的公民（不包括免签证计划参与国因外交或军事目的赴以上4国旅行的公民）；同时，也具有伊朗、伊拉克、苏丹或叙利亚国籍的免签证计划参与国公民。

2019年11月11日，波兰加入美国免签证计划开始生效。

4. 免签证候选国

从2005年起，美国国务院与下列免签证导向国家和地区商讨免签证事宜，考虑将这些地区纳入免签证国家或地区。这些国家和地区包括：保加利亚、克罗地亚、塞浦路斯、罗马尼亚、阿根廷、巴西、乌拉圭、以色列、土耳其。

资料来源：中改院课题组依据美国海关及边境保卫局和GovAssist网站相关资料整理。

3. 实行外籍劳务人员配额管理制度。例如，适应海南自由贸易港国际人才及本岛中高端收入家庭需求，对菲佣等高技能外籍劳务人员实行配额管理制度，明确年度引进数量，避免对本地劳动力市场产生冲击。

4. 强化对外籍人才的就业管理。与《海南自由贸易港外国人工作许可特别管理措施（负面清单）》相配套，出台《海南自由贸易港外国人工作许可负面清单管理办法（试行）》，明确将国家法律法规和政策明确不允许来华的外国人和不允许外国人从事的工作岗位列为禁止类，该类行业或领域严格禁止外国人员进入，行政机关对禁入事项类申请不予审批、核准；将把可能引发市场较大波动、社会负面舆情的外国人及岗位列为限制类，通过对用人单位的资质、股权比例、经营范围、经营业态、国土空间开发保护等方面作出限制，或对聘用外籍人员的岗位提出限制条件，为外国人工作许可申请提供审批依据。

（二）“二线”：防范外籍人员经海南自由贸易港非法进入内地

1. 对不同人员实行分类监管。随着封关运作后海南自由贸易港人员自由进出限制的进一步放宽，人员流动将更加自由便利，外籍人员非法进入内地的风险加大。为此，建议对不同人员实行分类监管。

对持中华人民共和国居民身份证的国内居民，允许其经“二线”口岸自由进出；对持有海南自由贸易港工作签证的外国人，实行备案制管理，即经“二线”口岸备案后免签证进入内地，并通过人脸识别系统及限定其在内地居留期限等方式管理；对经入境免签进入海南自由贸易港的旅游人员，按照内地现行管理办法管理。

2. 做好离岛管控工作。进一步严密免签外国人离岛管控。尽快实现将铁路、民航、轮渡等购票信息实时推送给海关、边防检查等口岸查验单位，方便实施预检查，减少现场通关等待时间；丰富离岛查验手段，属地出入境管理部门要联合铁路、机场、港航等公安机关开展常态化处置演练和系统检测，严密离岛防控体系。

（三）完善岛内外国人管理制度

1. 建立外国人智慧社区。设立外国人社区，对社区内的外国人实现身份信息无感知采集，结合AI算法和大数据挖掘核心技术，运用智能关联分析和数据挖掘，通过整合手机数据信息、人脸、人形、车辆车牌、时间、位置信息、随同状态等多维度数据信息，实现对个体行为特征、身份特征的画像。

2. 完善对临时入境人员的动态监管。在各交通口、港口码头、机场海关及公安卡口、小区等地安装无感身份证采集设备、人脸采集设备、手机信息采集设备、车牌采集设备，结合AI算法和大数据挖掘核心技术，整合多维度数据，运用智能关联技术分析实现监管。

3. 强化对特定人员的事前防范。通过多源异构动态感知数据的汇聚、融合、关联、比对，从经济、政治、社会、舆论、公共安全等多个领域出发，智能分析涉稳涉恐群体的异常行为、聚集趋势，并开展海南省涉稳涉恐风险动态评估预测，为涉稳涉恐事件、重点群体识别预警、高效指挥决策提供支撑。

4. 加大散居社会面外国人管理力度（见表7-6）。建立健全政府职能部门、公安机关警种、外事辅警和外管志愿者协同作战、多层次管控的网络体系，形成“统一归口、分级管理、多方协作、密切配合”的管理机制，在固化“以证管人”的基础上推行“以业管人”“以房管人”模式，完善外国人临时住宿登记、常住外国人管理机制，定期分析研判来自重点国家和地区人员的签证和工作学习情况。

表7-6　中国香港、新加坡、迪拜对外籍入境人员的管理措施

国家/地区	管理角度	具体措施
中国香港	雇主对外籍劳工的审核	1. 雇主在签订雇佣合同前必须先查阅身份证件，并对雇佣人员的资料做文件记录并保存 2. 在雇佣期间，雇主应定期查阅持有越南难民证的雇员的证件，如雇员拒绝提供相应证件，雇主有权立即终止雇佣关系
	对外籍居留人员的管理	1. 外籍人员在抵达酒店等住所时，必须告知该处所的管理人其抵达香港的日期、来港所乘船只或航空公司的名称，以及他的职业。在离开该处所之时或之前，必须告知该处所管理人他要前往的地方；如离开香港，则须说明所搭乘离港的船只或航空公司 2. 住所管理人必须将上述信息做书面记录并保存至少12个月供警务人员随时查看
新加坡	对外籍居留人员的管理	若要经营外籍雇员宿舍等供外籍人员住宿的处所，必须获得该等处所的有效牌照
迪拜	严格的入境审查	1. 在迪拜机场对入关旅客进行虹膜扫描 2. 针对阿联酋永久居民推出智能电子门自助服务 3. 采用虚拟水族隧道取代部分安检流程
	实行保人制度	外国人在迪拜工作或居留，除需工作许可证外，通常还必须得到迪拜当地个人或已在劳动部注册许可企业的担保，担保人可收取担保金。雇主通常承担着保人的责任

资料来源：崔凡：《全球三大自由贸易港的发展经验及其启示》，《人民论坛·学术前沿》2019年第22期。

六、数据：在安全基础上实现跨境数据有序流动

（一）“一线”：对数据出入境实现分类管理

1. 实行入境信息内容分类审查制度。采取技术手段对影响国家主权、国家统一、公共安全，与公共利益、公共道德、公共秩序相违背的不良境外网络信息实施内容过滤。同时，借鉴新加坡经验，对不同流向入境信息内容实施分类审查。对提供给家庭与公司企业、未成年人与成年人、公共大众与个人消费者的互联网内容区别对待，进行不同程度的审查。例如，对进入家庭的资料检查应严于对进入公司企

业的检查；政府有关部门对企业信息和非企业信息进行区分，供公司企业经营用的信息可以尽可能地自由流动，而对非企业信息、进入家庭的信息则应进行检查；对未成年人的信息利用检查要严于对成年人的信息利用检查；对公共消费信息的检查要严于对个人消费信息的检查；对仅用于艺术等目的的资料的检查可以相对宽松。

专栏7-9　采用技术手段过滤封堵不良网络信息内容的国际经验

1. 美国

美国对网络色情等有害信息的控制采取“以技术手段为主导、网络素养教育为基础、政府立法为保障、积极寻求国际合作的综合管理模式”。

针对网络色情和暴力信息对未成年人存在的危害，美国政府采取“疏”和“堵”两种手段。“疏”是指政府帮助公众回避不良信息，为公众提供其他可供选择的信息来源。“堵”是利用技术手段及法律对网络内容“把关”，将不良内容阻截到特定群体的视线之外。

2. 法国

法国1986年9月通过的法律规定，有线通信服务供应商必须告诉用户通过何种技术手段自主选择通信服务的内容；2004年6月，该法律增加了“互联网服务供应商必须向用户介绍并推荐使用内容过滤软件”的条款。在法国政府看来，网络公司、网站、网络协会和网络从业人员在保护未成年人上网方面负有不可推卸的责任。

法国主要有两个保护儿童免于不良网站毒害的组织，一个是“电子·儿童”协会，一个是“无辜行动”协会。它们的主要任务都是向学校和家长免费提供家用网络管理软件，指导学校和家长对儿童进行“防毒”保护。“无辜行动”和“电子·儿童”协会与其他合作伙伴联合开发了一系列过滤软件和设备，并免费提供给使用者。

资料来源：《人民网：国外治理网络不良信息的经验与启示》，http://sc.wenming.cn/llcx/201206/t20120613_706068_1.html。

2. 健全“一线”数据出境安全管理制度。

（1）划分不同数据出境风险等级。海南应合理确定海南自由贸易港“重要数据”“敏感数据”的内涵和范围，开展风险评估和梯度管理；依据涉及的不同行业领域制定不同的分类标准，根据涉及国家安全数据的影响程度划分不同数据出境风险等级。例如，美国依据《出口管理条例》形成“受管控非密数据列表”，列出了农业、受控技术信息、关键基础设施、应急管理、出口控制、金融、地理产品信息、信息系统漏洞信息、情报、国际协议、执法、核、隐私、采购与收购、专有商业信息、安全法案信息、统计、税收等门类。这类数据被视为“重要数据”，采取较为严格的管理措施。同时，将受控非密信息的传播范围分为：禁止向外国传播、联邦雇员专用、联邦雇员和承包商专用、不向承包商开放、受管制的开放列表、只允许开放给某些国民等。

专栏7-10 美国受控非密信息管理制度

1. 管理机构设置

美国设立受控非密信息（CUI）办公室负责对CUI实施综合管理，该办公室隶属于美国国家档案和记录管理局下设的信息安全监督办公室（ISOO），是ISOO中一个独立的机构。受控非密信息办公室下设登记处（CUI Registry），为受控非密信息的政策制定和实践操作提供指导（见图7-3）。

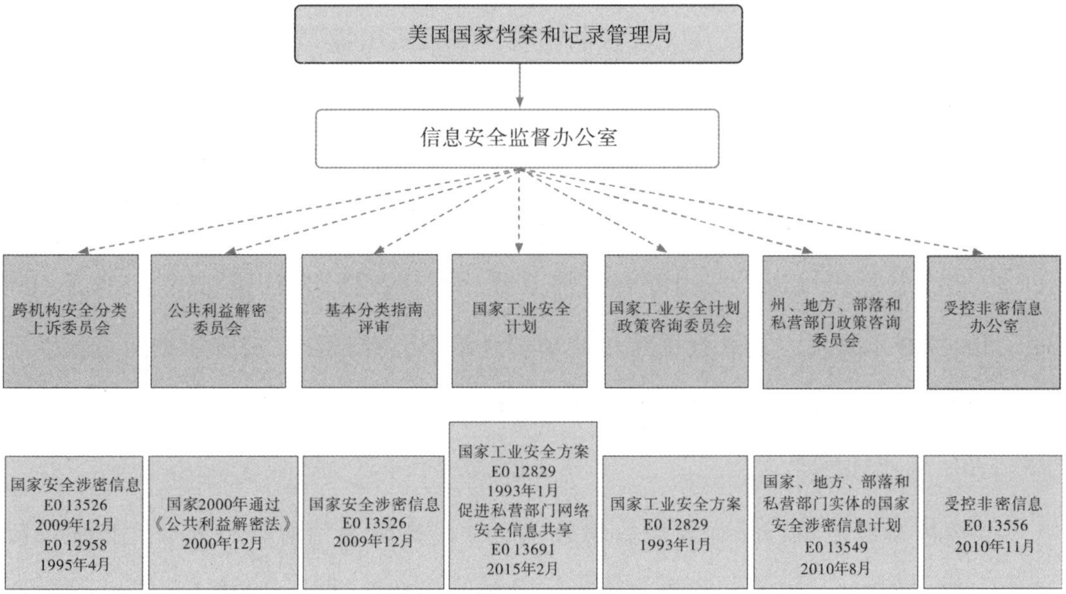

图7-3 CUI管理机构设置

2. 管理流程

ISOO对CUI的认定、标识、保护、传播、解除控制、处理政策作出规范，并对自我审查和监督等提出要求。不管信息由哪个机构产生，只要需要保护和传播控制，均需在CUI办公室设立的网上登记处进行登记，每一类事项范围登记表由类目名称、类目描述、控制标识、保护与传播的授权、保护标准、解除控制等部分组成。登记表中对CUI设立了保护等级，以防信息非授权窃取或疏忽泄露；设定了传递控制等级，以限制信息的传播范围，包括禁止对外传播、仅限联邦雇员、仅限联邦雇员和承包商、不得向承包商传播、传播清单受控制、仅授权向某些国民发布以及仅显示等。ISOO根据CUI注册表对机构的CUI保护措施进行审查、评估、监督，确保其符合保护要求。

资料来源：赵墨颖、刘克清、周俊等：《美国CUI安全保护体系研究及启示》，《信息安全与通信保密》2022年第1期。

（2）对不同风险实行数据出境梯度管理。一是在实施风险评估后确定高中低风险下完全限制出境、审批后出境和出境后备案等不同的监管方式。二是针对数据出境主体的风险高低制定特别管理要求，对于如外资企业、合资企业、境外组织机构等高风险主体，制定差异化数据出境管理要求，加强数据出境安全保障。三是禁止向数据保护水平低于我国的国家或地区转移个人数据。

（3）对出境数据开展实时实地追踪审核。依据涉及国家安全出境数据的潜在风险程度，对于完全限制出境、准限制出境、审批后出境、出境后备案等不同情形采取不同的监管模式。

（二）“二线”：以数据跨境流动安全综合监控系统实现对数据的分类监管

1. 建立数据跨境流动安全综合监控系统。推动数据加密、隔离、防泄露、溯源、销毁等技术研发，建立数据跨境流动安全综合监控系统，提升数据跨境流动全环节风险监测和安全防护水平，实现“合法行为可证明、非法行为可追溯”，紧急情况下可“秒级切换”。

2. 按数据流向实行分类监管。境外信息通过国际通信业务出入口，按照现行“防火墙”模式经过审查后再进入内地，避免非法数据信息“倒灌”；境内信息在海南自由贸易港与内地间自由流动；内地信息经海南自由贸易港出境，根据海南自由贸易港数据出境等级安全管理制度进行监管。

第四节

建设高效、智能、精准的监管基础体系

从海南现实出发，合理设计监管标准、转变监管职能、创新监管方式、提高监管能力，由此形成兼顾做大流量与风险防控的重要条件。

一、口岸建设：增强通关便利化水平并强化服务保障能力

（一）尽快补齐口岸基础设施建设的突出短板

1. 部分口岸功能定位不清晰。口岸布局和功能缺乏科学定位、统筹规划和优化配置，不仅同质化竞争明显，而且港口腹地重叠交叉，缺乏临港产业布局配套。

2. 口岸基础设施建设薄弱。目前，海南口岸建设历史欠账多，建设标准低，设施设备相对落后，大部分口岸的基础设施建设达不到国家的规定和要求。一是口岸通关区域狭小。如三亚凤凰国际机场存在口岸查验场地小、查验设施设备无法摆放的问题。二是口岸过机检测设备配置不足。集装箱码头，港口作业设备陈旧，集装箱过机设备明显不足，造成通关耗时长，给企业带来诸多不便。三是口岸配套保障设施不健全。港口联检及后勤保障设施配套不全，查验机关办公、食宿、交通等问题长期未能得到妥善解决，一定程度上影响了通关服务保障能力。

3. 口岸信息化建设滞后。口岸信息化水平总体较低，已不能满足海南自由贸

易港建设需求，亟须按信息化要求进行改扩建。

（二）推进口岸通关便利化设施建设

1. 合理布局口岸查验基础设施建设项目。加快推进国际旅行卫生保健中心、自由贸易港“智慧口岸数字边检”、国家（三亚）隔检中心等项目建设，推进三亚凤凰国际机场国际邮件快件跨境电商物流监管中心、海南邮件快件跨境电商物流监管中心等具有口岸服务功能的重大项目建设。

2. 拓展海南国际贸易“单一窗口”特色应用。结合海南省社会管理信息化平台和省“物流、人流、资金流”系统建设，进一步拓展海南国际贸易“单一窗口”特色应用，为货物全面“零关税”、人员进出自由便利、全球动植物种质资源引进等业务提供重要支撑。

（三）推进查验设施设备改造升级

1. 推进现场与非现场基础设施改造升级。加大对业务技术用房、口岸限定区、检验场所（场地）、通道、车辆或集装箱装卸场（站）等现场查验设施建设的投入，积极争取中央预算内投资专项补助；加大省财政对办公、业务（非现场部分）和生活配套设施等非现场查验设施建设的资金支持。

2. 推进查验设备设施建设。鼓励各主管部门根据业务需要适当加大查验仪器设备预算。同时，对部分符合条件的大型查验设备，积极申请中央专项补助。

3. 口岸应急设施设备建设。大力推进处突机器人、应急无人机、移动处置平台、远程指挥系统等口岸应急设施设备、系统建设。

（四）推进口岸基础设施信息化升级

1. 构建以情报信息为先导、以风险管理为基础的口岸风险布控中心。布控中心由口岸监管部门派员共同参与，实行7×24小时运作，整合口岸监管部门、其他政府机构、码头公司与物流企业、相关国际组织的有关信息，以及贸易调查、市场调查等获取的各类情报，对进入海南“一线”的货物、人员、物品、运输工具按威胁等级采取风险矩阵分析，精准锁定高风险目标，实现情报信息的共享互联、集中管理、专业分析、风险布控、目标锁定，防范和打击边境违法活动。

2. 开发口岸疫情信息监测及风险预警系统。实时智能收集获取全球疫情，为卫生检疫、传染病监测等相关部门提供更好的决策参考。打造海关大数据池，将动植物疫情监测、口岸疫情截获及检疫不合格、溯源调查、政策法规及市场准入等信息融入，作为风险预警信息。

3. 全面应用商品识别码。在“单一窗口”申报中应用国际物品编码组织（GS1）商品码的基础上，通过全球数据同步网络（GDSN）获取商品原产国信息，用于进口商品申报、检验、备案等过程中的信息校验，对存在信息差异的商品及时发出风险提示，以此形成基于商品条码的商品监管智能预警机制。

4. 打造智慧型出入境管理系统。例如，优化和完善人员出入境管控系统，实现海警、海岸警察、国安、公安、海关等部门数据互联互通；做好出入境人员背景审查，强化进出岛通道等场所视频监控和人脸识别等智能应用：各相关职能部门将入岛外国人的身份信息及离岛购票、验证、安检等数据信息实时传送到外国人服务管理信息平台，实现外国人信息高度共享和深度对接，准确把握境外人员在海南进出、居留、就业、住宿等方面的实时动态信息。

二、监管方式：实现“一线”“二线”管理的智能化、靶向性和无感知

（一）尽快补齐信息化监管的突出短板

封关运作后，海南不仅需要加快提高“一线”口岸、市场、财税、金融等既

定领域的监管信息化水平，也需要推进新增“二线”口岸及相关要素流动的信息化监管基础设施建设与设备布局。从实际看，虽然海南口岸、金融、财税、人员、信息、社会等管理信息化建设取得了一定成效，但距离智能化、靶向性和无感知的要求仍有较大差距。特别是在封关运作后贸易投资自由化便利化水平进一步提升的情况下，现有监管信息系统远不能满足海南自由贸易港建设的需求，亟须以现有信息化建设成果为基础，以极简的手段实现极智的防控，最大限度节省人力、物力、财力，提升“一线”“二线”进出的便利度。

（二）构建多维极简的全息感知体系

综合运用动态人脸识别、雷达、电子围栏等各类无感先进的智能感知手段，延伸信息感知末梢，形成覆盖全岛岸陆海空天潜网的多维物联感知体系，构建无间隙、无死角、无盲区的闭合防控圈，为岛内人流、物流、资金流、信息流等的有效管控提供坚实基石。广泛部署各类无感智能采集设备，构建大集中、大关联、大共享的立体化感知网，汇聚虚实空间各类要素的多维度属性与全时空状态信息，快速、灵敏、无感地洞察人、物、事的行为动向，为人员轨迹的精准刻画、物品的追踪溯源、事件的有效处置提供基础数据支撑。

（三）打通部门间数据壁垒，实现全省数据“一张网”

以跨域共享交换模型为核心，汇聚各部门数据及三道防控圈实时鲜活数据，构建“全面汇聚融合、安全可控访问、全省逻辑一体”的海南封关后的监管大数据资源池。在互联互通“一张网”的基础上，通过适时汇聚、处理、存储、分发、供给和管理市场、海关、财税、金融等部门监管工作中产生的各种数据及信息，形成物理分散、逻辑统一的大数据资源池，提供最及时、最全面、最立体的数据信息，实现数据的动态供给和回流，从而为各个业务部门“输血”，支撑数据高效流转和各业务流程的精确运行。

（四）打造全省统一的风险智能预警系统

以多维数据为驱动，以情报信息为主导，打造情指一体、高效的主动式社会管理模式，精确识别各类管控风险，任务指令自动化直达处置末梢。整合服务贸易企业发布信息、信用承诺信息、经营状况等内部信息与工商记录、税务记录、社保记录、司法记录、园区记录等外部数据库，利用人工智能、大数据分析等技术，对企业进行信用评级，实时对外公布；根据监管信息平台形成的大数据信息，充分利用人工智能等技术，实时动态跟踪企业经营状况，及时掌握企业经营活动的规律和特征；通过对企业数据的风险监测和评估，加强对企业行为的引导和失信线索的发现；对监管数据实行预期管理。

（五）构建统一高效、扁平可视的决策指挥信息系统

打造统一高效、跨域联合的一体化指挥调度体系，辅以融合通信、风险态势“一张图”、智能预案生成等技术手段，实现全省跨部门协同任务的快速分派和资源的协同调度，达到社会管理业务整体上归口指挥、横向上联合指挥、纵向上扁平指挥的目的。通过线上线下一体化监管，及时发现违法违规线索，提高风险预判能力，实现靶向性监管，提高监管的精确度和适配性，实现“事前锁定对象、事中下达指令、事后反馈统计”。

三、监管体制：适应监管新形势推进监管体制创新

（一）海关监管体制

1. 明确海关总署与海口海关的权责。作为我国开放程度最高的海关监管特殊区域，其“境内关外”的海关监管本质充分体现了海南自由贸易港海关监管的难

点、焦点与国内其他海关特殊监管区域的明显差异，需要在海关总署的指导下强化海南自由贸易港海关管理。为此，海口海关仍直属海关总署管理。

2. 建立以法定机构为主体的海关监管支撑体系。对海口海关承担的卫生检疫、动植物检疫、进出口食品安全和商品检验、统计分析等专业性较强的职能，对原有处室进行法定机构化改造，提升监管专业性。

（二）市场监管体制

1. 建立统一的市场监管协调机构。以实现综合性的市场监管与专业性的部门监管之间的统筹协调为重点，加快在省级政府层面建立统一权威的市场监管协调机构，统筹全省监管资源，提升监管效率；尽快开展监管法定机构改革试点，提升市场监管的权威性、专业性、独立性。

2. 以明确职责权限为重点理顺省级与省级以下监管体制。明确省级与省级以下市场监管机构的事权和责权划分。省级监管机构主要负责风险较高、专业性较强的监管事项，市县监管机构主要负责低风险类、专业性要求不高的监管事项，省级和市县机关机构分别根据实际需要制定各自的监管细则。

3. 组建海南自由贸易港促进公平竞争委员会。整合海南自由贸易港反垄断委员会、市场监督管理局相关反垄断、反不正当竞争等职能，成立海南自由贸易港促进公平竞争委员会，统一负责《中华人民共和国反垄断法》和《中华人民共和国反不正当竞争法》的行政执法；统一负责竞争政策的制定与执法；全面负责竞争政策审查工作；组织实施或委托专门机构对全省及各地区的市场竞争状况进行调查、评估，定期发布评估报告；负责与竞争政策相关事务的国际协调与合作。

（三）金融监管体制

1. 设立国家金融稳定发展委员会特派机构。强化海南自由贸易港的宏观审慎管理和系统性风险防范，强化“反洗钱、反恐怖融资、反逃税”监管，维护自由贸易港的金融秩序；加强对国内其他省份资金进出海南的监管，避免海南成为资金“大进大出”的平台，冲击国内金融市场。

2. 建立混业金融监管体制。适应金融资本跨领域、跨机构、跨境联动，金融机构混业经营的大趋势，重构海南自由贸易港的金融监管体制，建立综合型的海南金融监管局，实行混业监管。

3. 探索推进海南金融监管局法定化改造。赋予海南金融监管局法定职责权限，实现决策执行分开，成为独立的行政执行机构。

（四）人员管理体制

1. 设立海南自由贸易港移民管理局。整合现有公安出入境管理、边防查验管理、外事侨务事务及涉外执法等相关职能，成立海南移民管理局，统一管理协调外国人签证、居留、就业、保险、福利待遇、案/事件处理、入籍等事务。

2. 设立外国人居留服务机构。探索租售同权等房地产政策，为引进的国际高端人才提供住房保障；完善交通、医疗、生活等基础设施；为国际创新创业人才的子女提供优质教育。

专栏7-11　新加坡、中国香港外国人事务主管机构

1. 新加坡移民与关卡局（ICA），负责出入境人员、物品、 空中、海上、旅行证件、身份证件等的检查和办理。

2. 中国香港入境事务处，主要职能包括：负责中华人民共和国香港特别行政区出入境事务及管制；签发中华人民共和国香港特别行政区的身份证件及旅行证件；侦查和检控违反入境法例人士；遣返非法入境者；办理出生、死亡及人事登记手续；办理婚姻登记手续；处理国籍事宜；签发签证及许可证。

资料来源：中改院课题组整理。

（五）数据管理体制

1. 成立法定机构性质的海南自由贸易港跨境数据流动管理委员会。适应海南自由贸易港数据安全有序流动的要求、数字经济发展对跨境数据传输的现实需求，以及重要、敏感数据保护的要求，成立法定机构性质的海南自由贸易港跨境数据流动管理委员会，作为海南跨境数据流动的主要监管责任部门，负责建立跨境数据流动机制，进行监管和政策实施。

2. 明确跨境数据流动监管责任主体。在海南自由贸易港跨境数据流动管理委员会的指导下，明确各涉及跨境数据流动行业主管部门在跨境数据流动规则制定、监管方面的权责边界；对于无法确认权责边界的，则由海南自由贸易港跨境数据流动管理委员会统一行使跨境数据的审核权和确认权。

3. 建立跨境数据流动监管联席会议制度。在海南自由贸易港跨境数据流动管理委员会的基础上，建立包含行业主管部门、行业商会协会等在内的联席会议制度。联席会议的主要职责是就海南自由贸易港跨境数据流动监管的重大问题，研究出台相关政策措施。联席会议就海南自由贸易港跨境数据流动中存在的突出问题，定期或不定期召开会议，研究解决办法，制定相关配套政策措施或提出政策建议，落实督导和推进措施。

四、队伍建设：推进行政人员编制向监管部门倾斜并提升专业化水平

（一）提升监管队伍专业化水平的现实需求

封关运作后，监管主要是事中和事后监管，事前的行政审批能取消的尽可能取消，以便最大限度激发市场活力。从海南实际看，第一，尽管海南出台了多项开放

政策，但外资和社会资本进入时仍面临各类烦琐的事前审批。第二，不少行政部门在理念上仍把行政审批和监管当成一回事，"谁审批、谁监管"的传统思维方式在实践中仍普遍存在。第三，有些部门只会审批、不会监管，用审批代替监管，以惩罚代替监管等问题仍然存在。第四，海关、金融、财税、市场等领域监管资源配置不合理，大量行政资源配置在事前领域，事中及事后监管力量明显不足。

（二）降低综合管理类公务员比例

将市场、金融、财税、商贸、出入境等重点职能部门内承担具体监管职能的科室，从现行的综合管理类公务员职位类别中划分出来，确定为行政执法类；将承担规划编制、标准制定、审计审查等相关职能划分为专业技术类，在此基础上借鉴新加坡经验，进一步精细划分职组和职系，科学定岗、定编、定员。明确专业技术类与行政执法类公务员的评价标准与考核办法，通过薪资激励、晋升激励等多种方式鼓励综合管理类公务员经专业考察后转换为行政执法类或专业技术类，明显缩减综合管理类公务员比例，争取到2025年，将综合管理类公务员数量占比压缩到20%以内。

（三）在监管领域全面推行市场化的专业人员聘任制

封关运作前，在保证薪资水平与福利待遇一致的前提下，对监管领域的新进公务员实行市场聘任制，并实现分类管理。逐步扩大聘任制公务员数量，形成更大带动示范效应。待封关运作后，通过实行身份"封存管理"、工龄连续计算、工资适当提升、优先提拔重用等多种方式，鼓励监管领域在编公务员转换为聘任制公务员。全面取消编制管理，实行全员聘任制。在探索的基础上，逐步完善聘任制公务员管理制度，待时机成熟时，除党政机关以外，全部取消编制管理，在预算管理的前提下，实行全员聘任制。

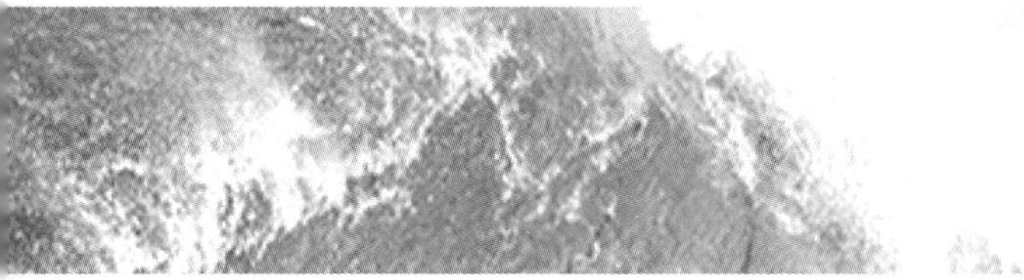

第八章

对标国际打造一流营商环境

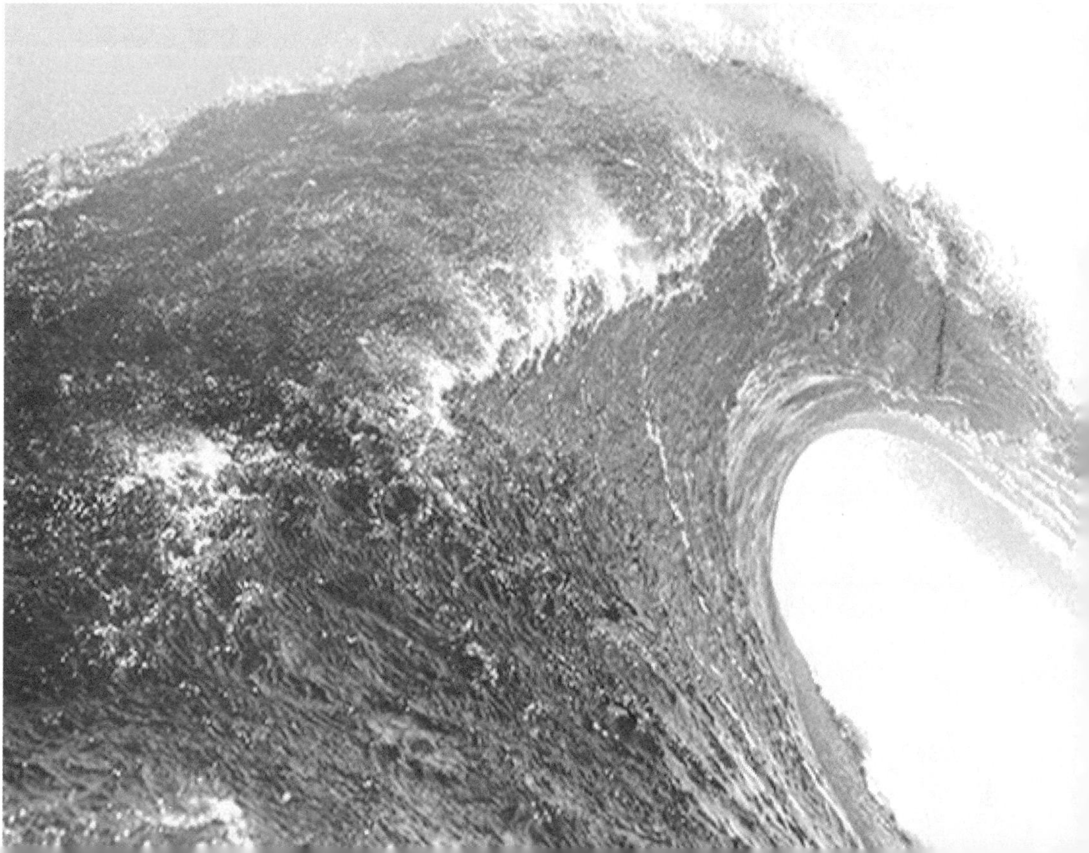

习近平总书记在庆祝海南建省办经济特区30周年大会上的讲话中强调，海南要“加快形成法治化、国际化、便利化的营商环境和公平开放统一高效的市场环境”[1]，在2022年考察海南时的重要讲话中再次强调海南自由贸易港要着力打造一流营商环境。

在当前国际政治经济形势发生深刻复杂变化的背景下，作为最高水平开放形态的海南自由贸易港，优化营商环境，需要对标国际形成自由公平的市场环境、专业高效的政务环境、与国际接轨的法治环境。

[1] 习近平：《在庆祝海南建省办经济特区30周年大会上的讲话》，《人民日报》2018年4月14日第2版。

第一节

打造一流营商环境的现实需求

面对海南自由贸易港当前面临的市场流量小等突出矛盾，需要以营商环境优化增强市场预期，为全岛封关运作提供重要支撑。

一、优化营商环境事关海南自由贸易港建设全局

（一）打造一流营商环境是国际知名自由贸易港建设发展的基本经验

1. 一流的营商环境是国际成熟自由贸易港的基本特征。作为国际知名的成熟自由贸易港，新加坡、中国香港通过打造国际一流的营商环境，在世界经济大循环中实现人才、资金、科技等全球优质要素的集聚。根据世界银行公布的《2020年营商环境报告》，新加坡、中国香港在190个经济体中分别位列第2位、第3位（见表8–1）。

表8–1　2006—2020年营商环境排名前三的经济体

年份	第一	第二	第三	年份	第一	第二	第三
2020	新西兰	新加坡	中国香港	2012	新加坡	中国香港	新西兰
2019	新西兰	新加坡	丹麦	2011	新加坡	中国香港	新西兰
2018	新西兰	新加坡	丹麦	2010	新西兰	新加坡	中国香港
2017	新西兰	新加坡	丹麦	2009	新加坡	新西兰	美国

续表

年份	第一	第二	第三	年份	第一	第二	第三
2016	新加坡	新西兰	丹麦	2008	新加坡	新西兰	美国
2015	新加坡	新西兰	中国香港	2007	新加坡	新西兰	美国
2014	新加坡	中国香港	新西兰	2006	新西兰	新加坡	美国
2013	新加坡	中国香港	新西兰	—	—	—	—

数据来源：世界银行营商环境数据库。

专栏8-1 《营商环境报告》

一、基本情况

2001年，世界银行成立全球营商环境评估项目（DB），通过对比全球不同经济体和不同时期的商业监管环境，自2003年起每年发布一期《营商环境报告》；2004年，中国被纳入调研考察范围。

2021年9月16日，世界银行决定停止发布《营商环境报告》，并宣布将研究一种新的方法评估商业和投资环境。

2022年12月，世界银行发布了最新的《宜商环境评估体系概念说明》（BEE），标志着世界银行对全球商业环境评估进入新阶段。根据世界银行公布的计划，新的首轮评估将分三批次、每批约60个经济体。2023年1月启动第一批，包括我国香港地区，并于2024年4月前发布第一份评估报告；2023年6月启动第二批，将在2025年4月前发布第二份评估报告；第三批将在2024年6月启动，在2026年4月前发布所有评估报告。

二、DB与BEE评估体系对比

BEE评估体系对原有营商环境评估指标有很大程度的继承和延续，但在数据采集、评估核心、指标设置和评估维度等方面有较大程度的创新和提升。

（1）拓展评估视角。相比DB项目而言，BEE项目从中小企业开展业务的便利性的角度转变为从整个私营企业行业发展的角度进行评估。

（2）聚焦两个方面。BEE项目不仅关注监管框架，还将关注公共服务。监管框架方面会考虑监管质量（透明度、清晰度、可预期性）和监管带来的负担。公共服务方面会考虑政府提供对市场运行至关重要的公共服务的机制设置、基础设施等。

（3）完善数据收集方式。BEE项目不仅会收集法律法规的信息，还会收集实际执行情况的信息。BEE项目主要使用两种数据收集方式，包括专家咨询和企业调查。此外，BEE项目使用两种佐证机制来验证通过专家咨询方式收集的数据，包括案头研究和官方数据。

（4）更新指标体系。相较于DB体系，BEE体系中删除了“保护中小投资者”指标，增加了“雇佣劳工”和“促进市场竞争”两个指标，将“办理建筑许可”和“登记财产”两个指标合并为“获得经营场所”指标；将“获得电力”指标拓展为“公用服务连接”指标，BEE在指标数量上未发生变化，仍旧为10个一级指标。

（5）拓宽覆盖范围。BEE项目将尽可能地覆盖更多的国家和国家内部城市。

资料来源：《世行新旧营商环境评估体系对比，2024年4月将发布第一份宜商环境报告》，https://business.sohu.com/a/676462475_121255906。

2. 打造开放自由的市场环境。为了地区经济的发展与区域影响力的提升，新加坡、中国香港通过建立高水平的自由贸易与经济制度，逐步构建起较为完善的市场经济制度、开放自由的市场环境，在经济上实现了高度开放和自由。根据美国传统基金会发布的2023年世界经济自由度指数，新加坡连续4年独占榜首；根据2020年世界经济自由度指数，中国香港位居全球第2位（见表8-2）。

表8-2　2006—2023年世界经济自由度指数排名前三的经济体

年份	第一	第二	第三	年份	第一	第二	第三
2023	新加坡	瑞士	爱尔兰	2014	中国香港	新加坡	澳大利亚
2022	新加坡	瑞士	爱尔兰	2013	中国香港	新加坡	澳大利亚
2021	新加坡	新西兰	澳大利亚	2012	中国香港	新加坡	澳大利亚
2020	新加坡	中国香港	新西兰	2011	中国香港	新加坡	澳大利亚
2019	中国香港	新加坡	新西兰	2010	中国香港	新加坡	澳大利亚
2018	中国香港	新加坡	新西兰	2009	中国香港	新加坡	澳大利亚
2017	中国香港	新加坡	新西兰	2008	中国香港	新加坡	爱尔兰
2016	中国香港	新加坡	新西兰	2007	中国香港	新加坡	爱尔兰
2015	中国香港	新加坡	新西兰	2006	中国香港	新加坡	爱尔兰

注：自2021年起，中国香港、中国澳门纳入中国统一排名。
数据来源：美国传统基金会。

3. 构建专业高效的政务环境。行政高效运转是实现经济高度开放的内在要求。从新加坡等国际成功自由贸易港的经验看，专业高效的政务环境是吸引全球优质资源集聚的重要因素，也是其国际竞争力的重要支撑。根据瑞士洛桑国际管理发展学院最新的2023年世界竞争力年报，新加坡、中国香港分别排全球第4位、第7位，其中，在政府效能这一指标中，中国香港、新加坡分别排全球第2位、第7位（见表8-3）。

表8-3 2019—2023年中国香港、新加坡世界竞争力排名情况

年份	国家/地区	综合	经济表现	政府效能	商业效率	设施建设
2023	新加坡	4	3	7	8	9
	中国香港	7	36	2	11	13
2022	新加坡	3	2	4	9	12
	中国香港	5	15	2	7	14
2021	新加坡	5	1	5	9	11
	中国香港	7	30	1	3	16
2020	新加坡	1	3	5	6	7
	中国香港	5	28	1	2	14
2019	新加坡	1	5	3	5	6
	中国香港	2	10	1	2	22

数据来源：瑞士洛桑国际管理发展学院（IMD）官网。

4. 形成与国际接轨的法治环境。法治是最好的营商环境。长期以来，新加坡、中国香港凭借其高效、稳定、可靠的国际化法治环境，吸引了许多国际投资者。根据世界正义工程发布的2022法治指数，新加坡、中国香港分别位列全球第

17位、第22位（见表8-4）；根据世界银行发布的2022年世界管治指标，新加坡、中国香港的法治指标分别位居全球第4位、第21位。

表8-4　2015—2022年中国香港、新加坡法治指数排名情况

年份	国家/地区	综合	对政府权力的限制	没有腐败	开放政府	基本权利	秩序与安全	监管执法	民事司法	刑事司法
2022	新加坡	17	30	3	35	39	3	7	8	7
	中国香港	22	54	9	25	61	6	18	19	22
2021	新加坡	17	32	3	34	38	3	4	8	7
	中国香港	19	45	9	19	54	5	13	16	18
2020	新加坡	12	29	3	26	32	1	3	6	6
	中国香港	16	31	8	15	38	2	12	11	14
2019	新加坡	13	27	3	25	30	1	3	5	6
	中国香港	16	31	9	15	33	4	10	12	15
2017—2018	新加坡	13	25	4	28	32	1	2	5	5
	中国香港	16	30	10	15	35	4	11	12	16
2016	新加坡	9	20	2	24	36	1	1	4	4
	中国香港	16	25	8	27	33	11	12	12	6
2015	新加坡	9	22	3	25	28	4	1	3	3
	中国香港	17	25	10	24	29	7	15	11	6

数据来源：世界正义工程（WJP）官网。

（二）打造一流营商环境是中央对海南自由贸易港的明确要求

1. 对海南自由贸易港营商环境建设提出了总体要求。2018年4月13日，习近平总书记在庆祝海南建省办经济特区30周年大会上的重要讲话中要求，“加快形成法治化、国际化、便利化的营商环境和公平开放统一高效的市场环境”[1]。

2. 对海南自由贸易港营商环境建设提出了阶段性目标要求。2018年发布的

[1]　习近平：《在庆祝海南建省办经济特区30周年大会上的讲话》，《人民日报》2018年4月14日第2版。

《中共中央 国务院关于支持海南全面深化改革开放的指导意见》提出：到2025年，营商环境达到国内一流水平；到2035年，营商环境跻身全球前列。2020年6月1日，中共中央、国务院发布的《海南自由贸易港建设总体方案》再次明确，到2025年“营商环境总体达到国内一流水平”，到2035年“营商环境更加优化”。

（三）打造一流营商环境是破解海南自由贸易港封关运作突出矛盾的重要举措

1. 破解海南自由贸易港政策实施成效不高的突出矛盾。没有良好的营商环境，再好的政策也难以落地。近年来，在中央与国家相关部委的支持下，海南大胆试、大胆闯、自主改，以“零关税、低税率、简税制”和“五自由便利一安全有序流动”为主要特征的180多个自由贸易港政策文件落地生效，外向型经济发展取得重要进展。但是，由于营商环境不优，市场主体有限，政策实施效果未达预期。例如，截至2022年5月，2022年享受自由贸易港15%企业所得税优惠税率的企业仅674户[1]；截至2023年4月，全省具有加工增值业务的企业仅16户。

2. 破解各方对海南自由贸易港封关运作信心不足、预期不稳的突出矛盾。自由贸易港建设不是一蹴而就的，是一个长期过程，强化各方对海南自由贸易港的发展前景与目标预期至关重要。从历史看，海南建省办经济特区之初，“十万人才下海南”，就是因为对海南大开放有预期。从目前实际情况看，各方对海南自由贸易港建设普遍抱有观望、疑虑等心态，信心不足、预期不稳的矛盾突出。在此背景下，需要以营商环境建设的特别之举，特别是要以市场需求为导向、以增强市场主体实际获得感为标准，尽快取得营商环境建设的实质性进展与突破，以此增强各方的发展预期和发展信心。

[1] 《海南自由贸易港建设白皮书（2021.06—2022.05）》，https://www.hainan.gov.cn/hainan/hnzmygtt/202207/710928762ea7480b9e69fe7e77b9fcad.shtml。

二、打造一流营商环境的紧迫性日益增强

（一）以一流营商环境优化吸引要素集聚具有紧迫性

在大国关系与地缘政治安全格局深刻、复杂变化的背景下，吸引欧美资本的难度明显增大。依托自身成本优势、开放政策和良好的发展势头，东盟成为吸引全球投资的主要区域。根据《东盟营商环境报告（2022）》，近五成受访企业对东盟营商环境持乐观预期，半数受访企业表示将进一步扩大在东盟的业务。具体而言，在营商环境方面，47.31%的受访企业对东盟营商环境持乐观预期，50.90%的受访企业持中立态度，仅1.80%的受访企业持悲观预期；在未来投资方面，49.70%的受访企业计划扩大在东盟的业务，36.69%的受访企业将保持现有在东盟的业务规模（见图8-1）。

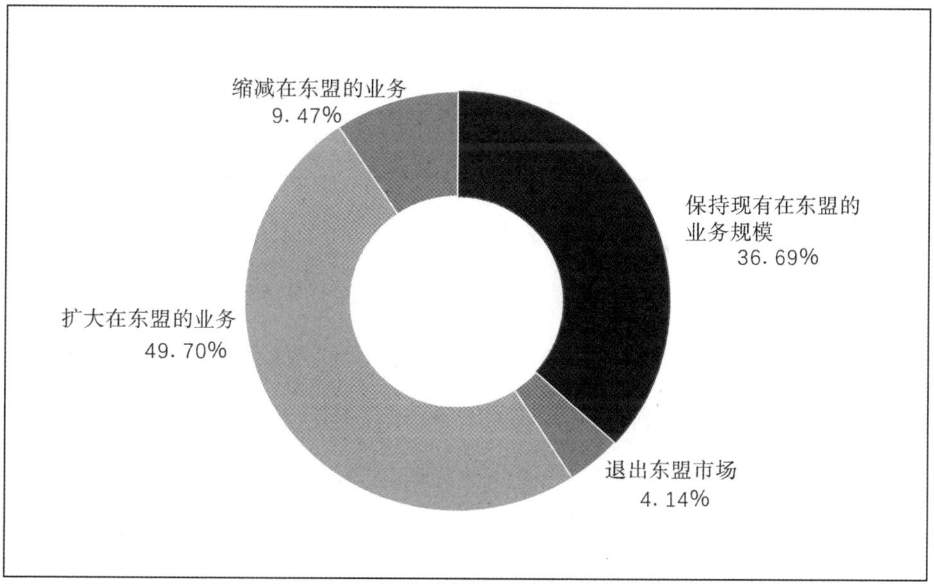

图8-1　企业未来在东盟的经营计划

资料来源：《东盟营商环境报告（2022）》。

（二）国内地区间营商环境竞争日趋激烈

1. 我国不断优化营商环境。近年来，中国营商环境取得举世瞩目的长足进步，全球排名大幅提升，营商便利度从2013年的第91位提高至2020年的第31位（见表8-5），连续成为全球优化营商环境改善幅度最大的十大经济体。在此基础上，党的二十大报告进一步要求“完善产权保护、市场准入、公平竞争、社会信用等市场经济基础制度，优化营商环境”“营造市场化、法治化、国际化一流营商环境”；2023年国务院政府工作报告提出，要加快建设全国统一大市场，建设高标准市场体系，营造市场化、法治化、国际化营商环境。

表8-5　2013—2020年中国营商便利度全球排名

年份	排名	年份	排名
2013	91	2017	78
2014	96	2018	78
2015	90	2019	46
2016	84	2020	31

数据来源：世界银行营商环境数据库。

2. 各省市纷纷把优化营商环境作为服务构建新发展格局的重大任务。不论是促进国内消费的内循环，还是稳外资、外贸的外循环，优化营商环境都至关重要。为此，各省市纷纷从企业实际需求出发，打造市场化、法治化、国际化营商环境。例如，2023年，各地纷纷把优化营商环境作为新一年的“一号文件”和“新春第一会”，辽宁、江苏、海南等多个省份召开大会，部署优化营商环境的工作；吉林、河北、浙江等地通过召开民营企业座谈会、实施专项行动等方式，助力营商环境优化。

（三）封关运作下海南营商环境改善仍有较大空间

1. 营商环境改善成效不明显。近年来，海南省始终把营商环境作为自由贸易港建设的核心竞争力，系统谋划和统筹推进优化营商环境工作，在制度集成创新、市场体系建设、优化政务服务、便利贸易投资、优化法治环境等方面开展一系列改革，但总的来看，营商环境仍有较大提升空间。根据北京大学光华管理学院管理创新交叉学科平台与武汉大学中国企业家研究中心营商环境研究室联合发布的《中国省份营商环境研究报告2021》，2017—2019年，海南营商环境均值为46.02，低于全国平均水平（46.46），在31个省市（自治区）中位列中上等（B+级）；2021年，海南排名跌至全国第25位（见表8–6）。

表8–6　2017—2021年31省市（自治区）营商环境排名

排名	2017年	2018年	2019年	2020年	2021年
1	上海	上海	北京	上海	上海
2	广东	北京	浙江	北京	北京
3	浙江	浙江	上海	广东	山东
4	北京	四川	山东	四川	四川
5	四川	江苏	广东	浙江	浙江
6	山东	广东	四川	山东	江苏
7	贵州	安徽	江苏	江苏	湖北
8	云南	山东	安徽	重庆	重庆
9	江苏	贵州	江西	安徽	广东
10	河南	重庆	重庆	河南	天津
11	湖北	河南	湖北	贵州	安徽
12	海南	新疆	河南	天津	福建
13	甘肃	湖北	吉林	河北	贵州
14	吉林	江西	贵州	湖北	吉林

续表

排名	2017年	2018年	2019年	2020年	2021年
15	安徽	吉林	广西	吉林	云南
16	重庆	宁夏	天津	云南	河北
17	河北	云南	宁夏	海南	江西
18	湖南	河北	新疆	福建	新疆
19	福建	福建	云南	江西	湖南
20	陕西	天津	甘肃	广西	广西
21	辽宁	海南	内蒙古	宁夏	宁夏
22	新疆	山西	山西	湖南	黑龙江
23	山西	辽宁	福建	内蒙古	河南
24	内蒙古	黑龙江	海南	山西	内蒙古
25	广西	广西	湖南	辽宁	海南
26	宁夏	内蒙古	辽宁	甘肃	陕西
27	江西	湖南	河北	陕西	山西
28	黑龙江	甘肃	陕西	新疆	甘肃
29	天津	陕西	黑龙江	黑龙江	辽宁
30	青海	青海	青海	青海	青海
31	西藏	西藏	西藏	西藏	西藏

数据来源：北京大学开放研究数据平台。

2. 开放优势有所减弱。在当前百年未有之大变局加速演进的背景下，以高水平开放应对外部环境变化的挑战成为我国的现实选择。随着RCEP的全面生效实施，以及国内各地区开放竞争的不断加剧，以高水平开放为基本特征的海南自由贸易港的开放政策优势有所减弱。例如，2022年1月，国家发展改革委、商务部发布《关于深圳建设中国特色社会主义先行示范区放宽市场准入若干特别措施的意见》，围绕科技、金融、医疗、教育文化、交通等领域推出24条市场准入特别措施，其中，在互联网处方药销售、合同研究组织准入、中药制剂审批、新能源汽车充换电基础设施建设和运营等方面的措施与海南高度相似。又如，中央赋予上海、厦门新的战略使命，并支持其开展新一轮改革开放试点任务。尽管上海、厦门部分政策开放度与海南自由贸易港相比仍有一定差距，但其更为具体、更有操作性。

3. 税收优惠等政策优势有限。根据《海南自由贸易港建设总体方案》，封关运作前，“对注册在海南自由贸易港并实质性运营的鼓励类产业企业，减按15%征收企业所得税”“对在海南自由贸易港设立的旅游业、现代服务业、高新技术产业企业，其2025年前新增境外直接投资取得的所得，免征企业所得税”“对在海南自由贸易港工作的高端人才和紧缺人才，其个人所得税实际税负超过15%的部分，予以免征”。被企业高度关注的“两个15%”所得税优惠政策具有一定的享惠要求，并不具有普惠性质，因此企业实际获得感不足。尽管该政策为海南自由贸易港的特殊政策，但国内如深圳等地区均通过税收返还等多种形式，将企业的实际税负降至10%以内，这也导致海南税收政策吸引力不足。

三、对标国际打造一流营商环境

（一）对标国际最新标准

2022年2月4日，世界银行发布新项目——宜商环境评估体系说明，这标志着世界银行对全球商业环境的评估由“营商环境（DB）”转向“宜商环境（BEE）”新阶段。与DB相比，BEE从监管框架、公共服务和实施效率三个主要维度对10个指标进行综合评估（见表8-7）。

表8-7　世界银行营商环境、宜商环境评价指标对比

DB（一级指标）	BEE（一级指标）	BEE体系改进要点
开办企业	市场准入（Business Entry）	BEE体系额外将外资企业的准入限制纳入评价范围，同时综合考量企业的灵活性和社会效益
办理建筑许可 登记财产	获取经营场所（Business Location）	涵盖了DB体系的“办理建筑许可”和“登记财产”两个指标，并在评估维度中新增了不动产租赁、土地管理、城市规划、绿色建筑、环境许可等内容
获得电力	公用服务连接（Utility Connections）	涵盖了DB体系中“获得电力”指标、“办理建筑许可”指标中有关排水接入服务的内容；新指标将涵盖电力、水、互联网方面的连接，且对公用事业连接的安全性及质量、对环境及可持续发展影响等进行考量
—	雇佣员工（Labor）	DB体系中的“雇佣员工”为观察指标，未列入一级指标范围；BEE体系中“雇佣员工”更多从被雇佣者的角度来衡量劳动力市场的优劣，兼顾男性与女性视角来衡量影响私营部门发展的公共服务。同时，雇佣劳动的便利度维度指标将会直接从企业层面收集数据
获得信贷	获取金融服务（Financial Services）	BEE体系中的“金融服务”指标涵盖了DB体系中“获得信贷”指标的内容，并在监管质量方面新增了8个内容
跨境贸易	国际贸易（International Trade）	DB体系中的原指标侧重遵循货物贸易的规定，而BEE体系扩大了评估范围，考虑了服务贸易；其次，BEE的“国际贸易”指标不再局限于标准化的假设案例，而将使用更广泛的参数来确保收集数据的可比性，如企业调研、专家咨询等
纳税	纳税（Taxation）	相较于DB体系只关注企业的灵活性，BEE体系的该项指标将兼顾企业的灵活性与社会效益，如将涉及环境税，关注利用财政工具阻止对环境有害的活动
执行合同	解决商业纠纷（Dispute Resolution）	BEE体系的该项指标将侧重关注和评估商业纠纷解决的效率和质量，而不再侧重个别中小企业或特定的案例研究。同时，该项指标还将国际诉讼内容纳入考虑，关注政府公共服务，并将直接从企业端收集解决商业纠纷的便利度相关数据
—	促进市场竞争（Market Competition）	为BEE体系中新设的指标，各维度指标将涵盖竞争政策、知识产权和创新政策的执行，以及侧重于提高私营部门竞争和创新能力的政策；涵盖了DB体系中的“政府采购”指标内涵，实际范围更广

续表

DB（一级指标）	BEE（一级指标）	BEE体系改进要点
办理破产	办理破产（Business Insolvency）	BEE体系中的“办理破产”指标考察范围更广，除了考虑债务人企业及债权人以外，还要考虑与破产有关的社会因素。同时，还将涵盖破产中的环保义务，并发掘破产程序中利于环境保护的优秀案例做法
保护中小投资者	—	—

资料来源：中改院课题组整理。

（二）对标国际自由贸易港一般做法

1. 打造公平自由的企业经营环境。

（1）自由的企业经营环境。香港特区政府奉行小政府路线，尽量不干预工商业，致力让自由市场决定需求，只在有需要时提供支持。新加坡企业注册条件宽松，可自主选择企业注册形式，企业可自由经营任何业务，可自行变更经营范围，无须审批。

（2）公平竞争的市场环境。据统计，目前全球已有40多个国家适用“竞争中性”原则。适用“竞争中性”原则国家的GDP比重达到全球经济总量的60%以上[1]。香港特区政府采取一视同仁的政策，鼓励公平竞争。

（3）完善的知识产权保护体系。例如，新加坡拥有完善成熟的知识产权法律制度，不仅在亚洲数一数二，而且和世界各地司法管辖区比较也毫不逊色。根据中国国际贸易促进委员会经贸摩擦顾问委员会发布的《全球知识产权保护指数报告（2022）》，新加坡排名第4位（见表8-8）。

[1] 张茉楠：《中国应加快适应新一轮国际经贸规则演变》，https://baijiahao.baidu.com/s?id=1673296166140699994&wfr=spider&for=pc。

表8-8　2022年全球知识产权保护指数排名

国别	总指数	总排名	知识产权保护基础排名	知识产权保护生态排名	知识产权保护执行排名	知识产权国际合作排名	知识产权保护绩效排名
瑞士	82.6600	1	5	7	1	3	2
美国	82.4065	2	1	3	4	2	4
德国	81.3106	3	6	6	3	1	6
新加坡	80.2656	4	4	1	7	4	5
日本	79.9475	5	7	4	2	5	7
韩国	79.2751	6	3	5	5	8	3
中国	77.9851	7	2	8	8	9	1
澳大利亚	76.7838	8	8	2	6	7	9
墨西哥	70.1367	9	10	9	9	6	11
土耳其	67.5065	10	9	11	12	13	8
俄罗斯	66.7351	11	11	10	11	11	12
南非	64.4511	12	12	13	13	12	13
巴西	63.8888	13	13	12	14	15	14
印度	63.3139	14	15	15	10	14	15
越南	61.0901	15	14	14	15	10	10

数据来源：《全球知识产权保护指数报告（2022）》，https://www.ctils.com/cms/article/file/showFile?path=Article/2023/01/09/11-29-3947372.pdf&fileName=全球知识产权保护指数报告（2022）。

2. 打造专业高效的政务环境。从新加坡等国际成功自由贸易港的经验看，建立“精简扁平的政府机构+专业高效灵活的法定机构”是其提高政府效率的一般做法。例如，新加坡政府的主要组成部分是16个政府部门和64个法定机构。新加坡的政府部门（即公务员体系）与法定机构体系相互补充、相互配合，使新加坡的战略和政策得到完整有效的执行。可以说，新加坡较少的政府部门保证了决策的统一高效，较多的法定机构保证了政策执行的专业性和高效率。又如，香港特区政府架构由决策层、执行层构成。在决策层面，主要包括政务司、财政司和律政司三个司，并形成15个决策局；在执行层面，形成56个执行部门，它们大部分以“署”“处”来命名。

3. 打造国际化的法治环境。

（1）以普通法为基础的法律法规体系。完善的法规体系是自由贸易港的基本要求。新加坡现行法律体系以英国普通法为基础，主要包括成文法、判例法和习惯法，且通过适用一系列成熟的商事法律规范，为市场主体提供全方位、无盲区、高位阶的法治保障。中国香港的法律体系由香港基本法，在香港实施的全国性法律，香港立法机关制定的法律，予以保留的香港原有普通法、衡平法、条例、附属立法和习惯法，以及其他普通法适用地区的司法判例等五部分组成。据统计，中国香港条例和附属立法有1000多件，而经济法规约占总数的45%。迪拜政府积极探索在自由区内应用普通法，以改善商业环境并提高经济吸引力和效率。例如，迪拜的迪拜国际金融中心（DIFC）和阿布扎比的阿布扎比全球市场（ADGM）的法院具有普通法管辖权。

（2）与国际接轨的司法服务体系。以新加坡的国际仲裁制度为例，新加坡的国际仲裁服务发展较晚，但发展速度较快，1991年成立的新加坡国际仲裁中心已成为全球最受欢迎和最广泛使用的五大国际仲裁机构之一。2022年，新加坡国际仲裁中心新受理357个新案件，其中88%为国际仲裁案件，94%为其管理的机构仲裁案件[1]。新加坡国际仲裁业务成功的重要原因就在于不断对标国际高标准，完善国际仲裁制度。例如，新加坡国际仲裁中心是首个引入“早期驳回制度”的主要商事仲裁机构，还有“多份合同仲裁”“追加当事人”以及“合并仲裁”等最新仲裁条款，为当事人提供专业、高效的仲裁服务。

[1] 数据来源：新加坡国际仲裁中心。

（三）形成海南自由贸易港营商环境建设的突出特点

1. 突出最高水平开放。自由贸易港是当今世界最高水平的开放形态。海南自由贸易港营商环境建设，需要对标国际最新标准，借鉴国际知名自由贸易港基本实践与做法，在开放环境建设上取得重要突破。例如，服务于更大力度开放探索与压力测试的需求，对标CPTPP、中欧全面投资协定等，率先推动竞争政策、知识产权保护等相关规则在海南自由贸易港内单边实施。

2. 突出制度集成创新。习近平总书记强调，海南自由贸易港建设“要把制度集成创新摆在突出位置”[1]。海南自由贸易港营商环境改善，不仅包括优化投资贸易、跨境资金流动、人员进出等领域的开放政策体系，更重要的是要以提升政府效率为重点优化营商环境，尽快形成高效的决策、执行、立法、司法体系。这需要实现制度集成创新的重大突破。

[1] 《习近平在海南考察时强调 解放思想开拓创新团结奋斗攻坚克难 加快建设具有世界影响力的中国特色自由贸易港》，《人民日报》2022年4月14日第1版。

第二节

打造自由公平的市场环境

按着最高水平开放要求，立足企业经营发展的现实需求，在实现投资自由便利的同时，加快形成公平竞争的市场环境。

一、形成更加开放的投资自由便利政策与制度

（一）建立内外资一致的准入制度

全面清理对外资单独设置的准入限制，大幅减少准入前认证。同时，在准入前国民待遇的基础上，进一步明确对投资保护的具体标准事项。这不仅可以强化投资可操作性，也能降低政府自由裁量的可能性，确保国内外投资者在政府采购、标准制定、产业政策、科技政策、资质许可、注册登记、上市融资等方面享有一致待遇。

（二）建立企业承诺自主投资制度

1. 取消企业一般投资项目备案。在严格城乡规划、土地利用、环境保护、安全生产等事项管理的前提下，除关系国家安全和生态安全、涉及全国重大生产力布局、战略性资源开发和重大公共利益等国家有明确规定的项目外，企业一般投资项目一律取消备案，监管主体依法对其进行过程监管。

2. 对清单内非禁止事项涉及的前置许可实行“承诺即开工”。例如，除对金融、法律等专业服务和对环境有重大影响的行业实行前置审批外，对其他行业在企业提供关键性资格证明并签订相关承诺书后，当场发放许可证明。同时，最大限度减少法人承诺制提交的材料数量，对事先难以核实、能够通过事中事后监管纠正且风险可控的事项，仅需提交法人承诺书，主管部门立即审批通过，并强化事中事后监管。

3. 探索对清单内非禁止事项涉及的准入后审批实行“承诺即准营”。率先在特定行业实施。比如，在农业、旅游业、医疗健康、文化体育娱乐、批发零售等行业内，确需保留行政许可的，一律实行企业法人承诺制。待投资完成或实际经营后，组织相关部门对企业实施协同监管。

（三）建立专业、智能、高效的事中事后市场监管制度

1. 制定与国际接轨的行业管理标准体系。系统梳理我国产品生产与服务标准，形成企业标准查询系统；全面引入新加坡、中国香港等地区行业管理标准，重点推进旅游、医疗健康、文化体育娱乐、教育、金融及专业服务业等领域内的设施、环境、信息、技术、程序、安全、评价等服务质量控制标准和行业管理标准与国际对接，为事中事后监管提供基准依据。

2. 建立跨部门联合审查、监管、执法机制。

（1）建立跨部门联合审查机制。对需要多个部门进行现场核查的，由主管责任单位牵头制定联合审查制度，由主管部门向企业发出联合审查通知书，在约定时间开展集体现场核查，当场出具审查意见，实现“进一次门、查多项事”。

（2）建立跨部门“双随机、一公开”监管机制。制定跨部门随机联查事项清单，明确和规范随机联查的抽查项目、抽查依据、抽查主体、抽查内容、执法权限等，并向社会公布。

（3）全面推进跨部门的投资信息共享、互认。除国家保密条款规定外，对于

一般企业，全面实现各部门数据资源跨部门、跨层级、跨地区、无障碍、全时空联通共享。对通过公共数据平台提取的材料予以互认；行政机关、综合行政服务机构能够通过公共数据平台提取的材料，不再要求投资者提供，由投资者对提取的材料予以确认。

3. 建立投资事中事后智能监管系统。建设以大数据理念为支撑、与全国企业信用信息平台对接的投资全过程智能监管系统，加大数据采集、开发、分析应用，充分利用互联网、人工智能、区块链等新技术，推动传统依靠监管队伍检查发现违法行为的管理模式向精准打击的信息化监管模式转变；通过线上线下一体化监管，及时发现违法违规线索，提高风险预判能力，提高市场监管的精准度和适配性，实现“事前锁定对象、事中下达指令、事后反馈统计”。

二、全面实行企业法人承诺制

（一）建立承诺制商事自主登记系统

1. 大幅缩减市场主体登记前置许可事项。系统梳理在登记阶段的各类行政审批事项，对标中国香港、新加坡等国际知名自由贸易港，除少数行业需行政审批外，减少审核和干预，原则上以申请人自主申报信息为准，将登记所需时间压缩至0.5天内。同时，市场监管部门及时将相关企业登记信息通过市政务信息共享交换平台推送至有关主管部门，有关主管部门及时将其纳入监管范围，依法实施事中事后监管。

2. 对必须保留的前置许可实行企业法人承诺制。例如，除国防、外交、货币等领域外，对金融、会计、建筑、法律等专业服务和对环境有重大影响的行业所需的行政许可实行法人承诺制，在企业提供关键性资格证明并签订相关承诺书后，当场发放登记所需的许可证明。同时，最大限度减少法人承诺制提交的材料数量，对事先难以核实、能够通过事中事后监管纠正且风险可控的事项仅需提交法人承诺书，主管部门立即审批通过，并强化事中事后监管。

（二）建立承诺制准入即准营系统

1. 制定涉企经营许可事项极简清单。依托证照分离改革形成的事项清单，结合产业结构调整指导目录、市场准入负面清单、外商投资准入负面清单等，加快制定综合版、内外资统一的涉企经营许可事项极简清单。全面梳理涉企行政许可事项，率先取消目前实行备案制与告知承诺制的涉企经营许可审批事项。

对清单内涉企经营许可事项实行企业法人承诺制，实现“承诺即入”。确需保留的涉企行政许可事项，一律实行企业法人承诺制。清单外其他领域对内外资全面开放。

2. 提升涉企经营许可清单透明度、稳定性与可预期。

（1）进一步细化涉企经营许可事项清单配套措施。详细列明清单内许可事项管理措施与相关描述，尽可能细化到具体业务，以提高可操作性；明确清单内各许可审批事项的每一个环节、顺序、步骤，以及各个节点上的责任主体、任务分工和办理期限等。

（2）建立涉企经营许可事项清单缩减的“棘轮机制”。争取相关授权，明确规定凡是与清单的内容相冲突的部门现行规章，一律按照清单执行；建立“棘轮机制”，明确清单内许可事项“只减不增”。

（3）逐步取消审批部门后置现场审查。除直接涉及公共安全、生态环境保护和直接关系人身健康等行业许可的后置现场审查外，其他行业不再组织审查人员对企业开展后置现场审查。将后置现场审查职能与对企业经营监管合并，由市场监督管理局统一负责。

（三）建立承诺制企业自主投资系统

1. 对负面清单内非禁止领域投资审批事项实行企业法人承诺制。梳理市场准入负面清单与自由贸易港外商投资准入负面清单的内容，对涉及清单内非禁止领域的投资项目，其审批事项实行企业法人承诺制。在企业提交标准化承诺书及关键性证明材料后，企业即可开展工程设计、建设等相关活动，有关监管部门在此过程中对承诺事项开展实时监管，因虚假承诺或违反承诺造成的损失由企业承担。

2. 新建投资项目全面实行“标准地[1]+承诺制”。

（1）推进国有建设用地标准化。全面实施区域节能评价、区域环境影响评价、洪水影响评价、压覆重要矿产资源评估和地质灾害危险性评估、地震安全性评价等区域评价；在供地前完成相关区域评估文件的编制；在土地出让前完成项目建设涉及城市绿地树木、市政基础设施等移除[2]。在此基础上，按照自由贸易港产业导向要求，根据重点产业和地块实际，制定由固定资产投资强度、容积率、能耗控制、环境标准等构成的“标准地”控制性指标。

（2）全面实行企业法人承诺制。第一，除建设用地许可证外，对企业投资项目所需的水土保持方案审批、建设工程规划许可、建设项目用地审批、施工许可、节能审查、消防审核、人防审批、气象审批等事项，实行法人承诺制，即企业按照政府制定的标准作出书面承诺后，即可依法、依规自主开展勘察、设计、施工、接受过程监管和竣工后的综合验收。以“标准+承诺”最大限度精简审批环节，将企业投资项目管理重点从事前审批管理转变为事中事后监管，变“先批后建”为“先建后验”。第二，实行“标准地”前提下的承诺制。对于以“标准地”方式出让的国有建设用地使用权，用地企业取得土地后，在签订国有建设用地使用权出让合同

[1] 标准地是指在城镇开发边界内具备供地条件的区域，对新建项目先行完成区域评价、先行设定控制指标，并实现项目动工开发所必需的通水、通电、通路、土地平整等基本条件的可出让的国有建设用地。

[2] 《哈尔滨市人民政府办公厅关于印发哈尔滨市企业投资项目承诺制实施方案（试行）的通知》，https://www.harbin.gov.cn/haerbin/c103803/202005/c01_656725.shtml。

的同时，签订“标准地”投资建设合同，明确用地标准、履约标准、指标复核办法、承诺事项、违约责任等权利义务。企业按照具体项目标准作出具有法律效力的书面承诺后即可开展设计施工。若企业有失信行为，将受到部门联合惩戒。

3. 实行项目竣工验收承诺制。项目验收涉及多个事项的，可以由建设单位委托具有相应资质的测绘机构按照国家和省有关标准对竣工的建设工程进行综合测绘，并分专业出具竣工综合测绘报告。有关行政机关除对重大标准审核外可以依据竣工综合测绘报告及承诺进行验收审批。投资项目主体同步获得用水、用电、用气等许可，不再对此审批或确认。

4. 对投资项目实行全过程监管。组织相关部门对用地企业在项目建设、竣工验收、达产复核等环节建立实时监测核查机制，对土地出让后用地企业的合同履行、承诺兑现情况实施协同监管，并约定予以奖惩。

（四）建立承诺制企业自主退出系统

探索实行更加便利的承诺制企业简易破产制度，实现企业“自由死”。例如，对破产财产或债务额在100万元以下、事实清楚、债权债务关系明确、债权人人数较少的企业，实行企业承诺制简易破产，即由法人或股东签署承担未尽清算义务后，立即适用简易破产程序。

（五）建立承诺制产品与服务质量控制系统

1. 全面实施企业产品与服务标准承诺制。全面实施企业产品与服务标准自我声明机制，将企业服务标准纳入企业自我声明公开范围；企业在销售产品或提供服务之前，通过自我声明公开企业产品与服务标准，并确保公开的企业产品与服务标准真实、合法，符合相关强制性标准要求。在遵守行业标准的基础上，通过税收减免、财政补贴、优先推介等多种方式鼓励企业按着欧美日等发达国家和地区的行业管理标准进行承诺，在探索高标准方面率先实现重要突破。

2. 全面实施企业产品与服务质量承诺制。有关主管部门根据企业承诺标准开展产品与服务质量监管，若发现企业产品生产与服务提供不符合承诺的，责令限期整改。逾期不整改或整改后仍达不到要求的，企业依法承担相应责任。借鉴“建设工程质量终身责任承诺制”的基本做法，尽快在农业、旅游业、医疗健康、文化娱乐、批发零售等行业实行产品与服务质量承诺制。

三、形成公平竞争的市场环境

（一）以“竞争中性”打造公平竞争的市场环境是国际经贸规则重构的突出特点

“竞争中性”原则是超大型自由贸易协定的重要章节。CPTPP等国际高水平经贸规则以专章明确对国有企业和指定垄断的约束（见表8-9），在确保竞争立法的同时强调竞争执法的程序公正（见表8-10），也强调以信息沟通为主要保证举措的透明度（见表8-11）。例如，CPTPP明确要求“每一缔约方应采用或维持禁止限制竞争商业行为的国家竞争法”，并要求设立一个或多个负责实施其国内竞争法的主管机关，负责处理限制公平竞争的行为。又如，在保证商业机密信息受到保护的前提下，CPTPP要求各方对竞争政策制定和竞争执法开展合作，包括利用通知、通告、磋商和信息交流方式，对外公布裁定违反竞争法的最后决定等，也支持彼此分享各自竞争法规政策在建立、发展、实施、执行阶段的实践经验。

表8-9　CPTPP、USMCA、EJEPA协定有关竞争政策要点

协定	竞争政策要点	
CPTPP（全面与进步跨太平洋伙伴关系协定）	第16章“竞争政策”	第17章“国有企业和指定垄断”
	涵盖竞争法与主管机关和限制竞争商业行为、竞争执法中的程序公正、私人诉权、合作、技术合作、消费者保护、透明度、磋商和争端解决的不适用等9项条款	涵盖定义、范围、授予职权、非歧视待遇和商业考虑、法院和行政机构、非商业援助、不利影响、损害、缔约方特定附件、透明度、技术合作、国有企业和指定垄断委员会、例外、进一步谈判、信息形成过程等15项条款，外加7个附件
USMCA（美墨加协定）	第21章“竞争政策”	第22章“国有企业和指定垄断”
	涵盖竞争法与主管机关、竞争执法中的程序公正、合作、消费者保护、透明度、磋商和争端解决的不适用等7项条款	涵盖定义、范围、授予职权、非歧视待遇和商业考虑、法院和行政机构、非商业援助、不利影响、损害、缔约方特定附件、透明度、技术合作、国有企业和指定垄断委员会、例外、进一步谈判、信息形成过程等15项条款，外加6个附件
EJEPA（欧日经济伙伴关系协定）	第11章“竞争政策”	第13章“国有企业、被授予特殊权利或特权的企业和指定垄断”
	涵盖原则、反竞争行为、法律与监管结构、业务独立性、非歧视、程序公正、透明度、执法合作、争端解决机制等9项条款	涵盖定义、范围、与WTO协定的关系、总则、非歧视性待遇和商业考虑、监管框架、信息交流、例外等8项条款

资料来源：中改院课题组根据相关协定文本整理。

表8-10　CPTPP中关于竞争立法与程序公正要求

条款规则	核心内容
竞争立法和设置主管机构	国家竞争法适用于领土内的所有商业活动，例外需说明充分理由 设立一个或多个负责执行国家竞争法的主管机关，依法行事不得有国籍歧视

续表

条款规则	核心内容
确保竞争执法中的程序公正	依法实施处罚或救济时，允许当事人提交证据抗辩 采取或设立书面程序开展调查 采取或设立程序和证据规则，包括证据引入程序并平等适用程序中所有当事方 允许当事人依靠法院或其他独立法庭对处罚或救济进行审查 经国家竞争主管机关同意或法院或独立法庭批准，可自愿解决涉嫌违法行为 国家竞争主管机关公告未决调查不暗示涉嫌违法当事人，在执法程序中所指控违法行为要明确法律和事实基础，保护调查过程中获得的商业机密等信息，并允许被调查人可及时获得抗辩必要信息并为其提供咨询

资料来源：中改院课题组整理。

表8-11　CPTPP中竞争政策、国有企业和指定垄断透明度要求

竞争政策透明度	共同维护和更新APEC竞争法律与政策数据库信息 应请求提供竞争法的执法政策和实践、法律豁免例外情况 依法判决结果以书面形式呈现，列出事实认定和论证过程；保证向公众提供的判决或命令不包括受法律保护的机密信息
国有企业和指定垄断透明度	向其他缔约方提供或官网公开提供国有企业名单且每年更新，提供对指定垄断或现有垄断范围扩大及其指定所含条件 应实体活动影响贸易或投资的请求，迅速提供其国有企业或政府垄断的股比、投票权比例、特别股份或投票权或其他权利、董事会中任职政府官员头衔，3年年收入和总资产，法律豁免获益的权利以及可公开获得书面请求的财报和第三方审计报告等额外信息 应书面请求，书面提供非商业考虑援助的任何政策或计划信息，答复信息足够具体，包括赠款或贷款等非商业援助形式，提供者名称和接收者名称，法律依据和政策目标，非商业援助货物或服务的单位金额或总金额或年度预算金额，贷款担保金额利率和收取的规费，提供货物或服务方式的非商业援助所收取的价格，权益资本行使提供的投资金额、所获股份等，存续时间和统计数据。机密信息保证不披露

资料来源：中改院课题组整理。

（二）明确海南自由贸易港竞争政策压力测试的重点任务

1. 竞争政策法律体系仍有待进一步完善。2021年9月30日，《海南自由贸易港公平竞争条例》正式颁布实施，明确了县级以上人民政府市场监督管理部门的公平竞争监督管理职责。但从内容看，仍有较大完善空间。例如，条例未对国有企业提

出豁免，缺乏国有企业反垄断、公平竞争的审查机制；在透明度方面仍属于空白；对产业政策仅有原则性表述，对专项性补贴缺乏可操作机制；等等。

2. 指定垄断（行政垄断）依然广泛存在。特别是在服务业领域，存在体制内外、要素获取等方面的不平等待遇；在负面清单的部分规定中，存在着明确要求优先考虑国内企业或本国居民等相关规定。此外，条例提出“强化对技术创新和结构升级的支持”，意味着各级政府仍然有产业补贴的相关权限。

3. 信息披露和透明度仍有待进一步提升。例如，对国有企业的相关披露信息不完全，选择性披露问题依然存在；出台的大量产业政策等缺乏必要的解读及适用指导服务，造成部分企业“找不到、看不懂、不会用”等；缺乏相关违反竞争政策行为的判例及适用规则说明，未能形成良好的市场引导。

（三）强化竞争政策基础性地位

1. 对标CPTPP完善竞争政策法规体系。

（1）增加对国有企业的相关条款。对承担国家安全或重大战略的国有企业以清单形式进行豁免；对其他国有企业，明确其信息披露标准与格式，形成定期披露机制，市场监管部门根据其披露信息对其是否符合市场行为进行评估。

（2）增加反行政垄断的相关条款。明确除涉及国家安全的领域外，各级政府不得制定差异化的准入程序，确保在准入许可、经营运营、要素获取、标准制定、优惠政策、政府采购中平等对待内外资企业，并确保民企与外企享受不低于国企的相关待遇。

（3）增加透明度的相关条款。例如，定期就竞争执法的相关政策与实践案例进行公开，并明确相关案例的适用条件。

（4）增加补贴政策的适用条款。制定适用产业扶持政策的正面清单，减少选择性补贴、投资补助等举措，将产业政策严格限定在具有重大外溢效应或关键核心技术的领域。更多采用普惠性减税、消费者补贴等手段，维护市场公平竞争。

（5）增加新经济领域反垄断条款。2021年2月7日，《国务院反垄断委员会关于平台经济领域的反垄断指南》正式出台并实施，标志着我国平台经济领域反垄断监管的重要突破，对营造公平竞争的市场环境是一个重大利好。未来，需要在进一步细化相关标准规范的同时，强化新经济领域的反垄断立法与执法。

（6）增加政府采购中的公平竞争条款。确保在政府采购中无条件对内外供应商（含国企）给予国民待遇与非歧视待遇。

2. 提升公平竞争审查的专业性。

（1）组建专门的公平竞争委员会。建议组建专门的公平竞争委员会，确定为法定机构，在市场监管部门的指导下相对独立地开展竞争审查工作。依托其更加灵活的优势，吸引国内外竞争政策领域的专家、执法人员、企业、裁决人员及国际组织等参与，确保竞争审查的专业性。

（2）以信息公开为重点确保竞争审查与执法程序公正。形成竞争审查与执法的定期披露机制，就审查主体、内容、详细程序、环节及最终结果向社会公布。

（3）设立公平竞争法庭（院）。建议在省高院设立公平竞争法庭，专司公平竞争案件；对因违反国家竞争法而被处罚或救济的个人、企业提供寻求对处罚或救济进行审查的机会，特别是对公平竞争执法部门的审查程序予以审查。待条件成熟时，建立海南自由贸易港公平竞争法院。

3. 建立财政补贴退出机制。在政府发放财政补贴之前，必须履行告知义务，即在何种条件下启动财政补贴退出机制。政府在收到发起补贴退出机制的申请后，应当先判断该项“补贴”是否属于财政补贴，是否扭曲了市场竞争。除此之外，在调查中，还应听取被调查企业的申辩，根据财政补贴对于市场扭曲的程度，判断财政补贴的返还比例，以保证实质公平。

4. 率先探索国有企业改革新路径。例如，对商业一类的国有企业，通过股权多元化方式使得政府持股比例降低到50%以下，以满足CPTPP要求，并按照国际通行规则选聘董事会与高管，政府的干预和介入主要通过派驻股东行使表决权的方式进行；对商业二类的国有企业，参考马来西亚、新加坡等国家的做法，通过股权基金进行持股，降低政府直接持股比例。

5. 进一步完善私人诉权。明确在竞争法律框架下，受处罚或救济的任何人或实体可以获得对该处罚或该救济的独立审查或上诉的权利。

6. 积极开展竞争政策的国际合作与交流。积极同新加坡等开展竞争执法机构的国际合作与交流，就内外竞争政策信息、竞争执法典型问题等开展交流研讨，并定期分享最佳实践案例，联合开展对中小企业利用竞争法律、法规的辅导等。待条件成熟时，率先与新加坡共同制定公平竞争审查标准与程序，并实现竞争执法结果互认。

四、形成与国际对接的高标准知识产权保护体系

（一）把握TRIPS知识产权规则演变的基本趋势

1. 与国际公约全面接轨。CPTPP要求成员国必须加入《专利合作条约》《商标国际注册马德里协定有关议定书》《国际承认用于专利程序的微生物保存布达佩斯条约》《商标法新加坡条约》《国际植物新品种保护公约》《世界知识产权组织版权条约》《世界知识产权组织表演和录音制品条约》，上述公约在《保护工业产权巴黎公约》《伯尔尼保护文学和艺术作品公约》的基础上进一步提升了知识产权保护标准。

2. 保护范围明显扩大。例如，CPTPP中将“域名”纳入保护范围，并借鉴了《统一域名争议解决政策》的争议解决规则；将气味商标和声音商标强制性纳入保护范围，并取消了驰名商标认定中不合理的限制条件；增加了农用化学物质产品、生物药品等未披露的实验或其他数据作为保护客体。

3. 更加严格的执法程序与法律责任。对知识产权民事侵权救济标准和救济措施等提出了如救济方式、赔偿数额的计算、诉讼费用的承担、侵权工具与货物的处

理、法定赔偿等具体措施；更加重视数字环境下的商标、版权侵权执法，规定了具有惩罚性质的附加赔偿，放宽了销毁侵权材料和工具的适用标准，将商标混淆或近似的商品纳入执法对象，规定海关可依职权启动边境保护措施；在具体条款中，还规定了政府机构侵权行为不适用豁免；等等。

（二）海南现有知识产权保护制度体系与高水平开放存在差距

1. 未完全加入国际公约。目前，我国尚未批准加入CPTPP要求的《国际植物新品种保护公约》（1991年文本）。

2. 知识产权保护范围相对较小。例如，《中华人民共和国商标法》明确将“文字、图形、字母、数字、三维标志、颜色组合和声音等”纳入注册范围予以保护，但气味并未纳入。再例如，CPTPP中关于复制权的解释强调“以任何方式或形式”，《中华人民共和国著作权法》则强调“以印刷、复印、拓印、录音、录像、翻录、翻拍、数字化等方式”，且并未就“临时复制”作出相关解释；与《中华人民共和国专利法》相比，CPTPP以更小的“拒绝授予专利范围”实现了更大范围的专利保护；等等。

3. 保护期、宽限期等保护标准不一致。例如，CPTPP中对版权及相关权限的保护期限为“不得少于作者生前加作者死亡后70年”，我国《中华人民共和国著作权法》的保护期限为“作者终生及其死亡后50年”；CPTPP将发明宽限期确定为12个月，《中华人民共和国专利法》的发明宽限期为6个月；对农用化学品未披露实验数据或其他数据的保护期，CPTPP为10年，我国为6年；关于“新药品”的定义中，CPTPP为国内非上市药品，我国则为国内外非上市药品，我国的定义更小。

4. 知识产权保护的执法能力不足。例如，CPTPP要求在知识产权领域实行国民待遇；明确允许对任何侵犯该章所涵盖知识产权的行为采取有效行动，包括防止侵权的快速救济措施和对未来侵权构成威胁的救济措施，并可使用民事和行政程序及救济、临时措施和刑事程序和处罚等方式。我国在相关法律中对侵权行为限制了

“以盈利为目的”“违法所得数额较大”等前置条件。

（三）对标国际扩大知识产权保护范围并逐步提升保护标准

1. 制定出台《海南自由贸易港知识产权保护条例》配套文件。2021年12月，《海南自由贸易港知识产权保护条例》出台，明确“对标国际先进标准，创新体制机制，建立制度完备、运转高效的知识产权保护体系”的要求。对比看，CPTPP中知识产权规则更具操作性。建议出台本条例的相关解释文件或配套条例，重点在突破上位法中保护期、宽限期等要求，实现与CPTPP一致；并按照商标、专利、未披露的数据和其他数据的保护、著作权和与著作权相关的权利、执行、国际合作、数字知识产权保护等具体内容，形成具体化的指引文件。

2. 建设具有海南自由贸易港特点的知识产权法规体系。围绕海南自由贸易港现代产业体系构建、绿色发展与最高水平开放形态等特定要求，形成具有海南自由贸易港特点的知识产权地方性法规体系。

（1）产业特点。聚焦旅游业、现代服务业、高新技术产业及热带高效农业，制定与现代产业体系相适应的知识产权法律法规。例如，高度重视植物新品种、数字经济、医疗健康、深海科技等领域的知识产权立法。

（2）生态特点。重点开展对绿色专利领域的立法，就绿色专利的申请、授权、应用、流转、保护等全链条环节形成法律法规安排。

（3）国际化特点。主动对标CPTPP等国际高水平经贸规则，开展加强知识产权保护的压力测试；建立具有中国特色自由贸易港特点的知识产权国际交易中心；积极开展知识产权的国际交流，建立国际交流平台。

3. 进一步完善海南自由贸易港知识产权保护体制。在海南率先探索省级以下知识产权垂直管理体制，赋予并规范市场监管部门的知识产权行政执法权限；探索商标、专利、集成电路布图设计、地理标志领域之外的知识产权的集中管理模式；在省级层面分别建立政府司法间、部门间、市县间知识产权协调机制。逐步减少专职技术调查官的数量与比例，更多地引入专业人员甚至外籍专家作为兼职技术调查官，并赋予兼职技术调查官在裁决中更大的影响力；争取支持、赋予海南相关法院执行跨境知识产权管辖权；加快推进知识产权人才培养、知识产权代理机构资质等领域的标准化；强化区块链等技术的应用，推动知识产权司法及行政机关“上链”取证、确权和裁决。

4. 在知识产权市场化应用方面实现更大力度的探索。积极打造若干个国际知识产权交易中心，支持对知识产权的定价、评估、授权、维权机制的探索；鼓励相关机构在东南亚范围挖掘、发现一批与产业竞争力相关的核心专利，争取到海南转化；深化知识产权所有权、处置权、收益权改革，使知识产权在海南更便利地获得市场运营收益，提高东南亚创新者到海南转化创新成果的积极性；推进知识产权证券化探索，打造集交易、融资、资本市场服务为一体的国际化平台；加强区块链技术在知识产权交易、存证等方面的应用，探索适合自由贸易港发展的新模式。

5. 积极开展知识产权保护国际合作。吸引世界知识产权组织、世界贸易组织、亚太经济合作组织等国际和地区性组织在海南自由贸易港设立代表处或办公室。深化与CPTPP中新加坡、日本等发达国家知识产权、经贸、海关等部门的合作，鼓励国内服务机构加强与国外相关组织的合作交流。支持新加坡、中国香港的国际仲裁院在海南自由贸易港设立知识产权仲裁分中心。探索在东盟国家设立知识产权海外维权中心。聘请当地知识产权领域人才，为走向东盟的企业提供知识产权纠纷应对指导、律师聘请、政府协调等公共服务。同时，鼓励省内行业协会建立专门的行业专利海外援助服务机制，为企业提供应对海外专利纠纷、争端和突发事件的服务。

▶▶▶

第三节

打造专业高效的政务环境

行政高效运转是实现经济高度开放的内在要求。以《中华人民共和国海南自由贸易港法》为基础，充分借鉴国际知名自由贸易港政务环境建设的经验做法，加快构建专业高效的行政管理体制。

一、建立高效率行政体制

（一）打造精简扁平的政府机构

1. 改变决策、执行不分的现状，提高行政系统决策的科学性、运作的效率。适应海南自由贸易港建设需求，深化“大部门制”改革，目的是提高决策的科学性、运作的效率；关键是实行决策与执行适度分开。决策、执行不分的政府职能设置，不仅使得政府部门在决策时难以超越部门利益束缚，也导致政府部门更多从具体业务出发而非从发展全局出发谋划本部门任务；重点是整合各部门职能。从国际自由贸易港的经验看，精简扁平的政府机构设置在激发市场活力的同时，能够有效避免政府职能交叉和多头管理，提高行政效率。借鉴新加坡等的做法，结合海南的实际情况，迫切需要按照精简扁平的原则，整合分散在各部门相近或相似的功能职责，推动相近部门合并。

2. 尽快形成“大部门”的行政架构。建立高效率的行政体制，重点是推动政府职能部门整合，以推动相近部门合并。

（1）社会发展的“大部门制”。整合多个部门的社会发展职能，实行社会发展的“大部门制”。其主要职能：负责制定基本公共服务、社会保障、人力资源发展与就业、社会救助、慈善事业发展等的政策、规划、标准；制定社会团体、社会服务机构、企业协会等社会组织的登记管理制度；制定国际人才引进、居留、就业及外籍劳工引进等相关制度规范；制定社会文化体育娱乐规划及其设施建设标准；等等。

（2）自然资源和环境保护的“大部门制”。整合相关部门的职能，实行自然资源和环境保护的“大部门制”。其主要职能：负责全省自然资源利用及生态环境保护的统筹协调和监督管理；监督管理全省全民所有土地、矿产、森林、湿地、水、海洋等自然资源资产；制定国家公园建设规划及标准；制定全省资源开发、生态监测、环境保护标准与政策规范；监督管理森林、湿地资源、自然保护地、水源地等特殊生态区域的生态环境、污染控制等，指导、协调、监督生态保护修复工作与生物安全工作。

（3）财政、审计与国有资产管理的“大部门制”。整合相关部门的职能，实行财政、审计、国有资产管理的“大部门制”。其主要职能：负责制定经费开支标准、定额，制定并管理财政预决算计划；审核、审计全省的年度预决算、转移支付及国有资产，制定省政府性基金、彩票与税费的管理政策、规定及标准；负责拟定省政府采购规章、制度及省级经费下拨计划；制定国有资产管理规章制度与国有资产保值增值指标体系；等等。

（二）设立海南自由贸易港经济委员会

1. 由经济委员会承担自由贸易港的开发经营职能。建议在省级层面设立海南自由贸易港经济委员会，其性质为法定机构，其主要职责是负责内外贸易、国际经济合作、利用外资、招商引资、总部经济、口岸工作和产业发展等方面的运营。

2. 海南自由贸易港经济委员会权责法定。由省人大出台《海南自由贸易港经济委员会条例》，明确其法律地位、职能权限、运行机制、人事管理、财务监管、考核评价及与相关机构的关系、主要负责人的产生和免职、经费来源、活动管理、监督、变更和撤销等内容。

3. 海南自由贸易港经济委员会实行严格的法人治理结构。海南自由贸易港经济委员会实行"理事会-职能部门"的扁平层级组织架构。其中，理事会为法定机构的决策机构，直接对省委省政府负责；按着因需设立、突出专业性的原则，设立若干职能部门，在明确相关职责的前提下开展开发营运的具体事务。

4. 实行由省委书记或省长直接负责的领导运行机制。海南自由贸易港经济委员会实行理事会领导下的主任负责制。建议由省委书记或省长担任理事长，理事会其他成员由政府部门代表、知名专家、企业代表、行政执行人等组成。该委员会全部人员实行岗位聘任制，以及市场化薪资。

（三）建立以法定机构为主体的执行系统

借鉴新加坡、中国香港等经验，按照因需设立、经济优先的原则，逐步形成法定的执行体系。当前，要聚焦贸易投资自由化便利化，尽快在专业性要求比较强、自由贸易港建设需求急迫的领域设立法定执行机构，作为海南自由贸易港经济委员会的执行部门。

例如，设立贸易与投资促进局，负责推行贸易与投资自由化便利化的相关政策，并赋予其行政审批、投资审核、资质认定、准入条件设置等职能；设立旅游业发展促进局，负责全省旅游产业规划、标准制定、旅游企业监管及旅游消费中心建设规划与基础设施建设等；设立现代服务业发展促进局，负责落实现代服务业的相关开放政策，制定现代服务业专业技术标准及职业人员资格认定标准，推进国际旅游消费中心、国际教育创新岛等重大任务建设；设立高新技术产业发展促进局，负责实施数字贸易规则、数字经济发展规划，高新技术企业认定及优惠政策落实，具体负责国家南方科研育种基地建设及智慧海南建设等。

二、实行开放灵活的人事管理制度

（一）加快推进公务员分类改革

1. 实行分类管理。在综合管理类、行政执法类、专业技术类公务员划定标准的基础上，根据职位性质与特点、工作职责内容及任职资格要求等，尽快研究提出海南自由贸易港行政执法类、专业技术类公务员划定标准，为建立适应自由贸易港要求的新型公务人才队伍奠定坚实基础。

2. 创新公务员的管理体制。根据不同部门和行业管理特殊性，进一步精细划分职组和职系，创建不同职系的职务序列名称，科学定岗、定编、定员；严格控制综合管理类公务员比例，逐步形成以专业技术类和行政执法类为主体的公务员队伍。借鉴中国香港、新加坡等经验，进一步强化公务员队伍的专业性，明显缩减综合管理类公务员比例。争取到2030年，进一步压缩综合管理类公务员数量占比，形成一支以专业技术类和行政执法类为主体的公务员队伍。

3. 建立公务员跨类转换机制。根据实际情况，若实际工作性质特点与分类标准明显不符，在科学评估的前提下允许公务员跨类转换。在统一的职务与职级并行制度的基础上，实现三类公务员职务序列与职级的对应衔接，促进公务员人才资源开发与资源优化配置。

（二）以公务员聘任制推动建立更加灵活开放的用人机制

1. 对聘任制公务员实行多元化市场招聘。突破“逢进必考”的惯性做法，在分类管理的基础上通过临时雇佣、实习性项目、推选举荐、人事代理制度、柔性引才等多元方式招录聘任制公务员。

2. 对聘任制公务员实行市场化薪资。按着分类确定的基本原则，对高级专业人才或高级管理人才实行“一人一策、一职一薪”政策，实行协议工资；对一般性岗位实行普通聘任合同，参照相近职位的委任制公务员待遇水平。同时，根据同类人才市场薪资情况进行动态调整。

3. 对聘任制公务员实行市场化考核。对专业技术类聘任制公务员，强化其履职效果考核与成本收益考核，并引入法定机构等第三方主体进行外部考核；对行政执法类公务员岗位，可引入执法对象的评价等作为考核内容。将考核结果作为是否续聘的主要参考。

（三）全面推行专业技术类人员聘任制

1. 设立技术类管理岗位。适应海南自由贸易港建设的人才需求，在卫生、规划、发改、教育、监管等专业性较强的领域推出技术类或领导职务岗位，吸纳体制外优秀人才，激发体制内干部队伍活力。

2. 建立专业类公务员岗位。通过实行身份“封存管理”、工龄连续计算、工资适当提升、优先提拔重用等多种方式，鼓励在编公务员转换为聘任制公务员，并实行市场化薪酬。

3. 逐步完善聘任制公务员管理制度，除党政机关以外，全部取消编制管理。在预算管理前提下，实行全员聘任制。改变以行政级别为主的“身份管理”，实行以职务聘任为主的“岗位管理”。

（四）强化公务员分类考核

1. 制定职位说明书。借鉴新加坡的经验，制定职位说明书，详细列明具体职位的组织管理关系、职位权责、业绩标准、任职能力与资格要求、奖惩措施等，并将其作为招录与考核各类公务员的基本依据。

2. 分类制定公务员考核体系。在坚持“德、能、勤、绩、廉”基本考核原则的前提下，按照不同类型（综合管理类、行政执法类、专业技术类）与不同职级，分类制定符合各职能特点的管理办法与考核指标体系，并尽可能将指标量化，增强考核的可操作性与客观性。例如，对专业技术类公务员，应以专业能力评价为核心，重点考察被考核人在专业工作中发现、研究和解决问题的能力；对行政执法类公务员，更加强调考核日常执法效果与突发事件处置中的应对能力。在此基础上，待公务员分类完成后，根据实际业务情况，进一步调整细化形成不同的职组和职系的考核指标。

3. 将自由贸易港建设的关键指标作为公务员考核的重点。按着自由贸易港建设的重点任务，形成具体化责任清单，明确责任主体与行政执行人；提升自由贸易港建设任务完成度在公务员考核指标中的权重，对关键性指标实行全过程动态考核。

4. 推进公务员考核主体多元化。选择具有代表性的群众参与考核；引入如公务员监督委员会等法定机构，强化考核的客观性与科学性。

5. 强化考核结果的运用。将考核标准列入劳动合同中，将考核结果与公务员的职务升调、交流培训、薪资福利、续聘与否等挂钩，增强考核结果的实效性，及时兑现考核结果，充分激活绩效考核制度的作用。

三、建立政府政策承诺诚信制度

（一）以建立政府政策承诺诚信制度大幅降低企业制度性交易成本

1. 政策落实流程再造。由“企业找政府”向“政府精准服务”转变。建立以政府上门送政策为导向的政策宣传机制，充分利用现代信息技术，通过政策自动匹配、精准推送、重点企业“一对一”服务等多种方式送政策上门；建立以政府主动承诺兑现为核心的政策执行机制，形成对政府政策承诺落实的硬约束，实质性解决企业办事中“企业着急、办事人员不急”的现实矛盾，提高政策承诺落实效率；建立以政府主动领办、帮办为重点的政策服务机制，帮助企业在“政策窗口期”及时享受政策。

2. 明显降低企业办事成本。“一次不用跑”为常态，“最多跑一次”为底线。在不违反原则性规定的前提下，最大限度减少办事环节、整合办事材料、优化办事流程，实现所有涉企事项只跑一次、一次办成；完善电子政务服务平台相关功能，实现“一次不用跑”事务全覆盖。

3. 明显提升企业获得感。由“最后一公里”向“零公里”转变。建立全省统一的经济政策发布平台，实现经济政策“一站式、无障碍”直通企业；在进一步简化办事环节的基础上，编制详尽的办事指南，实现政策执行标准化、便利化；实行政策承诺兑现全过程动态监测评估，建立直通式政策落实监测反馈机制。

（二）以打通政策落实“最后一公里”为导向建立政府政策承诺诚信制度

1. 建立跨部门经济政策信息一站式服务平台。在现有信息公开平台的基础上，按照“全省政策信息一张网”的要求，打造全省统一的政策信息发布平台。按照自由贸易港建设的基本要求，重点清理目前仍在执行的“不适应高水平开放、不符合主导产业发展方向、不适应公平竞争、落实举措不明确”的经济政策或具体条款，形成一套精准、精简且与最高水平开放和一流营商环境建设相适应的政策体系，并按照“一个产业一个经济政策清单”的要求对清理后的政策进行梳理整合，按照“一件事一个指南”的要求建立与政策清单相配套的政策服务数据库。同时，依托商事主体登记平台的企业名称、行业、经营业务等企业信息，建立企业法人库，为精准匹配涉企政策奠定基础。在此基础上，建立经济政策数据库与企业法人数据库匹配机制、经济政策信息精准推送机制、经济政策信息动态推送机制。

2. 建立政策发布同步承诺制度。

（1）同步发布政府政策承诺书。系统梳理经济政策文件中的相关事项，“按照一事一承诺”的原则，同步形成与经济政策相配套的政府政策承诺书，并由政策执行牵头部门及主管责任人签章确认。通过经济政策发布平台进行公开发布，并与经济政策打包向企业推送。

（2）明确政府政策承诺书内容。政府政策承诺书应当包含政策实施目标及具体事项名称、申请材料、办事流程、办理时限等内容。

（3）建立公开透明的承诺内容调整机制。明确承诺调整标准，将承诺调整事由限定在因自由贸易港建设进程变化、改善公共利益、法规调整或政策失效等范围内；建立由政府部门代表、知名专家、企业代表、行政执行人等组成的政府政策承诺调整评估委员会；形成重大事项与一般事项清单，分类制定承诺调整程序；实现承诺调整全过程公开，最大限度降低承诺调整对政府公信力带来的负面影响。

3. 建设政策承诺兑现大厅。

（1）明确政策承诺兑现大厅职能。以提高政策适用性、政策兑现便捷性、兑现服务主动性为目标，以惠企政策兑现、招商引资政策承诺兑现、涉企公共服务、涉企专业服务、企业诉求处理等为重点，建立集政策承诺兑现咨询、兑现服务办理、兑现进程及结果公示、兑现问题反馈等于一体的政策承诺兑现大厅，进一步提高政策落地及兑现效率，增强企业获得感。

（2）因需设立政策承诺兑现大厅办事窗口。如涉企政策承诺兑现综合窗口、惠企政策承诺兑现窗口、招商引资政策服务与承诺兑现窗口、涉企公共服务承诺兑现窗口、涉企专业服务窗口、企业诉求处理窗口等。

（3）设立政策承诺兑现官。借鉴“注册官”制度，实行政策承诺兑现官制度，明确将政策承诺兑现官作为各政策主管部门履行政策承诺的直接责任人，在政策承诺兑现中依法独立行使受理、审查、批准等职责，并承担相应的法律责任。同时，实行政策承诺兑现官“终身负责制”。

4. 探索实行“承诺即享”制。对享受相关经济政策涉及的许可审批、审核认定等事项，由企业提出政策适用申请，签署标准化资格符合承诺书，即可享受该政策的相关条款。为此，建议依托经济政策数据库，统筹产业发展需求与信用风险防范，制定“承诺即享”事项清单，对清单内事项实行“承诺即享”。同时，按照“成熟一个，推出一个”的要求，逐步拓展“承诺即享”事项范围，最终实现除直接涉及公共安全、生态环境保护和直接关系人身健康、生命财产安全的事项外全覆盖。

5. 建立政策承诺兑现全流程管理机制。建立政府政策承诺兑现全流程管理机制，形成政策承诺兑现申请受理、分派、预警、办结、公示的服务闭环，确保“事事有反馈、件件有落实”。

（三）建立政府政策承诺兑现质量社会监督机制

1. 建立社会投诉举报平台。在整合优化各部门投诉举报平台功能的基础上，进一步完善12315投诉平台，构建统一高效的政府政策承诺兑现服务投诉举报热线平台。支持公众利用微信等新媒体对政府政策践诺行为进行监督，为群众投诉举报违法行为提供更加便利、通畅、有效的渠道；完善法律法规，推动互联网监督的法治化、规范化。健全舆论监督机制，允许媒体通过新闻报道、调查、评论等多种方式，对政府部门及政策承诺兑现官的违法失信行为进行监督。

2. 定期开展政府政策践诺第三方评估。探索通过政府购买服务等方式，委托信用管理企业、高校及科研院所等第三方机构，充分运用大数据技术，依法采集、整理、监测、分析政府政策承诺兑现信息，以及申请人评价、群众举报投诉、媒体舆论信息等信息资源，对各部门政策措施落实情况、重点领域守诺情况等进行评价评级，并通过政府政策承诺信用公示平台及时公布社会评价结果，加强社会监督。

（四）形成政策承诺诚信保障体系

1. 依法依规建立政府政策承诺守信激励与失信惩戒机制。制定《政府政策承诺守信激励与失信惩戒办法》，就失信类型与情形、奖惩主体、奖惩对象、奖惩程序、奖惩标准、奖惩方式等内容作出详细规定，形成守信激励与失信惩戒的依据。

2. 建立政府政策承诺失信赔偿制度。制定《政府政策承诺失信赔偿办法》，明确并细化政府政策承诺失信的赔偿情形、赔偿主体、赔偿标准、赔偿程序，并强化赔偿决定的执行力。同时，依照“权责对等、损害即赔偿”的原则建立政府政策承诺失信赔偿制度。对因国家利益、公共利益或其他法定事由等需要改变政府承诺和合同约定的，要严格依照法定权限和程序进行，并对相关企业和投资人的损失依法予以补偿；对于不能履行承诺或执行不到位而造成损失的，应及时予以赔偿或补偿；对于因执行不到位或承诺不规范而导致失信，造成企业或投资人损失的，有重大过错的公务人员将承担部分或者全部的赔偿或补偿责任。

3. 完善因政府失信造成损失的企业和投资者保护机制。一方面，完善行政强制执行措施的相关立法，提高行政机关拒绝履行法院生效裁判的罚款数额，增加强制执行措施，赋予法院查封和扣押行政机关财产的权力，对拒不执行法院生效裁判的行政机关负责人和直接责任人员可处以罚款或予以行政拘留。另一方面，创新政府与企业纠纷解决机制。对于政府未能严格履行承诺，且未造成重大影响，经失信行为人或责任单位与受损企业或投资者一致同意的，可采取协商、调解等方式处理失信行为及带来的后果。双方协商不一致的，允许通过仲裁等方式处理政企纠纷，法院对仲裁裁决予以认可。

第四节

打造国际化法治环境

高度法治是海南自由贸易港的基本要求和重要保障。海南自由贸易港法治化营商环境建设，需要对标国际一流，把制度集成创新摆在突出位置，在高水平法律法规体系与司法体制建设上取得重要突破。

一、以《中华人民共和国海南自由贸易港法》为基础形成高质量法律法规体系

（一）发挥《中华人民共和国海南自由贸易港法》的优势

1.《中华人民共和国海南自由贸易港法》是全国人大首次为内地某一经济区域单独立法。《中华人民共和国海南自由贸易港法》是全国人大常委会行使国家立法权开展的立法实践，从国家立法层面确定了海南自由贸易港的法定地位，在海南自由贸易港建设中居于除宪法外的最高法律位阶，一切与海南自由贸易港建设相关的主体、行为等都应遵守本法。

2.《中华人民共和国海南自由贸易港法》为海南高水平开放和中国特色自由贸易港建设提供了原则性、基础性法治保障。一是将《海南自由贸易港建设总体方案》明确的自由贸易港政策和制度安排以法律形式固定下来。二是确定了自由贸易

港法律体系的“四梁八柱”，在为海南自由贸易港建设提供制度供给的同时，予以海南自由贸易港法治体系建设充分的空间。三是在保障国家法治统一的前提下，赋予海南新的更大的立法权限。四是赋予海南省更大的改革自主权，极大地扩展了海南自由贸易港改革开放和发展的空间。

专栏8-2 “一本三基四梁八柱”战略框架

1. “一本”：顶层设计

坚持以习近平总书记关于海南工作的系列重要讲话和重要指示、批示为根本遵循。习近平总书记关于海南工作的系列重要讲话和重要指示、批示着眼国内国际发展大局，明确提出海南要努力成为新时代全面深化改革开放的新标杆，同时作出一系列具体而明确的部署要求，赋予海南改革开放新的重大责任与使命，是新时代海南发展的根本遵循。

2. “三基”：制度基石

习近平总书记2018年4月13日重要讲话发表后，《中共中央 国务院关于支持海南全面深化改革开放的指导意见》（中央12号文件）、《海南自由贸易港建设总体方案》（中央8号文件）先后印发，《中华人民共和国海南自由贸易港法》颁布实施，将海南未来发展方向和一系列重磅支持措施以中央文件、国家立法的形式固定下来，高规格构筑起海南全面深化改革开放和中国特色自由贸易港建设的三大制度基石。

3. “四梁”：目标定位

习近平总书记明确指出，海南要着力打造全面深化改革开放试验区、国家生态文明试验区、国际旅游消费中心、国家重大战略服务保障区，争创新时代中国特色社会主义生动范例[1]。对海南而言，“三区一中心”既是明确的建设目标，也是清晰的战略定位。

4. “八柱”：稳固支撑

为高标准高质量落实好海南全面深化改革开放和中国特色自由贸易港建设这一重大国家战略，海南着力建设并不断完善政策环境、法治环境、营商环境、生态环境，以及经济发展体系、社会治理体系、风险防控体系、组织领导体系，铸牢支撑发展的八根重要支柱。

资料来源：《锚定“一本三基四梁八柱”战略框架 加快建设中国特色自由贸易港》，https://baijiahao.baidu.com/s?id=1734406431322555770&wfr=spider&for=pc。

---

[1] 习近平：《在庆祝海南建省办经济特区30周年大会上的讲话》，《人民日报》2018年4月14日第2版。

3.《中华人民共和国海南自由贸易港法》对海南自由贸易港长远建设中涉及的重大关系作出相关法律规定。一是协调中央地方关系。作为国家层面的立法，《中华人民共和国海南自由贸易港法》的落实主体不仅包括海南省，还包括与自由贸易港建设相关的中央部门。二是明确海南自由贸易港建设的领导机制，赋予其统筹协调的法律地位，并就具体事项形成包含发改、财政、商务、金融、海关等中央部门与海南省的职责分工。三是协调政策法规与法律的关系。《中华人民共和国海南自由贸易港法》明确“海南自由贸易港建设和管理活动适用本法”，这意味着本法是聚焦海南自由贸易港建设的特别法，具有优先适用权。

（二）用好海南自由贸易港法规制定权

1. 尽快明确海南自由贸易港法规制定权的内涵、范畴及权限。《中华人民共和国海南自由贸易港法》第十条赋予了海南自由贸易港法规制定权，并明确了备案、审批等推进机制。从实际看，需要以《中华人民共和国海南自由贸易港法》为依据，一是尽快明确中央和海南对海南自由贸易港法规制定权的划分，界定贸易、投资及其管理活动的范围，形成海南自由贸易港“贸易、投资及相关管理活动”事项清单；二是明确通过海南自由贸易港法规制定权制定的地方性法规，其在自由贸易港建设中的法律效力，尤其要明确与国内现行法律法规冲突时的适用问题；三是明确行使海南自由贸易港法规制定权的具体工作流程和方案方法及相关合法性审查机制，重点是明确备案类、审批类的范围，形成具体清单；四是明确《中华人民共和国海南自由贸易港法》及依据本法制定的相关法规的解释权。

2. 以海南自由贸易港法规制定权突破现行法律法规对制度集成创新的掣肘。当前，海南省人大及其常委会是全国唯一一个同时拥有地方性立法权、经济特区立法权和海南自由贸易港法规制定权的立法主体；需要明确各自功能，实现三者有机衔接和协调配合，避免海南自由贸易港法规制定权被滥用。例如，涉及省级综合性管理事务、城乡建设等事项通过地方性立法权解决；涉及经济管理领域的变通上位法事项通过经济特区立法权解决；海南自由贸易港法规制定权主要是通过变通性立法与创制性立法，突破《中华人民共和国立法法》第十一条中涉及贸易、投资及相关管理活动中必须制定法律的法律障碍。

3. 强化与《中华人民共和国立法法》的对接，拓展海南自由贸易港法规制定空间。《中华人民共和国立法法》第十一条明确了只能制定法律的11项领域，其中6—11项均涉及海南自由贸易港法规制定权涵盖的“贸易、投资及相关管理活动”。为此建议，着眼于形成具有国际竞争力的开放政策和制度的基本要求，争取全国人大支持，对海南自由贸易港法规制定权进行扩大化解释，并实现对海南省人大及其常委会的“一揽子”授权，在坚持中央统一领导和维护国家法制统一的前提下，最大限度发挥海南自由贸易港法规制定权的效力。

（三）加快构建高水平地方性法规体系

1. 聚焦《海南自由贸易港建设总体方案》政策与制度落实，突出海南自由贸易港法规体系的全面性。在《中华人民共和国海南自由贸易港法》的框架下，将《海南自由贸易港建设总体方案》要求的贸易、投资、跨境资金流动、人员进出、运输来往自由便利、数据安全有序流动和特殊税制，以及《中华人民共和国海南自由贸易港法》中涉及的行政管理、生态环境、产业发展、土地管理、社会信用、风险防范等内容以地方性法规的形式予以具体化、法律化。

2. 按着对标“最高水平开放形态”的基本要求，突出海南自由贸易港法规体系的开放性。通过法规体系构建推动实现贸易与投资服务一体化、货物贸易和数字贸易一体化、民间市场与政府采购市场一体化、自由与公平竞争一体化、经济发展与社会关切一体化、实体与争议解决一体化。同时，地方性法规要更多体现“涉外”内容、“对标”特征。例如，在投资领域，尽快形成全面放开投资准入、放宽市场准入等方面的具体法规；在贸易领域，按着“建立自由进出、安全便利的货物贸易管理制度”的要求，形成包含对外贸易、涉外商事争端、进出口管理、海关监管等在内的具体法规。

3. 聚焦国内立法空白领域，突出海南自由贸易港法规体系的创新性。利用海南自由贸易港法规制定权，对知识产权保护、数字经济、离岸贸易、现代金融等国家立法存在空白的领域，在遵循国际规则的基础上开展先行探索、创制性立法。

4. 突出海南自由贸易港法规体系的公平性。从细节着手，围绕营商环境的各个节点开展立法，通过法规体系构建与实施消除企业投资过程中事实上的不公平与不公平感。例如，在出台外商投资准入负面清单的基础上，对负面清单内事项实行内外资一致的投资准入审批制度；提升政府采购的国际化水平与透明度，在海南率先全面实施WTO《政府采购协定》的相关政策；等等。

5. 率先在关键性制度创新领域实现地方性法规体系建设的实质性进展。一是在坚持《中华人民共和国对外贸易法》的原则下，出台与CPTPP服务贸易规则衔接的《海南自由贸易港服务贸易条例》；二是出台《海南自由贸易港行政管理体制改革总体方案》《海南自由贸易港法定机构管理条例》，并以全岛资源利用效益最大化为目标，形成海南自由贸易港行政区划改革总体方案与地方性法规安排；三是适应全岛封关运作的实际需求，制定《海南自由贸易港海关监管条例》《海南自由贸易港检验检疫条例》《海南自由贸易港金融监督管理条例》《海南自由贸易港出入境管理条例》《海南自由贸易港市场监管条例》，借鉴CPTPP标准，制定细化商务人员临时出入境管理标准、程序。

（四）适应高水平法律法规体系建设要求，推进立法体制改革

1. 在省人大层面组建专业高效的海南自由贸易港立法机构。在海南省人大常委会法制工作委员会下设海南自由贸易港立法工作委员会，向国内招录聘任知名法律专家组建专业性立法团队、组建若干立法小组，以提升立法的质量与效率。

2. 在省人大层面成立自由贸易港立法研究中心，就海南自由贸易港法规制定权及立法的重大任务进行系统研究。同时，进一步畅通立法直通车，充分发挥海南自由贸易港立法咨询委员会委员、律师及行业协会以及各方面专家学者的作用。

二、以国际仲裁为重点建立国际一流的司法服务体系

（一）建立与国际接轨的海南自由贸易港仲裁制度

1. 建立健全海南自由贸易港的仲裁规则。参考借鉴联合国国际贸易法委员会投资仲裁规则及新加坡、中国香港国际仲裁中心的相关规则（见表8-12），建立健全海南自由贸易港的仲裁规则；建立海南自由贸易港临时仲裁制度；对国际仲裁案件，允许当事人自主选择两大法系仲裁模式裁决民商事案件。同时，在海南尽快以“仲裁地”标准取代“仲裁机构所在地”标准。

2. 明确商事仲裁的法律效力。限制法院干预仲裁程序、推翻仲裁裁决等行为，确保仲裁结果的权威性；强化海南国际仲裁院的仲裁规则与仲裁裁决的法律效力，借鉴迪拜经验形成仲裁与审判结果互认程序。促进外国裁判文书、仲裁裁决和调解文书在海南的承认与执行；海南自由贸易港内作出的裁定、调解书等具有与判决同等的法律效力。

3. 参照《新加坡调解公约》出台《海南省商事调解条例》。对商事调解作出清晰、具体的解释，明确商事调解机构的市场准入与退出条件、调解员的资格条件、商事调解的适应范围和调解程序及规定等具体事项。

4. 允许海南自由贸易港仲裁机构创建两大法系仲裁模式裁决民商事案件。在海南国际仲裁院内创建两大法系仲裁模式裁决民商事案件，组建海南国际商事法律专家咨询委员会，由来自不同国家和地区、不同法系的法律专家组成。

表8-12　新加坡、中国香港国际仲裁发展比较

项目	新加坡	中国香港
国际仲裁机构	新加坡国际仲裁中心	香港国际仲裁中心
立法框架及支持仲裁的司法体系	（1）1994年颁布《新加坡国际仲裁法》 （2）《新加坡国际仲裁法》与《新加坡仲裁法》实行双轨制 （3）新加坡国际仲裁业务受国家法院监督，司法机关不可作出不利于国际仲裁程序的事项	（1）出台《香港仲裁条例》 （2）香港法院高度支持仲裁，对仲裁采取“不干预”的态度，与仲裁相关的案件由仲裁专职法官进行初审
政策保障	（1）50%的税务减免 （2）给予非本地仲裁员方便签证待遇等 （3）新加坡政府出资建成世界第一个纠纷解决综合大楼——麦士威议事厅，邀请荷兰海牙的常设仲裁法庭、巴黎国际商会仲裁院等在内的国际顶尖争议解决机构在新加坡设立分支机构	2014年成立仲裁推广咨询委员会，由律政司司长担任主席，成员包括律政司、法律、仲裁及相关界别的代表
经济、高效、灵活的仲裁程序	引入“早期驳回制度”，有“多份合同仲裁”“追加当事人”“合并仲裁”等最新仲裁条款	通过《纽约公约》和多个双边仲裁裁决相互执行的安排，在香港作出的仲裁裁决可在超过150个国家和地区得到执行
仲裁员名册制度	新加坡国际仲裁中心仲裁员库包括多位世界各国知名人士，允许当事人在仲裁员库之外选择仲裁员	香港从覆盖全球的仲裁员名册或仲裁员名单中选择委任仲裁员

资料来源：中改院课题组整理。

（二）完善海南自由贸易港仲裁体制

1. 推进海南国际仲裁院（海南仲裁委员会）法定机构化改造。借鉴中国香港、新加坡等经验，推进海南国际仲裁院（海南仲裁委员会）法定机构化改造，建立以理事会为核心的法人治理机制。

2. 建立自上而下的海南自由贸易港国际仲裁体制。按着因需设立的原则，对部分仲裁需求较大的市县设立派出机构；派出机构仲裁结果的法律效力与海南国际仲裁院一致。

（三）探索建立与海南自由贸易港发展要求相适应的法院组织体制

针对特殊的案件类型和自由贸易港发展需要，在推进知识产权法院建设的基础上，适时探索建立国际商事、医疗健康、金融保险等专门法院。同时，适应海南优化行政区划设置和行政区划结构体系的需要，推进跨行政区划案件改革，实现全岛审判资源的优化配置。

（四）继续推进涉外审判体制机制创新

1. 探索聘请外籍法官助理、外籍调解员、书记员等从事涉外民商事审判、司法辅助工作和诉讼调解工作。

2. 积极对接国际通行规则。借鉴新加坡经验，在案件审判中正确使用国际条约、公约和多边协定，实现与国际经贸规则对接。

3. 赋予当事人涉外民商事案件的法律适用权和选择权。在不损害国家主权、安全和社会公共利益，不违反《中华人民共和国海南自由贸易港法》的前提下，主动开展跨境民商事案件的域外法律、规则适用试验，对于与我国司法管辖无实际联系的涉外当事人，充分尊重当事人对法律适用的选择权及纠纷解决机制的选择权，依法保障国际商事纠纷当事人自由选择适用外国法律或者国际商事通行规则、商事惯例的权利。

（五）以法律服务人才团队建设为重点提升司法服务水平

1. 加快法律服务业对外开放。例如，鼓励境外律所在海南设立代表机构；以在海南暂停实施《外国律师事务所驻华代表机构管理条例》第六条规定，或出台《海南自由贸易港境外律师事务所管理条例》等方式，加快落实“允许境外律师事务所驻海南代表机构从事部分涉海南的商事非诉讼法律事务”政策，并尽快明确涉海南商事非诉讼法律服务范围。

2. 加强与国外、省外法律服务高端人才的联系。用好全国律师资源以及外国律师事务所驻华代表机构资源，建立海南自由贸易港法律服务人才团队。

3. 完善法律服务人才政策。放宽国际仲裁员、调解员等法律服务人才出入境限制，将仲裁员办案所得纳入工资薪金范围享受15%的个人所得税政策优惠；为境外律所相关代表（外国律师）提供入境和落地便利；等等。

三、“双港”合作共建国际化法律服务体系

（一）促进琼港法律服务市场对接

1. 争取将海南自由贸易港作为不同法律制度对接试点，以务实举措实现法律服务市场对接的突破。例如，支持两地律所订立合作协议，在海南组建一个合伙联营律师事务所，并以该所的名义对外提供法律服务，允许合伙联营律师事务所及其香港律师在内地全面提供涉港、涉外法律服务；允许合伙联营律师事务所及其内地律师在香港全面提供涉及内地的法律服务。

2. 为在港法律服务机构在琼营业提供更大便利。进一步扩大香港律师事务所驻海南代表机构业务经营范围，逐步实现由非诉讼领域向民商事诉讼领域拓展；待条件成熟时，允许在港律师事务所在海南自由贸易港设立分支机构，专司涉港、涉外法律服务；支持在琼律师事务所聘请香港律师，开展面向内地企业的国际法律业务。

3. 推进香港立法团队以多种形式参与海南自由贸易港法规体系建设。例如，组建由香港立法会议员组成的海南自由贸易港立法顾问团，为海南自由贸易港提供立法智力支持服务；招录香港知名法律专家与司法界人士，参与海南自由贸易港消费、金融、会计等领域的立法，提升海南自由贸易港立法质量。

专栏8-3 香港法律服务业概况

一、基本情况

根据《中华人民共和国香港特别行政区基本法》，所有香港原有法律，除与《中华人民共和国香港特别行政区基本法》相抵触或经香港特区的立法机关作出修改者外，均予以保留。中华人民共和国的全国性法律，除列于《中华人民共和国香港特别行政区基本法》附件三的法律外，概不在香港特区实施。

根据《粤港澳大湾区发展规划纲要》《中华人民共和国国民经济和社会发展第十四个五年规划和2035年远景目标纲要》，香港定位为亚太区国际法律及解决争议服务中心。

2019年10月，《关于内地与香港特别行政区法院就仲裁程序相互协助保全的安排》生效，香港成为第一个及现时唯一与内地签署有关仲裁保全协助文件的司法管辖区。合资格并经指定的香港仲裁机构管理的香港仲裁程序的当事人，以香港作为仲裁地时，可向有关内地法院申请保全措施。

根据新修订的《服务贸易协议》，自2020年6月1日起，香港与内地律师事务所设立合伙联营时，不再设香港律师事务所最低出资比例限制。同时，香港律师及大律师可在内地全境同时受聘于不多于3个内地律师事务所担任法律顾问。

自2020年10月起，具有累计5年以上律师执业经历的香港律师及大律师在经考试取得由广东省司法厅颁发的律师执业证书（粤港澳大湾区），可以在粤港澳大湾区内地九市内，办理适用内地法律的部分民商事法律事务（含诉讼业务和非诉讼业务）。

据《2021年香港服务贸易统计》，2021年香港法律服务输出总值约4.96亿美元，按年上升7%。

二、香港的法律专业

香港的法律专业分为律师和大律师两个支流。律师的出庭发言权有限，而大律师在所有法院均享有不受限制的出庭发言权。

香港是亚洲的国际法律服务枢纽。截至2023年5月16日，香港共有职业律师11323名，其中大律师1517名，资深大律师102名；并且在本地设立律师事务所936家，在中国内地设立代表处97家，在海外设立办事处340家。

外国律师行在香港法律服务市场占有重要位置。据香港律师会统计，截至2023年5月16日，香港累计拥有75家外国律师事务所，1439名外国律师，占香港总律师数的12.7%。

三、香港的仲裁及调解服务

2022年，香港国际仲裁中心共处理515宗个案，其中仲裁个案344宗，是十多年来的最高数量，共涉及997个当事人和470份合同，域名争议161宗、调解个案10宗。所有仲裁案件的争议总金额约55亿美元，争议类别和领域包括银行及金融服务（36.9%）、公司（17.7%）、国际贸易/货物销售（14%）、海事（12.5%）、建筑工程（9.9%）、专业服务（3.8%）、房地产/不动产（1.5%）、能源（0.9%）、保险（0.9%）、私人（0.9%）、知识产权（0.6%）、电信业（0.2%）和其他（0.2%）。

截至2022年6月，香港国际仲裁中心仲裁员名册及仲裁员名单中分别有545名及338名仲裁员；在香港国际仲裁中心一般调解员名册及家事调解员名册下分别有816名及213名调解员，其中包括46名家事调解监督。

香港提供仲裁和调解服务的机构包括：香港国际仲裁中心（HKIAC）、香港仲裁司学会（HKIArb）、特许仲裁员协会（CIArb）、国际商会（ICC）、香港和解中心（HKMC）、香港调解顾问中心（CRC）等。

资料来源：香港贸易发展局经贸研究。

（二）合作打造以仲裁为重点的多元化纠纷解决机制

1. 吸引香港商事纠纷解决机构与人才入驻。吸引香港国际仲裁中心在海南设立分支机构，支持其按照香港惯例和做法对国际商事纠纷案件开展仲裁服务；探索通过聘请港籍法官、律师在海南自由贸易港担任公证员、司法鉴定员、法官助理等方式，让其开展涉外民商事纠纷解决辅助工作；合作建立琼港司法服务联盟，开展对“走出去”企业的涉外法律、合规等服务。

2. 尽快推进琼港仲裁规则的衔接。参照《香港国际仲裁中心机构仲裁规则》，海南应出台《海南自由贸易港国际商事仲裁条例》；尝试推进海南自由贸易港的临时仲裁制度；进一步强调商事仲裁裁决的法律效力，杜绝司法机关对仲裁程序的不当干预，谨慎撤销仲裁裁决，确保仲裁结果的权威性。

（三）赋予港资、外资企业适用法律自主选择权

在不损害国家主权、安全和社会公共利益，不违反《中华人民共和国海南自由贸易港法》的前提下，海南自由贸易港应允许港资、外资企业在商事领域自主选择适用法律。海南应出台《海南自由贸易港总部企业商事法律适用指引》，赋予在海南自由贸易港注册或设立总部的港资、澳资、台资及外商投资企业对法律适用的选择权。例如，支持诉讼方要求海南法院采纳内地或香港法律作为审理争议的适用法律，或支持合作方协议约定在海南法院以香港法律审理日后争议等。